Abschied von der Heilsgeschichte?

Europäische Hochschulschriften
Publications Universitaires Européennes
European University Studies

Reihe XXIII
Theologie

Série XXIII Series XXIII
Théologie
Theology

Bd./Vol. 195

PETER LANG
Frankfurt am Main · Bern

Rainer Schmitt

Abschied von der Heilsgeschichte?

Untersuchungen zum Verständnis von Geschichte im Alten Testament

PETER LANG
Frankfurt am Main · Bern

CIP-Kurztitelaufnahme der Deutschen Bibliothek

Schmitt, Rainer:

Abschied von der Heilsgeschichte? : Unters. zum Verständnis von Geschichte im Alten Testament / Rainer Schmitt. - Frankfurt am Main ; Bern : Lang, 1982.

(Europäische Hochschulschriften : Reihe 23, Theologie ; Bd. 195)

ISBN 3-8204-7225-8

NE: Europäische Hochschulschriften / 23

ISSN 0721-3409
ISBN 3-8204-7225-8

printed in Germany

Die Veröffentlichung der vorliegenden Untersuchungen verbinde ich mit herzlichem Dank für alle Hilfe und vielfältige Ermutigung - auch von fachwissenschaftlicher Seite. Auf beides war ich in den Beanspruchungen durch ein Gemeindepfarramt und andere Aufgaben sehr angewiesen!
Besonders danke ich meiner Frau für ihre jahrelange Anteilnahme und Unterstützung, für ihre Geduld und ihr Verständnis. Ihr sei darum dieses Buch zugeeignet.

Hamm - Heessen, 3.Juli 1982 Rainer Schmitt

I n h a l t

Einführung

1971 proklamierte Franz Hesse in einer kleinen Studie den "Abschied von der Heilsgeschichte", und wenig später hat, teils an Hesse anknüpfend, Günter Klein gar von ihrer theologischen Ächtung gesprochen.
Hinter allen einzelexegetischen, geschichtswissenschaftlichen und hermeneutischen Argumenten wird die paulinische Rechtfertigungslehre als das theologisch entscheidende Kriterium solcher Disqualifikation ins Feld geführt. Damit ist die Mitte biblisch-reformatorischer Theologie berührt, die Härte der Positionen von Hesse und Klein, auch ihre gelegentliche polemische Schärfe verständlich gemacht und zugleich begründet, warum die Auseinandersetzung um Recht und Grenze heilsgeschichtlicher Theologie nirgends sachgemäßer und lohnender geführt werden kann als eben hier.
Die vorliegende Untersuchung möchte sich zunächst auf die Auseinandersetzung mit Hesse[1] konzentrieren[2] - nicht in dem Sinne, daß seine Thesen zum alleinigen, durchgängigen Thema erhoben würden; dies hieße ihren Umfang und ihr Gewicht überschätzen. Aber sie sollen doch Anlaß und, vor allem im einleitenden fundamentaltheologischen Teil A, Rahmen unserer Untersuchungen über das Verständnis von Geschichte im Alten Testament sein, weil in ihnen methodische und dogmatische Prämissen deutlich werden, die auch für Beiträge anderer Autoren zum anstehenden Thema repräsentativ sind. Das Verständnis von Geschichte und ihre möglicherweise heilsgeschichtliche Qualifikation sowie das theologische Recht von Heilsgeschichte sind nicht allein, nicht einmal vorrangig von exegetischen Detailuntersuchungen abhängig, sondern offenbar von dogmatischen Entscheidungen, die bereits im vorexegetischen Bereich getroffen werden. Gerade sie zu erfassen, ist bei einem so umstrittenen Thema wie dem der Heilsgeschichte eine vorrangige Aufgabe.
Die Erfahrung, daß die Beschäftigung mit dem Thema Heilsgeschichte "stracks in ein Sturmzentrum gegenwärtiger theologischer Auseinandersetzung"[3] hineinführt, die um das für den christlichen Glauben "schlechthin konstitutiv(e)"[4] Verhältnis von Heil und Geschichte kreist, macht unser Thema abschreckend und anziehend zugleich. Abschreckend, weil man sich hier allzu leicht im Irrgarten der Literatur und wissenschaftlichen Hypothesen verirren kann; anziehend, weil hier kein beliebiges theologisches Einzelthema auf dem Spiel steht, sondern ein Zentralthema, in dem sich Grundfragen biblischer Theologie widerspiegeln.

Es mag zur exemplarischen Verdeutlichung dieses Sachverhalts hier genügen, auf das Gespräch zwischen Conzelmann[5] und vRad[6] oder auf die Auseinandersetzung zwischen Cullmann und der Bultmann-Schule[7] oder auf die scharfe Ablehnung der Position Pannenbergs und seines Kreises[8] durch Hesse[9] und besonders Klein[10], schließlich auch auf die Kontroverse zwischen Käsemann und Kümmel einerseits, Klein andererseits hinzuweisen[11].
Alle diese Beispiele sind in mehrfacher Hinsicht aufschlußreich: Sie bezeugen einmal die intime Verbindung von historisch-kritischer Exegese und dogmatischen Grundentscheidungen, so daß man immer wieder studieren kann, wie von den Exegeten "in exegetisch-historischer Verkleidung in Wahrheit die Schlachten der Systematik"[12] geschlagen werden.
Sie veranschaulichen weiterhin das aus der Dogmengeschichte hinreichend bekannte Phänomen der Herausbildung elementarer Denkstrukturen, die desto klarer hervortreten, je zugespitzter die Auseinandersetzung geführt wird[13].

Sie lassen schließlich auch die dafür maßgebenden, oft miteinander verbundenen und in unterschiedlichen Kombinationen auftretenden Gründe erkennbar werden: Verzeichnung der gegnerischen Position um der schärferen Konturierung der eigenen willen; mangelnde Klärung der verwendeten und thematisch umstrittenen Begriffe; daraus erwachsende falsche Alternativen, die Käsemann m.R. als die "eigentliche Gefahr der theologischen Besinnung"[14] bezeichnet hat; schließlich die theologische Abstraktion, die häufig ihren Sitz in einer modernen - oder gar nicht mehr modernen - Mixophilosophicotheologia"[15] hat.
Angesichts dieser Sachlage kann es nicht überraschen, daß bisweilen der Eindruck eines Gegensatzes verschiedener Positionen entsteht, "der kein gegenseitiges Verständnis mehr zu ermöglichen"[16], ja, bei dem es um die Scheidung von biblischem und unbiblischem Denken in zentralen Fragen christlicher Theologie und Verkündigung zu gehen scheint[17].
Bei der in Auseinandersetzung mit den Thesen Hesses untersuchten Frage, wie Geschichte im Alten Testament verstanden wird und inwieweit dieses Verständnis heilsgeschichtlich genannt werden kann, konzentrieren wir uns im folgenden auf drei exemplarische Traditionskomplexe: den Jahwisten (J), die Schriftprophetie und das Deuteronomistische Geschichtswerk (DtrGW). Die folgenden Untersuchungen sind daher primär exegetisch-bibelwissenschaftlicher Art[18]: *Biblische* Sachverhalte sollen analysiert und beschrieben werden;

dabei sind die systematischen Konsequenzen der exegetischen Erhebungen, vor allem aber die dogmatischen Prämissen[19] der verschiedenen Positionen mit zu bedenken. Die sich von daher ergebenden prinzipiellen, nicht in der Verwendung der Methoden historisch-kritischer Exegese, sondern in vortheologischen Axiomen begründeten Differenzen zu der von Hesse vertretenen Position sollen in Teil A deutlich gemacht werden, der also mit Bedacht der Analyse der biblischen Zeugnisse vorangestellt ist.

Die Konzentration auf die drei genannten Textkomplexe spiegelt die Grundüberzeugung wider, daß das, was theologisch legitim Geschichte bzw. Heilsgeschichte heißen kann, nur auf der Grundlage biblischer Texte bestimmbar ist. Es ist also, wie etwa Cullmann[20] gefordert hat, festzustellen, was die biblischen Zeugen unter Geschichte und dann speziell: unter Heilsgeschichte verstanden und wie sie davon gesprochen haben. Nur auf diesem Wege lassen sich die Eigenart, Umfang und theologischer Rang heilsgeschichtlichen Denkens erfassen und das Recht theologischer Rede von Heilsgeschichte bestimmen[21]. Ein Vergleich des alttestamentlichen Geschichtsdenkens mit dem der altorientalischen Nachbarn Israels kann die biblischen Befunde zusätzlich verdeutlichen.

Gemäß dieser Gesamtorientierung der vorliegenden Untersuchung kann die Darstellung und Diskussion der heilsgeschichtlichen Entwürfe des 19.Jahrhunderts hier unterbleiben. Mit ihnen und ihrer Vorgeschichte hat sich besonders intensiv Gustav Weth auseinandergesetzt[22], der auch die Ursachen für das Zerbrechen aller heilsgeschichtlichen Systematik beschrieben hat[23]. Freilich hat ihn das nicht, wie aus unterschiedlichen Gründen K.G.Steck, Hesse, Klein und, diese aufnehmend, Gunneweg[24], zum Abschied von der Heilsgeschichte geführt, sondern zu der nachhaltigen Forderung einer exegetisch und systematisch-theologisch angemessenen Neubegründung[25]. Um eine solche haben sich dann mit besonderem Nachdruck O.Cullmann[26] und K.Barth[27] bemüht[28]. Auch die folgenden Untersuchungen möchten dazu einen Beitrag leisten.

A. Definitionsprobleme

I. Formen und Grundlage der Definition von (Heils-)Geschichte

Versucht man einen Überblick über die gegenwärtige Diskussion um die Heilsgeschichte zu gewinnen, drängt sich sehr bald der Eindruck einer "auffallende(n) Unbefangenheit im Umgang mit dem Terminus Heilsgeschichte" auf[29]. Das muß bei einem theologiegeschichtlich derart belasteten und daher zu ständigen Mißverständnissen Anlaß gebenden Begriff, dessen Revision oder gar Ersetzung durch einen besseren man verständlicherweise wiederholt gefordert hat[3o], besonders überraschen, und die Diskussion im Detail bestätigt, wie verhängnisvoll sich solche Versäumnisse auswirken können. So wird man gern mit Hesse[31] die unabweisbare Notwendigkeit einer genauen Begriffsbestimmung von Geschichte und speziell von Heilsgeschichte bejahen, wobei, wie Hesse bemerkenswerterweise hinzufügt, diese Begriffsbestimmung sich "selbstverständlich möglichst nahe beim sensus literalis des Begriffs" zu halten hat, also "nicht lediglich als Chiffre für einen beliebigen anderen Inhalt"[32] benutzt werden darf.

Das wirft die methodisch wie sachlich weitreichende Frage auf, in welcher Weise denn diese genaue Begriffsbestimmung von Heilsgeschichte erfolgen soll. Ein Blick auf die Diskussion zeigt, daß es zwei Möglichkeiten einer solchen Definition gibt; sie schließen einander zwar nicht alternativ aus, haben aber doch unterschiedliche Vor- und Nachteile.

Die eine Möglichkeit versucht "Heilsgeschichte" in der Formulierung eines Satzes zu erfassen, der (alle) wesentliche(n) Elemente zusammenschließt[33], wenn man nicht einfach die biblische Geschichte schlechthin mit Heilsgeschichte identifiziert[34]. Der Vorteil dieser Methode ist die Konzentration und Überschaubarkeit der Begriffsbestimmung, der Nachteil die mangelnde Klarheit der Zuordnung der Einzelelemente in ihrem inneren Begründungszusammenhang, wie er sich von den biblischen Zeugnissen her ergibt.

Die andere Möglichkeit[35] möchte dem möglichen Mangel der ersten abhelfen durch eine exegetische Klärung und Umschreibung des umstrittenen Begriffs in der Weise, daß sie die sachlichen Strukturen aufzeigt, die der Begriff umfaßt. Sie geht aus von den biblischen Zeugnissen, deren Gehalt, Verlauf und Intention sie sachgerecht erfassen möchte, und fragt nach dem Begrün-

dungszusammenhang der wesentlichen Strukturelemente, die mit dem Begriff umfaßt werden sollen. Dieses Vorgehen birgt die Gefahr in sich, daß es, wofür Käsemanns unentwegte Versuche Zeugnis ablegen, den verschiedenen, perspektivisch und akzentuell unterschiedlichen Begriffsbestimmungen einzeln und in ihrer Summe an Schärfe mangelt und somit leicht der Eindruck einer nur "vagen Umreißung"[36] entstehen kann.
Schließlich enthält die Forderung Hesses, bei der Definition des Begriffs Heilsgeschichte habe man sich möglichst nahe am sensus literalis zu halten, ein *Kernproblem der gesamten Debatte*. Denn hier werden unausweichlich die Weichen für die weitere Fahrt gestellt, und die Ausführungen besonders von Hesse zeigen exemplarisch, was mit der Lösung dieses Kernproblems für die Diskussion über Recht und Unrecht heilsgeschichtlichen Denkens und Redens auf dem Spiele steht. "Definition gemäß dem sensus literalis" kann heißen, entweder vom biblischen Text (als der vorgegebenen litera) oder vom alltäglichen Sprachgebrauch und/oder einem geschichtswissenschaftlich gebräuchlichen Begriff auszugehen. Damit ist die unausweichliche Frage nach der Legitimationsbasis für den Begriff Heilsgeschichte und damit nach dem Verstehenshorizont gestellt - jenseits der Frage nach der speziellen Form solcher Definition. Bultmann[37] hatte seinerzeit in der Auseinandersetzung mit Cullmann diese Frage dahingehend präzisiert, "in welchem Sinne von Geschehen und Geschichte theologisch (!) legitim geredet werden kann"; diese Frage gilt für Heilsgeschichte entsprechend.
Die theologische Legitimität hat sich, generell gesprochen, zu erweisen an den biblischen Zeugnissen als der Grundlage christlichen Glaubens und theologischer Arbeit. Dabei ist der Plural "biblische Zeugnisse" zu unterstreichen. Denn angesichts der Vielfalt historisch bedingter und (auch dadurch) theologisch unterschiedlich geprägter Zeugnisse und der langen und bewegten Geschichte der biblischen Überlieferungen mit ihren wiederholten Brüchen und Neuansätzen wird man kaum *das* Alte, viel weniger *das* Neue Testament oder gar *die* Schrift als legitimen Ausgangspunkt ansehen können.
Unter "Einzelzeugnissen" verstehen wir hier nicht die kleinsten erreichbaren Einheiten, sondern die solche Einzeltraditionen aufnehmenden und theologisch verarbeitenden großen Sammelwerke des Jahwisten und der Deuteronomisten mit ihren ausgeprägten theologischen Profilen, dazu die in den religiösen Traditionen ihres Volkes stehenden großen Gestalten der Schriftprophetie. Sie alle

haben ihre geistige Heimat, ihren je unverwechselbaren theologischen Standort, ihr eigenes Profil, ihr Charisma und ihre Intention, wobei die hier aufgenommenen vielfältigen Traditionen die Eigenart der großen Sammelwerke stärker bestimmen als die Botschaft der prophetischen Einzelgestalten.

Ein Gesamturteil im Blick auf *das* Alte Testament kann allein die Summe solcher Einzelanalysen sein. Selbst dann wird es aber kein heilsgeschichtliches System oder eine heilsgeschichtliche Gesamtsicht geben können[38]; denn zu unterschiedlich in Länge und theologischer Deutung sind die zeitlichen Perspektiven; der historische Ort, die Eigenart der Verarbeitung geschichtlicher Traditionen, Rang und Funktion der Heilsgeschichte widersetzen sich einer systematisierenden Vereinerleiung. Wenn dennoch solche "Summen" im Blick auf die Schriftpropheten (B/VI.3) und das Alte Testament insgesamt (C/XI) versucht werden, kann es dabei nur um den Aufweis gemeinsamer Strukturen gehen, die sich aus der Einheitlichkeit bestimmter gesamttheologischer Grundgefüge ergeben.
Läßt sich also das, was Heilsgeschichte ist, welchen Rang sie im Alten Testament hat und welches Recht ihr in der Theologie zukommt, nur von den biblischen Einzelzeugnissen her entscheiden[39], dann erhält der Begriff seine Prägung durch diese Zeugnisse, und diese Zeugnisse können nur mit Hilfe solcher an ihnen gewonnenen Kategorien theologisch angemessen interpretiert werden. Ein unabhängig von diesen Zeugnissen geprägter und als solcher zur Interpretation unkritisch verwendeter Begriff wäre theologisch illegitim und für die gestellte Aufgabe untauglich. Ist also zunächst an Hand einzelner Zeugnisse die gestellte Frage zu beantworten, dann ist vorweg jede allgemein-biblische heilsgeschichtliche Systematik und monopolistische Verwendung und Geltung dieser Kategorie, die sich allein aus der undifferenzierten, biblizistischen Summierung einzelner heilsgeschichtlicher Zeugnisse ergeben könnte, abzulehnen[40], ebenso jede schematische Periodisierung der Geschichte Israels als Heilsgeschichte, etwa nach dem Vorbild von C.A. Keller[41] oder J.Heller[42]. Denn nicht in allen biblischen Zeugnissen spielt Heilsgeschichte eine Rolle, auch ist nicht jedes Reden von Geschichte heilsgeschichtlich, wenn man nicht alle biblischen Zeugnisse auf den einen Nenner bringen will, daß Gott letztlich die Geschichte lenkt.
Der Einsatz bei einzelnen biblischen Zeugnissen im Sinne klar faßbarer theologischer Konzeptionen geht von der an diesen Zeugnissen gewonnenen Er-

kenntnis aus, daß Umfang, Gehalt, Form und Intention der Beschäftigung mit der Geschichte und von daher auch der Stellenwert der Heilsgeschichte, ihr Recht und ihre Grenzen sehr unterschiedlich sind. Damit ist die Aufgabe gestellt, die theologischen Profile dieser Traditionen unter dem Aspekt ihres Geschichtsverständnisses zu erfassen[43].
Dieses Geschichtsverständnis läßt sich aber, wie die in B/V - VII analysierten Traditionskomplexe zeigen, nur ermitteln im Gesamtzusammenhang der für das Kerygma der/des jeweiligen biblischen Zeugen konstitutiven Faktoren, so daß das Verständnis von Geschichte nur im Kontext des jeweiligen Gottes-, Menschen- und Weltverständnisses faßbar ist. Geschichte ist daher immer gedeutete Geschichte, ihre Darstellung, in welchem Umfang auch immer, tendenziell[44].
Dies alles muß man in Betracht ziehen, wenn man die Aufgabe lösen will, möglichst nuanciert zu erfassen, "wie Israel geschichtlich dachte und wie es seine Geschichte unmittelbar erfuhr"[45], damit auch, was das Besondere dieser Erfahrungen und dieses Verstehens gegenüber der allgemeinen Geschichte ist, um dessentwillen diese Geschichte als Heilsgeschichte bezeichnet werden kann[46]. Erst nach der detaillierten Erhebung des Geschichtsverständnisses in den genannten Traditionskomplexen wird sich die Frage je mit Bezug auf den Einzelkomplex[47] und im Blick auf die allen gemeinsame Grundstruktur beantworten lassen.
Die besondere Problematik, die sich mit dem Terminus Heilsgeschichte verbindet, besteht darin, daß, anders als bei vielen theologischen Begriffen, ein sprachliches Äquivalent im Alten (und Neuen) Testament nicht vorhanden ist[48]. Zwar gibt es eine ganze Anzahl von Äquivalenten für das deutsche Wort "Heil"[49], aber beim Wortteil "Geschichte" und mithin auch für die Summe beider Teile ist der Befund ein negativer. Ist darum der Bibel das, was mit diesem Begriff gemeint ist, fremd? Bedeutet das etwa, daß wir "Heil" biblisch, "Geschichte" aber außerbiblisch zu definieren haben? Oder ist "Geschichte" indirekt "durch nuancierende Interpretation"[50] aus den biblischen Zeugnissen zu erschließen?
Gelegentlich hat man dem hier für uns spürbaren, offenbar in der Eigenart biblischer Erfahrungs- und Denkweise begründeten Mangel an übergreifenden, abstrahierenden Begriffen durch den Einsatz hebräischer Termini abhelfen wollen, die in gewisser Weise eine Umschreibung darzustellen vermögen: So werde in dem, das Wort- (Deutung, Bericht) und zugleich das Ereignishafte

umschließenden Terminus דבר , vor allem dem Plural, die inhaltliche Füllung, das konkret Ereignishafte alles Geschehens deutlich, gerade auch im Blick auf die Erfassung längerer Zeiträume, zugleich aber seine Worthaftigkeit und die Wirkkraft des Wortes und spiegele so die besondere Art der Erfassung geschichtlicher Wirklichkeit im Alten Testament[51]. Ähnlich werde etwa durch מעשׂה Jahwes Herrsein wie über die Schöpfung, so auch über die Geschichte und diese als sein Werk bezeugt[52]; auch der Terminus דרך werde gelegentlich verwendet als Zusammenfassung einer durch Jahwes Gebot und Geleit bestimmten Wegstrecke bzw. des dadurch bestimmten Lebenswandels[53].
Aber das eigentliche Problem ist damit noch nicht gelöst, wenn auch dadurch auf eine Lösung hingewiesen werden kann. Dieses Problem besteht darin, daß es sich bei dem Terminus Heilsgeschichte eben nicht um einen biblischen, sondern um einen wissenschaftlich-theologischen, zur Deutung der biblischen Zeugnisse verwendeten Begriff handelt, eine *Deutekategorie* also[54], die bestimmte elementare Strukturen dieser Zeugnisse von Gottes Offenbarung erfassen bzw. auf sie verweisen möchte, weshalb man auch von dem "Verweisungscharakter"[55] dieser Kategorie sprechen kann. Ist sie legitim, muß sie mit einer "Grundkategorie biblischen Denkens"[56] übereinstimmen.

Wenn hier von Struktur die Rede ist, dann ist damit die im konkreten Fall spannungsreiche, intentionale und funktionale Bezogenheit, also das Bezugsgefüge bestimmter Handlungs- und Geschehensabläufe samt der sie konstituierenden Faktoren gemeint[57], auf die dieser Begriff Heilsgeschichte hinweisen möchte. Er hat damit insoweit am Charakter aller theologischen Begriffe teil, als er das in den biblischen Texten bezeugte Geschehen immer nur randend, umschreibend, hinweisend bezeugen, aber nie auf den Begriff bringen kann, ist gleichwohl doch deshalb besonders gefährdet, weil das Element "Geschichte" in ihm umstritten ist.

Kann dieses Element um der biblischen Zeugnisse willen nicht vom allgemeinen Sprachgebrauch oder von der Geschichtswissenschaft unkritisch übernommen werden, hat es andererseits in den biblischen Zeugnissen kein angemessenes sprachliches Äquivalent, könnte man einwenden, der Begriff sei darum fallenzulassen, wozu seine theologiegeschichtlichen Belastungen zusätzlich drängen könnten.

Nun wird niemand etwas dagegen einzuwenden haben, daß ein untauglicher Begriff durch einen besseren ersetzt wird. Dieser (angeblich) bessere und allgemein akzeptable, den indes, trotz mancher Variationen (Erwählungs-, Verheißungs-, Verkündigungs-Geschichte z.B.), offenbar noch niemand gefunden hat, müßte die mit dem alten verbundenen Mißverständnisse wenn schon nicht beseitigen, so doch spürbar einschränken, dürfte aber vor allem nicht, wie das oft bei den Leugnern der Heilsgeschichte der Fall ist, mit dem umstrittenen Begriff unter der Hand auch seine eigentliche, biblisch begründete Intention aufgeben[58], so daß der Streit um den Begriff ein Streit um die von ihm, wenn auch vielleicht unzureichend, erfaßte Sache wird[59].

Ist also bis auf weiteres auf den Begriff Heilsgeschichte wohl nicht zu verzichten, so legt es sich nahe, die Eigenart von Heilsgeschichte durch den Aufweis ihrer Analogie und ihrer Differenz zum allgemeinen Sprachgebrauch von Geschichte zu bestimmen, wie es vor allem Cullmann[60] ausführlich versucht und dabei den uneigentlichen Gebrauch von "Geschichte" im Terminus Heilsgeschichte betont hat. Man wird solche Klärung nur begrüßen können, auch wenn man sich fragt, ob Cullmann nicht zu stark fixiert bleibt auf den heutigen Geschichtsbegriff und seine konstitutiven Faktoren und so den Eindruck erweckt, als wäre Heilsgeschichte eine Sonderform der uns allen bekannten Wirklichkeit der Geschichte. Zweifellos zu stark blendet er auch durch seine Betonung neuer Heilssetzungen Gottes und der dadurch bewirkten Auswahl- und Lückenhaftigkeit der Heilsgeschichte den Befund ab, daß neben solchen Setzungen noch andere modi der Zuwendung Gottes stehen, die für das Geschichtsverständnis der biblischen Zeugen bedeutungsvoll sind. Nicht allein die neuen Heilssetzungen stehen unter der heilsgeschichtlichen Fügung Gottes, sondern auch die Zeiten zwischen solchen "Höhepunkten" sind begleitet und bestimmt durch Gottes Zuwendung und Führung, seinen Anspruch und sein Gericht.

Es geht nach alledem darum, die biblischen Zeugnisse in dem oben bezeichneten Sinn nach ihrem Verständnis von Geschichte zu fragen, wobei "Geschichte" hier zunächst ganz allgemein den Verlaufscharakter des Geschehens in seinem zeitlichen Nacheinander umschreiben soll. Doch bevor wir uns dieser Aufgabe zuwenden, bedarf der von solchem Ansatz unterschiedene von Hesse samt seinen theologisch hochbrisanten Implikationen unserer Aufmerksamkeit; denn schon hier im Ansatz werden wesentliche Differenzen der Gesamtpositionen faßbar.

II. Bestreitung des historischen und theologischen Rechts von Heilsgeschichte durch einen positivistischen Geschichtsbegriff

Hesses Ausführungen müssen verstanden werden auf dem Hintergrund des Sachverhalts, daß es für "Heil" in den biblischen Zeugnissen eine Anzahl sprachlicher Äquivalente gibt, für "Geschichte" hingegen nicht. "Heil" wird infolgedessen im bibeltheologischen Horizont definiert, wodurch vermieden werden soll, daß wir "von eigenen Gedanken und Vorstellungen über das, was das Heil Gottes sein könnte"[61], ausgehen[62]. Infolge des biblischen Mangels erfolgt dagegen die Definition von "Geschichte" und in ihrem Gefolge von "Heilsgeschichte" im vortheologischen Raum. Hesse führt eine Anzahl von gängigen Begriffsbestimmungen an[63], die über den Sachverhalt hinausgehen, "daß das dem Menschen von Gott her zugedachte, zugesprochene Heil in die Geschichte der Menschen eingeht"[64]; denn dieser Sachverhalt ist bereits im Terminus"Heils*geschehen*" ausgedrückt. Hesses exegetische Erhebungen des alt- und neutestamentlichen Befundes[65] und seine prinzipiellen systematisch-theologischen Erwägungen[66] liefern die Einzelbegründungen dafür, daß er alle von ihm referierten (Teil-)Definitionen, die in der wissenschaftlichen Diskussion mitunter ineinanderfließen, als unzulänglich ablehnt. Der nervus rerum solcher Ablehnung kommt schon gleich zu Beginn der Auseinandersetzung mit Käsemanns Definitionsversuchen[67] in Hesses Frage zum Vorschein, wo man denn bei solcher Heilsgeschichte "jenes Kontinuums ansichtig wird, das wesensmäßig zu 'Geschichte' hinzugehört"[68]. Diese "Frage der Kontinuität" ist augenscheinlich die für jedes Erfassen von Geschichte wesentliche Frage[69].

Nach mehreren, eher beiläufigen Erwähnungen[70] nimmt Hesse diese Frage in einem umfangreichen Kapitel seiner Untersuchung (Kap.IV) auf, welchem zudem als Schlußkapitel besonderes theologisches Gewicht zukommt. Darin heißt es, "Geschichte" meine einen sich realiter in Raum und Zeit vollziehenden "Geschehenszusammenhang, dem Kontinuität eignet"[71]; diese Kontinuität gehöre "konstitutiv"[72] auf jeden Fall "zum Wesen dessen, was wir Geschichte nennen"[73] und sei prinzipiell rational einsichtig und an jeder beliebigen Geschichtssituation theoretisch nachprüfbar[74]. Die Ereignisse der Geschichte stehen notwendig in einem "Kausal-, Final- Konsekutivverhältnis zueinander"[75], so daß zum Wesen der Geschichte nicht allein Kontinuität gehört[76], sondern Geschichte "wesenhaft durch das Moment der Kontinuität bestimmt" wird[77],

ja von den hier obwaltenden Gesetzen geradezu "ihr Wesen des Kontinuums empfängt"[78].
Diesem Begriff von Geschichte subsumiert Hesse den Begriff Heilsgeschichte. In einer die ganze Problematik dieses Vorgehens überspringenden Weise wird lapidar formuliert: "Heilsgeschichte nun ist, wie schon der Name sagt, ein Sonderfall von Geschichte. Das eben Gesagte muß also auch für sie gelten"![79]
Diese profane Definition von "Geschichte" im Begriff Heilsgeschichte wird zwar einerseits nicht überall streng durchgehalten[8o], wird andererseits auch, was für die theologische Beurteilung wesentlich ist (s.u.Teil D), auf verschiedene Weise theologisch und hamartiologisch vertieft[81], aber für die Begriffsbestimmung von "Geschichte" als Element von "Heilsgeschichte" und die Beurteilung der Angemessenheit heilsgeschichtlichen Denkens ist damit doch das Entscheidende gesagt.
Die Problematik dieses Ansatzes zeigt sich schon im vorexegetischen Bereich an verschiedenen Punkten; sie lassen sich in zwei Problemkreisen zusammenfassen: 1. Kontinuität und Kontingenz des Handelns Gottes, 2.Das Verhältnis von Faktum und Deutung in der Geschichte Israels.

1. Kontinuität und Kontingenz des Handelns Gottes

Das Ergebnis von Hesses Untersuchung zur Frage der Kontinuität steht bereits am Anfang mit der Definition von Geschichte fest, und die langen Darlegungen bieten so ein eindrucksvolles Anschauungsstück für die Problematik der gewählten Methode.
Mit der Definition ist *vorweg* entschieden, daß Gott mit einer solchen Heilsgeschichte nichts zu tun haben kann, es sei denn in der allgemeinen Form eines Vorsehungs- oder Lenkungsglaubens. Denn das Problem der Heilsgeschichte wird hier de facto auf die Frage einer bestimmten Art von Kontinuität reduziert. Und wo der Nachweis solcher Kontinuität in den biblischen Zeugnissen (nicht überraschend!) nicht erbracht werden kann, ist das Problem der Heilsgeschichte erledigt.
In Hesses Darlegungen werden mithin zwei einfache Sachverhalte eindrucksvoll bestätigt: die fundamentale Untauglichkeit vortheologisch definierter Begriffe zur Interpretation der biblischen Zeugnisse und die Regel, daß man in der theologischen Argumentation da wieder landet, wo man gestartet ist, konkret: daß man zur theologisch angemessenen Interpretation der biblischen Zeugnisse

nicht gelangt, wenn man nicht bei diesen Zeugnissen seinen Ausgang nimmt.
In Hesses Ausführungen stecken freilich ganz am Rande Ansätze für eine Revision seiner Position. Die anthropologisch-hamartiologische Vertiefung der Kontinuität der Geschichte[82] provoziert die Frage, wie denn der Mensch als Sünder, der als solcher das ausschließliche Subjekt der Geschichte sein soll[83], erkannt werden kann. Diese Kontinuität ist doch nur im Licht des Redens und Handelns Gottes erkennbar, und so wäre zu fragen, wie es sich in diesem Licht mit der Kontinuität der Sünde verhält in Anbetracht der in der Bibel bezeugten Kontinuität der Zuwendung Gottes zu diesem Sünder in Gnade und Gericht. Beides auseinanderhalten zu wollen, führt zu unsachgemäßen Alternativen und theologisch unbrauchbaren Differenzierungen, wie Hesses Beantwortung der Frage beispielhaft zeigt, ob die in den alttestamentlichen Traditionen vorausgesetzte und beschriebene Geschichte Heilsgeschichte sei, wobei Geschichte wieder im Sinn des fixierten Kontinuums gemeint ist[84].

Die Frage wird dreifach verneint: 1. mit dem Hinweis auf die Lückenhaftigkeit der biblischen Information besonders für die Zeit vor Abraham und nach dem Exil, die ein geschichtliches Kontinuum nicht in den Blick kommen läßt - und eine lückenhafte Geschichte ist eben keine Geschichte resp. Heilsgeschichte[85]; 2. mit der Bestreitung des *heils*geschichtlichen Charakters der Zeit von Abraham bis zum Exil, wenn es auch "hier nach dem alttestamentlichen Bericht gelegentlich heilvolle Aktionen und Führungen Gottes gegeben hat"[86]; 3. und entscheidend mit dem theologischen Argument, daß, entgegen der gängigen Auffassung von Heilsgeschichte als Geschichte von Gottestaten, -setzungen und -worten, eine "Geschichte von Gottestaten... als Kontinuum gar nicht denkbar"[87] sei, weil "Gottes Handeln keine Kausalität und Finalität kenne, Gottes "nicht das kontinuierliche, sondern das kontingente Handeln"[88] sei.
Hier wird nun die Differenzierung in Wirken und Taten Gottes ins Spiel gebracht[89], der im Lauf der Argumentation ein unter dem Zwang des vorausgesetzten Geschichtsbegriffs nicht überraschendes Geschick beschieden ist.

Gott *wirkt* nach seinem eigenen Willen[90], wie in der Geschichte allgemein, so auch in der Geschichte Israels speziell, nie anders als "völlig an die Kausalitätsgesetze gebunden"[91]; in ihnen ist er planend, lenkend, gestal-

tend am Werk und so der Herr der Geschichte.
Solchem Wirken stehen Gottes schöpferisch-freie (Heils-)*Taten* bzw. Setzungen gegenüber, durch die er seinen durch das Wort proklamierten Willen "unabhängig von jedem Geschichtskontinuum"[92] realisiert, in unmittelbarem, solches Kontinuum prinzipiell sprengendem[93] Eingreifen in die Ereignisfolge; er setzt gemäß seinem "unerfindliche(n) Ratschluß"[94] etwas "völlig Neues..., das in keiner Weise, oder nur höchst indirekt, mit vorher Geschehenem zusammenhängt"[95].
Freilich kann diese Differenzierung vor dem Forum des vorausgesetzten Geschichtsbegriffs nicht bestehen. Denn in "Wirklichkeit haben diese angeblichen Gottestaten... das Kontinuum nicht gesprengt"[96]. Die Begründung für dieses Urteil ergibt sich aus der Definition von "Geschichte". Alle Aussagen über Gottes *Taten* müssen daher als mythologisch oder unhistorisch eingestuft werden[97]. Damit ist die Eingangsdifferenzierung zwischen Wirken und Taten Gottes wieder aufgehoben, insofern es Gottes*taten* historisch nicht geben kann.
Wie steht es dann aber mit dem theologischen Argument, Gottes sei nicht das kontinuierliche, sondern das kontingente Handeln, wenn Gottes Taten als solche nicht existieren, Gottes Wirken sich aber offensichtlich allein im Kontinuum und in der völligen Bindung an die Kausalitätsgesetze der Geschichte vollzieht? Der kontinuierliche Zusammenhang der Geschichte Israels kann damit doch vehiculum für Gottes Taten sein, weil es diese de facto auch nicht anders gibt denn als Wirken im Geflecht der Kausalitäts-, Finalitäts- und Konsekutivverhältnisse. Ob also vom Wirken oder von den Taten Gottes die Rede ist, Gottes Handeln bleibt in der Geschichte Israels stets im Rahmen der geschichtlichen Kontinuität, hebt diese an keinem einzigen Punkt auf, ist *insofern* kein qualitativ extraordinäres Handeln[98] und gibt der Geschichte Israels keine andere Qualität als der Geschichte jedes anderen (antiken) Volkes[99].
Wohl aber ist nach den alttestamentlichen Zeugnissen Israel eine Größe sui generis[100], und zwar als Empfänger und Wirkraum des Leben schaffenden und Tod wirkenden Wortes Gottes, das er frei, an kein Geschichtskontinuum gebunden, gibt[101].
Es wird hier nicht gesagt, daß dieses Wort in differenzierter Weise mit Jahwes Geschichtshandeln verbunden ist[102], man von dem einen darum nicht sprechen kann ohne das andere und die "jeweilige Vergegenwärtigung, Aktualisierung und... Interpretation"[103] dieses Wortes in der Verkündigung der

biblischen Zeugen deutliche heilsgeschichtliche Perspektiven erkennen läßt. Auffallend ist, daß offenbar das, was zuvor über Gottes Taten gesagt wurde, jetzt auf Gottes Wort bezogen wird: "Kein Geschichtskontinuum löst das Wort Gottes aus; kein Geschichtskontinuum bewirkt Verkündigung. Gott bleibt frei, sein Wort in diese Geschichte hineinzugeben, dieses Wort verkündigen zu lassen und dadurch Glauben zu wirken, wann es ihm gefällt"[104]. Zwar nicht im Blick auf die Taten, wohl aber im Blick auf sein Wort ist so Gottes Freiheit vom Geschichtskontinuum gewahrt, Geschichte in ihrer positivistischen Definition unangefochten und damit aufklärerisches Denken mit biblischem scheinbar versöhnt.

Ein kurzer Blick auf die Behandlung der "Kernfrage" des Problems von geschichtlicher Kontinuität und Gottes Handeln, nämlich Kreuz und Auferstehung Jesu, verdeutlicht das[105]. Wesentlich Neues gegenüber dem alttestamentlichen Befund erbringt sie nicht.
"Die kontinuierliche geschichtliche Entwicklung" ist ohne Unterbrechung durch "eine extraordinäre Gottestat"[106] aus dem alttestamentlichen Bereich zum historischen Jesus, seinem Kreuz und von da weiter zum Osterglauben der Jünger fortgegangen. Zwischen Kreuz und Osterglaube ist etwas geschehen, das "jenseits alles im Geschichtskontinuum Erfahrbaren"[107] liegt, die Auferweckung, die "als innergeschichtliches Faktum nicht verifizierbar"[108], sondern nur im Jüngerglauben faßbar ist.
Hier wird in großer Eile, allerdings vom methodischen Ansatz aus mit Konsequenz, über die sehr diffizilen Fragen der historischen Faktizität der Auferstehung, des Verhältnisses von "Auferstehung und geschichtliche(m) Denken" (R.R.Niebuhr), der Methodik historischer Forschung hinweggegangen. Ich merke dies hier nur kurz an und verweise auf die materialreiche und detaillierte Diskussion dieser Probleme bei Klappert[109], die einen guten Einblick in die Vielgestaltigkeit der Problematik gibt.
Und was ist "geschehen", obgleich es sich als Innergeschichtliches, d.h. in der Kette kontinuierlichen Geschehens nicht verifizieren läßt? Antwort: die Setzung des Kreuzes zum Heilsereignis, seine Füllung mit Heilsbedeutung[110]. Dieses quasi "zusätzlich(e)" Faktum, das "absolute Novum", ist, "weil von Gott durch sein Wort proklamiert..., völlig unableitbar", "kontingente Gottestat", das einzige, was "außerhalb der Geschichtskontinuität" bleibt[111].

So wird in den Bahnen Bultmanns Auferstehung als Setzung der Heilsbedeutung des Kreuzes, Osterglaube als Glaube an diese Heilsbedeutung bestimmt, somit Gottes Auferweckungshandeln an Jesus auf Gottes Handeln in der Erweckung des Osterglaubens der Jünger verlagert, ja reduziert. Die Kontingenz der Gottestat wird wie bei den alttestamentlichen Zeugnissen auf das Wort bezogen, das die Heilsbedeutung der Fakten proklamiert, die ihrerseits stets nur solche innerhalb eines lückenlos wirkkausalen Geschichtskontinuums sein können. Der Geschichtsbegriff bleibt hier völlig unangetastet, ihm wird Gottes Handeln als Lenkung und Füllung der Fakten mit Heilsbedeutung unterworfen. Gott wird zum Prädikat der Geschichte als der Grund ihrer Bedeutsamkeit.

Des weiteren haben wir es bei dem oben zitierten, die Argumentation sehr tief bestimmenden Grundsatz, daß "Gottes Handeln keine Kausalität und Finalität

kennt", daß "Gottes... nicht das kontinuierliche, sondern das kontingente Handeln (ist)"[112], mit einer Alternative zu tun, die im vorexegetischen, ja vortheologischen Raum erstellt ist, in deren Prokrustesbett dann die theologischen Erörterungen gezwängt werden. An den biblischen Zeugnissen läßt sich diese Alternative jedenfalls nicht legitimieren.
Ihr ist zwar insoweit zuzustimmen, als deutlich gemacht werden soll, daß Gottes Handeln in seiner Freiheit gründet, daher unableitbar, unvorhersehbar und unberechenbar ist, sich also in keiner Weise zwangsläufig aus geschichtlichen Kontinuitäten ergibt. Auch wenn Gott menschlich-geschichtliche Kausalitäten und Kontinuitäten in Dienst nimmt, verliert er seine Freiheit nicht. Aber die berechtigte Ablehnung solcher Vorstellungen darf nicht im Namen der biblischen Zeugnisse auf ein Je und Je göttlicher Taten, auf einen Punktualismus der göttlichen Offenbarung reduziert werden, auf separate Einzelakte ohne einen in Gottes Heilswillen begründeten intentionalen und dadurch bestimmten kausalen Zusammenhang. Ohne einen solchen Zusammenhang könnte Gottes kontingentes Handeln weder verstanden noch bezeugt, geschweige denn erzählt werden! Das Einzelne, Kontingente ist aus seinem zeitlichen und intentionalen Kontext nicht zu lösen; die exklusive Vertikalbetrachtung, ohne die Erfassung der Einzelakte göttlicher Offenbarung im horizontalen Zusammenhang und in der zeitlichen Erstreckung, ergäbe ein unvollständiges und verzerrtes Bild. Die Fragen nach dem Woher und Woraufhin sind auch für die biblischen Zeugen Elementarfragen! Erfahrenes wird so mit Erinnertem und Erhofftem verbunden - nicht allein im Bereich des Subjektiv-Noetischen, sondern in Bezug auf das begründende göttliche Wirken.
M.R. hat vRad[113] von dem "Phänomen einer linearen Gottesgeschichte" gesprochen, die die Differenz der Zeiten ernst nimmt, große Zeiträume umspannt, auch ohne daß eine geschlossene Kette von Gottestaten aufgeführt werden muß, und die die Zeiten kraft göttlicher Treue und gegen alle menschliche Untreue umgreift.
So zeichnet der Jahwist (s.u. B/V) unmißverständlich den Weg göttlicher Treue über viele Einzelstationen von der Verheißung zur Erfüllung und kann sich dabei auf älteste, ihm zur Verfügung stehende Überlieferungen aus dem Raum des Vätergott-Glaubens der Ahnen Israels zurückbeziehen. Das Deuteronomistische Geschichtswerk (s.u. B/VII) rühmt Gottes sich in Israels Geschichte durchsetzendes heilschaffendes und bewahrendes, mehr aber noch vergeltendes Handeln. Die Propheten (s.u. B/VI. 2.3) verlieren um der Ge-

genwart willen Gottes vergangenes Handeln nicht aus den Augen, sehen ihn aber auch im Gericht nicht am Ende seiner Wege mit Israel. Gottes je neues Handeln hat so einen Horizont, einen Zusammenhang göttlichen Wirkens, der in der Erwählung begründet und auf die Heilsvollendung ausgespannt ist. Nur um dieser Erfahrungen willen kann Jahwes צדקה , אמונה und חסד , kann er als der גאל bezeugt und gerühmt werden, kann, um auch einen Blick ins Neue Testament zu tun, Paulus in seiner Bezeugung der πίστις und δικαιοσύνη Gottes z.B. in Röm 3,1ff. und Röm 9-11 sachlich an die alttestamentlichen Zeugnisse anknüpfen, kann er von der Erfüllung bzw. Bestätigung der ἐπαγγελίαι (2Kor 1,2o), vom theologisch begründeten, bleibenden πρῶτον und περισσόν Israels (Röm 1,16f.; 2,9f.; 3,1f.; 9-11), von Gottes Erwählungshandeln κατ' ἐκλογήν als "Prinzip" der Heilsgeschichte (Röm 9,6ff.), vom Rest (Röm 9, 24.27; 11,4f.13ff.) und der Rettung des πᾶς Ἰσραήλ (Röm 11,25f.), von der Indienststellung des νόμος (Gal 3,22ff.), seinem τέλος in Christus (Röm 1o,4) und der bleibenden Gültigkeit des λόγος τοῦ θεοῦ kraft göttlicher Treue gegenüber seinem Heilsratschluß reden. Nichts von alledem hebt ab auf Kausalitäten, Kontinuitäten und Finalitäten eines immanent gedachten Geschichtsprozesses oder eines logischen Systems, alles aber auf den Weg der Selbstkundgabe Gottes in Wort und Tat, und dies alles wird vergegenwärtigt zum Zwecke der Selbstvergewisserung des Glaubens durch den Bezug auf seinen "Gegenstand"[114].

Das Handeln des in der Bibel bezeugten Gottes läßt sich so unter definitivem Ausschluß des Kontinuierlichen nicht erfassen! Die Verheißung Gottes als Zeichen seiner Zuwendung zu Israel und zu den Völkern hat eine zeitliche Ausrichtung im Blick auf ihre Erfüllung, zugleich aber auch einen durch Israel und seine Geschichte markierten geschichtlichen Raum. Und auch Gottes eschatologisches Handeln kann von Paulus nicht angemessen bezeugt werden ohne die Einbeziehung der voraufgegangenen Heilsgeschichte[115].

Die von Hesse formulierte Alternative ist also im Sinn der biblischen Zeugnisse in ein Miteinander aufzulösen. Nur so läßt sich Gottes Weisheit und souveränes Regieren als Schöpfer und Herr der Geschichte angemessen umschreiben; weder die Kategorie des Kontingenten noch die des Kontinuierlichen ist an sich und allein geeignet, Gottes Freiheit in den vielfältigen Formen seines Geschichtshandelns zu erfassen. Diese Vielfalt läßt sich nicht kategorial fixieren[116].

Die Frage von Kontingenz und Kontinuität des göttlichen Handelns ist in einer

für unseren Zusammenhang bedeutsamen Weise auch bei der Erfassung von Eigenart und wechselseitigem Bezug von *geschichtlichem* und *weisheitlichem* Denken im Alten Testament diskutiert worden. Wie vRad[117] deutlich herausgearbeitet hat, handelt es sich dabei um zwei hinsichtlich Ort, Intention, Sprache, Tradition und Art der Geistesbetätigung tief voneinander getrennte, je eigenartige Erkenntnisweisen, deren erste die Kontingenz und Irreversibilität göttlichen Geschichtshandelns, deren zweite die zeitlos gültigen Regeln und Ordnungen der Wirklichkeit zum Gegenstand hat. Aber in demselben Zusammenhang nimmt er die Frage auf, die dann von Rendtorff[118] noch über Hermisson[119] hinausgehend weiterverfolgt worden ist, ob denn diese Differenz das einzige und letzte im Blick auf das beiderseitige Verhältnis sei.
Eine nähere Betrachtung zeigt, daß theologische wie überhaupt jede auf Verstehen abzielende Vergegenwärtigung geschichtlicher Erfahrungen im größeren Zusammenhang nie ohne die Frage nach dem Konstanten, dem in allem Wandel Bleibend-Gültigen, dem Planvoll-Kontinuierlichen und Typischen geschieht; erst recht ist Geschichts*schreibung* ohne die Erfassung solcher Strukturen nicht möglich. So werden gerade da, wo Einzeltraditionen zu größeren Komplexen und zuletzt zu theologisch deutlich profilierten Sammelwerken verarbeitet werden, die ätiologische und paradigmatische Abzweckung, das Streben nach "Ordnung, Übersicht, Orientierung im Zusammenhang" ganz deutlich[120].

2. Das Verhältnis von Faktum und Deutung in der Geschichte Israels

Das Recht des Begriffs Heilsgeschichte wird von Hesse[121] weiterhin historisch und theologisch bestritten von der Position einer scharfen, ja unversöhnlichen Diastase zwischen dem im Alten Testament bezeugten Ablauf (Deutung) und dem von der historischen Kritik entworfenen Ablauf (Faktum) der Geschichte Israels[122]. Kommt das Prädikat Heilsgeschichte der von der historischen Kritik erstellten (1), der im Alten Testament gedeuteten (2) oder der Geschichte zu, die von Gott "in, mit und unter" der realen, von Israel erlebten und in Jesus Christus an ihr Ziel gekommenen Geschichte gewirkt worden ist (3)?
Heilsgeschichte wird dabei als eine, die Geschichte Israels von der Geschichte jedes anderen Volkes unterscheidende "qualitativ herausgehobene...'Gottesgeschichte'" im Sinn einer "Kette kontinuierlicher gottgewirkter Ereignisse" und so qualitativ einzigartige Geschichte[123] verstanden.

Hesses Antwort lautet: Keine dieser "Geschichten" trägt das Prädikat Heilsgeschichte zurecht.

Dieses negative Urteil ist der konsequente Reflex des vorausgesetzten, auf die naturgesetzlich faßbare Faktizität der Ereignisse fixierten (Heils-) Geschichtsbegriffs, aber auch anderer unsachgemäßer Voraussetzungen, mit denen wir uns bereits befaßt haben (A/II.1) und später (A/III) befassen werden. Was unter Voraussetzung dieses Geschichtsbegriffs allein möglich bleibt, ist ein *Geschehen* als Ausdruck besonderer Zuwendung Gottes[124].

Die wesentlichen Probleme konzentrieren sich auf die Möglichkeit (2).

Im Blick auf die Möglichkeit (1) unterscheidet Hesse streng zwischen einer besonderen Qualität der Geschichte Israels, die er ablehnt, und dem Erwählungsbewußtsein Israels, das er anerkennt. Letzteres ist aus den alttestamentlichen Zeugnissen klar zu erheben, fordert aber nicht zwangsläufig die erstere. Freilich ist es im Blick auf dieses Erwählungsbewußtsein theologisch unumgänglich, von einer providentia specialissima Dei zu reden, gerade *weil* Israel Jahwe, dem "Wirker und Lenker der eigenen Geschichte", in "einmaliger Weise zugeordnet gewesen"[125] ist und deshalb trotz aller Traditionszusammenhänge mit den Völkern seiner Umwelt theologisch unbestreitbar einen Charakter sui generis hat[126]. Sogar Unzulänglichkeiten und Versagen Israels führen Gott *nicht* dazu, "sich um das Geschehen mit diesem Volke innerhalb der Völkerwelt nicht mehr zu kümmern"[127].

Zur Möglichkeit (1) ist, im Vorblick auf (2), generell zu sagen, daß die in strenger Alternative: Faktum oder Deutung in den Blick genommene "realiter verlaufene" Geschichte ohnehin eine Fiktion ist, weil auch kritische Nachfrage nie zum nudum factum, geschweige denn zu einer zusammenhängenden Folge von nuda facta führt, die zudem völlig stumm blieben, sondern stets nur zu einer Deutung, die abhängig ist von den objektiven und subjektiven Umständen ihrer Erforschung.

Eine solche Faktengeschichte zur Heilsgeschichte zu deklarieren, führte in die Gefahr, den Glauben auf historische Fakten zu gründen, ihn also abhängig zu machen vom historischen Erkenntnisstand und ihn so zu bestimmen als Funktion des historischen Wissens, dem glaubensbegründende Potenz zukäme[128].

Nichts besagt schließlich die von Hesse[129] als Argument gegen die reale Geschichte als Heilsgeschichte angeführte Zerbröselung der nachexilischen Geschichte, da hier offenbar nicht von biblischen Einzelzeugnissen ausgegangen wird, sondern von einer heilsgeschichtlichen Gesamtsicht. Daß freilich heilsgeschichtliches Denken auch in dieser Zeit eine wesentliche Rolle spielt, haben u.a. Noack[130] und K.H.Müller nachgewiesen.

Auch die von Hesse früher[131] favorisierte Lösung (3) scheitert zwingend an dem vorausgesetzten Geschichtsbegriff, weil Geschichte im von Hesse definierten Sinn nicht Gegenstand des Glaubens sein kann und darum eine nur dem Glauben zugängliche Heilsgeschichte "in, mit und unter" der Geschichte Israels methodisch nicht zu fassen und einsehbar zu machen ist[132]. Darüber hinaus ist eine solche Geschichte überhaupt ein Phantom, da sie außerhalb der in den biblischen Zeugnissen gedeuteten Geschichte gar nicht zugänglich, also als eine dritte Art neben dieser und der wissenschaftlich erhebbaren nicht möglich ist. Ihre Prädizierung als Heilsgeschichte wäre mithin für Glauben und Denken sinnlos. Im übrigen geht es bei (Heils-)Geschichte nicht um einen

"Gegenstand" des Glaubens, sondern, auf der Basis der biblischen Zeugnisse, um einen Gegenstand des intellectus fidei[133]!

Im Blick auf die Ablehnung der alttestamentlichen Deutungen(en) der Geschichte Israels (2) als Prädikationsobjekt für Heilsgeschichte[134] braucht uns jetzt nicht die Frage zu beschäftigen, inwieweit frühere Einsichten Hesses[135] hier wieder zurückgenommen sind. Ausgangspunkt ist für Hesse jetzt die These, daß die im Alten Testament gedeutete Geschichte "nur in der Vorstellungs- und Gedankenwelt frommer Menschen der Antike" besteht, niemals Realität gewesen und darum nichts anderes ist als eine Geschichts-Fiktion[136]; ihr könne "man unmöglich eine solche (scil. besondere) Qualität zuerkennen", weil das den Sinn von Geschichte als "eines sich realiter in Raum und Zeit vollziehenden kontinuierlichen Geschehensablaufs"[137] aufheben würde. Zudem würde solche Heilsgeschichte nicht den Anforderungen historischer Hermeneutik genügen können, weil sie nicht die Fakten vorzuweisen vermag, die historische Vernunft einspruchslos passieren lassen kann[138].

Die Auseinandersetzung vollzieht sich auf der Basis der von G.vRad[139] angesichts der Differenz der beiden Bilder von Israels Geschichte bezogenen Position *für* das vom Glauben Israels entworfene Geschichtsbild. Freilich wird dabei vRads differenzierte Beurteilung des hier gestellten Problems bisweilen unsachgemäß vergröbert[140].

Die totale historische Disqualifikation der alttestamentlichen Zeugnisse, wie sie Hesse in der Kritik der Position vRads vornimmt, wirft die Frage auf, wie dann Glaube und Theologie überhaupt noch möglich sind, wenn anders sie doch nur möglich sind[141], wenn Gott wirklich in Ereignissen gehandelt hat, die Glaube und Theologie dann doch wohl auch zugänglich sein müssen.

Daß auch hier der vorausgesetzte Geschichtsbegriff, der Heilsgeschichte per definitionem unmöglich macht, Argumentation und Ergebnisse bestimmt, ist offensichtlich. Geht man bei dem Bemühen, Existenz, Charakter und Rang heilsgeschichtlichen Denkens zu erfassen, von den biblischen Einzelzeugnissen aus, wird man keinesfalls von der "Resistenz des (!) Alten Testaments gegen die Idee (!) der Heilsgeschichte"[142] sprechen können, so als ob es ein einheitliches, das ganze Alte Testament umgreifendes heilsgeschichtliches Konzept gäbe.

Ist aber wirklich die Differenz, ja Diastase der beiden Bilder von Israels Geschichte so kraß, daß man sie nur in der Alternative: Faktum oder Deutung auf der ganzen Breite der Geschichte Israels fassen kann? Muß man bei dieser Alternative stehen bleiben, bei der letztlich entweder die Geschichte oder das alttestamentliche Zeugnis seine theologische Bedeutung verliert? Bleibt nichts von den vielfältigen Vermittlungsbemühungen, denen sich Hesse

selbst einmal zugewendet hatte[143], bestehen[144]? Verschiedene Überlegungen lassen das als zweifelhaft erscheinen.
Es dürfte unbestreitbar sein, daß im altorientalischen Vergleich Israels Geschichtsverständnis, im Kontext seines Gottes-, Menschen- und Weltverständnisses, nach Art und Rang einzigartig ist (siehe C/IX u. X). Die alttestamentlichen Zeugnisse führen das auf die Erfahrung göttlicher Zuwendung und Führung in der Geschichte zurück. Wenn Gottes Zuwendung zu seinem Volk in Gnade und Gericht zu bestimmten Zeiten, an bestimmten Orten, unter bestimmten Umständen und durch Vermittlung bestimmter Personen geschah und Israels Glaube und die von ihm geprägten Zeugnisse dadurch bestimmt wurden, ist damit die Frage nach dem Anhalt der alttestamentlichen Zeugnisse und ihrer Deutung des göttlichen Handelns an der geschichtlichen Wirklichkeit, damit die Frage der Faktizität der bezeugten Ereignisse notwendigerweise gestellt. Wo diese Verwurzelung der Zeugnisse in historischen Ereignissen nicht gegeben oder nicht mehr erkennbar ist, da droht der Rückfall in Mythos und Fiktion[145]. Die Erkenntnis der kerygmatischen Intention der alttestamentlichen Geschichtszeugnisse verwehrt diese Rückfrage nach den sie begründenden, auslösenden und gestaltenden Fakten nicht, ist vielmehr zur rechten Erfassung alttestamentlichen Geschichtsdenkens und zur sachgemäßen Bestimmung des Verhältnisses von Fakten und Deutungen unerläßlich[146]. Daß der "Glaube... immer auf Tatsachen, also auf Geschichte (gründet)"[147], ist zwar in dieser Form theologisch und historisch undifferenziert und vermag zu historistischen Mißverständnissen verleiten, ist aber in dem charakteristischen Bezug alttestamentlichen Glaubens auf geschichtliche Widerfahrnisse Gottes zutreffend[148].
Was das Bild angeht, das sich die historische Wissenschaft vom Verlauf der Geschichte Israels macht, ist zu bezweifeln, daß es so einheitlich und imposant geschlossen ist, wie vRad[149] behauptet, aber auch, daß es mit dem der alttestamentlichen Zeugnisse "so ganz unvereinbar" ist, wie Hesse annimmt[150]. Dieses Bild wandelt sich ständig. Nicht nur die wachsenden archäologischen, ethnologischen, historischen und religionsgeschichtlichen Kenntnisse im Gesamtbereich des Alten Orient wirken sich auf dieses Bild aus, sondern auch die Handhabung der exegetischen Methoden, vor allem ihre sachgerechte Kombination, die nicht allein von bestimmten forschungsgeschichtlichen Konstellationen, sondern auch vom Interesse und den Kenntnissen der einzelnen Forscher abhängt[151]. Andererseits besteht kein An-

laß für die Skepsis, das im Alten Testament gebotene Bild von der Geschichte Israels sei eine totale Fiktion. Freilich ist dabei gerade im Blick auf die Zeugnisse von Israels Vor- und Frühgeschichte immer wieder zu überprüfen[152], ob nicht "allzu absolute historische Kategorien" unsachgemäß verwendet werden, die, weil aus einer für die biblischen Zeugen unmöglichen Wirklichkeitserfassung stammend, der Art damaliger Geschichtserfahrung, wie sie sich beispielsweise in Sagen, Legenden, Ätiologien niederschlug, nicht angemessen sind und in einen von Historikern gelegentlich mit Verwunderung aufgenommenen historischen Skeptizismus der Exegeten führen müssen.

Diese Überlegungen führen zum grundsätzlichen Zweifel am methodischen Recht und theologischen Sinn einer exklusiven Alternative von Faktum und Deutung. Unser mittels der historischen Kritik erstelltes Bild von der Geschichte Israels geht von Voraussetzungen aus, die nicht die der alttestamentlichen Zeugen sind: Sie sind geistesgeschichtlich nicht möglich, und sie sind prinzipiell nicht interessant und angemessen, weil diese Zeugen etwas anderes sagen möchten, als wir mittels unserer historischen Methode erfragen. Infolge ihrer geistesgeschichtlichen Situation und ihrer theologischen Intention wissen diese Zeugen von unseren Fragen nichts[153]. Für sie ist Israel nie ohne konstitutiven Bezug zu Jahwe, seinem Gott, und so werden geschichtliche Fakten nur interessant als Taten Jahwes, Geschichtsüberlieferungen bezeugen den Weg Jahwes mit seinem Volk.

Unsere Fragen, unsere Begriffe sind darum nur adäquat, wenn sie den jeweiligen Formen und Intentionen des alttestamentlichen Bewußtseins entsprechen, wenn sie auf ihre Berechtigung an den biblischen Texten geprüft werden[154]. Was also Geschichte ist, kann theologisch, was Israels Verständnis von Geschichte ist, kann historisch angemessen nicht vom Standort eines modernen, wissenschaftlichen oder populären, Geschichtsverständnisses beurteilt werden, sondern nur von Israels eigenen Zeugnissen aus; das bedeutet eine Differenzierung "zwischen legitimem naiven Gebrauch des Worts und illegitimem Gebrauch des Begriffs" Geschichte[155]. Die nicht nur geistesgeschichtlich, sondern theologisch fundamentalen Differenzen zwischen dem Anliegen der biblischen Zeugen und unseren historischen Fragestellungen dürfen nicht übersprungen werden. Wo unser Begriff von Geschichte gleichsam kanonisiert wird, wird aus den biblischen Texten nur herauskommen, was zuvor in sie hineingelesen wurde; das ist nichts anderes als eine pseudohistorische und pseudotheologische Bestätigung unserer Begriffe über den (unnötigen) Umweg der biblischen Texte. Theologie kann an solcher Bestätigung vortheologisch fixierter Begriffe kein Interesse haben, wird dadurch doch den biblischen Texten die Möglichkeit der Korrektur unserer Begriffe genommen ebenso wie die Möglichkeit, ihr Eigenes zu sagen. Biblisch begründete Heilsgeschichte vermag dagegen unsere Art, Geschichte zu erfahren und verstehen, in Zweifel zu ziehen, weil sie Verluste anzeigt, die wir beklagen sollten anstatt den biblischen Zeugen angebliche Mängel zu attestieren. Die Einführung eines vortheologisch fixierten Begriffs von Geschichte verstellt darum theologisches und historisches Erkennen; mit dem Aufweis der Differenz der beiden Bilder von Israels Geschichte kann über Existenz und Recht heilsgeschichtlichen Denkens nicht entschieden werden[156]. Zu alledem kommt hinzu, daß die starre Alternative eine vordergründige, eine Scheinalternative ist, und zwar deshalb, weil uns nuda facta, d.h. historische Fakten und so die "realiter verlaufene" Geschichte unabhängig von der sie rezipierenden und tradierenden Person(engruppe): ihrer individuellen geistigen und sozialen Prägung[157] und ihren leitenden Interessen, in den biblischen wie überhaupt in historischen Zeugnissen nicht zugänglich sind[158]. Wohl wird man zugestehen müssen, daß sich die Faktengeschichte auch ohne unsere Deutung ereignet[159], aber uns ist sie als vergangene immer nur zugänglich durch möglicherweise sehr verschiedene Deutungen. Dies gilt für geschichtliche Überlieferungen insgesamt und für religiöse in gesteigertem Maße. Um die "Annahme eines solchen Sprunges von dem Faktum selbst zu seiner Deutung" ist keinesfalls herumzukommen[160].

Die biblischen Zeugnisse sind in dem, was sie an Geschichtserfahrungen und -verständnissen darbieten, bestimmt durch Gottes Tat- und Wortoffenbarungen in der Geschichte. Durch solche geschichtlichen Erfahrungen ist der Glaube geprägt, er seinerseits prägt wieder die Geschichte[161]. Verstehen und Darstellung der Geschichte schließt so stets den Glauben der Tradenten ein, ihr Überlieferungsinteresse, bei dem sie immer auch die Situation ihrer Leser bzw. Hörer vor Augen haben, was wiederum bestimmend ist für die Auswahl, Form, Anordnung, Verbindung und Bewertung geschichtlicher Überlieferungen und so der Darstellung eine bestimmte Tendenz und Abzweckung verleiht - dies desto ausgeprägter,je größer der Zusammenhang und die Menge des aufgenommenen, in sich nach Form, Herkunft, Funktion, Intention und Einbeziehung anderer Zusammenhänge oft sehr disparaten Überlieferungsmaterials ist.

Solche Darstellung der Geschichte erfolgt mit dem Ziel, ihre Bedeutung für das Israel der jeweiligen Gegenwart[162] deutlich zu machen, d.h. Daseinsmöglichkeiten und Sinndeutungen in der lebendigen Begegnung mit neu vergegenwärtigtem Reden und Handeln Gottes zu erschließen. Zugleich vergewissert sich Israel durch die Überlieferung größerer Ereigniszusammenhänge des Weges, den es mit Gott und den Gott mit ihm gegangen war und ging darin den Fragen nach Begründung, Verlauf und Ziel dieses Weges nach.

Damit gehören ursprungshaft und dauernd Fakten-, Überlieferungs-, Frömmigkeits-, Auslegungs- und Verkündigungsgeschichte als je besondere Aspekte bzw. konstitutive Faktoren des Ganzen der geschichtlichen Wirklichkeit zusammen, ohne daß damit Geschichte mit Überlieferungsgeschichte etc. identifiziert oder einer dieser Aspekte totalisiert werden darf[163]. Dies alles ist in letzter Zeit wieder von S.Herrmann[164] dargelegt worden. Auch wenn im Grundsätzlichen darüber kein Streit besteht[165], kommt es sehr auf die angemessenen Konsequenzen an.

Der Differenz von Fakten und Deutungen kann die historische Kritik des Alten Testaments nur ansichtig werden, wenn sie den Weg von den alttestamentlichen Zeugnissen zu den sie begründenden und Traditionsbildung auslösenden Ereignissen zurückzugehen versucht. Erst der Aufweis der Veranlassung und Bedingungen, unter denen sich die traditio eines traditum vollzieht - zusammengefaßt unter dem Stichwort "Sitz im Leben" als Situation für den processus tradendi -, und die Erfassung der sprachlichen Formen, in denen tradita überliefert werden, macht die Erfassung des alttestamentlichen Geschichtsverständnisses in seinen verschiedenen Akzentuierungen möglich[166]. Die Frage nach diesem Geschichtsverständnis schließt notwendig die Frage nach dem Geschichtsbewußtsein im Sinn einer Abbreviatur der Erfahrung der eigenen Existenz durch die Etappen seiner Geschichte hindurch ein[167].

Israels Leben ist aber nicht nur bestimmt durch die geschichtlichen Ereignisse, die den alttestamentlichen Zeugnissen, sie ursprünglich veranlassend, zugrundeliegen (Primärfakten), sondern auch durch den Fortgang der Erfahrungen mit Jahwe, die, Israels Leben bestimmend, nur indirekt ihren Niederschlag in den tradita gefunden haben. D.h. : nicht nur die von Hesse, vRad u.a. so genannten Primärfakten sind für das Entstehen, für Form und Inhalt der Überlieferung von Belang[168], sondern auch die auf solche Überlieferungen wirkenden Fakten der fortschreitenden Erfahrungen Israels[169]. Lange Aktualisierungs- und Reflexionsprozesse, die im Bereich der Überlieferung der Väter-, Exodus-, Sinai-,

Landnahme-, Richter- und Königszeit, aber auch der Propheten- und Psalmenüberlieferung mehr oder weniger deutlich verfolgt werden können, schließen eine Geschichte neuer Erfahrungen mit Jahwe ein, wenn anders Israel sein bewegtes Dasein ohne konstitutiven Bezug zu Jahwe, seinem Gott, überhaupt nicht hat verstehen können. Es ist also mit dem Aufweis der Differenz zwischen dem Primärfaktum, an das wir infolge der darüber gelegten Deutungen bisweilen kaum oder gar nicht mehr heranzukommen vermögen, und der Enddeutung nicht schon alles erreicht; es gilt auch zu erkennen, wie diese Deutungen geprägt sind von sekundären Erfahrungen, auf die aus der Geschichte der Deutungen rückgeschlossen werden kann, die ihrerseits ebenso zum Verständnis neuer Deutung alter Fakten notwendig sind. Mit dem Aufweis der gar nicht überraschenden Differenz zwischen (primären) Fakten, sofern überhaupt noch an diese heranzukommen ist, und jetziger Deutung ist das Problem der Existenz zweier Bilder von Israels Geschichte nur unangemessen erfaßt. Erforderlich ist vielmehr die historisch-kritische Erfassung der zwischen beiden Extremen liegenden geschichtlichen Erfahrungen, die neue Deutungen auslösten, und so die Erfassung des Weges vom Primärfaktum zur Endgestalt der Tradition.Hier sind das historisch-kritisch faßbare und das gedeutete Bild der Geschichte Israels, seine äußere, historisch-politische und seine innere, geistige Geschichte untrennbar miteinander verbunden.

Im Blick auf diese mit der Faktengeschichte unlösbar verbundene Auslegungs- und Überlieferungsgeschichte muß erkannt werden, daß sie gegenüber den Primärereignissen und ihrer ersten Überlieferung durch die unmittelbar Betroffenen durch ein *Zuwenig* und ein *Zuviel* gekennzeichnet ist[17o]. Offensichtlich haben wir es (auch) im Alten Testament nur mit einer Auswahl dessen zu tun, was überhaupt überliefert wurde; große Teile geschichtlicher Ereignisse haben keinen direkten Niederschlag gefunden. Wie z.B. Ri 1 zeigt, haben auch andere als die mittelpalästinischen Stämme Landnahmetraditionen gehabt, aber nur die von Joseph/Benjamin haben in Jos 2ff. das Bild der Landnahme Israels geprägt. Das wenige, was im Alten Testament über diesen Vorgang mitgeteilt wird, stellt eine Generalisierung, Nationalisierung und (teils) Jahwisierung von Teiltraditionen dar, für die überlieferungswirksame politische, religionsgeschichtliche und kultische Faktoren verantwortlich sind. Auch sind uns viele Details der Primärfakten unbekannt, nurmehr bestenfalls hypothetisch zu erschließen, weil diese Fakten stets nur unter einem bestimmten Aspekt

überliefert wurden.
Zugleich zeigt sich in diesem durch ständigen Zuwachs von Ereignissen und Erfahrungen geprägten Überlieferungsprozeß das Zuviel späterer Deutungen. Sie wissen um die Wirkungen, auch das Verlöschen von Wirkungen, um die Tendenzen und die Konsequenzen, um die fortwährende Bedeutung und die Zukunft eines Ereignisses, können die Ereignisse in den größeren Zusammenhang von Details stellen, die den unmittelbaren Zeitgenossen oft noch unzugänglich waren, sehen, "was aus dem Gewesenen geworden ist"[171]. Geschichtliche Erfahrungen späterer Generationen werden im Horizont vorangegangener verstanden, dadurch die vergangenen aber auch durch die gegenwärtigen geprägt, wie kaum etwas deutlicher zeigt als die alttestamentlichen Patriarchengestalten, besonders Abraham, in denen Israel sein eigenes Geschick als Summe vieler, im einzelnen gar nicht mehr faßbarer Erfahrungen, ätiologisch und paradigmatisch dargestellt sah[172], oder auch die späteren Gestaltungen der offenbar sehr differenzierten Vor- und Frühgeschichte der Stämme Israels durch das Ideal des Zwölf-Stämme-Volkes. Auch hier ist der Aufweis der Differenz zwischen Primärfakten und jetzt vorliegender Enddeutung nur die Vorarbeit für die wesentlichere Aufgabe: die Faktoren zu erfassen, die zu dieser Art nationalisierender, typisierender, konzentrierender, aber auch eliminierender Deutung geführt haben. Werden so die Fakten in ihrer Bedeutung für das in fortgesetzter Erfahrung von Gottes Taten und Worten lebende Israel überliefert, muß nicht nur nach der Tendenz solcher Deutungen und damit dem Horizont, in den die Fakten zu stehen kommen, gefragt werden, sondern auch nach der Tendenz göttlichen Handelns selber,die ihrerseits den Glauben und seine Deutungsversuche geformt und gewandelt hat.
Die auch theologisch legitime Rückfrage nach begründenden (Primär-)Fakten, in denen Israel seinen Gott am Werke sah, wird zu unterschiedlich klaren und gesicherten Ergebnissen führen; sie werden schwanken zwischen höchster historischer Wahrscheinlichkeit und dem non liquet, gar historischer Fiktion. Im letzteren Fall existiert dann zwar keine Beziehung Primärfaktum - Endzeugnis, doch ist *damit* noch nichts über die in den Zeugnissen erkennbaren historischen Erfahrungen im Sinn der Sekundärfakten ausgemacht und nicht entschieden, daß solchen Zeugnissen generell "auf der Ebene der Fakten das schiere Nichts entspricht"[173]. Gattung, Motiv, Tendenz und Ermöglichung solcher "historischen Fiktionen" müssen ebenso sorgfältig Gegenstand historisch-kritischer Rückfrage sein wie Existenz und Rang histori-

scher Primärfakten. Mit der Auskunft, die alttestamentlichen Zeugnisse gäben die *Glaubens*überzeugung bestimmter Tradenten (Individuen oder Gruppen) oder der alttestamentlichen Gemeinde insgesamt wieder, wird man sich nicht zufrieden geben können, insofern Glaube stets Glaube an... ist, Deutungen darum Antwort auf etwas Vorangegangenes und Deutung von etwas Vorausliegendem sind, das Israel in Wort und Tat seines Gottes (auch) im Kontext geschichtlicher Ereignisse erkannte.

Nach allem Gesagten ist gegen die Diastase von Fakten und Deutungen mit Herrmann[174] einzuwenden, daß sie sowohl den Grad historischer Gewißheit *über*- als auch die Bedeutung theologisch-anthropologischer Aussagen *unter*schätzt, daß diese Diskrepanz positiv zu werten ist[175] als Bezeugung der Eigenart, der Intensität und Dauerhaftigkeit der Erfahrung göttlicher Gegenwart in Israel.

Exkurs 1: Geschichte und Wort als Offenbarungsmedien

Zu einer mehrfach von uns berührten Frage sei hier noch eine kurze Orientierung versucht. Daß der biblische Gott sich durch die Geschichte offenbare, wird häufig als Fundamentalsatz alt- und neutestamentlichen Glaubens ausgegeben und darin die entscheidende Differenz zu den Umweltreligionen gesehen. Ist die letztere Auffassung spätestens durch die Arbeit von B.Albrektson: History and the Gods (1967) korrigiert, so bedarf auch die erstere, sofern sie ein Generalprinzip intendiert, von den alttestamentlichen Zeugnissen her der Reduktion. Denn großen Teilen des Alten Testaments würde dieses Prinzip nicht gerecht: dem Kult, der Weisheit, dem Recht und seinen Institutionen, der Natur und ihren Ordnungen[176], sofern mit ihm nicht allgemein Gottes Handeln im Raum der Geschichte und an geschichtlich existierenden Menschen, sondern geschichtliche Ereignisse als Medium göttlicher Offenbarung gemeint sind. Mit solcher Einschränkung wird nicht bestritten, daß sich Gott durch solche Ereignisse offenbart, daß also die Geschichte *ein* Offenbarungsmedium und *eine* Kategorie biblischen Glaubenszeugnisses ist - sogar eine besonders angemessene, vielleicht die hervorragendste -[177], wohl aber[178], daß die Geschichte *die* Grundkategorie aller alttestamentlichen (oder gar biblischen) Glaubenszeugnisses ist. Eine solche Vereinseitigung, gar Verabsolutierung würde die hinsichtlich ihrer Formen und Medien vielfältigen Offenbarungsvorstellungen im Alten Testament reduzieren und die unter Gottes schöpferisch-freier Verfügungsmacht stehende Gesamtwirklichkeit auf flasche Alternativen hin aufspalten. Wie Gott als der Schöpfer und Herr über die Wirklichkeit von Schöpfung und Geschichte souverän verfügt, so macht er sich auch die Denkstrukturen und Vorstellungsformen dienstbar. In allen Bereichen geht es um die Selbigkeit, Lebendigkeit und Freiheit des sich offenbarenden Gottes; das schließt Standardisierungen, gar Hypostasierungen von Offenbarungsmedien und -formen aus[179].

So zutreffend in dem so eingegrenzten Bereich der alttestamentlichen Zeugnisse die Auskunft ist, Gott offenbare sich durch die Geschichte, werde also, wie jede geschichtliche Person, durch die von ihm gewirkte und mit ihm ver-

bundene Geschichte erkennbar, so bedarf sie der notwendigen Erläuterung, daß diese Geschichte stumm bliebe ohne das Wort, das sie deutend bezeugt. Eine *Alternative* von "God Who Acts" und "God Who Speaks", wie sie bei Wright[180] anklingt, bedeutet deshalb eine Verzerrung des alttestamentlichen Sachverhalts; die durch eine solche Alternative suggerierte Objektivität gottgewirkter historischer Fakten gibt es im Alten Testament nicht. Nur durch das Wort sind die geschichtlichen Ereignisse zugänglich und verstehbar. Wie aber ist im einzelnen das Verhältnis von Geschichte und Wort zu bestimmen?
Bisweilen[181] erscheint das Wort nur als Deutemittel eines bereits eingetretenen, jedermann zugänglichen Ereignisses[182], so daß das Wort zum zeitlich primären oder zumindest gleichzeitigen Ereignis hinzukäme, die für sich ambivalenten Fakten im Sinn göttlicher Anrede erschlösse. Das Wort wäre hier in seinem Verhältnis zur Tat Kommentar, Interpretation, Konsequenz, das historische Ereignis der Kern.
Nun zeigt aber der alttestamentliche Befund, daß in ungleich größerem Maße das Wort Gottes das zeitliche primum ist, das der geschichtlichen Tat vorangeht; es ist die Voraussetzung für göttliches Handeln und steckt vorweg den Horizont ab, in dem die zukünftige Tat geschieht und verstehbar wird. So setzt Gott in den Erzväter-Erzählungen durch sein Verheißungswort den Stammvater (und seinen Clan) auf einen Weg zu einem Ziel, das im Licht der Verheißung als Erfüllung verstehbar ist.So kündigt Jahwe im Akt direkter, freier, worthafter Kommunikation dem Mose die bevorstehende Errettung aus Ägypten an und beauftragt ihn, dies den Israeliten anzukündigen(Ex 3). So kündigen die Propheten Gottes zukünftiges Tun vorweg im von Jahwe empfangenen Wort an, das den Beginn des geschichtlichen Handelns Jahwes markiert und den Rahmen zum Verstehen der anbrechenden Ereignisse als Taten Gottes (Am 3,7) erstellt. Ereignisse und ihre Bedeutung werden so schon im voraus durch das göttliche Wort offenbart. Die Ereignisse werden dadurch nicht weniger bedeutsam, aber ihr exklusiv fundamentaler Charakter wird relativiert. Geschichte wird so zur Einlösung zuvor ergangenen göttlichen Worts, Gottes Wirksamkeit erweist sich in der Entsprechung von vorausgehendem Wort und nachfolgendem Ereignis[183]. So wird das Wort zur geschichtlichen Tat, nicht nur das Geschehen zum Wort. Daß Gott auch in solcher Offenbarung in Wort und Tat Geheimnis bleibt[184],gehört ebenso zum alttestamentlichen Gottesverständnis wie die Verborgenheit Gottes als Form seiner Gegenwart im Gericht[185].
Kann so am wesentlichen Zusammenhang von Geschichte und Wort und der Notwendigkeit der Deutung der Geschichte als Jahwes Offenbarung kein Zweifel bestehen[186]; ist zudem das Verhältnis von Wort und Tat Jahwes nicht im Sinn einer generellen Vorordnung des einen oder des anderen Mediums zu bestimmen; lassen sich schließlich die sehr variablen Vorstellungen des Alten Testaments nicht auf eine in sich geschlossene Konzeption von göttlicher Offenbarung vereinen oder auf begriffliche Alternativen festlegen[187] - dann bleibt die Differenz in der exegetischen Diskussion zwischen Rendtorff[188] und Zimmerli[189] gering[190], widersetzt sich andererseits auch Rendtorffs trotz deutlicher universalgeschichtlicher Tendenzen differenzierte Position einer pauschalen und einseitigen systematischen Vereinnahmung durch Pannenbergs Konzept[191].
Die Differenz konzentriert sich auf die Frage, ob die notwendige Deutung der Geschichte *stets* durch einen Jahwes Namen über dem Geschehen ausrufenden und so Jahwe in seinem Persongeheimnis erschließenden göttlichen Boten[192] geschehen muß oder ob das Geschehen selbst in seinem überlieferungsgeschichtlichen Zusammenhang, *auch ohne* einen Boten, Erkenntnis Jahwes ermöglicht[193]. Aber auch diese Differenz ist überbrückbar, weil auch da, wo ein Geschehen ohne vorauslaufendes, begleitendes oder nachfolgendes Wort zur Erkenntnis Jahwes führt, in jedem Fall Jahwe zuvor bekannt und das Geschehen mit ihm identifi-

zierbar sein muß. Dieser Deutehorizont im Sinn des Wissens um Jahwe, des Offenbarseins seines Namens ist allemal vorgegeben durch Jahwes Selbsterschließung, die nur als Wortereignis möglich ist. In solchem Horizont gibt es Deutung der Geschichte als Jahweoffenbarung dann auch ohne Deuter[194].

III. Die Untauglichkeit des positivistischen Geschichtsbegriffs zur Definition von Heilsgeschichte

Im Blick auf die von Hesse repräsentierte Position ist zu fragen 1. nach dem Recht, Heil biblisch-theologisch, Geschichte aber vortheologisch zu definieren und mit diesem Definitionsprodukt Recht oder Unrecht heilsgeschichtlichen Denkens und Redens beurteilen zu wollen; 2. nach der Bedeutung dieses Vorgehens für theologische Begrifflichkeit allgemein und das darin implizierte Verhältnis von Theologie und (historischer) Wissenschaft.

Kontinuität ist bei der hier vorliegenden Definition von Geschichte offenbar nicht nur *ein* Faktor, sondern das wesensprägende Merkmal der Geschichte. Will man das Wesen der Geschichte erfassen, muß man ihre Kausal-, Final- und Konsekutivverhältnisse, d.h. ihre Kontinuität erfassen. Wesensmaßstab der Geschichte ist also die eherne Gültigkeit eines wissenschaftlich letztlich nicht nachweisbaren, aber akzeptierten[195] Kausalitätsgesetzes.

Dieses Gesetz ist bei näherem Hinsehen durch bestimmte geistes- und wissenschaftsgeschichtliche Prämissen bestimmt, und zwar die der positivistischen Wissenschaft des 18. und 19.Jahrhunderts mit ihrer am mechanistischen Naturbegriff orientierten Geschichtsinterpretation[196]. Es ist also keineswegs als apriorisches Denkgesetz zu verstehen, wie ein Blick auf die lange, bewegte Geschichte des Geschichtsverständnisses[197] bestätigt[198]. Solche Erkenntnis drängt die Frage auf, ob die positivistische Geschichtsdefinition ausreichend ist und was eigentlich die Theologie legitimiert, diesen - zudem wissenschaftlich lange überholten - Geschichtsbegriff zum Kanon ihrer Rede von Heilsgeschichte zu machen.

Der hier ins Auge gefaßte Bereich ist beispielhaft besetzt in der Anthropologie durch Julien Offray Lamettrie, in dessen Hauptwerk "L'homme machine" (1748) der Glaube an die lückenlose, kausale Zwangsläufigkeit allen Naturgeschehens inklusiv des Menschen zum Ausdruck gebracht wird[199]; in der Geschichtsphilosophie durch August Ludwig Schlözer (2.Hälfte des 18.Jahrhunderts), dessen Geschichtsbegriff die lückenlose Kausalität einschließt, die das Geschehen aller Zufälligkeiten, aber auch aller Neuheiten entkleidet[200]; in der Entwicklungsgeschichte im Gefolge von Darwin durch Ernst Haeckel, der monistisch Gott und das ewige Kausalgesetz einer lückenlosen Entwicklung identifiziert[2o1]. Beherrschend für alle genannten Bereiche ist das Denken in den Kategorien des Kausalitätsprinzips, wobei Kausalität im Sinn von Wirk-, nicht von Final- oder gar Spontankausalität verstanden wird. Ob Gott dabei monistisch-pantheistisch (wie bei Bruno, Haeckel, Einstein) oder deistisch (wie bei Descartes) gedacht wird, kommt im Blick auf den zugrundeliegenden Dogmatismus der Wirklichkeitsanalyse auf dasselbe hinaus; beides widerspricht biblischem Schöpfungs- und Geschichtsdenken und damit dem biblischen Gottes- und Menschenbild radikal.

Die naturwissenschaftlichen Entdeckungen und Erkenntnisse des 2o.Jahrhunderts haben hier einen tiefen Wandel verursacht, dessen Wirkungen auch auf das Geschichtsverständnis nicht ignoriert werden dürfen[2o2]. So hat z.B. die sich auf Entdeckungen Max Plancks stützende Quantentheorie "die '*definitive Widerlegung* des Kausalitätsprinzips erbracht'"[2o3] und Wirklichkeitsbereiche der Mikrophysik erschlossen, die durch Diskontinuität und Spontaneität bestimmt sind[2o4], so daß sich eine "vollkommene Durchsichtigkeit des Geschehens... grundsätzlich nicht erzwingen" läßt[2o5]. Wenn Naturwissenschaftler versichern, daß das Quant "die grundsätzliche Diskontinuität der Natur" symbolisiert[2o6] und daß die "ungeheure Vielfältigkeit und Leistungsfähigkeit organischer Steuerungsverhältnisse... die Spielräume mikrophysikalischer Indeterminiertheit zu einer bis in makrophysikalische Maßstäbe reichenden Spontaneität (verstärken)", so daß im menschlichen Handeln weitgehend deterministische Kausalität aufgehoben ist und sich organische Spontaneität zur Willensfreiheit entfaltet[2o7], dann kann auch Geschichte nicht mehr in den Kategorien eines prinzipiell rational einsehbaren und theoretisch überall überprüfbaren Wirkkausalgefüges zureichend definiert werden. Wie Prozesse im Bereich der Natur und der Phylogenese[2o8], so lassen sich auch geschichtliche Prozesse nur als "merkwürdiges Zusammenspiel von 'Gesetzmäßigkeit' und 'Zufälligkeit'"[2o9], nur als Ineinander von Ableitbarem und völlig Neuem, nur "im Modell kontinuierlich-diskontinuierlicher Prozesse"[21o] annähernd deuten. Damit soll nun nicht doch wieder der Unterwerfung der theologischen Arbeit unter ein - jetzt modernes statt antiquiertes - außertheologisches Geschichtsverständnis das Wort geredet werden. Es soll auch nicht behauptet werden, daß die Erkenntnisse der Naturwissenschaften theologische Urteile ermöglichen oder gar legitimieren sollten oder gar könnten, wie sie früher scheinbar solche Urteile verhindern konnten. Wichtig ist aber die Feststellung, daß die naturwissenschaftlichen Erkenntnisse unseres Jahrhunderts, in der Verwerfung von Verabsolutierungen von Teilaspekten zu neuen Dogmen[211], Freiräume geschaffen haben, die gleicherweise der Entfaltung genuin wissenschaftlicher wie theologischer Aussagen dienen können[212]. Die Theologie darf nicht durch ihre Bindung an außertheologische Definitionen diese Freiräume verspielen - um ihrer selbst und um ihres Auftrags gegenüber den anderen Wissenschaften willen nicht[213]!

Es ist deutlich, wie bei Hesse Geschichte unter dem Aspekt geschlossener Kausalitäten und Kontinuitäten definiert und so auch theologische Rede von Geschichte auf ein reduziertes Wirklichkeitsverständnis fixiert und damit säkularisiert und ideologisiert[214] und so Heilsgeschichte ex principio unmöglich gemacht wird. Aber das bedeutet nun wiederum nicht[215], daß es solche Gesetze der Kausalität und Kontinuität überhaupt nicht gäbe oder daß es illegitim wäre, sie aufzuspüren. Vielmehr wird mit ihrer Hilfe durch das Erfassen des Ähnlichen, Analogen, Allgemeinen und Typischen erst der Hintergrund, ja die notwendige Bedingung für die Erkenntnis und Umschreibung (freilich nicht der Erklärung!) der unfaßbaren Vielfalt des Besonderen, des Individuellen geschaffen; sie sind für geschichtliches Erkennen "ganz unentbehrlich"[216]. Die "Erfahrung, daß kein historisches Faktum restlos mit Hilfe des Kausalitätsprinzips erklärt werden kann, (sollte nicht) zum Verzicht auf dieses Prinzip als einer Voraussetzung wissenschaftlicher Erklärung führen"[217]. Solche Gesetze im Sinn von menschlichen Versuchen, Strukturen, Ordnungen, Regeln, Determinanten zu erfassen und zu beschreiben, sind daher als heuristische Modelle, als Ordnungsfaktoren, als Kriterien der Kritik und Verständigung notwendig; das geschichtlich Individuelle bliebe sonst abstrakt, ja: Geschichtswissenschaft wäre unmöglich[218].

Jede Wissenschaft muß immer ein Stück weit von der Fülle der Wirklichkeit abstrahieren; sie muß sich nur dieser Abstraktion methodisch und sachlich bewußt bleiben und sich vor Verabsolutierungen der ihr allein zugänglichen Teilaspekte hüten[219]. Bezogen auf die Geschichte heißt das, daß sie weder zureichend definiert noch angemessen verstanden werden kann unter alleiniger Maßgabe solcher abstrakten, zudem einseitigen, weil nur im Sinn der Wirkkausalität gefaßten Gesetze; zu erfassen sind stets nur bestimmte Aspekte. Gefragt werden kann wissenschaftlich stets nur und in methodisch notwendiger Enge nach dem methodisch Faßbaren von Geschichte, nicht nach dem geschichtlich Möglichen[22o]. Es ist keine Frage, daß sich in der Geschichte fortgesetzt mehr ereignet, als wir wahrnehmen können[221], ja, daß sich erst recht mehr ereignet, als durch die hi-

storische Methode faßbar ist[222]; die Zuständigkeit der historischen Methode deckt sich nicht mit dem Umfang der geschichtlichen Wirklichkeit[223].
Wenn Hesse die wesensmäßige, für Geschichte konstitutive (wirk)kausale Verbindung *aller* geschichtlichen Ereignisse dadurch unterstreicht, daß sie "theoretisch an jeder beliebigen Geschichtsstation" nachweisbar und somit "prinzipiell rational einsichtig"[224] sei, muß er sich daher den Widerspruch des Historikers gefallen lassen. So betont Wittram[225], daß im geschichtlichen Ablauf auch das Unberechenbare, der Zufall wirksam sei und darum alle Zusammenhänge etwas Bruchstückhaftes haben, es gar Diskontinuitäten gebe, wo "schlüssige Kausalitäten, geschweige denn Monokausalitäten" nicht nachweisbar sind und gerade bei steigender Dichte und Vielseitigkeit der sich der Geschichtserkenntnis erschließenden Zusammenhänge die "Kategorie der Kausalität" unsicherer werde, so daß historisches Erkennen nicht allein auf lückenlose Kausalitätsketten zu begründen sei. Diese Diskontinuitäten haben demnach ihren Grund nicht in der menschlichen Erkenntnis, so daß sie durch Verbesserung der historischen Methoden, durch wissenschaftliche Übung, durch Vermehrung der historischen Quellen und gesteigerte Detailkenntnis grundsätzlich beseitigt werden könnten, sondern im Geschehen selbst, das mithin nicht prinzipiell überall als Individuation eines Prinzips wirkkausaler Kontinuität verstanden werden kann, demzufolge es prinzipiell Neues nicht geben kann.
Das von Hesse dargelegte Verständnis von Geschichte ist gemäß seinen geistesgeschichtlichen Wurzeln abstrakt, partiell, ja zutiefst ungeschichtlich. Es reduziert durch die Hochstilisierung einer bestimmten Art von Kausalität zum Totalbegriff des Wesens der Geschichte diese per definitionem auf das allen Ereignissen Gemeinsame auf Kosten des (dem Ereignis, aber ebenso dem Interpreten eigenen) Individuellen, Spontanen, Außergewöhnlichen, Unwiederholbar-Singulären, des Nichtableitbaren, ja des Irrationalen und gerade in dem allen dem historischen Erkennen Widerständigen und letztlich Unerkennbaren[226]. Dieses gehört kennzeichnend zum Wesen der Geschichte, ist "eminent Geschichtliches"[227], weil es Geschichte nicht allein um das "Was-Sein" der Ereignisse und Personen geht, sondern recht eigentlich um das letztlich unverrechenbare "Wer-Sein" und damit zentral um den Menschen in seiner verantwortlichen Entscheidung, seinem sittlichen Handeln, seinem Glauben, seines Selbsttranszendierung.. Beschäftigung mit Geschichte hat es notwendigerweise mit beidem zu tun: mit dem Allgemein-Typischen, dem Analogen und Konstanten *und* dem Kontingenten, dem Individuell-Singulären. "Ohne erfaßten Zusammenhang zeigt sich das Individuelle

nicht, aber alle entworfenen Zusammenhänge müssen im Individuellen verifiziert werden"[228]. Beides ist für die Beschäftigung mit der Geschichte unentbehrlich, und sie hat darum ihren Weg zu suchen zwischen einer Systematisierung der geschichtlichen Wirklichkeit und einem "bloße(n) Pluralismus historischer Individualitäten"[229].

Schließlich blendet Hesses Definition die für alles geschichtliche Verstehen unverzichtbare Frage nach Ziel und Sinn der Geschichte ab, indem die für alles Verstehen menschlichen Handelns und geschichtlichens Geschehens unerläßliche intentional-finale Fragestellung durch die nach den Wirkkausalitäten verdrängt wird[23o]. Diese Frage läßt sich nämlich nicht mit Hilfe des theoretisch überall nachweisbaren und prinzipiell rational einsichtigen Gesetzes immanenter Kausal-, Final- und Konsekutivverhältnisse umschreiben. Mit der Kenntnis dieses Gesetzes ist Geschichte noch nicht verstanden, vielleicht noch gar nicht als solche in den Blick gekommen[231].

Mit der Tatsache, daß Hesse das Wesen der Geschichte nicht nur auf ein positivistisches Gesetz reduziert, sondern damit insgesamt auch säkularisiert[232] und - eben dies ist charakteristisch für die von ihm vertretene Position - diesen Begriff von Geschichte zum Maßstab für Recht oder Unrecht heilsgeschichtlichen Denkens macht, befinden wir uns an einem Angelpunkt der Auseinandersetzung; die Konsequenzen solcher Methode sind für theologisches Denken und Reden in hohem Maße gefährlich. Denn hier wird ja Geschichte bestimmt als Teil "der Wirklichkeit" im Sinn eines durch immanente, darum rational einsichtige und theoretisch überall nachweisbare causae, fines und consecutiones fest zementierten, geschlossenen Systems, eines einheitlichen Ganzen, auf das von außen keine Wirkungen ausgeübt werden (dürfen). Nur was sich in diesen vorgegebenen, zuverlässigen Rahmen einordnen läßt, ist wirklich-geschichtlich[233].

In diesen Rahmen wird nun Heilsgeschichte eingefügt: "Heilsgeschichte nun ist, wie schon der Name sagt, ein Sonderfall von Geschichte. Das eben Gesagte muß also auch für sie gelten"[234]. Das Problematische an diesem Verfahren ist nicht einmal die (wissenschaftsgeschichtlich längst antiquierte)positivistische Definition von Geschichte, sondern vor allem die unkritische Übernahme dieses verengten und im vortheologischen Raum geprägten Begriffs als Interpretationskategorie für die biblischen Zeugnisse,an der entschieden wird, ob es heilsgeschichtliche Rede geben kann. Selbstverständlich kann es sie unter den Bedingungen von Hesses Definition nicht geben[235].

Die zentrale Frage läßt sich hier mit K.Barth[236] dahingehend formulieren, ob Ge-

schichte Prädikat der Offenbarung, d.h. von Gott, seinem Reden und Handeln gewirkte Geschichte, oder ob Gottes Offenbarung Prädikat der Geschichte sei, das Zeugnis von Gottes Reden und Handeln in der Geschichte folglich in den Rahmen eines wie auch immer geprägten normativen Allgemeinbegriffs von Geschichte eingestellt werden müsse, Geschichte des Redens und Handelns Gottes also stets ein Spezielles innerhalb eines uns rational-theoretisch zugänglichen Umgreifend-Allgemeinen sei. Läßt sich mithin die Theologie das, was Geschichte ist, von einer anderen Wissenschaft sagen, redet sie also als Theologie im Zuge der Auslegung der biblischen Zeugnisse etsi deus non esset, oder hat sie um ihrer Sachlichkeit willen nicht allererst zu fragen, was dieser Begriff, auch wenn ihm ein biblisches Äquivalent fehlt, im biblischen Kontext bedeutet, wie er hier legitimiert werden kann? Hat sich gar die Theologie um des Ausweises ihrer Wissenschaftlichkeit willen den Gesetzen außerbiblischer Geschichtsverständnisse zu unterwerfen? Elementarprobleme theologischer Begrifflichkeit und der Wissenschaftlichkeit der Theologie sind damit angesprochen[237].
Theologische Begriffe, deren sich Exegese, Dogmatik und Verkündigung bedienen, sollen das biblische Zeugnis erfassen und bezeugen. Das biblische Zeugnis ist Zeugnis von Gottes Heilshandeln. Also sind theologische Begriffe nur dann legitim, wenn sie dieses Handeln Gottes einbeziehen. Wo anders sollte auch verantwortbares christliches Reden geschehen als da, wo Gott sich selbst kundgetan hat! Wenn Paulus in Röm 12,2 die Glaubenden mahnt, sich nicht dem Schema dieser Welt gleichförmig zu machen, sondern umgeformt zu werden durch Erneuerung des Denkens, dann bedeutet das in unserem Zusammenhang, daß sich theologisches Denkens und damit auch theologische Begrifflichkeit nicht auf einen Standpunkt außerhalb des Heilsgeschehens stellen dürfen. Solche Vernachlässigung des Heilsgeschehens wäre anachronistisch[238], weil sie hinter den geschichtlichen Gegebenheiten zurückbliebe und Teilwahrheiten verabsolutierte. Erhebt die Theologie den atheistischen Geschichtsbegriff zur Methode, bewegt sie sich "ontologisch in einer 'fiktiven Abstraktion'"[239], weil sie Welt und Mensch und Geschichte ohne Beziehung zu Gott voraussetzt, was nicht nur vom Evangelium her, sondern schon im Blick auf die alttestamentlichen Zeugnisse unmöglich ist. Was mit Hilfe einer solchen historischen Methode allenfalls zu erreichen ist, ist "ein ontisch reduziertes Geschehensphänomen"[240]. Wenn Geschichte im Licht des Offenbarungshandelns Gottes verstanden wird, kann sie nicht das in sich geschlossene System von Gesetzen sein, als das sie positivistisch definiert werden mag[241].

Man kann sich an einfachen Beispielen klarmachen, was hier auf dem Spiel steht. Redet man z.B. von Gottes Liebe, Gerechtigkeit, Gnade, von seiner Allmacht, Ewigkeit und Herrlichkeit, vom Kreuz, dann ist fast selbstverständlich das stärkste Paradox gerade recht, um die unvergleichliche Eigenart des göttlichen Wesens und Handelns zu verdeutlichen. Würde man hier ein vulgäres, wissenschaftliches oder philosophisches Verständnis zum Kanon theologischer Aussagen machen, führte das zur abgrundtiefen Verfälschung der biblischen Zeugnisse. Man kann in keinem dieser Fälle, und so auch nicht im Fall von Geschichte, biblisch begründet von Gott reden, wenn man Gott aus der Definition der Begriffe ausschließt. Das führt nicht zu einer doppelten Begrifflichkeit, sondern warnt vor der Absolutsetzung vortheologisch definierter Begriffe, die als solche zur Interpretation der Wirklichkeit nur unter begrenzten Aspekten taugen. Alle unsere Begriffe müssen, wenn sie zur Umschreibung und Verkündigung des Heilshandelns Gottes verwendet werden, durch die Berührung mit dem biblischen Zeugnis "kritisch gesäubert" werden[242].
In welchem Sinn also in der Theologie von Geschichte und damit gegebenenfalls auch von Heilsgeschichte und von ihrem Kontinuum, ihren Kausalitäten und Finalitäten zu reden ist, ist einzig theologisch zu entscheiden, d.h. durch Interpretation der biblischen Zeugnisse. Auf dieser Basis erweist sich aber Geschichte nicht als das geschlossene System von Gesetzmäßigkeiten, als die in sich geschlossene, unverletzbare Wirklichkeit; vielmehr ist, ebenso wie die Natur, "Geschichte ...immer verstanden als das kreatürliche, frei von Gott gehandhabte Werkzeug"[243], ist Schöpfung und Herrschaftsbereich Gottes (Gen 1-2,4a; Jes 4o,27f.; Ps 9o,4), Mittel und Ort seiner Offenbarung und hat so dienende Funktion[244]. Unsere Begriffe von Gesetzmäßigkeit vermögen Gottes herrscherliches Verfügen nicht ausreichend zu interpretieren, vielmehr ist "diese *Gesetzmäßigkeit*... für den Glauben nur *einer* der Faktoren, über denen sein (sc.Gottes) Regiment und Geleit waltet"[245].

IV. Das Verhältnis von Theologie und (historischer) Wissenschaft

Die zuletzt behandelte Problematik theologischer Begrifflichkeit ist nun aber nur der Index eines umfassenderen Problems, dem wir uns noch kurz zuwenden müssen.Es ist das Problem, in welchem Sinn es Theologie als Wissenschaft gibt, wenn sie sich nicht ohne weiteres der allgemeinen wissenschaftlichen Begriff-

lichkeit bedienen kann. Muß sich die Theologie nicht in der universitas literarum vor dem Forum allgemein gültiger Definitionen verantworten? Muß sie sich nicht, will sie nicht in ein Ghetto geraten und im Kreis der anderen Wissenschaften verständlich bleiben, auf deren Voraussetzungen einlassen[246]?
Nun ist es das oberste Gebot jeder Wissenschaft, also gegebenenfalls auch der Theologie, "das zu tun, was sie in bezug auf *ihren* Gegenstand und ihre Aufgabe tun muß"[247]. Gegenstand christlicher Theologie als einer selbstkritischen Funktion der Kirche ist die Offenbarung Gottes in Jesus Christus, wie sie uns in den Glaubenszeugnissen der Hl.Schrift überliefert ist; und ihre Aufgabe besteht darin, den in diesen Zeugnissen bekundeten Glauben im Kontext je gegenwärtiger Wirklichkeitserfahrung und Daseinsbewältigung sachgerecht zu entfalten (Dogmatik), zu verkündigen (Homiletik), zu verteidigen (Apologetik) und zu verantworten (Ethik). Diese Aufgabe vermag sie nur zu erfüllen, wenn sie ihre eigene Sache konsequent vertritt, die zwar nicht die Sache anderer Wissenschaften ist, aber doch eine Funktion für diese hat[248]. Wissenschaftlichkeit um jeden Preis im Sinn einer Abhängigkeit von den Bedingungen einer anderen Wissenschaft kann darum nicht Aufgabe und Ziel der Theologie sein, solange sie sachlich und sachgerecht bleiben will. Sie würde unweigerlich ihr Thema und damit ihre Selbständigkeit und kritische Funktion verlieren, wenn sie nach solcher Art Wissenschaftlichkeit strebte. Im Sinn der hermeneutischen Grundentscheidung K.Barths formuliert Miskotte[249]: "...wenn wir von den allgemeinen Begriffen ausgehen, können wir niemals Zeugen und Interpreten des Namens (erg.: Gottes und der in ihm umschlossenen Geschichte) sein".
Zwar stehen auch der Theologie keine anderen Denkgesetze und Sprachformen zur Verfügung als jeder Wissenschaft sonst und auch dem vor- und außerwissenschaftlichen Bereich, und darum ist sie an methodische Ordnung, logisch-begriffliche Sauberkeit und Nachprüfbarkeit ihrer Denkprozesse ebenso gebunden wie alle anderen Wissenschaften, deren Methoden und Ergebnisse sie zur Erhellung und Darstellung ihres "Gegenstandes" kritisch gebraucht. Aber alles das entpflichtet die Theologie keinesfalls, die Maßstäbe ihres Denkens, Redens und Handelns einzig an *ihrem* Gegenstand zu gewinnen, dessen Wahrheit-Wirklichkeit über alles theologische Bemühen immer hinausgeht und in dessen Dienst alle Theologie zu stehen hat[250].
Nur solche konzentrierte Sachlichkeit, die sich aller Bevormundung und Festlegung durch außertheologische Begrifflichkeit und Wirklichkeitssicht begibt, wohl ihrerseits die kritische Rückfrage gestattet, ja erfordert, "wie das

Zeitphilosophem sich vor der biblischen Entbergung der Wirklichkeit zu rechtfertigen gedenkt"[251], begründet und erhält die Wissenschaftlichkeit der Theologie und macht sie frei, anderen Wissenschaften gegenüber ihre notwendige kritische Funktion wahrzunehmen, indem sie Verabsolutierungen von Teilaspekten der geschöpflichen und geschichtlichen Wirklichkeit und ihren philosophischen und politischen Konsequenzen entgegentritt, die methodisch notwendige Abstraktion und daraus folgende Gesetze mit dem Wesen des Ganzen verwechseln[252]. Insofern hat Theologie, die bei ihrer Sache bleibt, immer wieder auch den Säkularismus in ihren eigenen Reihen zu entlarven.
Dem hier möglichen, vielleicht sogar naheliegenden Vorwurf des Fundamentalismus oder Offenbarungspositivismus ist mit Loen[253] anklagend zu entgegnen: "Ist man so sehr durch das Selbstverständnis dieser Ära... mit seiner immanenten potentiellen Begrifflichkeit eingeschüchtert, daß man in der Bejahung des Evangeliums dessen Begrifflichkeit als einen Alpdruck empfindet und deshalb verneint? Eben diese Gespaltenheit wird heute als die Not der kirchlichen Verkündigung hingestellt. Der Wissenschaft, besonders der Naturwissenschaft gegenüber sei sie gezwungen, sich auf neutrales Gebiet zurückzuziehen. Man sollte spüren, daß diese Einschüchterung grundlos ist! Man sollte spüren, wie fragwürdig die Begrifflichkeit des Selbstverständnisses dieser Ära heute ist".

Das Verhältnis von Theologie und (historischer) Wissenschaft steht auch bei dem Versuch von G.Klein zur Diskussion, heilsgeschichtliches Denken als historisch und theologisch illegitim zu erweisen. Kleins Verhältnisbestimmung von Theologie und Historie im Bezug auf das Problem der Heilsgeschichte kann in 3 Thesen zusammengefaßt werden:

1."Der Streit um die Heilsgeschichte fordert Historie wie Theologie exemplarisch zu einer Besinnung auf den ihnen gemeinsamen Gegenstand wie zur Klärung ihrer ihnen diesem gegenüber zustehenden verschiedenen Kompetenzen heraus"[254].
2. Die Feststellung, daß die "Behauptung von Heilsgeschichte historische Vernunft nicht *gleichgültig* lassen kann, weil kein *Phänomen* erschwinglich ist, dessen heilsgeschichtliche Qualifikation überhaupt zur *Entscheidung* stehen könnte"[255], macht die Idee der Heilsgeschichte sinnlos.
3. Die Theologie "würde jeden Versuch, sich einen gegen historische Verifikation immunen Gegenstand als Geschichte zu erschleichen, mit dem Verlust ihrer Wissenschaftlichkeit büßen", da zur Rekonstruktion der Geschichte *nur* die historische Wissenschaft kompetent ist[256].

Die Grundfrage lautet, inwiefern These (1) zutreffend ist. Klein setzt voraus, daß diese Frage damit zu beantworten sei, daß es beiden: der Theologie und der Historie, konstitutiv um Geschichte geht.Ihre unterschiedliche Kompetenz diesem ihrem gemeinsamen Gegenstand gegenüber besteht darin, daß die Historie die hi-

storischen Phänomene rekonstruiert, die sie - qua Methode - in ihrer heilsgeschichtlichen Qualität zwar weder verifizieren noch ächten, aber der dafür zuständigen, auf das historisch fixierende Urteil der Historie angewiesenen Theologie freistellen kann[257].Folglich gibt es die für Historie und Theologie gleiche, von der Historie fixierte und legitimierte Basis der historischen Phänomene; die einzige Aufgabe der Theologie kann nur deren heilsgeschichtliche Qualifizierung sein. Wenn aber diese Basis der Phänomene von der Historie nicht beschafft werden kann, ist damit auch über die Heilsgeschichte theologisch entschieden.
Mit anderen Worten: Heilsgeschichtliche Rede ist in ihrer Möglichkeit abhängig vom Urteil der historischen Wissenschaft, theologische Rede also den Urteilen außertheologischer Wissenschaft unterworfen. Wo Geschichte im von Hesse[258] definierten Sinn nicht gegeben ist, kann es um der Wissenschaftlichkeit der Theologie willen keine Heilsgeschichte geben. Heilsgeschichte ist hier wieder eine Sonderform von Geschichte; der Verweisungscharakter dieses Begriffs ist übersehen.
Nun wäre in der Tat heilsgeschichtliche Rede auch in diesem ihrem Verweisungscharakter sinnlos, wenn die Behauptung zuträfe, möglicherweise von der Theologie heilsgeschichtlich zu qualifizierende historische Phänomene seien überhaupt nicht erschwinglich. Das ist aber nicht der Fall[259]; zudem ist das Problem komplizierter, als es sich einem undifferenzierten Vergleich zwischen jetzt im Alten Testament vorliegender Enddeutung und den ursprünglichen Fakten zeigt (siehe A/II.2).
Gleichzeitig kommt damit wiederum die ausschließliche Legitimationsbasis heilsgeschichtlicher Rede ins Blickfeld. Denn ob und in welchem Sinn Heilsgeschichte eine legitime Deutekategorie ist, entscheidet sich allein an den Zeugnissen des Alten und Neuen Testaments. Die Zuständigkeit der Historie gegenüber diesen Zeugnissen ist eine doppelte: Sie hat das Verständnis der biblischen Zeugen, auch hinsichtlich dessen, was sie unter (Heils-)Geschichte verstehen, zu erfassen, und sie hat zu versuchen, die diesem Verständnis vorausliegenden bzw. durch dieses bewirkten Ereignisse, soweit es ihre Methode ermöglicht, zu verifizieren. Sie wird dadurch das Selbstverständnis der biblischen Zeugen, die Intention ihrer Zeugnisse und eine Reihe von historischen Ereignissen einschließlich ihrer historischen Zusammenhänge und ihrer Traditionsgeschichte bis zum vorliegenden Endzeugnis mit dem ihr im Blick auf antike Urkunden möglichen Maß an Sicherheit erheben können.

Sie wird dabei konstatieren, daß unter den konstitutiven theologischen Voraussetzungen der biblischen Zeugnisse von Geschichte anders gesprochen wird - gesprochen werden *muß*, als das unter den Bedingungen historischer Methode möglich ist. Der gemeinsame Gegenstand von Theologie und Historie ist somit hier primär nicht die Geschichte, die es ja ohnehin nie ohne ihre Bezeugung gibt, sondern das vielfältige biblische Zeugnis. Die Eigenart seines Geschichtsverständnisses wird, gerade auch im Vergleich mit dem der Umweltkulturen, der Historiker erfassen können, freilich nicht seine Begriffe zum Maß für Recht und Sinn solchen Verständnisses machen. Dadurch würde theologische Rede auf die Bedingungen historischer Rede fixiert.Unter diesem Aspekt wäre die Wissenschaftlichkeit der Theologie ein für die Theologie tödliches Desiderat. Von einem Erschleichen ihres Gegenstandes, wie Klein es nennt, kann hier nicht die Rede sein.

Wir beschließen diesen einleitenden Teil A mit einem kurzen Rückblick, aus dem sich die weitere Aufgabenstellung ergibt.
Die Auseinandersetzung mit den methodologischen und fundamentaltheologischen Problemen, die die von Hesse repräsentierte heilsgeschichtskritische Position einschließt, sollte die Grundlage der in dieser Arbeit vertretenen Gegenposition deutlich machen. Es geht um die zentrale Frage, wie theologisch sachgemäß zu bestimmen ist, was Geschichte ist und in welchem Sinn dann von Heilsgeschichte gesprochen werden kann. Es ist dies nicht primär die Frage nach der angemessenen sprachlichen Formulierung, sondern nach der legitimen Grundlage solcher Definition.

Hat man auszugehen vom alltäglichen Sprachgebrauch oder von einem geschichtswissenschaftlich fixierten, in jedem Fall vortheologisch definierten und von den biblischen Zeugnissen nicht infragegestellten Begriff und an ihm Möglichkeit und Recht heilsgeschichtlichen Denkens und Redens zu messen? Viele der in Teil A behandelten Einzelprobleme erwiesen sich als Reflex dieser Begriffsbestimmung, die per definitionem Heilsgeschichte unmöglich macht und weitreichende Folgen für theologisches Denken überhaupt hat.
Auch von der geschichtswissenschaftlichen Fragwürdigkeit dieser Definition abgesehen, hielten wir die biblischen Zeugnisse für die einzig legitime Ausgangsbasis zur Bestimmung dessen, was Heilsgeschichte ist, welches Recht diese Kategorie hat und welche Grenzen ihr gesetzt sind im Blick auf die auch theologisch sehr unterschiedlich geprägten und in dieser ihrer Mannigfaltigkeit sich

jeder heilsgeschichtlichen Systematik widersetzenden Überlieferungskomplexe des Alten (und Neuen) Testaments. Nur von dieser Grundlage aus kann die Theologie auch in der Erörterung der Heilsgeschichte bei ihrem Thema bleiben, frei von falschen Abhängigkeiten und so frei zum Dienst gegenüber anderen Wissenschaften.

Die biblischen Traditionskomplexe, die im folgenden Teil B exegetisch und bibeltheologisch untersucht werden sollen, werden zeigen, daß Geschichte bzw. Heilsgeschichte nur im Gesamtgefüge des jeweiligen Gottes-, Menschen- und Weltverständnisses, d.h. nur im Kontext des jeweiligen theologischen Gesamtkonzepts eines Überlieferungskomplexes angemessen erfaßt werden kann. Nur so lassen sich auch die wesentlichen Elemente alttestamentlicher Rede vom Heil und ihre sachlich-intentionale Zuordnung, d.h. ihr systematisches Gefüge und Gefälle, also ihre Struktur aufzeigen. Es gilt von "Heil" im Blick auf seine Bedingungen, seine Erscheinungsformen, seine Konsequenzen zu reden im literarischen und sachlich-theologischen Bezugsgefüge, dem Wort- und Sachfeld der Beziehung Gottes zum Menschen, repräsentiert durch Israel und die Völker, wobei diese Bezüge sowohl Denk- und Aussage- als auch Handlungs- und Geschehensbezüge sind, die ihrerseits Wesen und Willen der Handelnden erschließen und bezeugen.

Es geht bei der Erfassung solcher Strukturen nicht um die Abstraktion vom Individuellen und Konkreten, nicht um einen abstrakten Systematismus und Schematismus theologischer Faktoren[260], sondern um den Aufweis lebendiger Personal-, Handlungs- und Geschehenszusammenhänge zur Vermeidung verfälschender Alternativen oder verkürzender Kontroverspositionen.Daß dabei das Formale nicht vom inhaltlich Bestimmenden zu trennen ist, liegt in solcher Begründung und Zielsetzung der Frage nach elementaren Strukturen beschlossen.

B. Alttestamentliche Zeugnisse

V. Der Jahwist (J)

1. Interpretation

Zur Erfassung des soeben umrissenen Sachverhalts diene zunächst ein theologischer Entwurf, dessen heilsgeschichtliche Qualifikation nach dem übereinstimmenden Urteil der Exegeten[261] nicht zu bestreiten ist: der sog. Jahwist. "The Bible's First Theologian" hat man ihn genannt[262]; seinem theologisch gestalteten Entwurf von beeindruckender Tiefe und Kraft verdanken wir wesentliche Züge unseres Bildes vom vorkanaanäischen Israel[263]. Das Urteil von Cancik[264] ist weit verbreitet: "Sein Werk... ist, ob man es literarisch, historiographisch oder theologisch betrachtet, die bedeutendste Leistung der altorientalischen und wohl auch der uns erhaltenen israelitischen Geschichtsschreibung".

Diese mit dem Siglum J bezeichnete Säule der traditionellen Pentateuchkritik ist freilich in den letzten Jahren ins Wanken geraten[265]. Während H.H.Schmid, H.Vorländer u.a. das hohe Alter (Zeit Salomos) infragestellten und J in die Nähe des dtn/dtr Traditionskreises rückten, hat insbesondere R.Rendtorff die Existenz von J im Sinn einer durchlaufenden Pentateuchquelle überhaupt und damit auch eine Theologie des J radikal bestritten[266]. Zusammen mit der Bestreitung einer Quelle P[267] wird so die gesamte Quellenhypothese von einem radikal überlieferungsgeschichtlichen Ansatz aus infragegestellt.
Statt mit durchlaufenden Quellen rechnet Rendtorff mit einer Anzahl "größerer Einheiten" (Väter-, Exodus-, Sinai-, Wüsten- und Landnahmetraditionen), die, überlieferungsgeschichtlich selbständig und jeweils eine große Vielfalt von Überlieferungsmaterial enthaltend, in sich mehrstufig theologisch bearbeitet, aber nur dürftig miteinander verbunden wurden, so daß von einer literarischen und theologischen Einheit nicht gesprochen werden könne. Besonders die Selbständigkeit der Vätertradition falle ins Auge, während Exodus-, Sinai- und Wüstenthema stärker durch die Gestalt des Mose miteinander verbunden seien[268]. Angesichts oft starrer Handhabung und vielfacher Übersteigerung der literarkritischen Methode und einer mitunter verwirrenden Uneinigkeit der Exegeten bei der Zuteilung der Texte zu den einzelnen Quellen ist Rendtorffs Arbeit ein notwendiger und heilsamer Protest[269]. Auch die Betonung, daß es sich bei J zuerst um einen Sammler und Kompositeur, ja um einen mehrstufigen Traditionsprozeß im Sinn einer "Schule" handelt[270], verdient erneut Beachtung.
Weniger Zustimmung haben indes andere, gerade auch für unser Thema wesentliche Resultate Rendtorffs gefunden:
1. die Bestreitung von J als Pentateuchquelle überhaupt[271]; 2. die Spätdatierung von J in die Nähe der dtn/dtr Tradition und die sich ausweitende pandeuteronomi(sti)sche Tendenz[272]; 3. die Leugnung themenübergreifender Zusammenhänge[273]. So darf bei aller Würdigung der Bedenken Rendtorffs wohl auch weiterhin von einer theologischen Gesamtkonzeption des J gesprochen werden. Entsprechend kann Kaiser[274] auf dem Hintergrund seines Referats über Probleme gegenwärtiger Forschung zu J gleichwohl einen Abschnitt über "Geschichtsbild und Theologie" schreiben und von einer "großartigen *summa theologiae histori-*

cae"[275] sprechen; Smend hält (mit Wildeboer) "die Erwählung Israels zum Volk Jahwes" für den Skopos der J-Komposition[276], wenn auch "wenig... an explizit formulierter *Theologie*" und geschichtstheologische Reflexion erst auf der Stufe der JE- bzw. dtr Bearbeitung zu finden sei[277]; W.H.Schmidt spricht von einer "pointierten Theologie"[278] und vom "jahwistische(n) Geschichtswerk"[279]. Mit aller gebotenen Vorsicht zieht es Zenger[280] vor, zunächst nur von "theologischen Schwerpunkten sog. jahwistischer... Texte" zu sprechen.

Für die geschichtstheologische Konzeption des J[281] ist nach weitverbreitetem Urteil[282] das von ihm selbst formulierte Verbindungsstück Gen 12,1-3(4a)[283] am Übergang von der Ur- zur Vätergeschichte von grundlegender Bedeutung, ja geradezu programmatischem Rang[284]; es kann daher theologisch schwerlich überschätzt werden[285]. Darüberhinaus ist es zur Erfassung dieser Konzeption erforderlich, die literarischen Techniken zu erkennen, deren sich J in seiner Verarbeitung vorgefundener Traditionen zu seinem Gesamtentwurf bedient hat[286]. Im Zuge dieser Erfassung werden sich wesentliche Hinweise auf das angemessene Verständnis der Elemente "Heil" und "Geschichte" im Begriff "Heilsgeschichte" ergeben.

a) J redet vom Heil unter dem programmatischen Leitwort ברך / ברכה (Gen 12, 3)[287], und zwar gemäß der Struktur seiner Tradition wie seiner eigenen Konzeption unter dem Aspekt der Verheißung, auf deren Erfüllung alles ausgerichtet ist und die in der Zeit des J teilweise Wirklichkeit geworden war. Damit ist die sich in der Spannung von präsentischem, den Verheißungsempfänger kraft der ergangenen Verheißung bereits bestimmendem und futurischem Heil eröffnende Zeitdimension im Reden von Jahwes Heil(shandeln) ins Blickfeld gerückt. ברכה als "heilschaffende Kraft" im Universalsinn des Wortes ist ähnlich wie das weithin synonyme שׁלום inhaltlich in der Regel nicht präzisiert; es können alle Bereiche des Lebens umgriffen sein (Leben, Frieden, Fruchtbarkeit, Erfolg, Glück, Rettung aus Krankheit und Not, Geist, Gerechtigkeit, erfüllte Verheißung u.a.m.)[288].

Wesentlich für J wie für den alttestamentlichen Befund insgesamt ist, daß trotz aller menschlichen Vermittlung Jahwe die einzige und wahre Quelle allen Segens ist; alles Segnen beruht ursprungshaft "auf einem freien, nur in sich selbst begründeten Entschluß Gottes und seinem diesen Entschluß verwirklichenden Worte"[289], ist also im Kontext der Erwählung zu verstehen und schließt (im Gegensatz zum Fluch) die Aufnahme bzw. Bestätigung eines Gemeinschaftsverhältnisses ein[290].

Aber Jahwe ist nicht nur Urheber des Segens, sondern auch der, welcher über der Realisierung dieses Segens, über der Erfüllung der Segensverheißung wacht.

Im Rahmen des jahwistischen Erzählwerks werden durch vorausweisende, in Grundgefüge, Wortbestand und Intention gleichbleibende Texte immer wieder die Richtung und das Ziel des Geschehens angezeigt[291], und durch wiederholte Episoden, die die Erfüllung der Verheißung menschlicherseits zu verhindern drohen[292], wird immer wieder die Aufmerksamkeit auf die Souveränität, Zuverlässigkeit und Beständigkeit Jahwes gerichtet, der alle durch Unglauben, Undankbarkeit und Ungeduld der Menschen aufgerichteten Hindernisse überwindet, der zu seinem Wort, das er Israel als erwähltem Volk gab, steht, es einlöst und sich darin als Gott erweist[293].

Jahwe ist also Ursprung und Geber des Heils, Lenker und Vollender der durch seine Verheißung in Gang gesetzten Geschichte[294]. Die sich zwischen Verheißung und Erfüllung spannende, im zeitlichen Nacheinander göttlicher Taten verlaufende Geschichte ist darum letztlich nicht die Geschichte menschlicher Helden und Erfolge, sondern die "Geschichte der Taten Jahwes"[295]. Diese Geschichte ist mithin von ihrem Anfang her, in ihrem Verlauf und im Blick auf ihre Vollendung eine Veranstaltung Jahwes, der sich darin offenbart als "God with a long-range plan and the power and will to implement that plan"[296]; vgl. dazu außer Gen 12,1-3 und den genannten Verheißungstexten die Josephserzählung in ihrer jahwistischen Kommentierung Gen 45,5.8, die eine über diesen speziellen Bezug hinausgehende Gültigkeit hat, die Plagen-Exodus-Erzählung und die Bileamgeschichte des J[297]. Die ganze von J dargebotene Geschichte ist daher in ihrer Tiefe und Absicht nicht vom Menschen, sondern von Gott her zu verstehen[298], "Gottes Wille ist das eigentliche Gesetz der Geschichte"[299]. Von dieser Geschichte, die um ihres Subjekts, ihrer Bedingungen und ihres Zieles willen Heilsgeschichte genannt werden kann, ist darum nur theologisch zu reden.

Die jahwistische Konzeption hat eine ihrer Wurzeln wahrscheinlich in dem von A.Alt entdeckten und gedeuteten (halb)nomadischen Religionstyp der Vätergott-Verehrung[3oo], von dem ein Teil der von J übernommenen Patriarchentraditionen[3o1] geprägt war. Trotz mancher Widersprüche und notwendiger Modifikationen, die Alts bahnbrechende Arbeit "Der Gott der Väter" (1929) erfahren hat[3o2], darf wohl festgehalten werden, daß der Gott, der sich dem Ahnherrn und in ihm dem Familienverband bzw. der Sippe zugewandt und bekannt gemacht hatte, Nachkommen und neue Lebensmöglichkeiten (Landgabe) verheißt[3o3], die Gruppe schützend, rettend und segnend begleitet und ihr den Weg weist, schließlich die Erfüllung seiner Zusagen bewirkt und sich so über die Zeiten hinweg als der Treue erweist[3o4]. Er ist ein mitgehender, die Geschicke der Gruppe bestimmender und

auf den spannungsvollen Weg von der Verheißung zur Erfüllung setzender Gott, der Vertrauen und Hoffnung fordert[3o5].
Schon in der von J aufgenommenen Tradition[3o6] war im Blick auf das Heil wirkende Handeln der Gottheit dieses lineare Zeitelement: das Leben zwischen Verheißung und Erfüllung, das Erfassen der eigenen Zeit in den modi der Erinnerung und Erwartung, konstitutiv, so daß von einer (im übrigen weit über J hinausgehenden) Führungstheologie[3o7] oder einer Theologie des Mitseins (vgl. Gen 26,24.28; 28,15; 31,3.5; 39,2f.21.23; 46,4 u.ö.) als Ausdruck des Segens (D.Vetter) und von Jahwe als einem "herausholende(n), führende(n), wegweisende(n) Gott"[3o8] gesprochen werden kann.

b) Zusage des Segens und heilvolles Handeln Jahwes an seinem Volk und für alle Geschlechter der Erde vollzieht sich in der Sicht des J auf dem Hintergrund der Gottwidrigkeit, der Schuld des Menschen[3o9]. Das wird zum einen durch die inhaltliche und strukturelle Verknüpfung von Ur- und Vätergeschichte, zum andern durch die Darstellung der Väter-, Exodus- und Wüstenwanderungsgeschichte selbst in aller Deutlichkeit herausgestellt.
Gottwidrigkeit umschreibt dabei nicht eine Ausnahmesituation des Menschen, sondern ist die den Menschen überall und fundamental bestimmende Kategorie[31o]; denn in der Urgeschichte soll der Mensch nicht auf einer vergangenen Etappe seiner Vorgeschichte dargestellt, sondern in seinem Wesen und mit seinen elementaren Lebensfragen und -nöten als der verstanden werden, der er als Mensch immer und überall ist[311]. Was ihn als Menschen in seinem Verhältnis zu Gott und zum Mitmenschen[312] zutiefst bestimmt und bewegt, das wird hier in der Form und mit der Intention des Mythos[313] in einer Gott, Welt und Menschheit umgreifenden, jenseits historischer Beschreibung liegenden "Urgeschichte" so behandelt, daß es auf seine Ursache (αἰτία) zurückgeführt wird. Dieses auf Wesen und Ursprung der Welt mit ihren Ordnungen und Erscheinungen und auf des Menschen Stellung, Bewahrung und Verhalten in ihr ausgerichtete Fragen und Antworten zielt nicht auf Unterhaltung und Belehrung, sondern mit zwingender Autorität auf die existentielle, Denken, Wollen und Erleben umschließende Identifikation. Diese Mythen stellen exemplarische Demonstrationen der "große(n) Urwahrheiten des menschlichen Geschlechtes" dar[314], die in ihrer Gültigkeit unantastbar sind und durch geschichtliche Erfahrungen nicht relativiert werden können.
Die nach dem stereotypen, theologisch begründeten und kerygmatisch abgezweckten Schema Schuld-Strafe-Bewahrung konzipierten Beispielerzählungen der jahwisti-

schen Urgeschichte [315] zeichnen die Situation des Menschen als Anlaß und Ausdruck des göttlichen Fluchs, der ihrer Schuld antwortet[316]. Diesem Fluch als der Strafe für begangene Schuld steht dennoch ein bewahrendes, die Konsequenzen des Fluchs eindämmendes Handeln Jahwes zur Seite - vom Segen allerdings wird vor Gen 12,1-3 nicht gesprochen. Die am Ende der Urgeschichte in 11,1-9 offene Frage nach dem Segen Jahwes wird in der Verklammerung von Ur- und Vätergeschichte in 12,1-3[317] beantwortet. Wie 8,21f.[318] als "eine negative Voranzeige"[319] andeutet, 12,1-3 dann deutlich ausspricht, ist Jahwes oberstes Ziel, sein opus proprium, das Heil bzw. der Segen für die Menschen, für alle Völker. Im Dienst dieses Werks und seiner Zielsetzung stehen Strafe, Unheil, Gericht und Fluch Gottes als Folge menschlicher Schuld.

Ist das Heil für alle Menschen die Absicht und ihre Verwirklichung das Ziel göttlichen Handelns, dann ist Gottes Geschichte mit seinen Geschöpfen ihrer grundlegenden Intention nach Heilsgeschichte. Heil besteht nicht in dem, was Menschen aus sich heraus denken, wollen und tun - dies alles führt vielmehr, wie die Erzählungen der jahwistischen Urgeschichte mit aller Deutlichkeit zeigen und wie mancherlei Beispiele der Väter-, Exodus- und Wüstenwanderungsgeschichte unterstreichen, ins Unheil, das sich in der (Zer-)Störung des Gottesverhältnisses und des menschlichen Miteinanders äußert. Heil besteht im Gegenteil einzig in dem, wozu Gott den Menschen auserwählt, beauftragt, auf den Weg bringt und über dessen Realisierung er selbst wacht[320].

Denn wie schon in der Urgeschichte herausgestellt wird, daß des Menschen Herz böse[321] ist von Jugend auf[322], so bieten auch die folgenden Teile des jahwistischen Werks immer neue Beispiele von Gehorsamsverweigerung, Vertrauenslosigkeit, Undankbarkeit und Vermessenheit einzelner oder des Volkes - trotz immer wieder erfahrener göttlicher Zuwendung, Hilfe und Treue[323]. Der Mensch, und zwar: jeder Mensch, auch der israelitische[324], hat von sich aus weder Anspruch auf Gottes Segen noch vermag er solchen zu wirken oder die Einlösung entsprechender Verheißungen zu garantieren.

In der Verkündigung Jeremias[325] klingen ähnliche Reflexionen über das Wesen des Menschen an, der keine Macht und Freiheit hat, für sein Heil aufzukommen (Jer 1o,23; 13,23), dessen Herz vielmehr verschlagen und heillos ist[326]. Das ist der Kontext, in dem Jeremia verheißt, daß allein in Gottes Handeln und um Gottes willen die Möglichkeit gegeben, laut Gottes Heilszusage aber auch die Realität des Heils gewiß ist: Vergebung der Sünden, Reinigung des bösen Herzens, Gabe eines neuen Herzens durch Gott als Grund eines Lebens in der דעת יהוה[327].

Daraus ergibt sich, daß es für Gottes Heil und seine Verwirklichung keinerlei menschliche Disposition gibt, weder eine im Glauben oder Verhalten noch eine in der physischen oder politischen Vorfindlichkeit bestehende[328]. Offensichtlich vollzieht sich Gottes heilschaffendes Handeln gerade wegen und trotz menschlicher Unwürdigkeit[329], so daß Hesses im Blick auf die prophetische Verkündigung formuliertes Urteil keinesfalls für J, für die Propheten, wie sich zeigen wird, nur unter starker Modifikation zutrifft: "Heilsgeschichte... hat nie Realität werden können, weil Israel des Heils nicht würdig war"[330]! Dieses Urteil trifft den alttestamentlichen Gottesglauben an seiner Wurzel!

c) Die Segensverheißung und damit die heilvolle Zuwendung Jahwes zum einzelnen (Abraham), darin repräsentiert[331] zum Volk und über dieses hinaus zu allen Menschen hat ihren ausschließlichen und zureichenden Grund in der souveränen Initiative Jahwes[332]. Ihr unableitbarer Grund ist Jahwes Gnade und Liebe[333], die sich in der Erwählung bezeugt und konkretisiert[334]. Wenn auch die volle begrifflich-theologische Entfaltung[335] erst im Bereich der dtn Theologie[336] gegeben wird, so belegt doch das theologische Konzept des J das viel höhere Alter der für den Glauben Israels elementaren Erwählungsvorstellung[337].

Die vordtn Zeugnisse des Alten Testaments bieten eine Vielzahl von Begriffen und Bildern, die die grundlegende Tatsache der Erwählung in wechselseitiger Betonung der liebenden Zuwendung Jahwes und der Antwort Israels in Gehorsam und Vertrauen reflektieren[338]. Die etwa aus der Entstehungszeit des J stammende Erzählung vom Aufstieg Davids (1Sam 16,14 - 2Sam 5,1o) und die Nathanweissagung (Grundbestand von 2Sam 7) unterstreichen ihrerseits, was bei J durch die Komposition und in der dtn Theologie begrifflich-theologisch ausgedrückt wird: Keine menschliche Disposition vermag Jahwes Zuwendung zu bedingen. Auch für die Verwirklichung der in Freiheit gegebenen Verheißung steht allein Jahwe ein. Seine חסד und אמת / אמונה[339], häufig auch mit צדקה , משפט , אהבה und רחמים zusammengestellt[340] und parallel gebraucht als die über jede Pflicht und Schuldigkeit hinaus zugewandte Festigkeit, Zuverlässigkeit, Beständigkeit, machtvolle Treue und Wahrheit in Wort und Werk[341] ist das movens, sein זכר[342] trotz aller menschlichen Versäumnisse und Unwürdigkeit das Kontinuum in der Geschichte des Handelns Gottes mit Israel. Jahwe hält trotz allem an seiner Verheißung fest und bleibt so bei seiner Sache.
Auch dafür läßt J mehr die Ereignisse sprechen, als daß er Gottes Wesen speku-

lativ und begrifflich exakt reflektiert. So ist der Weg Gottes mit Abraham und in ihm mit Israel - und dieser Weg eingezeichnet in Gottes Geschichte mit allen Menschen - nicht der Weg menschlichen Heldentums, menschlicher Größe und Leistung, sondern, solche Hybris bannend, der Weg der Erwählung, Begnadung, Bewahrung durch Jahwe, der Weg seiner Geduld und Treue. Grund zum Optimismus hat J einzig um Jahwes, nicht um der Güte des Menschen willen[343].

Solche Erfahrungen haben sich zugespitzt in gelegentlichen Wesens"definitionen" Jahwes wie z.B. Ex 33,19; Dtn 32,4 und besonders Ex 34,6 (=Ps 86,15; siehe auch Num 14,18; Neh 8,17; Ps 1o3,8; 145,8; Joel 2,13; Jon 4,2), eine geprägte Formel, in der zentrale alttestamentliche Wesensprädikate Jahwes konzentriert sind[344].

Nach weit verbreitetem, freilich gelegentlich zu einseitig kritischem[345] Verständnis ist die theologische Intention des J auf die politische (schon krisenhafte?) Situation des davidisch-salomonischen Großreichs gerichtet, in der J sein Werk verfaßt[346]. J bejaht das Königtum als göttliche Setzung, er versteht seine Situation als Erfüllung göttlicher Verheißungen, nicht als Resultat menschlicher Macht. Er warnt in dieser Situation vor Bedrohungen durch Übersteigerung königlicher Herrschaft gemäß der Lebensform und dem Selbstverständnis gemeinorientalischen Königtums, vor theologischem Absolutismus, vor Gefährdungen der im Exodus durch Gott geschenkten Freiheit[347] und Vernachlässigung der alten Verheißungstraditionen.

Mit dieser Warnung vor einer Gefährdung der Segenssituation eng verbunden ist die Forderung an Israel, sich der Gnade und Treue seines Gottes entsprechend zu verhalten. Wie kann Israel als das Israel Gottes seinen Auftrag erfüllen, Segensmittler für alle Völker der Erde zu sein? Wie kann es Botschafter des Heils sein, wie ist es ganz und gar *Gottes*volk?

Zwei unterschiedlich nuancierte Antworten stehen zur Diskussion: Von der pessimistischen Anthropologie und der doxologischen Tendenz der alles auf Jahwes Gnade und Treue gründenden jahwistischen Konzeption her möchte L.Schmidt[348] jede aktive, positive Rolle der Patriarchen bzw. Israels bei der Segensvermittlung verneinen. Einzigartig und nur insoweit Segensträger ist Abraham/Israel nur wegen des ihm widerfahrenen, jetzt im Großreich Davids und Salomos zu seiner unüberbietbaren Erfüllung gekommenen[349] Handelns Gottes. Die hier manifeste Macht des Segens strahlt nach außen aus und nötigt die Völker zur Stellungnahme, an der sich ihre Teilhabe am Segen Abrahams oder ihre Verfluchung entscheidet[35o].

Nicht berücksichtigt ist dabei vor allem die Sinaitradition. Wenn J.Halbe mit seiner sorgfältigen Analyse[351] recht hat, daß wir es in Ex 19,9a.lo-lla.12-13a.14-16aα.18; 34,(4aα2)5.8.lo-26.27 mit der Sinaiüberlieferung des J zu tun haben, dann läßt sich von deren Mitte her, dem "Privilegrecht Jahwes" (Ex 34,lo-26), eine angemessenere Antwort auf die oben gestellte Frage nach der Rolle Israels finden:

Israel[352] kann Segensträger und -mittler für die Völker nur sein als das Israel Jahwes, d.h. im Gehorsam gegenüber dem l.Gebot (Ex 34,14), im Leben gemäß Jahwes Willen; und das Verhalten der Völker zu diesem Israel begründet für sie Segen und Fluch[353]. Nicht nur die Völker können also im Verkennen der einzigartigen Bindung Israels an Jahwe den Segen verfehlen, sondern auch Israel kann den Auftrag und Sinn seiner Existenz verfehlen, wenn es die Gemeinschaft mit Jahwe verleugnet[354], wie Num 25,1-5 paradigmatisch zeigt. Im Licht der Geschichtsdeutung ergeht so die Mahnung an Israel. Die Geschichte zeigt Jahwe als den, der Israel für einen großen Auftrag erwählte und darum unter sein Gebot stellte. In immer neuem Abfall bewahrheitet sich im Blick auf Israel das Urteil in Gen 6,5; 8,21; nur durch immer neue Zuwendung Jahwes kehrt es zurück. Es ist also die gnadenvolle Zuwendung Jahwes, die allein Israels Gehorsam im Sinn des l.Gebots und so die Erfüllung des Segensauftrags ermöglicht.

d) Das segens- und heilvolle Handeln Jahwes hat eine zeitliche (von der Verheißung zur Erfüllung) und eine räumliche (von Abraham/Israel zu den Völkern) Dimension[355]. Nicht allein daß die Verheißung an Abraham/Israel auf dem Hintergrund des in Gen 2-11 dargestellten Zustands aller Menschen gegeben wird, sondern auch die Zielrichtung dieser Verheißung in Gen 12,1-3[356] macht deutlich, daß J vom Heil bzw. Segen offenbar nicht anders als in universalem, also jede nationale Begrenzung sprengendem Horizont reden kann[357]. Im Blick auf den Anfang (Urgeschichte) wie auf die Zukunft und über beidem in der Einheit des Schöpfers und Geschichtsgottes[358] denkt nicht erst die Prophetie des 8.-6. Jahrhunderts, sondern mit großem theologischen Nachdruck schon J universalistisch[359]. Gen 12,2f. ist das älteste Zeugnis der Segensverheißung für die Völker[360] und insofern *die* Ätiologie des Seins und Auftrags Israels[361], in deren Gefolge u.a. Jes 2,2-4; 19,23-25; Mi 4,1-4; Sach 2,11; 8,13.22f.; 14,16; Ps 47; Röm 4; Gal 3 stehen[362]. Jahwe ist der Gott aller Menschen von Anfang an (siehe Gen 4,26!), an dem alle Menschen schuldig wurden und daher unter dem Fluch stehen, von dem her aber auch allen Menschen Heil widerfährt, wie in Jahwes verschonendem Handeln in der Urgeschichte angedeutet, in der Abraham-

Verheißung dann programmatisch ausgesprochen wird[363].
Dieser der Universalität menschlicher Schuld entsprechende Horizont göttlicher Macht und Verheißungstreue zeigt, daß Jahwe in seinem Handeln über den Einzelnen, über das Volk seiner Wahl hinausgreift. Wenn er auch seinen Weg nimmt durch souveränes Erwählungshandeln[364] und damit anzeigt, daß sein Handeln an Vermittlungen und Mittler gebunden ist, deren Legitimation und Würde allein in der Erwählung begründet sind, so sind doch nicht nur die wenigen, sondern stets "die vielen" gemeint. Jahwes in der Gegenwart des J noch nicht abgeschlossener, vielmehr in die Zukunft offener Weg[365] zu und mit Israel ist sein Weg zu und mit den Völkern. Jahwe handelt selektiv, sein darin verfolgtes Ziel aber ist universal[366]. Erwählung, Segen und Verheißung bestimmen nicht nur die Geschichte Israels, sondern die Geschichte der ganzen Menschheit zur Heilsgeschichte.
Wir haben also im Werk des J zum erstenmal das Konzept einer Weltgeschichte, in dem die Menschheitsgeschichte und die in ihr einsetzende Geschichte Israels zusammengeknüpft sind. Diese Zusammenknüpfung "ist ein Evangelium ebensosehr für die Völker wie für Israel"[367]. Jahwes Heilsplan gilt - auf dem Hintergrund des Fluchs der Urgeschichte und über seinen mit der Erwählung Abrahams beschrittenen Weg - allen Menschen, weil sie alle böse sind und so des Segens bedürfen. Die Geschichte des erwählenden und segenschaffenden Handelns Gottes, die mit Abraham anhebt, geschieht nach der Überzeugung des J nicht um Israels willen, so daß Israel daraus egoistische Privilegien ableiten könnte, sondern "ausschließlich zugunsten dieser zerrissenen Menschheitsgeschichte"[368], wie sie in der Urgeschichte beschrieben wurde. Welt- und Menschheitsgeschichte existieren darum relativ zur Heils-, Segens-, Erwählungs- oder Führungsgeschichte Gottes, Heilsgeschichte geschieht in der, mit der und für die Weltgeschichte[369]. Weltgeschichte kommt in den Blick und wird verstanden im Licht des speziellen Heilshandelns Jahwes an Israel und der darin beschlossenen Anrede an alle Völker[37o]. Nicht um Israels willen ist darum die Geschichte der Völker Heilsgeschichte[371],sondern um des Heils der Völker willen ist Israels in Gottes Erwählung begründete und durch seine Geduld und Treue geführte Geschichte Heilsgeschichte.. "Israel ist die Vorhut der Nationen. Seine Geschichte ist der Mittelpunkt und die Zusammenfassung der Weltgeschichte, die Offenbarung des göttlichen Planes mit der ganzen Menschheit. Wer einen Gegensatz zwischen Israels 'Partikularismus' und seinem 'Universalismus' konstruiert,verzerrt und verdunkelt den Kern des Alten Testaments. Gerade in seiner besonderen Stellung

und Funktion ist Israel wahrhaft universal. Und nur im Hinblick auf Gottes universalen Plan ist dieses besondere Volk entstanden"[372].

Die Frage, welche Faktoren den theologischen Entwurf des J geprägt haben, wird man allein mit dem Hinweis auf die Situation des davidisch-salomonischen Großreichs[373] kaum ausreichend beantworten können. Eine solche Antwort sähe ab von dem Charakter des Traditionsmaterials, das J zur Verarbeitung vorlag, und stellte die im Jahweglauben selbst vorhandenen dynamischen Elemente nicht genügend in Rechnung. Wie Hesse im Blick auf die Herausbildung einer Theologie der Hoffnung richtig bemerkt, daß nicht allein die Erfahrung der Heillosigkeit der Gegenwart oder eine im Menschen angelegte Hoffnungsstruktur dazu nötigen, sondern maßgeblich die sich auf Jahwes Wesen und Macht gründende Gewißheit seiner bleibenden Bindung an Israel[374] - so wird man auch bei J seine charismatische Kraft nicht gering einschätzen dürfen, mit der er in seiner geschichtlichen Stunde das in den ihm zuhandenen Traditionen angelegte Gottesverständnis neu und kräftig entfaltete. Wie andere Zeugen des Alten (und Neuen) Testaments ist auch J nicht nur Sammler und Redaktor von Überlieferungen, sondern auch Deuter der Situation, Theologe mit unverwechselbarem Profil.

2. Das Geschichtsverständnis Altisraels

Das theologische Konzept des J, von G.E.Wright[375] zutreffend als "a great confessional history" charakterisiert, läßt sich unter unserer heilsgeschichtlichen Fragestellung in seinen wesentlichen Elementen wie folgt skizzieren:

Jahwe handelt heilvoll, d.h. zum Segen für sein Volk und durch dessen Vermittlung für alle Menschen wegen und trotz ihrer aller Unheilssituation. Dieses heilvolle Handeln ist hinsichtlich seines Anfangs, seines Fortgangs und seiner Vollendung ausschließlich begründet in Jahwes freiem, ungeschuldetem Erwählen; hier gibt es keine Begründung in menschlicher Disposition. Heil ist Gabe, die durch Jahwes Macht in Israel und unter allen Menschen Realität werden soll.

Da sich dieses Handeln trotz fortbestehender menschlicher Bosheit vollzieht, ist es immer auch begleitet von Jahwes richtendem und vergeltendem Handeln. Jahwes Geschichte mit Israel vollzieht sich von diesem Ansatz her in der Spannung von Gnade und Gericht. Sie, deren Ursache Jahwes Erbarmen und deren Sinn und Ziel die Verwirklichung des verheißenen Segens für Israel und die Völker ist, läßt sich darum nicht in Heils- und Unheilsgeschichte auseinanderlegen; beide gehören untrennbar zusammen als die beiden Seiten ein und derselben Sache. Unheil in der Doppelform menschlichen Böseseins und dessen Konsequenz, der Strafe Jahwes, gehört in das Verhältnis Jahwes zu Israel, zum Menschen immer hinein; dabei kann das Unheil als Strafe Jahwes wohl ein Stück weit den Weg bestimmen, aber das göttliche Ziel nicht annullieren. Daß dieses Ziel als Erfüllung einst gegebener Verheißung und so als Verwirklichung des heilvollen Willens Jahwes erreicht wird, dafür steht allein Jahwe ein; seine Treue zur einst gegebenen Verheißung, sein Festhalten an seinem Wort ist das einzige, auch durch die Diskontinuität des Gerichts fortbestehende Kontinuum der Geschichte[376]. Insofern kann die Kontinuität nicht anthropologisch (z.B.im Blick auf menschliche Sünde) oder geschichtsphilosophisch (z.B. im Blick auf ein geschichtsimmanentes Entwicklungsgesetz), sondern nur vom Verhältnis Jahwes zum Menschen und den sich aus diesem Verhältnis ergebenden Handlungs- und Geschehensbezügen her bestimmt werden. Jahwe handelt dabei planvoll und zielbewußt, indem er gegen allen Widerstand der Menschen und der Verhältnisse sich in seinem Wort treu bleibt, selbst zu seinem Recht kommt, was in der Spannung von göttlicher Zu- und menschlicher Abwendung, daher in der Spannung von Gnade und Gericht nicht mit einem schematischen Abspulen eines seit Ewigkeit festgesetzten Programms verwechselt werden darf.

Das Element "Geschichte" in der Deutekategorie "Heilsgeschichte" muß infolgedessen interpretiert werden im Horizont des Handelns Jahwes zum Heil des heillosen und unter dem Fluch stehenden Menschen. Es möchte den unübersehbaren, vom göttlichen Heilswillen bestimmten Erstreckungscharakter des göttlichen Handelns zum Ausdruck bringen, dessen sich Israel im Rückblick auf seine Vergangenheit und in der Erwartung seiner Zukunft bewußt geworden war. Dabei lieferten die Erfahrungen und das Verständnis seiner Vergangenheit die geschichtlichen Voraussetzungen und die Verstehens- und Aussagemodelle für die Verkündigung der Zukunft.

Von Heils*geschehen* ist Heils*geschichte* in der Weise zu unterscheiden, daß Geschichte den Geschehens- und auch Verstehenszusammenhang meint, in dem das einzelne, punktuelle Geschehen seinen Platz hat und ohne den es gar nicht verstehbar und verkündbar wäre. Es ist der durch Gottes Heilswillen bestimmte und gewirkte Zusammenhang, in dem es um die Verwirklichung der göttlichen Segensverheißung für alle Geschlechter der Erde geht.

Doch bedarf es zur Bestimmung von Recht und Grenze heilsgeschichtlichen Denkens noch genauerer Auskunft darüber, in welchem Sinn Israel im Umkreis des jahwistischen Werkes von Geschichte geredet hat. Denn dafür sind nicht unsere wie auch immer gearteten Vorwegdefinitionen maßgebend, sondern die Beantwortung der Frage, was im Licht der biblischen Zeugnisse als "Geschichte" bezeichnet werden kann und inwiefern diese Kategorie zur Interpretation dieser Zeugnisse taugt. G.vRad[377] hat der Hoffnung Ausdruck gegeben, "daß gerade das Alte Testament die Theologie nötigen werde, die Kategorie der Geschichte neu zu konzipieren".

Für Israel war die Geschichte[378], wie die Natur, wie auch der Mensch, kein eigenes Thema, *an sich* nicht von Interesse. Israel hat davon nur geredet im Horizont des ihm zugewandten Handelns Jahwes in Worten und Taten[379]. Von Gott redete Israel so, daß es von dem in seiner eigenen Geschichte erfahrenen erwählenden, gemeinschaftsgründenden, bewahrenden, richtenden und Verheißung erfüllenden Handeln Jahwes redete[380], und Geschichte war nur und von Anfang an interessant, weil und insoweit Jahwe für oder gegen sein Volk gehandelt hatte. Geschichte nahm darum "nie die Züge des neutralen Fatums an"[381], sondern wurde erfahren, verstanden und erzählt als Gottes Werk[382] in Gnade und Gericht, als heilvolle und bedrohliche Begegnung, bei der die Art der Erfahrungen wesentlich bestimmt wurde durch das Wesen des Erfahrenen. Geschichte war für Israel insofern Gottesgeschichte, als es unter Gottes gnädiger Zuwendung, Führung und Gericht stehende Geschichte war; geschichtliche Zeit war für Israel gefüllte Zeit, weil sie in Worten und Taten Jahwes als Zeit der Erwählung, Befreiung und Führung, aber auch der Beauftragung, Züchtigung und Begnadigung erfahren wurde. Daß Gott darin mit ihm gegangen war und auch in Zukunft, gegebenenfalls ganz neu, mit ihm gehen werde -das war das entscheidende, Einheit stiftende Kontinuum dieser Geschichte[383]. Dieses Mitgehen Jahwes hatte für J und seine Traditionen eine teleologische Komponente, war das Gehen auf dem Weg von der Erwählung zur Vollendung, von der Verheißung zur Erfüllung[384] und oft zu neuer Verheißung und insofern das Verfolgen eines göttlichen Plans und darin die Verwirklichung des göttlichen Willens. Eigenart, Ziel und Sinn sind so allein aus der Gottbegründetheit und Gottbezogenheit der Geschichte zu bestimmen[385].

Das bisher Gesagte bedeutet, daß wir es noch nicht da mit Geschichte zu tun haben, wo eine Reihe einander ablösender, sich gar überstürzender historischer Ereignisse und Erfahrungen vorliegt, selbst wenn sie zeitlich wohlgeordnet und in der Hauptsache lückenlos und auf ihre Ursachen hin erfaßt wären. Geschichte ist erst da als solche erfahrbar und verstehbar, wo diese Ereignisse und Erfahrungen in einen sinnvollen Zusammenhang eingefügt sind, wo ihre Zukunft und ihr Ziel

erfaßt werden[386]. Geschichte gibt es daher nur als gedeutete Geschichte - bei den biblischen Zeugen verstanden und bezeugt vom Worte Gottes her. Geschichtsverständnis und -überlieferung sind darum im Alten Testament stets tendenziell und sinnorientiert, weil das Geschehen selbst tendenziell und sinnträchtig ist[387]. vRad[388] sieht, was zumindest im Vergleich mit der altorientalischen Umwelt Israels zutrifft, in der "maßlose(n) Frage" (Löwith) nach dem Sinn der Geschichte die unvergleichliche Eigenart der israelitischen Geschichtserkenntnis und -darstellung. Diese Frage ergibt sich freilich nicht aus den geschichtlichen Ereignissen als solchen, geschweige daß sich ihre Beantwortung aus dem Anschauen der Ereignisse gleichsam von selbst aufdrängte; sie ergibt sich nur aus der in der Geschichte erfahrenen Begegnung mit Gott, ist ihrem Ursprung nach also metahistorisch.
Daß Jahwes Handeln zielstrebiges, d.h. in zeitlicher Erstreckung auf ein Ziel[389] gerichtetes Handeln war, hatte Israel von seinen Anfängen an erkannt. Wenn es auf seine Vor- und Frühgeschichte zurückblickte, mußte es erkennen, daß ihm eine durch Jahwes Wort und gnädiges Handeln gewirkte Geschichte voranging, durch die die Gegenwart ursächlich bestimmt wurde. Wie kam es, daß Israel zu dem wurde, was es jetzt war? Dieses ätiologische Fragen lenkte den Blick in die Vergangenheit und regte zum Verstehen und Überliefern der für seine Existenz grundlegenden Verheißungen und Machttaten seines Gottes an.

Nun war Israel ein Komplex von hinsichtlich ihrer Geschichte und Traditionen verschiedenen Gruppen, die sich, möglicherweise schon in vorkanaanäischer Zeit zu größeren Verbänden vereint, schließlich im Kulturland zu der Größe "Israel" zusammenfanden. Jede dieser Gruppen hatte vermutlich ihre eigenen Traditionen; diese Vermutung wird durch verschiedene uns noch im jetzigen Traditionsbestand des Alten Testaments erkennbare Lokal- und Stammesüberlieferungen begründet. In diesen lokal fixierten und stammesmäßig begrenzten Traditionen sprachen die einzelnen Gruppen aus, welche Erfahrungen sie mit ihrer Gottheit gemacht hatten. Im Zuge des Zusammenwachsens der Gruppen und Stämme zu Israel wuchsen auch diese ehemals selbständigen Traditionen zusammen;sie wurden in diesem Prozeß selektiert, aber auch nationalisiert, sie wurden aus ihren ursprünglichen Lebensräumen herausgenommen und in den Rahmen der (Vor-)Geschichte Gesamtisraels eingefügt. Einzelereignisse, die einst ihren fundamentalen Wert für die betreffende Gruppe in sich selbst hatten, wurden jetzt als Glieder in eine lange Kette von Gottestaten eingereiht, die den Weg markiert, auf dem Israel das wurde, was es in der Gegenwart war. Der Blick geht in die Vergangenheit zurück, um Ausgangspunkt und Etappen des Weges zu erfassen, der in der Gegenwart zu seinem (vorläufigen) Ziel gekommen war. Die Einzeltraditionen, deren Intention ursprünglich eine viel begrenztere war und die ihrer Herkunft nach so disparat waren, wurden nun unter den "Gesichtspunkt einer alles beherrschenden und verbindenden Finalität der göttlichen Geschichtsführung"[390] gestellt. Nach allem, was wir seit A.Alt über die Gottesverehrung der Erzväter wissen, konnte mit alledem an Strukturen angeknüpft werden, die die alten Einzelüberlieferungen bereits vor ihrer Jahwisierung und Nationalisierung bestimmten.

VI. Die Schriftpropheten

1. Problematik der Fragestellung

Hat Israel auch in späterer Zeit an diesem Verständnis von Geschichte festgehalten, finden sich also ähnliche Strukturen von Erfahrung und Reflexion der Geschichte in den späteren Zeugnissen des Alten Testaments?
Diese Frage soll nun, vor dem Hintergrund der jahwistischen Konzeption, an die Verkündigung der großen Schriftpropheten gestellt werden. Man mag sogleich einwenden, *die* prophetische Verkündigung gebe es nicht, folglich auch nicht *das* prophetische Verständnis von Geschichte; und wenn man dennoch davon rede, begebe man sich in die Gefahr der Pauschalisierung und Schematisierung historisch und theologisch differenzierter Sachverhalte[391]. Denn die einzelnen Prophetengestalten seien im Blick auf ihre jeweilige geschichtliche Situation, die schon innerhalb der Tätigkeit *eines* Propheten starke Unterschiede bewirken könne, ihre Individualität, ihre Traditionen und die je besondere Zuspitzung ihres göttlichen Auftrags so verschieden, daß sich eine durchgängige Konzeption von Geschichte bei ihnen nicht gewinnen lasse. Zudem seien sie keine Systematiker, die religiöse oder philosophische Wahrheiten wohlgeordnet dargeboten hätten. Man brauche sich als Extreme nur Amos und Deuterojesaja vor Augen zu halten, um die Unlösbarkeit der hier gestellten Aufgabe zu erkennen.
Man wird die in solchen Einwänden geäußerte Mahnung ernstzunehmen haben, freilich auch nicht ihre mögliche Einseitigkeit verkennen dürfen. Denn die historisch differenzierte Erfassung der Eigenart jeder einzelnen Prophetengestalt und damit die Erkenntnis der Vielgestaltigkeit des Phänomens der Schriftprophetie und seiner Verkündigung verwehrt doch nicht die stärker systematisch ausgerichtete Frage nach der Mitte, nach Grundstrukturen dieser Verkündigung

und so nach elementaren Übereinstimmungen trotz aller individuellen und historisch bedingten Eigenarten[392], auch trotz der besonders bei Jesaja, Jeremia und Ezechiel erkennbaren Entwicklungen und so gewisser Akzentverschiebungen in der Abfolge der einzelnen Etappen ihrer Tätigkeit[393]. So hat z.B. Hesse[394] *die* Unheilspropheten unter der Frage ihrer heilsgeschichtlichen Verkündigung zusammengefaßt; ähnliches geschieht bei H.W.Wolff[395], wenn er nach dem "Geschichtsverständnis der alttestamentlichen Prophetie" fragt.
Elliger[396] hat diese Frage dahingehend beantwortet, daß (auch) in der prophetischen Verkündigung die schon durch J repräsentierte ältere Geschichtskonzeption im Grundlegenden unverändert geblieben sei - ein Urteil, das von vielen[397] geteilt wird. Was immer in der prophetischen Verkündigung gegenüber älteren Zeiten an Neuem hinzutrat: die Intensivierung und Erweiterung der Erfahrung der Geschichte in ihren Bewegungen und neuen Konstellationen, die Radikalisierung der Gerichtsdrohung, die Vertiefung und Generalisierung der Sündenerfahrung, die Erwartung eines ganz neuen Handelns Jahwes in der (nahen) Zukunft, wodurch Jahwe endlich an sein Ziel kommt - die Grundelemente des Geschichtsverständnisses bleiben die gleichen.
Die Frage läßt sich im Rahmen unseres Themas dahingehend präzisieren, ob sich bei den Propheten, die so in der Kontinuität mit dem Geschichtsverständnis älterer biblischer Zeugnisse stehen, grundlegende theologische Strukturen und Begründungszusammenhänge finden, die denen von J vergleichbar sind, ob bzw. in welchem Maße das prophetische Geschichtsverständnis daher als heilsgeschichtliches zu qualifizieren ist. Es geht im folgenden mithin darum, das Bezugssystem zu erfassen, in das in der prophetischen Verkündigung die Rede vom (vergangenen, gegenwärtigen und zukünftigen) Handeln Gottes einbezogen ist. Wir hatten ja im Blick auf J und die von ihm verarbeiteten Traditionen erkannt, daß mit "Geschichte" das sinnhafte und zielgerichtete Geschehen zwischen Jahwe und seinem Volk unter Einschluß aller Geschlechter der Erde gemeint war. Jahwe und Israel stehen in einem besonderen, in dieser Form einmaligen Verhältnis zueinander. Für das Geschichtsverständnis sind darum Begründung, Ausgestaltung und Zielsetzung dieses Verhältnisses mit zu bedenken; denn Verstehen der Geschichte ist nur im Zusammenhang des Gottes-, Menschen- und Heilsverständnisses möglich. Diese Bezüge müssen auch bei der prophetischen Verkündigung von Anfang an mitbedacht werden.
Um so die Eigenarten und die Übereinstimmungen innerhalb dieses Komplexes erfassen zu können, soll zunächst die Verkündigung der vorexilischen und exilischen

Hauptgestalten des corpus propheticum untersucht werden; daraus wird sich unter der thematischen Leitfrage das ihnen Gemeinsame erheben lassen.

2. Einzelgestalten des corpus propheticum

a) Amos

Für Amos ist Jahwe Herr der Welt[398], der Völker und ihrer Geschichte (9,7; bes. 1,3-2,3)[399]; sie sind seinen sittlichen Geboten unterworfen. Jahwe hat Israel erwählt im Akt der Herausführung aus Ägypten (2,1o; 3,1f.; 9,7; siehe auch עמי 7,8.15; 8,2[9,1o.14]und dazu 6,1)[4oo], hat ihm viel Gutes getan (2,9.11), hat es in großer Geduld vom immer wieder beschrittenen Weg des Ungehorsams durch mancherlei Gerichte zur Umkehr rufen wollen, wie die "exemplarische Geschichtsbetrachtung"[4o1] 4,6-12 (vgl. Jes 5,25-3o; 9,7-2o) zeigt. Damit ist ein Thema angeschlagen, das in der Folgezeit der alttestamentlichen Prophetie in inhaltlich und formgeschichtlich vielfältig akzentuierter Form wiederkehren wird[4o2].
Israel ist erstaunlicherweise diesem wiederholten Ruf Jahwes nicht gefolgt, ist nicht, wie es sollte, umgekehrt zu seinem Gott, d.h. zurückgekehrt in die Anfangssituation, zum ursprünglichen Verhältnis, das bestimmt war durch göttliche Heilstaten und die Gabe des Gottesrechts[4o3]; in dem refrainartigen "sie kehrten nicht um" (4,6.8.9.1o.11), das den zentralen Schuldtatbestand betont und so das bevorstehende Gericht begründet, wird das stete Bemühen Jahwes wie die stete Mißachtung Jahwes durch Israel unterstrichen. Israel hat seiner in der Erwählung vor allen Völkern begründeten Einzigartigkeit nicht entsprochen.
Darum hat Amos im - unentrinnbaren (3,8) - Auftrag Jahwes in allem äußeren Glanz der Regierungszeit Jerobeams II und gegen den Protest seiner Zeitgenossen das Ende anzusagen (8,2; in 5,18-2o als Gerichtstag Jahwes interpretiert), und die ganze Botschaft des Amos ist die Entfaltung dieses Auftrags. Die Stunde ist da, da Israel vor seinen Gott treten muß (4,12), der nun nicht mehr vergeben will (7,8; 8,2), der auf sein Volk blickt nicht zum Guten, sondern zum Bösen (9,4b). Dieses Gericht ist nicht unbegreiflich, sondern ist begründet im Bösetun - nun nicht mehr einzelner Personen, sondern viel radikaler: Israels als ganzem, repräsentiert in seinen führenden Gruppen.
Dieses Bösetun Israels entfaltet Amos[4o4] in seinem vierfachen Nein zur in Sicherheit umgeschlagenen Erwählungsgewißheit[4o5], zum in vordergründige Betrieb-

samkeit entarteten Kult, zur Mißachtung des aus älteren Rechtstraditionen (bes.Bundesbuch) bekannten Jahwewillens[406] im sozialen Verhalten und als Konsequenz aus allem[407]: zur Existenz Israels insgesamt breit und in formgeschichtlich unterschiedlicher Weise, zusammengefaßt in der Anklage der Entweihung des heiligen Jahwenamens (2,7)[408].
Dieses unterschiedlich konkretisierte Gericht[409] ist also kein anonymes Geschehen, nicht eine im Vergeltungsschema von Tat und Ergehen gedachte automatische Konsequenz aus Israels Vergehen, sondern Jahwes eigene, in dieser Form für Amos'Zeitgenossen analogielose, damit geradezu blasphemische und Protest herausfordernde Tat (vgl. das wiederholte "ich lasse Feuer los..." 1,3ff.; dazu 3,14f.; 4,12; 5,17.27; 6,8; 9,1ff.)[410], die dem Propheten vorweg enthüllt wurde (3,7). Jahwe selbst wacht über der Verwirklichung seines Wortes; die Zukunft, die mit dem Wort des Propheten anbricht, erscheint so als Werk des Gotteswortes[411].
Dieses Gericht, dieses Versagen von Reue und Vergebung, ist so endgültig, daß jeder Gedanke an eine Errettung, auch nur eines Restes, nur bagatellisiert, kaum als Hoffnungszeichen kommenden Heils verstanden werden kann (3,12). So gibt es anscheinend über dieses letzte Wort des Gerichts hinaus kein weiteres mehr zu sagen. Der Auftrag dieses Propheten in dieser Situation lautet: Predige Gericht! Nur dieses!
Und doch taucht - freilich nur ganz am Rande - zweimal die Möglichkeit auf, daß das Gericht nicht alle trifft und nicht völlig unentrinnbar ist. Logisch lassen sich diese Worte (5,4.6.14f.[412] und 9,8-10[413]) nur schwer mit der Gerichtspredigt ausgleichen, gibt es offenbar keinen Überstieg von der unerbittlichen Unheilsbotschaft zum verhalten anklingenden, aber keinen gleichgewichtigen und ausgeführten Bestandteil der Verkündigung des Amos bildenden Wort der Rettung. Wie gerade 5,14f. mit seinem die Freiheit Jahwes betonenden "Vielleicht" andeutet, ist auch für Amos Jahwe etwas anderes als ein "Geschichtsfatum - ein Schicksal, das nicht aufzuhalten ist"[414].
Die Frage, ob Amos trotz 4,6ff. und trotz der in dunkelsten Farben gemalten Schuldsituation den Menschen zum Tun des Guten nicht gänzlich außerstande sieht, steht hier nicht im Blickfeld. Es mag dahingestellt bleiben, ob Amos zu solch negativen Formulierungen über die menschliche Fähigkeit zum Guttun hätte kommen können wie Hosea (5,4; 7,2), Jeremia (10,23; 13,23) oder Ezechiel (15; 20). Entscheidend ist jedenfalls, daß die Bedingung für das Heil allein Jahwes Gnade ist, umschrieben in jenem "Vielleicht", das jede Automatik

von menschlichem Guttun und göttlicher Reaktion ausschließt. Auch im Gericht bleibt Jahwe der Herr und wird nicht der Knecht eines Vergeltungsprinzips! Insofern ist die Frage zweitrangig, ob Amos vielleicht nur in seiner Anfangszeit (siehe 7,3.6) die Möglichkeit des Heils angedeutet oder nur im Kreise seiner Vertrauten an eine heilvolle Wende gedacht hat. Bedeutungsvoll ist jedenfalls, daß (auch) Amos Jahwe nicht mit endgültigem, alle umfassendem Gericht verbunden hat in dem Sinn, daß damit alles gesagt wäre.

b) Hosea

In Auseinandersetzung mit den Erwählungstraditionen des Nordreichs Israel[415] entfaltet Hosea seine Botschaft, die scharf konturierte Aussagen zur Geschichte macht; E.Jacob[416] spricht gar von Hoseas "Theologie der Geschichte", der "an Tiefe und an innerer Kohärenz nur die Geschichtsbetrachtungen eines Hesekiel und eines Deuterojesaja an die Seite gestellt werden (können)". Sie konzentriert sich auf die Begründung, Zerstörung und Wiederherstellung des Jahwe-Israel-Verhältnisses, das, im Rahmen der Liebes- und Ehebeziehung, durch die sog. Bundesformel umschrieben wird (2,21f.25).
Das Interesse an Israels Geschichte ist auch hier begründet im Aufweis der Schuld Israels in der Gegenwart, der seinerseits als Begründung des von Jahwe angesagten Gerichts dient. Dem Schuldaufweis dient auch die Gegenüberstellung der beiden Wege Israels von Anfang an (12,13f.): *hier* der Weg des Ahnherrn Jakob als der seinem eigenen, nicht Jahwes Willen entsprechende und seither von Israel ständig fortgesetzte Weg[417], *dort* Jahwes Weg mit Israel in der Herausführung aus Ägypten durch den Propheten Mose, Jahwes Diener, der sein Volk (durch den Dekalog) behütete, wie es fortan die Propheten reichlich getan haben (12,11; vgl. 6,5; 9,7f.). "Wie sich in Jakob der Irrweg der Geschichte Israels zeigt, so im Propheten die Führung Israels durch Jahwe"[418]. In der Art, wie hier die Überlegenheit und Treue der Zugewandtheit Jahwes gegenüber der Schuld Israels bezeugt wird, werden Grundelemente des Geschichtsverständnisses nicht nur Hoseas, sondern der gesamten Schriftprophetie aufgewiesen.
Israel hat das durch Jahwe in der Herausführung aus Ägypten begründete Verhältnis, das seine Grundordnung im Dekalog hat (vgl. 4,2)[419], schon beim Übergang ins Kulturland zerstört, indem es - Hosea nimmt darin den Kampf Elias auf - das 1. (und 2.) Gebot synkretistisch mißachtete: nicht nur im kultischen[42o], sondern auch im politischen Bereich (5,13; 8,9; lo,4; 12,2; 14,3f.) - und dies alles gegen die in 13,4 durch den par. membr. besonders herausgehobene, an die

Dekalogpräambel erinnernde Einzig(artig)keit seines Gottes[421]. Zusammen mit dem vielfältigen Fehlverhalten im sozialen und rechtlichen Bereich durch die im König, Richter, Priester und Prophet repräsentierten führenden Kreise[422] läßt sich die gegen Israels unwiderlegbare und unentschuldbare Schuld erhobene Anklage auf die kurze, am Beginn der Spruchsammlung Hos 4ff. in 4,1 (vgl. 4,6; 5,4; 6,6; 12,7) stehende und so besonders gewichtete Formel[423] bringen: keine Treue (אמת), keine Liebe (חסד)[424], keine Gotteserkenntnis (דעת אלהים)[425]. Diese Israel im ständig wiederholten und durch neue Bilder inhaltlich variierten strukturtypischen Kontrastschema vorgehaltene Schuld der Abwendung von Jahwe, der sich Israel liebevoll zugewendet hatte, ist der Grund für Jahwes Gericht (14,1).

Dieses Gericht[426], symbolisiert in den Namen von Hoseas Kindern (לא רחמה und לא עמי 1,2ff.), ist kein, wie es im Blick auf 5,4f.; 7,2; 8,7 scheinen könnte, anonymes Geschick, keine automatische Konsequenz innerhalb einer schicksalwirkenden Tatsphäre, sondern, wie bei Amos und allen Nachfolgern, Jahwes eigene, von ihm geplante und ausgeführte, nicht willkürliche, sondern gerechte und bisweilen in beinahe frivolen Bildern ausgedrückte (5,9.12.14; 13,7f.) Tat (4,9f.; 7,2.12; 8,3.13; 9,9; 12,15; 13,9.12) und als solche in die Freiheit Jahwes gestellt. Das Ich Jahwes ist die Mitte alles zukünftigen Geschehens[427]. Jahwe hat immer wieder sein Volk zur Umkehr und zum Gehorsam gerufen, zur Erkenntnis und zum Bekenntnis seiner Schuld; von Jahwe her besteht diese Möglichkeit fort, aber Israels Einsicht muß echt und dauerhaft, nicht liturgisch-kultisch vordergründig sein. Dazu jedoch ist Israel weder willig noch fähig (5,4ff.; 6,1ff.; 7,2.14; 8,2f.5 LXX; 11,5; 13,12f.); Umkehr ist de facto keine menschliche Möglichkeit. Jahwes vergebliches Wort macht so sein Gericht unabwendbar.

Aber damit hat Jahwe noch nicht sein letztes Wort gesprochen, wie Hoseas schmale, aber klar konturierte und fundierte Heilsverkündigung (2,1ff.16ff.; 11,8f.; 12,1o; 14,1ff.) zeigt. Gerade der Blick auf die Anfänge der Geschichte Israels begründet, daß dem "Anfang... auch ein Ziel in der Zukunft (entspricht)"[428]. Jenseits aller menschlichen Möglichkeiten zur Umkehr ist dieses Heil allein und zureichend begründet in Jahwes Freiheit - so wie sein erwählendes Handeln am Beginn der Geschichte (11,1; 14,4). Es ist die Freiheit seines den Zorn überwindenden Erbarmens[429], das in der Heiligkeit seines Israel zugewandten Gottseins beschlossen ist, wie 11,8f. in bewegenden und im Alten Testament nur noch in Jer 31,2o erreichten Worten bezeugt[43o].

"Die ganze Unlogik (oder sagen wir richtiger: Eigenlogik) der göttlichen Liebe bricht hier in voller Leidenschaft auf"[431], hier ist "Evangelium im Alten Testament"[432].

Das Heil besteht darin, daß Jahwe das von Israel zerrissene Band des (Ehe-)Bundes wieder zusammenknüpfen wird, Israel für eine Zeit der Enthaltsamkeit, Läuterung und Umkehr[433], fernab der politischen und kultischen Abgötter, die bisher Israels Leben bestimmten, in betont erzieherischer Absicht[434] in die Wüste locken, dort in der "Nullpunktsituation"[435] in ihrer "Doppelfunktion von Rücknahme und Rückgabe, Entzug und Neubeginn"[436] mit Israel einen dauerhaften, unlösbaren[437] Verlobungsbund schließen (2,16ff.)[438] und so über alles Versagen seines erwählten Volkes hinweg in Treue an seinem Heilswillen festhalten und ihn erfüllen wird. Jahwes Heil für Israel wird nicht annulliert durch Israels Ungehorsam, sondern diesem zum Trotz in der Umkehrforderung immer wieder angeboten und schließlich durch das Gericht hindurch kraft göttlicher Treue realisiert. Heil ist in seiner Begründung, in seinem Gültigbleiben und seiner endlich vollkommenen und wunderbaren (2,17) Verwirklichung Jahwes Liebeswerk: "The blessed future is ultimately a creation of Yahweh's paradoxical love and nothing else"[439]; Gottes erbarmende und richtende Liebe bestimmt im Widerstreit mit menschlicher Schuld Anfang, Verlauf und Ziel der Geschichte, sie ist der letzte Grund des Jahwe-Israel-Verhältnisses und seiner Geschichte.

c) Jesaja

Von im Alten Testament selten erreichter gedanklicher Differenziertheit und begrifflicher Prägnanz ist Jesajas Botschaft vom Geschichtshandeln Jahwes, so daß man ihn den (neben Deuterojesaja) "größte(n) Geschichtstheologe(n) des Alten Testaments"[44o] genannt hat, mehr noch: den "Vater der Theologie des AT"[441].

Jahwe hat, wie in weitgespannter geschichtlicher Perspektive[442] ausgeführt wird, in planvoll-kultivierendem, ausdauerndem Handeln viel Mühe, Geduld und hartes Gericht an Israel, sein Volk (1,3; 3,12.14f.; 5,13.25; 1o,2; 22,4; 3o,26; 32,13.18), gewendet (1,2ff.; 5,1ff.), aber Israel hat seinen Gott unnatürlicherweise verkannt (לא ידע), ihn verschmäht und verlassen (1,3-5). Diese totale Verachtung gegenüber dem Wollen und Handeln Jahwes[443], die sich insgesamt in der "Umkehrung" des von Jahwe gewollten und beanspruchten Verhältnisses äußert[444] und in Israels totaler "Heillosigkeit" wurzelt (1,5), wird breit und differenziert und im Blick auf die Frühzeit Jesajas in thematischer und formaler Nähe zu Amos[445] entfaltet - im Blick auf das Volksganze wie auf einzelne Personen und Gruppen[446] - und wird zusammengefaßt als Mißachtung der Tora als dem Herrschaftsanspruch Jahwes (5,24; 8,2o)[447]. Dabei entfalten die für Jahwe verwendeten Titel, wer der so Verachtete ist: der קדוש ישראל[448], der מלך (6,5), אביר ישראל (1,24) und יהוה צבאות[449] als Ausdruck seiner herrscherlichen Allmacht, der Erhabene (2,9.11.17, siehe auch 19.21) und in Weisheit sein Werk Vollführende (28,23ff.; 29,14)[45o]. *Diesen* Gott hat Israel auf allen Gebieten seines Lebens verachtet; darum führt sein Weg ins Gericht, das in Entsprechung zur von Israel vollzogenen Umkehrung seines von Gott gewollten Verhältnisses die Umkehrung des göttlichen Heilshandelns ins Unheil bringt (Fichtner).

Eine besondere Form des Gerichtshandelns Jahwes an seinem Volk ist die als Wirkung der prophetischen Verkündigung von Jahwe beabsichtigte *Verstockung* (6,9f.; 29,9f.), die bis zur Verwüstung des Landes und Deportation seiner Einwohner dauern wird (6,11f.). So wie das göttliche Gerichtswort als Machtwort zerstörerisch im Raum der Geschichte wirkt (9,7[451]), so auch im Herzen der Menschen.Dieses Gericht ist nicht das Resultat einer der menschlichen Schuld immanenten, gesetzmäßigen Folgerichtigkeit, sondern Jahwes freie, höchst persönliche Tat; auch im Verstockungsgericht hat es Israel mit dem sich verbergenden, gleichwohl nahen Gott zu tun[452].Verstockung ist das von Jahwe gewollte und gewirkte, mit jedem Mal zwanghaft verstärkte Nicht-Hören-*Können* infolge von Israels schuldhaftem Nicht-Hören-*Wollen* der prophetischen Botschaft, damit ineins Jahwes Werk[453] und Israels Schuld[454]. Die Umkehr, zu der Jahwe immer wieder rief (siehe bes. die "Geschichtsbelehrung"[455] 5,25-3o und 9,7-2o), auch noch durch Jesaja (1,16f.19f.; 7,3ff.; 3o,15), hat Israel infolge seiner Gottlosigkeit (9,16) hochmütig (9,8f.) verweigert (3o,15 und das Verhalten des Königs Ahas 7,1-8,8; siehe auch 28,12; 29,13; 3o,9.12); sie ist darum jetzt die vertane Möglichkeit und dient in Jesajas Verkündigung dem Schuldaufweis. Ihre Verhinderung ist schließlich Sinn und Ziel des Auftrags Jesajas (6,1ob)[456].

Der Gerichtstag Jahwes (2,6ff.; 5,15f.), an dem alle Ohnmacht der Menschen und ihrer selbstgemachten Götzen[457] offenbar, kreatürliche Größe und menschlicher Stolz in den Staub gebeugt werden wird, damit Jahwe allein erhaben sei in Gericht und Gerechtigkeit (2,9.11.17.19.21, bes. 5,15f.[458]), wird die politische und moralische Ordnung in Anarchie auflösen (3,1ff.), Feindeseinfall, Krieg, Zerstörung, Verödung, Exilierung und Versklavung über das Volk bringen (3,24-4,1; 5,8ff.; 6,11f.; 7,16; 10,1ff.). In diesem Gericht gegen sein eigenes Volk wird Jahwe sich der Weltmacht Assur, vor der alle Völker zittern, als seines Werkzeugs bedienen (5,25ff.; 7,18ff.; 8,5ff.; 9,7ff.) und sich in solchem Erwählen, freilich auch im Verwerfen des hochmütig Triumphierenden (10,5ff.; 14,24ff.), als der souveräne, überlegene Herr und Lenker der Völkerwelt und ihrer Geschichte erweisen[459].

Dieser Gedanke wird, sachlich anknüpfend an Amos und Hosea, nun erstmals begrifflich[460] von Jesaja unter dem Aspekt der Universalität, Einheit und Überlegenheit erfaßt durch die (weithin synonym und stets im Singular gebrauchten) Termini פעל (5,12), מעשׂה (5,12.19; 28,21)[461] und vor allem עצה[462], welch letzterer in 5,19 parallel zu מעשׂה gebraucht wird, in 14,24-27 (mit stammverwandtem Verb יעץ) die alle Völker umgreifende Dimension des Handelns Jahwes und seine Unwiderstehlichkeit betont[463] und in 28,(23-)29 die wunderbare Weisheit des göttlichen Ratschlusses hervorhebt. Jahwe dirigiert und vollendet die Geschichte nach seinem Plan, der מרחוק gilt (22,11). Er tut das im Gegeneinander zu den verstockten und hochmütigen Plänen einzelner oder von Völkern (5,12.19; 8,10; 10,13), die deshalb unter sein Wehe! gestellt sind (29,15; 30,1) und seinem Gericht verfallen (7,5ff.; 8,10; 10,5ff.)[464].

Haben wir es in der Rede von der עצת יהוה mit dem Kern der Geschichtsauffassung Jesajas zu tun[465], mag sich die Frage aufdrängen, ob seine Botschaft dann nicht mit einem unveränderbaren Fatum konfrontiere und des Menschen Planen und Handeln im Geschichtsablauf bedeutungslos sei. Die (freilich unbefolgte) Aufforderung zu Umkehr (1,16f.19f. aus Jesajas Frühzeit), Glaube[466] und Stillesein (7,4ff.; 28,16; 30,15)[467] zeigt, daß hier wie bei der Verstockungsbotschaft offenbar nur dialektisch gesprochen werden kann: Geschichte ereignet sich in logisch unauflösbarer, letzthin geheimnisvoller Interdependenz von menschlichem Entscheiden, Verhalten und Tun *und* dem Geschehen des göttlichen Willens[468]. Der hier notwendigerweise bestehende Zirkel, der sich weder durch biographische noch literarische Periodisierungen in ein Prae und Post zeitlich auseinanderlegen läßt, ist Ausdruck göttlicher Weisheit, in der Jahwe das je Angemessene zu seiner Zeit tut (28,23ff.; 29,14) - in Freiheit und Gerechtigkeit, als der Heilige Israels und Herr über Schöpfung und Geschichte[469].

Das Gericht, das Jesaja im Auftrag Jahwes über Israel zu verkündigen hat und dessen Vollzug durch Jahwe selbst verbürgt ist (1,20.25f.; 9,7; 29,1ff.), ist aber hier, sowenig wie sonst bei den Schriftpropheten, das letzte Wort[47o]. Vielmehr wird Jahwe in naher Zukunft in einem souveränen Neubeginn Heil wirken und so in seinem Werk mit Israel ans Ziel kommen. Von einem Ende oder gar Jenseits der Geschichte kann dabei nicht die Rede sein[471].

Diese Gewißheit zukünftigen heilvollen Handelns ist letztlich im Gottesgedanken begründet: "Daß der 'Heilige Israels' sein eigenes Bundesvolk total vernichtet, würde bedeuten, daß er seine eigene Existenz in Frage stellt"[472]. Freilich steht die Heilsbotschaft, in welcher Form sie auch konkretisiert sein (Rest, David,Zion) und wie sie die einzelnen Etappen der Wirksamkeit Jesajas bestimmt haben mag, am Rande seiner Verkündigung, was sich schon aus 6,9f. ergibt; sie ist in ihrer Existenz und ihrem theologischen Recht allerdings nicht abhängig vom Verstockungsauftrag des Propheten[473]. Sie hat ihre Mitte in der Verwirklichung von צדק(ה) und משפט (1,26; 9,6; 11,4f.; 28,17; 32,1; siehe auch 2,3b-4a).

1. Zion/Jerusalem wird aus der Hand der Feinde, hinter denen Jahwe selbst gegen seine erwählte Stadt wirkt, durch tiefe Demütigung hindurch gerettet werden (29,1-8)[474].

2. Jerusalem erhält von Jahwe selbst nach dem Läuterungsgericht (wie vor alters) gerechte Richter und Ratgeber, es soll, im Gegensatz zur Gegenwart, wieder "Stadt der Gerechtigkeit" und "treue Stadt" genannt werden (1,21.26; siehe die Entsprechung zu 28,17a). Wie Jahwes Treue[475] sich in seinem Verhalten manifestiert, soll sich menschliche Treue im Tun der von Jahwe geforderten Gerechtigkeit erweisen[476].

3. Träger der Heilswirklichkeit ist das zum Rest geläuterte Israel[477] - *nur* ein Rest, durch die Katastrophe hindurch und nur so gerettet, weil er umgekehrt ist zu Jahwe, d.h. sich aller sonstigen Existenz- und Sicherungsversuche begeben hat. Insofern werden Unheils- und Heilsverkündigung miteinander verknüpft in dem Namen שאר ישוב (7,3), der "das Programm der ganzen jesajanischen Verkündigung" umfaßt[478]. Umkehr und Rest haben ihren Ort also im Gericht - insofern ist der Name ein Unheilszeichen; aber nicht dies allein[479], sondern er birgt auch eine Heilsverheißung[48o].

4. Die Herrschaft in der ewig dauernden Heilszeit wird von Jahwe (9,6) einem mit göttlichem Geist ausgerüsteten (siehe 1Sam 16,13f.) Davididen übertragen. Er kommt freilich nicht in der Nachfolge der bisherigen Könige, die versagt haben und deshalb beseitigt worden sind, auf den Thron, sondern neu aus der Wurzel des Davidsgeschlechts[481]. Seine Friedensherrschaft wird geprägt sein durch

Recht, Gerechtigkeit und Treue (9,1-6; 11,1-5[-8f.] ; vgl. auch 32,1)[482].
5. Der durch Jahwes Handeln an seinem Volk verherrlichte Zion (siehe 28, 16-17a) wird das Ziel der Völkerwallfahrt sein - nicht als politische Metropole, sondern als der Ort, wo Jahwes תורה und דבר gegenwärtig ist, wo Jahwe richtet (שפט , יכח hif.). Jahwes Weltherrschaft vollzieht sich durch die Anerkennung seiner Wege und Weisungen, denen sich die Völker freiwillig unterwerfen, was ihre innere Umwandlung voraussetzt (2,2-5)[483].
Sinn und Ziel der Geschichte sind so die Aufrichtung und Anerkennung der göttlichen Gerechtigkeit - auch gegen den Ungehorsam des eigenen Volkes und durch das Gericht hindurch. Diese Gerechtigkeit ist Israels und der Völker Heil. Dieses Heil ist gewiß, weil Jahwe, der Heilige Israels, es verwirklicht; es ist dauerhaft, weil es auf Läuterung, Umkehr, Anerkennung der Herrschaft Jahwes und dem Wirken seines Geistes begründet ist. Es ist darum mehr als eine restitutio ad integrum[484].

d) Jeremia

Für Jeremia[485], in vielem mit Hosea verbunden (siehe bes.Kap.2-6)[486], ist der Gott, der Israel aus ungeschuldeter Liebe erwählt, darin Israels Eigenart begründet und vor allen andern Völkern vielfach bevorzugt hat[487], der allmächtige Schöpfer und Erhalter der natürlichen Ordnungen[488] und als solcher Herr der Völker und Lenker ihrer Geschichte, in der er Herrschaft überträgt und beendet, wie es ihm gefällt[489]. Als solcher ist er erhaben über die ohnmächtigen und spottwürdigen Götter, die ihm gegenüber ein Nichts, ein Hauch sind[49o]. Er hat sein erwähltes, heiliges Volk geführt, bewahrt und ihm als Eigentum das Land Kanaan gegeben (2,3.6f.), damit es darin im Gehorsam als sein Bundesvolk lebe ([11,3ff.;]14,21). Aber statt Jahwe die erwartete Dankbarkeit und Treue zu bezeugen, wandte sich Israel in unbegreiflicher und in der Völkerwelt einmaliger Weise (2,lof.; 18,13) von seinem Gott ab, verfiel in Mißachtung des (den Dekalog als Bundesordnung zusammenfassenden) 1. und 2.Gebots und der damit gesetzten exklusiven Alternative dem Dienst des Baal und der Himmelskönigin mit seinen zersetzenden Rückwirkungen auf die geforderte Jahweverehrung[491], setzte sein Vertrauen statt auf Jahwe auf Menschen und menschliche Institutionen, verfiel (im Gefolge mißverstandener Erwählungstraditionen und der daran anknüpfenden Heilspropheten) in falsche Sicherheit[492] und vernachlässigte in mannigfacher Weise Jahwes sittliche Gebote[493]. Der tiefste Grund solcher Bosheit (siehe 2,8) liegt in der mangelnden Gotteserkenntnis und Gottesfurcht

(4,22; 5,21ff.).

Obwohl Jahwe in geduldig nachgehender und unermüdlich um Gehör und Gehorsam werbender Liebe bis in die Gegenwart hinein immer wieder seine Propheten als Mahner und Warner schickte, die, ebenso wie Notzeiten[494], Israel auf den Weg der Umkehr[495] rufen sollten[496], und obwohl er des weiteren in göttlicher Freiheit bereit ist, im Fall echter Buße (3,19-4,4), ja schon bei geringen Anzeichen einer solchen seine Vergebung zu gewähren (5,1ff.), sich, gegen alles Recht (3,1-5, vgl. Dtn 24,4 und Hos 3,1ff.), seines in Aussicht gestellten Unheils gereuen zu lassen ([18,8;]26,3.19; 42,1o) - obwohl er also im Ruf zur Umkehr Gnade und Vergebung anbietet (3,12f.22; 4,1f.; vgl. Ez 18,31f.; 33,1of.), hat Israel widernatürlicherweise diese Gnade nicht ergriffen und die geforderte Umkehr nicht echt (nur בשקר 3,1o, vgl. Hos 6,1ff.) vollzogen (8,5ff.).

Stärker als die Propheten vor ihm (mit Ausnahme von Hos 5,4; 7,2; 12,13f.) und darin dem Urteil von J (Gen 3; 6,5; 8,21) nahe bzw. das Urteil Ezechiels vorwegnehmend, hat Jeremia die Ursache für dieses Verhalten Israels erfaßt. Sie liegt letztlich nicht in einem Nicht-Wollen ([7,26ff.;]8,6; 9,6), sondern vielmehr in einem aus dem Zwang des Bösetuns (vgl. Ps 51,7; Joh 8,34; Röm 1,21ff.) resultierenden Nicht-Können, dem servum arbitrium (6,1o; 1o,23; 13,23; 17,9)[497]. Die שררות לב bestimmt das Wesen des Einzelnen wie des Volkes[498], die Macht der Sünde bewirkt die Geschichte der Sünde[499].

Darum hat Jahwe seinen שלום, begründet in bzw. expliziert durch חסד und רחמים, vom Volk hinweggenommen (16,5; vgl. 5,25 u.ö.), so daß letztendlich sein in verschiedenen Formen konkretisiertes Strafgericht unentrinnbar ist, das durch den Propheten (Mund Jahwes 15,19[5oo]) wirkmächtig angesagt, von Jahwe selbst im Wachen über seinem einmal gesprochenen Wort (1,12; 4,28[11,8.11]) unmittelbar oder durch seine menschlichen Werkzeuge[5o1] und unter Leiden am eigenen Volk[5o2] vollzogen wird ([7,29;]8,14ff.; 9,1o; 1o,18; 15,5ff.;[16,5.16f.21;] 17,4; 18,15ff.[21,4ff.]).

Obschon manche Aussagen Jeremias keinen Weg aus dem Gericht offen und keinen Rest übrig zu lassen scheinen (13,14; 15,2f.9; 19,11; 24,1o; 42,22; 44,26f.), ist doch auch für diesen Propheten das wohlverdiente Gericht nicht das letzte Wort (siehe 4,27; 5,18, auch schon 1,1o). Grund für einen neuen Anfang ist Jahwes Güte und Liebe, die schon zu Urzeiten Grund der Erwählung waren (31,2-4.9, vgl. 3,12), die selbst durch den ins Strafgericht des Exils treibenden Ungehorsam Israels nicht aufgehoben sind (3o,12ff.). Die Wende vom Gericht zum Heil[5o3] liegt in Jahwes Gedenken an diese seine Liebe; sie "zwingt" ihn zum Erbarmen

(31,2o, vgl. Hos 11,8f.). Und dieses Gedenken ist bewegt durch Israels Sündenerkenntnis und -bekenntnis, durch die das Volk seinen Gott um die Rückkehr bittet[5o4].

Die Heilsbotschaft Jeremias für die Nordreichbewohner (bes. 3of.) wie für die Judäer (23,5f.; 24,5ff.; 29,1off.; siehe auch 3,14ff.; 32,15ff.37ff.; 33,4ff.) ist in ihren Konkretionen nüchtern und bescheiden und im wesentlichen für beide Gruppen gleich[5o5]: Erhaltung Palästinas als Raum für die Restauration, Rückkehr der Exilierten, Wiederaufbau der Städte, Leben in Frieden, Wohlstand und fröhlicher Dankbarkeit unter einem weisen und gerechten Herrscher, ungestörter Kult, Mehrung des Volkes und politische Achtung.

Dieses Heil, verheißen einem Rest nach der erlittenen Katastrophe, hat seinen Kern in einem neuen, ewigen Bundesschluß, der allein Jahwes Liebeswerk und die Erfüllung der Erwählung Israels ist, inhaltlich durch die "Bundesformel"[5o6] konkretisiert und bestimmt wird durch die Gabe eines neuen Herzens, Vergebung der Sünden, Umkehr zu Jahwe und unmittelbare Gotteserkenntnis[5o7]. Dieser neue Bund[5o8] zeigt in der Gleichartigkeit mit dem alten (Ursprung, Inhalt, Ziel) wie auch in seiner Überbietung (Vertiefung und Verinnerlichung) Jahwes Treue und Freiheit[5o9].

"Diese in den äußeren Dingen so unscheinbare, aber innerlich von Gottes Gegenwart gesättigte... Zukunft ist Glücks genug... und bedarf keiner machtpolitischen Weltherrschaftsträume oder äußerer Wunder. Denn sie ist ein göttliches Gnadengeschenk"[51o]. Entsprechend dieser verhaltenen und eingedenk der radikal pessimistischen Sicht des Menschen in seiner Unheilssituation folgerichtig zutiefst auf das neue Gottesverhältnis ausgerichteten Heilsbotschaft ist auch der Kreis der Völker mit ihrer Zukunft nur so weit im Blickfeld, als sie sich mit Israel(s Namen), das seinem Gott באמת במשפט ובצדקה zugewandt ist, segnen (4,2[511]) und Zuschauer und Zeugen von Israels Glück sein werden (31,7.1o[512]).

Was in 31,31-34 impliziert ist, wird in 31,35-37 ausgesprochen: Israels Heil währt ewig, so gewiß wie die Ordnungen der Natur nicht vergehen werden. Das Werk, das Jahwe einst mit der Erwählung Israels begann, wird vollendet, durch Gericht und Neuanfang hindurch, aber in dieser Schöpfung und Geschichte.

e) Ezechiel

Unter den im Jahre 597 ins Exil Geführten erhebt Ezechiel seine Stimme. In vielem an Jeremia anknüpfend, hat er, im Auftrag Jahwes und nur diesem verantwortlich (2,5.7) und dadurch zum Zeichen für das Volk geworden (12,6.11; 24,24), zunächst das erbarmungslose Gericht Jahwes über Juda/Jerusalem zu verkünden und damit den bisher noch Verschonten wie den Exilierten jede Hoffnung auf Milderung oder baldige Abwendung des tödlich ernsten Zorns Jahwes zu nehmen, um dann (nach 587) Jahwes erneute huldvolle Zuwendung zu Israel anzusagen und das Leben der Exilierten darauf auszurichten.
Die Gerichtsbotschaft gegen Juda/Jerusalem, hinsichtlich ihrer Wirkung in der Berufungsvision als "Klage, Seufzen und Weh" beschrieben (2,1o), wird in kompromißloser, die auftrags- und situationsbedingte Freiheit der Verwendung alter Traditionen paradigmatisch aufzeigender Einseitigkeit und erschreckender Härte in Visionen (c.8-11), symbolischen Handlungen (4f.; 12,1ff.; 21,23ff.; 24,15ff.[513]) und breit angelegten und ausgeführten Verkündigungseinheiten entfaltet. Adressat und Thema dieser Gerichtsbotschaft ist stets das "Haus Israel" (so seit 2,3), d.h. das Gottesvolk insgesamt unter dem umfassenden Aspekt seiner Gesamtgeschichte, die hier, unter dem Eindruck des Zusammenbruchs von Juda/Jerusalem, einem Gesamturteil unterworfen wird, wie es analog im Deuteronomistischen Geschichtswerk und in anderer Situation bei J geschieht[514].
Dieses Urteil lautet: Israel ist von allem Anfang an[515] unwillig, ja unfähig zum Guten gewesen, seine Geschichte ist eine Geschichte fortgesetzt verweigerten Gehorsams gegenüber Jahwe und so die Geschichte gänzlich verfehlter Existenz. In schuldhafter Verkehrung des von Jahwe gewollten "Haus Israel" ist es zum "Haus der Widerspenstigkeit" geworden (2,3.5-8; 3,9.26f.; 12,2f.9.25; 17,12; 24,3; 44,6). Obwohl von Jahwe erwählt[516], der alles für Israel getan hat (16,6-14), ist Israel seinem Gott untreu geworden, hat seinen Willen im sozialen (z.B. 22,1-16.23-31; 34,1-1o), vor allem aber im sakral-kultischen Bereich durch Mißachtung des 1. und 2.Gebots (siehe bes. 6; 8; 16; 2o und 23) mit seinen Folgen für den politischen Bereich[517] verworfen, hat auch aus Jahwes verschonendem (2o,9.14.22) und richtendem Handeln[518] nichts gelernt. Seine ganze Geschichte ist eine Geschichte der תועבות גדלות , begangen im Dienst der גלולים[519].
Israel diese Schuld vorzuhalten[52o] und damit das geschehene und in seinem Abschluß noch bevorstehende Gericht als gerechtes Gericht Jahwes (12,16; 14,23; 36,16-2o) zu begründen[521], ist zunächst Ezechiels Aufgabe.

Ähnlich radikal klagt der Prophet Jerusalem seiner Punkt für Punkt nachgewiesenen Blutschuld an (22,1-16), seiner durch alle Stände hindurchgehenden Ungerechtigkeiten (22,23-3o, dazu 13,3ff.),so daß kein Gerechter übrig bleibt (22,3o); und die gegen alle Erwählungssicherheit, gegen Hochmut und Eigengerechtigkeit gerichtete Rede Ez 15 vom angesengten Rebenholz[522] fällt ein "geradezu ontologisches Urteil über die wesensmäßige Unbrauchbarbeit Jerusalems"[523].

Daß diese Geschichte nicht schon vor der Landnahme unter Jahwes gerechtem Gericht endete, verdankt Israel allein seines Gottes Geduld und Erbarmen "um seines Namens willen", den er in Erwählung, Verheißung und Führung mit Israel verbunden hatte (2o,5-7) und der nun vor den Augen der Völker, die diese sonderbare Geschichte sahen, entweiht, d.h. mit dem durch Israels Ungehorsam bedingten Geruch des Scheiterns und der Machtlosigkeit Jahwes behaftet war (2o, 9.14.22, vgl. auch Num 14,11ff.[J-Erweiterung]). Nun aber ist das Maß voll (9,9f.), Israels Leben verwirkt und darum der Schrecken eines (wegen Israels herausgehobener Stellung und seiner übermäßigen Sünde[5,5-7]auch) exorbitanten (5,9), vom Heiligtum seinen Ausgang nehmenden Gerichts (9,6), des Tages Jahwes, nahe[524], an dem Jahwe (in Gestalt seines כבוד) sein Heiligtum und so Land und Volk verläßt (Ez lo), an dem es für Israel keine Rettung gibt (7,25, siehe auch 11,15; 33,24)[525].

Wie sich Jahwe darin als der gerechte Richter über allen Ungehorsam gegenüber der sich aus der Bundesordnung ergebenden Forderung (2o,5-7 und die vielfältigen Spezifikationen z.B. in c.6; 8 und 22) erweist, so gegenüber allem menschlichen Großseinwollen[526] und den unechten Propheten (c.13) als der souveräne Herr und Vollstrecker seines durch den Propheten verkündeten Wortes (12,25.28; 22,14; 33,33[527]); als solcher ist er zugleich der Richter[528] der Völker, der sich dazu der Babylonier bzw. Nebukadnezars (21,23ff.; 26,7; 29,17-21; 3o,lof. 24f.; 32,11) als seiner Werkzeuge bedient.

Daß mit diesem unerbittlichen Gericht nicht das letzte Wort über Jahwe und sein Verhältnis zu seinem Volk gesprochen ist, hat keinen Anknüpfungspunkt in Israel, sondern allein in Jahwes Heiligkeit und Treue.Wie die Heiligkeit und Ehre seines Namens der Grund für die Israel erwiesene Geduld waren (Ez 2o), so sind sie jetzt wiederum ausschließlicher Grund und Anlaß neuer Zuwendung in heilvollem Handeln (36,21-23.32). Israels Ungehorsam und seine Schmach im Exil fällt in den Augen der Völker auf den mit diesem Volk verbundenen Gott und die Ehre seines (Wesen, Willen und Handeln umschließenden) Namens zurück (36,2of.);

deshalb will Jahwe in seinem Bekenntnis zu Israel seine Treue und die Heiligkeit seines Willens erweisen (36,23; 2o,41; 28,25, vgl. dazu Jes 2,9.11. 17). Er wird, wie er seine Gerichtsworte erfüllt hat, so auch für die Verwirklichung seiner Heilsworte einstehen (17,24; 36,36; 37,14), mit deren Verkündigung Ezechiel wohl bald nach der Katastrophe von 587 begonnen hat[529].

Dieses jenseits der Kluft des Gerichts verheißene neue Heil[53o] ist, wie 37, 1-14 in eindrücklicher Bildhaftigkeit unterstreicht, menschlicherseits völlig unkonditioniert, nur in den Kategorien der Neuschöpfung, des Lebens aus dem Tode, des Wunders zu fassen, ist der Selbsterweis der Macht und Treue Jahwes (v13f.), vollzogen an den dem Gericht Entronnenen und im Exil einsam, resignierend, hoffnungslos, leidbedrückt und ständig von den Gefahren der Assimilation bedroht Lebenden (2o,32; 33,1o; 37,11f.). Nur Jahwe kann hier weiterwissen[531]!

Dieser Neuanfang zielt auf Sammlung, neuen Exodus[532] und Rückführung ins Land der Väter (2o,33-44; 36,24; 37,21), daselbst auf Zusammenfügung der beiden getrennten Reiche zu *einem* Volk unter *einem* Herrscher (34,11ff.; 37,15ff.), auf allgemeine Fruchtbarkeit und Neuaufbau des Landes (36,8ff.3off.), Geborgenheit im Schatten der Friedensherrschaft (17,22ff.) und als Ziel aller Rückführung und Restauration die Rückkehr des כבוד יהוה in das neu errichtete Heiligtum mit seinem neu geordneten Kult (c.4o-48) in der Mitte des Volkes (2o,4of.; 43,2ff., siehe auch 37,26-28)[533].

Entscheidend für Art und Dauer des kommenden Heils ist aber nicht die Restituierung der materiellen, politischen und kultischen Verhältnisse, sondern die Neuschöpfung des Menschen durch das Reinigen von Schuld und die Begabung mit einem neuen Herzen und einem neuen Geist, die erst den geforderten Gehorsam gegenüber den חקים und משפטים Jahwes ermöglicht (36,25-27, vgl. auch 11, 19f.; 37,23; 39,25ff.). Erst dann wird Wirklichkeit werden, worauf Jahwes Wille von Anfang an gerichtet war: Er ihr Gott, sie sein Volk[534].

Angesichts dieses neuen Heilshandelns Jahwes wird der verbliebene Rest Israels als Träger neuer Verheißung zur Erkenntnis seiner Schuld und zur schamvollen Reue kommen (6,8-1o; 16,62f.; 2o,43; 36,31). Diesem Rest im Exil gilt auch der neue Auftrag[535], den Ezechiel erhält: Aufrütteln aus Fatalismus (18,2; 37,11), Aufruf zur Umkehr und Gesetzesbefolgung (18,21ff.; 33,1off., siehe auch 14,6) als Abkehr vom verkehrten Weg[536] und das seelsorgerliche Ausrichten auf den von Jahwe gewiesenen Weg des Lebens (18,23; 33,11) und der Verantwortung jedes Einzelnen für seinen Wandel (18,3o-32). Im Rahmen von 11,19f.; 36,26f. und 37,

23 ist jeder zur Antwort im Sinn von 18,31 aufgerufen[537].
Alles, was Ezechiel als Gerichts- und Heilshandeln Jahwes für Israel und die Völker verkündet, hat *ein* letztes Ziel, das in der (von Zimmerli[538]) "Erweiswort" genannten, insgesamt 86mal bei Ez vorkommenden und stets eine Worteinheit abschließenden Formel erscheint: "... damit sie erkennen כי־עני יהוה ". Die Erkenntnis im Sinn der gehorsamen Anerkennung Jahwes durch Israel und die Völker ist die Abzweckung all seines Redens und Handelns. Diese Erkenntnis als das soli deo gloria ist die einzige angemessene und heilvolle Antwort auf Jahwes Selbsterweis in der Offenbarung seines heiligen, Liebe, Macht, Geduld, Zorn, Treue und Neuanfang umschließenden Herrschernamens. Über alle Untreue Israels und alle Diskontinuität im Gericht hinweg steht das Gotteshandeln im Dienst dieser Offenbarung und erhält darin seine Einheit.

f) Deuterojesaja

Deuterojesaja hat wie kein anderer Prophet[539] vor ihm den göttlichen Auftrag, Israel Heil - nur Heil zu verkündigen, Heil, das schon die Gegenwart bestimmt (Jes 43,19); das hat ihm den Titel "Evangelist des Alten Testaments" eingetragen (auf Grund von 52,7 LXX). Er tut dies in sehr verschiedenen Formen[54o], in Anknüpfung an die vorexilische Gerichtsprophetie, in Aufnahme und Indienststellung alter Erwählungstraditionen und in Auseinandersetzung mit den Ansprüchen der Götter der Völker und den Vorwürfen und Zweifeln des eigenen Volkes.
Dieses Heil wird beschrieben gelegentlich als Friedens- oder Davidsbund (54,1o; 55,3)[541], häufiger als Wiederherstellung des Zion und Mehrung des Volkes[542], überwiegend aber, in Aufnahme von Ez 2o,33ff.[543], als neuer Exodus[544], in antitypischem Bezug zum alten, mit Jahwe an der Spitze (52,12; siehe auch 4o,11; 49,1o) und dem Zion, dem Ort der Heilsgegenwart Jahwes und seiner neuen, ungestörten Gemeinschaft mit Israel, als Ziel[545] - ein Ereignis, wunderbar und unübertrefflich[546], das den Blick von allem Früheren, Anfänglichen (ראשנות , קדמניות) weg auf das Neue, das Größere, das Herankommende (חדשה , אחריתן , הבאות) lenkt[547].
vRad[548] möchte hier die Ersetzung des alten Grundes der Erwählungsgewißheit (Abraham, Exodus u.a.), der mit dem Gericht im Exil abgetan ist, durch einen neuen erkennen[549]; Zimmerli[55o] zufolge soll in der Typologie trotz aller nicht nur quantitativen, sondern auch qualitativen Steigerungselemente die Verbundenheit der neuen Geschichte mit der alten betont und darin Jahwes Treue zu Erwäh-

lung und Verheißung bezeugt werden.
Die scheinbare Diskrepanz ergibt sich aus dem Nebeneinander von 43,18 einerseits und 44,21; 46,8-11 andererseits, wo die Identität des in allem handelnden Gottes und die Diskontinuität der geschichtlichen Abläufe betont, zugleich die Hoffnung begründet wird, daß dieser Gott im gegenwärtig anbrechenden Heil seine Geschichte mit Israel vollenden wird. Dabei sind die alten heilsgeschichtlichen Zeugnisse von Jahwes Selbsterweisen in Wort und Tat Vergewisserung der Hoffnung und Modell des Erhofften, und so bekundet die Entsprechung von altem und neuem Heilshandeln Jahwes in seiner Gegenständlichkeit die Einheit der Geschichte Jahwes mit Israel[551]. Es ist derselbe Gott[552], der hier und da mit derselben heilvollen Absicht an seinem Volk gehandelt hat und handeln wird und so die Geschichte nicht in zwei völlig getrennte Etappen und so letztlich sich selbst in zwei Götter auseinandertreten läßt[553].
Er hat durch seine Boten, die Propheten, seinen Ratschluß verkündigen lassen, und er wird dieses sein Wort, das alles geschichtliche Dahinwelken und Dahinschwinden überdauert, erfüllen, wie er es seit alters getan hat[554]. "Das Jahwewort ist die eigentlich geschichtsgestaltende, in allem Wandel bleibende Macht"[555], und diese Geschichte ist um der Einzig(artig)keit Jahwes gegenüber den nichtigen Götzen willen Weltgeschichte für und gegen Israel[556].
Jahwe ist, wie der Schöpfer und Erhalter der Welt samt ihren Ordnungen, jedes Einzelnen und Israels[557], so auch Israels Erwähler, Israel darum sein בחיר und עבד [558]; er ist der קדוש ישׂראל [559] und, häufig damit verbunden, Israels alleiniger Erlöser (גאל)[560]. Dieser aus dem familienrechtlichen Bereich des Rückkaufs, der Blutrache und des Levirats stammende[561], jetzt erstmals[562] auf Jahwe übertragene und zu einem theologischen Zentralbegriff der Heilsverkündigung Deuterojesajas gewordene Terminus betont die ursprüngliche, verpflichtende Verbundenheit Jahwes mit seinem Volk und die aus dem unwürdigen Zustand der Verfallenheit an fremde Mächte erfolgende Befreiung und rechtmäßige Wiederherstellung früherer Ordnung und bezeugt darin Jahwes Herrsein und Treue im Blick auf Gültigkeit und Erfüllung der in Erschaffung und Erwählung begründeten Rechtsansprüche[563].
Dieses Festhalten Jahwes an der, schon in Abraham vollzogenen (51,2) Erwählung Israels auch im Gericht betont des weiteren 49,7 in seinem Parallelismus יהוה אשׁר נאמן - קדשׁ ישׂראל ויבחרך (siehe Dtn 7,9) und besonders 41,9, wo die Wendung ולא מאסתיך keine versfüllende Tautologie, sondern eine sachlich bedeutsame Nuancierung im Sinn der Treue Jahwes darstellt[564]. Und versteht

man schließlich 5o,1 im Kontext von 49,14-16 und 54,5-1o, steht über aller Schuld des Volkes und der dadurch bedingten (kurzen und schmerzlichen [42, 14]) Abwendung Jahwes seine bleibende Zuwendung, Güte und Treue - gegen alles vermeintliche Verstoßen und Vergessen (45,17; 51,6)[565].
Deuterojesaja hat dieses Bekenntnis zum Herrsein Jahwes über Schöpfung, Geschichte und Völkerwelt auch terminologisch in dem an Jesaja (5,19; 14,24-27; 28,29) anknüpfenden עצה (4o,13; 44,26 [synonymer par.membr. דבר עבדיו <text.correct> - עצת מלאכיו]; 46,1of.)[566] ausgedrückt, für das in 4o,14 ארח משפט und דרך תבונות als Seitenbegriffe auftreten, womit, das Wesen der Geschichte auf die kürzeste und im Alten Testament begrifflich unüberbotene Formel bringend, "ganz konkret der Zusammenhang der Geschichte, noch konkreter: der Gang der Geschichte als Ausdruck der Willensentscheidung Gottes"[567] gemeint ist - die Entscheidung, die Jahwe über den Gang der Geschichte gefällt hat, die er jetzt ausführen will und die deshalb von seinem Propheten verkündet werden soll.
Auf dem Hintergrund dieser Geschichtstheologie ist auch die im Namen des 1. und 2.Gebots[568] polemisch gegen die nichtigen Völker (4o,17; 41,24.29; 44,9f.) und ihre Götter[569] und im Disput mit dem eigenen Volk[57o] bezeugte universale Macht und Einzig(artig)keit des Gottes Israels zu sehen: Er ist der erste und der letzte und der einzige, stets derselbe, der geschichtsmächtig das früher Angekündigte eintreffen ließ und das Kommende ansagt[571], außer ihm gibt es keinen Heiland[572]; er erweist sein Herrsein in der Kontinuität von Wort und Handeln[573].
Dieses (zeitlich und räumlich)[574] universale, über Heil und Unheil verfügende (45,7) und über alle Menschenweisheit hinausgehende (55,8f.; vgl. Jes 28,23ff.; Röm 11,33) Herrsein Jahwes wird nachdrücklich herausgestellt an der Rolle,die der Perserkönig Kyros, von Jahwe erweckt und sein Gesalbter,Freund und Hirte, im anbrechenden, die ganze Schöpfung mit einbeziehenden Heilswerk Jahwes spielt (4o,3; 41,18f.; 43,19f.; 49,11; 5o,2f.): Wie Assur (bei Jesaja) und Babel (bei Jeremia und Ezechiel) im Gerichts-, so dient er jetzt im Heilswerk Jahwes als Werkzeug für Jahwe[575].
Jahwes Herrsein wird schließlich auch verkündet im Zusammenhang mit dem im Exil ergangenen Gericht. Gegen die Einwände seiner Hörer und in bewußter Nachfolge der vorexilischen Gerichtspropheten (42,22ff.; 43,22ff.; 5o,1; 47,6; 48,8ff.) sagt Deuterojesaja: Jahwes Gericht war gerecht, weil durch Israels vom Urahn Jakob an (43,27f.[576]) gegenüber Jahwe begangene Schuld notwendig gemacht[577],

und dieses am eigenen Volk vollzogene Gericht[578] ist einerseits Beweis für die universale Gottheit Jahwes und andererseits als Erfüllung der prophetischen Gerichtsansage (43,9ff.; 44,7.26; 45,19-21) Indiz für die Zuverlässigkeit auch der Heilsbotschaft.

Jetzt hat Jahwe dem verbliebenen Rest seines Volkes (46,3), der keinerlei eigene Gerechtigkeit vorweisen kann (43,8), aus zuvorkommender Gnade und Liebe[579] und gemäß seinem Plan, für den er niemandem Rechenschaft schuldet, die Schuld getilgt (4o,2; 43,25 למעני ; 44,22f.), hat sich Israel wieder zugewandt, sich seiner erlösend erbarmt und dadurch (!) Umkehr ermöglicht (44,22b, siehe auch 44,3-5; 46,12f.; 54,6-8; 55,6f.)[58o] und Zukunft eröffnet, in der er seinen Heilsplan vollenden wird. Wie das Gericht sein souveränes Werk war, so jetzt die Notwende und das anbrechende Heil. Israel bleibt sein Volk, er bleibt in Treue Israels Gott[581].

Alle Völker werden Jahwes machtvolle Heilserweise[582] sehen (52,1o), sie werden sich zur Einzigkeit Jahwes bekennen und an dem von ihm geschaffenen Heil Anteil bekommen[583], das ihnen durch den עבד יהוה vermittelt wird (42,5; 49, 3.5f.).

Der Auftrag dieses einzigartigen Heilsmittlers, dessen individuelle Deutung sich mir nahezulegen und dessen Bezug auf Deuterojesaja selbst wahrscheinlich zu sein scheint, ist uns bekannt aus den sog. Gottesknechtsliedern 42,1-4; 49,1-6; 5o,4-9 und 52,13-53,12, die in vielfältiger Weise mit der vorexilischen Prophetie traditionsgeschichtlich verbunden und in verschiedenartigen Zusätzen weiter verarbeitet worden sind (42,5-9; 49,7-12; 5o,1o-51,8)[584].

Wie bei dem außerhalb dieser Gottesknechtslieder wiederholt als עבד (יהוה) bezeichneten Volk[585] ist von einer direkten Sendung des Knechts zu den Völkern im Sinn einer aktiven Mission hier wohl kaum zu reden[586]. Eher wird, wie Israel durch seine bloße Existenz als Gottes gesegnetes Volk[587], so der Gottesknecht durch seinen besonderen Verkündigungsdienst im Leiden und offenbar noch über den Tod hinaus (53,1o-12) *indirekt* zum Licht der Völker und Bringer des Heils[588].

Jedenfalls zielt Jahwes Handeln an bzw. in Israel, jeden Heilspartikularismus überwindend und dadurch kräftige nationalistische Züge relativierend, auf das Heil der Völker und führt damit sehr deutlich eine Linie auf einen einzigartigen alttestamentlichen Höhepunkt, die bei der Segensverheißung für alle Geschlechter der Erde (Gen 12,3 J) beginnt[589] und in unterschiedlicher Form die Heilsprophetie seit Jesaja[59o] durchzieht (Jes 2,2-4, vgl. Mi 4,1-4; Jer 31,7. 1o, auch 4,2; Zeph 3,9; Ez 36,22f.; Sach 2,15; auch 1Kön 8,41-43.59f.). Auch

hier ergeht nie ein Missionsauftrag an Israel oder einen seiner Repräsentanten[591]; vielmehr ist das Herzukommen der Völker zum Zion (Jes, Mi), ihr Segenwünschen mit Israels Glück (Jer), ihr einträchtiges Bekenntnis und Dienen (Zeph) und ihre Gotteserkenntnis (Ez) Folge von Jahwes heilschaffendem Handeln an Israel[592].
Das vom Propheten verheißene, an keine menschlichen Bedingungen geknüpfte Heil für Israel und dadurch für die Völker gilt es gegen alle Müdigkeit, Ängstlichkeit und Resignation[593] anzunehmen und Jahwes Ehre öffentlich zu bezeugen (43,8ff.; 44,5; 55,5). Die Erkenntnis Jahwes als des einzigen Gottes (41,2o; 43,1o; 45,3.6; 49,23.26; 52,6) und seine Ehre in der Anbetung *aller* Menschen[594] ist das letzte Ziel allen Gotteshandelns[595]. Und dieses Gotteslob[596] wird sich fortsetzen in der ganzen Schöpfung (42,1o-12; 43,2o; 55,12b).

3. Eigenarten prophetischen Geschichtsverständnisses

Wenden wir uns zu unserer Ausgangsfrage zurück: *Wie* reden die Propheten von Geschichte? Und dann spezifischer: In welchem Sinn ist diese Rede heilsgeschichtlich zu nennen? Dieser Frage geht die prinzipiellere voraus: *Warum* reden die Propheten überhaupt so von Geschichte, wie sie es tun? In diesen beiden Fragen sind eingeschlossen die Fragen nach dem Ort, der Gestalt, dem Umfang, den Bezügen, der Intention solcher Rede, im Blick auf die Vergangenheit sowohl wie auf die Zukunft. Wir versuchen jetzt, unter diesen Fragen das zu den Einzelgestalten des corpus propheticum Gesagte zusammenzufassen[597].

Das Reden der Propheten kommt aus ihrer "Grundgewißheit"[598], im Auftrag Jahwes sein über Israel beschlossenes und schon die Gegenwart bestimmendes Gericht, aber auch neues Heilshandeln jenseits des Gerichts (so bis zum Exil) bzw. im Exil: sein schon die Gegenwart bestimmendes Heil anzukündigen. Beides: Unheils- wie Heilsankündigung, nötigt die Propheten unausweichlich, über die Gegenwart und um derentwillen, d.h. also nicht eigenthematisch und selbstzweckhaft, über die Vergangenheit des Volkes intensiv nachzudenken und sie theologisch zu deuten. Das geschieht zum Zweck der Erhellung der gegenwärtigen Situation, der Entkräftung von Einwänden, der Zerstörung von Selbstsicherheit, des Aufrufs zur Einsicht, der Stärkung des Vertrauens, der Überwindung alles dessen, was von Jahwe trennt[599].
In dieser Hinsicht sind alle Propheten auf je ihre eigene Weise, was O.H.

Steck[600] für Deuterojesaja gezeigt hat: oft eigenwillige und bewußt einseitige[601] theologische Denker; freilich, auch wenn sie reichlich auf Geschichte zurückgreifen und gegenwärtiges Geschehen in ihre Verkündigung mit einbeziehen, keine Geschichtsschreiber, geschweige denn Geschichtsphilosophen oder -systematiker[602].Ihre Rückgriffe auf vergangene Ereignisse in der Form der Anklage (Schuldaufweis), der Mahnung, der Auseinandersetzung, des Gotteslobs, der Heilsbegründung erfolgen aus konkret-aktuellem Anlaß und sind daher auswahlhaft, haben also kein Interesse an einer vollständigen Sicht der (Heils-) Geschichte, an einem kontinuierlichen Ablauf und einem geschlossenen Ganzen; sie greifen Einzelereignisse oder Epochen unter bestimmten Aspekten auf, die ihnen für ihre jeweilige Verkündigungssituation bedeutungsvoll erscheinen[603]. Freilich wird man hinzufügen müssen, daß solche Auswahl den Charakter des Exemplarischen bekommt, indem sie wesentliche Strukturen des Jahwe-Israel-Verhältnisses in ihren geschichtlichen Konkretionen vor Augen führt und dadurch auf umfassendere Perspektiven tendiert - auch dies mit unterschiedlicher Akzentuierung und Gewichtung.

Vergangenheit, Gegenwart und Zukunft sind darin bedeutungsvoll miteinander verbunden, daß sie von der Zuwendung Gottes in seinem Reden und Handeln und von Israels Antwort inhaltlich gefüllte und bestimmte Zeit sind: Zeit der Erwählung und Führung, der Geduld- und Treuebeweise, Zeit der Schuld und des Gerichts, Zeit der Umkehr, Vergebung und des Neubeginns. Die Geschichte Israels als sein Weg durch die Zeiten ist sein Weg von Gott her, mit und gegen Gott und so unter Einbeziehung von Schöpfung und Völkerwelt.Dies alles kommt in den Blick im Dienst der je aktuellen Verkündigung der Propheten, unter der Perspektive des je für die Verkündigung des nahen Gerichts oder Heils Bedeutsamen, und so wird man H.W.Wolff darin zustimmen, daß das Interesse an der Geschichte (Israels und der Völker) "gleichsam das Nebenprodukt der prophetischen Verkündigung des kommenden Gottes" ist[604].

Ist so die Betrachtung der Geschichte konzentriert auf das Verhältnis Jahwe-Israel, ist deshalb von Geschichte nur so zu reden, daß vom Handeln Jahwes für oder gegen Israel und darin auch mit den Völkern, zugleich auch von Israels und der Völker Antwort darauf geredet wird, dann muß bei der Definition von Geschichte bzw. Heilsgeschichte das Verhältnis Jahwes zu Israel in seiner Begründung, Struktur und Zielsetzung grundlegend mitbedacht, kann also bei einer biblisch begründeten Definition von Geschichte gerade davon nicht abgesehen werden, so als wüßten wir von einem populären oder wissenschaftlichen Verständnis von Geschichte her, wie diese Kategorie zu fassen ist. Dann ist es aber auch unzureichend, einzig vom Zeitpunkt oder Grad der Realisierung von Heil im materiell-politischen Bereich die Rede von Heilsgeschichte abhängig zu machen.

Jahwes Handeln mit Israel ist bei den Propheten begründet durch seine in freier Zuwendung vollzogene Erwählung - gegen alle menschliche Würdigkeit, ja gerade wegen menschlicher Unwürdigkeit. Zu Erwählung (und Bund) gehört die von Jahwe geschenkte Lebensordnung seiner Gebote, die Gehorsam fordert. Trotz des vielfältigen Versagens Israels gegenüber dieser Ordnung kündigt Jahwe in gnädigen Führungen, geduldigem Werben um Umkehr, in mühe- und leidvollem Nachgehen (bes. bei Hos und Jer), in der Ankündigung und schließlich im Vollzug des Gerichts seine Zuwendung zu Israel nicht auf, sondern hält im Erbarmen, das seinen Zorn überwindet, und in der Treue zu seinem Erwählungswort an seinem Volk fest. So erweist er sich in seinem Erwählen und Bewahren, im zutiefst engagierten Mitsein in Israels wechselvollem Geschick, in der tiefsten Verborgenheit seiner Gerichte, in der Verheißung und Realisierung endgültigen Heils als der Gott Israels. Das "restlose, totale"[605], gar dauerhafte Nein Jahwes zum Israel seiner Wahl wird nicht, nicht einmal bei Amos, gesprochen; wäre das " לא עמי " das letzte Wort Jahwes, wäre dies die grundsätzliche Aufkündigung des Verhältnisses, das die Bundesformel umschreibt, wäre dies das göttliche Eingeständnis, daß das Versagen Israels den Fehlschlag göttlichen Wollens und Handelns bedingt. Daß dies für die prophetische Verkündigung ein unmöglicher Gedanke ist, braucht nach allem zuvor Gesagten nicht bewiesen werden.
Gibt es in diesem Verhältnis Jahwes zu Israel, das ein Handeln und Verhalten beider Seiten einschließt, eine Kontinuität, die auch das Gericht überdauert, dann kann diese nicht im Glauben oder Unglauben der Menschen, auch nicht in einem den geschichtlichen Ereignissen innewohnenden Entwicklungs- oder Wirkgesetz, selbst nicht in der starren Unabänderlichkeit eines göttlichen Dekrets gesehen werden, sondern ausweislich der biblischen Zeugnisse nur in der Treue Jahwes zu seinem Israel gegebenen Erwählungs- und Verheißungswort[606]. Kraft seiner Liebe (Hos, Jer) und um seiner Gerechtigkeit (Jes), Ehre (Ez) und seines Schöpfer- und Erwählerseins samt der darin eingegangenen Verpflichtung (DtrJes) willen ist Jahwe nicht willens, ja: nicht fähig, Israel zu vergessen. Solche Kontinuität zeigt sich auch unter der Verhüllung "krasser Diskontinuität...; nur durch das prophetische Enthüllungswort wird sie wieder sichtbar"[607].
Solche Kontinuität, die in der Beständigkeit des göttlichen Heilswillens gründet, wird faßbar auch in der Art, wie die Propheten - freilich nie vorbei am

Gericht, sondern stets im Bezug auf dieses - das zukünftige Heil verkündigen und begründen[608]. Zur Konkretion dieser Botschaft nehmen sie bestimmte Modelle des Heilshandelns Jahwes in der Vergangenheit, bestimmte Heilstraditionen auf[609]. Was Jahwe an Neuem, an Heilvollem nach dem tiefen Umbruch des Gerichts tun wird, ist trotz aller schöpferischen Neuheit "nur... die Vollstreckung dessen, was Jahwe schon in alten Überlieferungen Israels verheißen hat"[610]. Dieses Urteil impliziert, daß in den alten Traditionen als den Sprach-, Vorstellungs- und Verstehensmitteln der Propheten und ihrer Hörer die das Verhältnis Jahwe - Israel bestimmende Gottesanschauung gültig präsent war; daher sind die alten Überlieferungen nicht nur Ausdrucks-, sondern auch Strukturierungsmittel.

Freilich lassen sich die aus verschiedenen Traditionen erwachsenen Vorstellungen vom Heil, wie auch vom Unheil, nicht in ein einheitliches Schema einordnen, also nicht vorstellungsmäßig systematisieren. Entscheidend in aller Vielgestaltigkeit bleiben Motivation und Intention der Unheils- wie der Heilsbotschaft: Israel hat es in Gnade und Gericht, im Heil wie im Unheil stets mit demselben Jahwe, seinem Gott und ihm ganz persönlich zu tun[611]. "Die prophetische Verheißung verkündigt in ihrem tiefsten Grunde nicht wahrsagerisch ein kommendes Etwas, sondern den kommenden Ihn, wie er tötet, wie er zum Leben ruft"[612]. Es geht um die personale Bezeugung Jahwes in allem Geschehen, um seinen Anspruch, sein Herrsein, seine Liebe und Treue und Gerechtigkeit. Freilich kann dies nicht anders geschehen, als daß sich die Personmit Sach- und Geschehensaussagen verbinden, und darum sind auch die wahrsagerischen Elemente notwendig[613]; denn für im Raum unverwechselbarer Geschichte und reichhaltiger Traditionsbildung lebende Hörer wird Jahwe als der in Erwählung, geschichtlicher Führung, Verheißung und Beanspruchung an Israel Handelnde, seine Liebe, Fürsorge, Gerechtigkeit, Macht konkret Offenbarende bezeugt, an dessen Worte und Taten man sich erinnert, dessen Treue man rühmt. Der Name dieses Gottes ist unverwechselbar und untrennbar mit seinem Wirken verbunden - dem erinnerten und dem verheißenen[614].

Freilich läßt sich Jahwe in solchen "wahrsagerischen" Elementen nicht einfangen; auch hier herrscht seine Freiheit, die alle Traditionen in den Dienst des Erweises seiner Herrschaft stellt. Dem entspricht es, daß die Erfüllung materialiter oft anders aussieht als im ankündigenden Wort beschrieben; daß das im ganzen Alten Orient verbreitete Modell der Tat-Ergehen-Folge vom Glauben an die Souveränität Jahwes durchbrochen ist; daß das prophetische Heilswort, entgegen dem Unheilswort, nicht anthropologisch, sondern allein unter Verweis auf Jahwes Heilswillen (seine Liebe, Ehre, Macht, Gerechtigkeit, Treue etc.) begründet wird. Jahwe schafft neues Heil und darin die anthropologischen Voraussetzungen für seine Dauerhaftigkeit[615].

Das zukünftige Handeln dieses Gottes in Gericht und Heil wird angekündigt in dem den Propheten aufgetragenen Wort, über dessen Verwirklichung Jahwe selbst wacht. Geschichte vollzieht sich so im Spannungsbogen von ankündigendem und realisiertem Wort. Dieses Wort hat aber einen Adressaten: den Menschen, Israel; es zielt auf die verantwortliche Entscheidung des so von Gott Angesprochenen und ist darum stets das Wort, dem der Mensch im Gehorsam oder Ungehorsam begegnet und darin wieder Jahwes Antwort (mit)bestimmt.Geschichte vollzieht sich so in der wechselseitigen Interaktion von Wort und Antwort, konkretisiert als Anspruch und Gehorsam, Hilfe und Dank, Zuwendung und Vertrauen, Verheißung und Glaube bzw. dem jeweiligen Gegenteil[616]. Zutreffend hat man daher von der Geschichte als *Gespräch* Jahwes mit Israel gesprochen[617].

Ist Israel von Gott gewollter Partner dieses Gesprächs, der durch das ihm begegnende Wort und seine Antwort bestimmt wird, dann ist es weder autonomes Subjekt noch Objekt der Geschichte in dem Sinn, daß sie ihm als ein unpersönliches Geschick widerführe. Sie geschieht vielmehr in unauflösbarer dialektischer Spannung von Gottes Vorsatz und menschlicher Verantwortung. Sie hat ihre Ursache in Gottes liebender, erbarmender, erwählender Zuwendung, ihr Kontinuum in verweigerter Liebe Israels sowohl als auch in Gottes unermüdlichem Mühen um Israels Umkehr, hat ihre Intention und ihr Ziel in der Vollendung des heilvollen Ratschlusses Gottes - durch alles Versagen Israels als Bundespartner und alle Gerichte hindurch, wie immer auch diese Vollendung im einzelnen konkretisiert wird[618].

Gott erweist sich als der Herr dieser Geschichte, in dem ihre Kontingenz und ihre Kontinuität ihren gemeinsamen Ursprung haben. "In der Freiheit des Gesprächs Gottes mit dem Menschen wurzelt das kontingente Geschehen; in der überlegenen, umgreifenden Treue Gottes aber wurzelt zugleich die Kontinuität der Gesamtgeschichte"[619]. Von hieraus läßt sich dann auch in einem abgeleiteten Sinn von der Einheit der Geschichte sprechen, die wie kein anderer der alttestamentlichen Propheten Deuterojesaja begründet hat[62o].

Wo sich die Verkündigung der großen Schriftpropheten auf ein Letztes, Zukünftiges, Neues jenseits des Gerichts richtet, kann doch von einem Jenseits der Geschichte nicht die Rede sein. In allen Umbrüchen und Neueinsätzen, bei aller

Dialektik von Altem und Neuem wird der Raum der Geschichte nicht verlassen[621]. Solches Heil nach dem Gericht ist ausschließlich Jahwes schöpferisch-neugestaltetes Werk, nachdem Israel "(a)lles Eigenrecht und alle Eigengerechtigkeit" genommen worden ist[622]. Es hat seinen Grund in der von Jahwe bleibend gewirkten Umkehr, der Läuterung und Schuldvergebung, in dem von ihm geschaffenen neuen Herzen und der Begabung mit einem neuen Geist, ist aber doch nicht äußere Ordnung. Eine Alternative von leiblichem, materiellem, politischem Heil hier, geistig-innerlichem dort ist, wie bei J und in vielen Psalmen, so auch im Blick auf die prophetische Heilsverkündigung unangemessen.Ist Jahwe als der Heil Verheißende zugleich der Schöpfer und Erwähler und ist das Ziel seines Handelns die vollkommene Gottesherrschaft und Gottesgemeinschaft (Fohrer), dann ist die genannte Alternative prinzipiell überholt.
In manchen Einzelheiten geht der Blick der prophetischen Botschaft gemäß dem Glauben an Jahwe den Schöpfer und Herrn der Geschichte über Israel hinaus, und zwar nicht nur so, daß sich Jahwe im Kommen und Gehen der für oder gegen Israel aufgebotenen Reiche als Initiator und Lenker der Völkergeschichte erweist, sondern auch so, daß die Verwirklichung des Heils für Israel segensvolle Auswirkungen für die Völker hat (bes.Jes, DtrJes), deren Antwort der Verherrlichung Jahwes dient (Jes, Ez, DtrJes, auch Jer). Wenn auch die Gewichte bei den einzelnen Propheten sehr unterschiedlich verteilt sind, sind doch deutliche Ansätze erkennbar, Israels Geschick aus der Isolation einer Sonderexistenz herauszunehmen, die in ihrer Bestimmung auf sich selbst beschränkt bliebe.

In welchem Sinn ist dieses prophetische Geschichtsverständnis nun heilsgeschichtlich zu nennen? Ein Vergleich mit der dezidiert heilsgeschichtlichen Konzeption des J wird bei der Beantwortung dieser Frage hilfreich sein.
Wenn beachtet wird, daß das Verständnis von Geschichte bei den biblischen Zeugen nur erfaßt werden kann im Koordinatensystem ihres jeweiligen Gottes-, Menschen- und Weltverständnisses, wird man pauschal antworten dürfen: Heilsgeschichtlich ist dieses Verständnis, sofern es theologisches Verständnis der Geschichte ist, wobei "theologisch" das Bezugsgefüge des Jahwe-Israel-Verhältnisses hinsichtlich seiner Begründung, seiner Kontinuität und seiner Zielsetzung betrifft.Denn auch der menschliche Faktor dieses Verhältnisses ist angemessen nur in seinem konstitutiven Bezug auf Gott zu verstehen. Die bisher versuchte Explikation des prophetischen Geschichtsverständnisses kann von daher folgendermaßen ergänzt und vertieft werden:

Der Weg Jahwes mit Israel ist Heilsgeschichte von seiner *Begründung* her. Jahwe hat Israel erwählt zu einem einzigartigen Verhältnis, das Verheißung und Anspruch, Zusage und Auftrag umschließt. Mit welchen Ausdrücken und in welchen Bildern davon auch immer die Rede ist, diese Erwählung ist die Tat ungeschuldeter Liebe, göttlicher Gnade und göttlichen Erbarmens. Damit ist zugleich das letzthin bestimmende "Prinzip" dieses Verhältnisses und der sich daraus ergebenden Geschichte genannt.

Diese Geschichte als Weg Jahwes mit Israel durch die Zeiten ist Heilsgeschichte in ihrem *Verlauf*. Es ist der Weg geduldiger, fürsorgender, mühe- und planvoller Führung, der Weg strengen, aber liebenden Mahnens und Warnens durch geschichtliche Widerfahrnisse und prophetisches Wort, der von Umkehrruf und Vergebungsbereitschaft begleitete Weg - der Weg, auf dem es vonseiten Jahwes an nichts gemangelt hat, was Israel zu seinem Heil bedurfte. Es ist so in allem der Weg der vielgestaltigen Gegenwart Jahwes, auch in der Verborgenheit seines Gerichts, ein Weg des Gott-mit-uns, Gott-für-uns, auch in der Form des Gott-gegen-uns, aber nie ein Weg ohne Gott.Und als solcher zugleich der Weg der Unwürdigkeit, Unverständigkeit, Gottwidrigkeit und Unbußfertigkeit, der Abwendung und Verirrung Israels, in dem sich das drastische Urteil des J über die Bosheit des Menschen (Gen 3; 6,5; 8,21) in allen Bereichen des Lebens voll bestätigt.

Die Sünde des Menschen, Israel einschließend, gehört darum zur Begründung wie zum Verlauf der Heilsgeschichte konstitutiv hinzu. Im Blick auf diesen Menschen hat es zwar den alttestamentlichen Zeugnissen zufolge nie eine Heilsgeschichte gegeben; aber wie der Mensch bzw. wie Israel ohne Gott eine Abstraktion, wie er auch, anders denn als Sünder gesehen, eine Abstraktion ist, so ist auch eine sich am sündigen Menschen als dem vermeintlichen Subjekt dieser Geschichte orientierende Unheilsgeschichte eine Abstraktion. Heils- und Unheilsgeschichte sind, weil es immer um das Verhältnis Gott - Mensch/Israel geht, theologisch nicht gegeneinanderzustellen, Heilsgeschichte gibt es stets nur in der Unheilsgeschichte bzw. diese umgreifend.

Ein schroffer Gegensatz von Heils- und Sünden-, Abfall- oder Unheilsgeschichte, wie er gelegentlich konstruiert wurde[623], ergibt sich nur, wenn man die im Alten Testament konstitutiv zum Verständnis von Geschichte gehörenden Elemente des Tatwortes Gottes und des Menschen Antwort, die der Geschichte Israels immer auch den Charakter der "Entscheidungsgeschichte" geben[624], auseinanderreißt und Heilsgeschichte am Grad der geschichtlichen Realisierung des Heils mißt.
Mißverständlich im Sinn eines Entwicklungsschemas ist auch die Formulierung Fohrers[625], daß sich "aus der von Gott gebotenen heilvollen Anfangsmöglichkeit... keineswegs eine Heilsgeschichte, sondern eine völlige und absolute Sündengeschich-

te (entfaltete)". Bei diesem Urteil fehlt ebenso die begründende theozentrische Perspektive des alttestamentlichen Geschichtsverständnisses wie in der zwar konstatierten, aber nicht begründeten Tatsache des Umschwungs der Unheils- in die Heilsverkündigung der Propheten.Wenn es nämlich zutrifft, daß die Propheten "stets (!) in einer Stunde zu der Erkenntnis gelangt (sind), daß das Gericht nicht das ist, was Jahwe eigentlich will"[626], dann muß das Verhältnis des Gerichts zum eigentlichen Willen Jahwes theologisch bestimmt werden. Wenn es zudem in aller Geschichte im Kern um das Verhältnis Gott - Mensch bzw. Israel geht, und zwar um den Menschen als Sünder und Gott als den, der des Sünders Heil will und schafft, dann sind *beide* Faktoren von Anfang an konstitutiv für biblisch verstandene Heilsgeschichte und machen, wie ihr Wesen, so auch ihr Rätsel aus. Gottes Gerechtigkeit und sein Erbarmen lassen sich darum nicht auf zwei "Geschichten" (Hempel) aufteilen[627].Mit je unterschiedlichem Akzent bekunden die großen alttestamentlichen Traditionskomplexe, daß Geschichte gezeichnet ist durch Scheitern und Gnade, daß Sünde und Gericht im Dienst des göttlichen Heilswillens stehen, daß die Gnade mächtiger ist als die Sünde (Röm 5,2o; so schon die Quintessenz der Urgeschichte des J), daß Gottes Macht und Treue über alle Umwege und durch alle Umbrüche der Geschichte seinen Heilswillen realisieren wird. Heilsgeschichte ist so von Anbeginn beides: Offenbarung und Bestätigung menschlicher Widerspenstigkeit und Untreue *und* göttlichen Erbarmens, göttlicher Gerechtigkeit und Treue.

Daß die Geschichte Israels weiterlief, daß Israel als Israel Bestand behielt, geht also allein auf die fortbestehende Zuwendung Jahwes zu diesem seinem Volk zurück. Der Fortbestand dieser Geschichte als der durch Jahwes Worte und Taten begründeten und bestimmten Geschichte ist der Beweis für Jahwes ständiges Mit- und Nachgehen, für seine Geduld und Treue. Nur weil Jahwe so bei Israel bleibt, wie er sich ihm in der Erwählung zugewandt hat, ist diese Geschichte Heilsgeschichte. Davon wissen die Propheten, ganz in Übereinstimmung mit J, eindringlich zu reden.Kontinuität erhält diese Geschichte, auch wenn nur auswahlhaft von ihr geredet wird, letztlich durch das beharrliche Zugewandtsein Jahwes zu seinem so radikal bösen Volk, das gleichwohl sein Volk bleibt[628].

Die Propheten (mit Ausnahme von DtrJes) stehen, anders als J, an dem Punkt, wo Jahwes ganz Israel treffendes Gericht unabwendbar geworden ist. Die Größe der Schuld Israels, die *dieses* Gericht um Jahwes Gerechtigkeit willen erforderlich macht, ist nur angesichts des heilsgeschichtlichen Handelns Jahwes zu ermessen. Freilich kann man auch von dieser Gerichtsdrohung her Israels Geschichte nicht isoliert als Unheilsgeschichte bezeichnen; denn das Gericht hat seinen bestimmten Ort, und ihm geht eine lange Geschichte heilvoll-bewahrenden Handelns Jahwes und durchaus auch heilvoller Zustände voraus - trotz Israels Schuld! Daß also das von den Propheten angekündigte Gericht in gewisser Weise Resultatscharakter hat - im Blick auf Israels dauernde Schuld wie auch Jahwes dauerndes vergebliches Bemühen um Israel -, macht nicht *die* Geschichte Israels zur Unheilsgeschichte.

Zudem entspricht dem Grund der Erwählung und der Kraft der Erhaltung Israels die Treue Jahwes zu seinem Volk auch durch dieses Gericht hindurch. Der Weg Jahwes mit Israel ist Heilsgeschichte deshalb auch von seinem *Ziel* her, das nicht in der endgültigen Aufkündigung des Bundesverhältnisses besteht, sondern im beständigen Heil für Israel: in der Doppelform der dem Willen Gottes gemäß geordneten politischen und sozialen Verhältnisse und der geordneten Gottesbeziehung; im Segen für die Völker, die Jahwes Heilshandeln an Israel erkennen und darüber zur Anerkennung und Verehrung des Gottes Israels gelangen; letztendlich in dieser Verherrlichung Jahwes selbst.
Muß so im Blick auf Begründung, Verlauf und Ziel des Weges Jahwes mit Israel im Sinn der Schriftpropheten von Heilsgeschichte geredet werden, so sind freilich, gerade im Vergleich mit J, aber auch der einzelnen Propheten untereinander, die Unterschiede innerhalb dieses heilsgeschichtlichen Rahmens deutlich erkennbar - Unterschiede, die die Gewichtung der Einzelelemente, die Weite der geschichtlichen Perspektive, den Rang und die Funktion heilsgeschichtlicher Rede betreffen. Mit dem Terminus "Heilsgeschichte" kann deshalb nur ein Rahmen, ein Bezugsgefüge von Begründungs-, Geschehens- und Entscheidungszusammenhängen angegeben sein, in dem konstitutive Faktoren alttestamentlicher Rede von Heil und Geschichte umgriffen sind. Dieser Rahmen eignet sich nicht als Prinzip der Systematisierung der sehr unterschiedlichen alttestamentlichen Geschichtszeugnisse, wohl aber als ein Horizont zur Erfassung ihrer wesentlichen Eigenarten.

VII. Das Deuteronomistische Geschichtswerk (DtrGW)

Die Denkweise der Deuteronomisten tritt, außer in ihrer redaktionellen Tätigkeit im Bereich des Pentateuch und des corpus propheticum, besonders hervor im sog.DtrGW. Hesse[629] hat über sie geurteilt: "In diesen Deuteronomisten treffen wir erstmals auf Vertreter einer ausgesprochenen Theologie der Unheilsgeschichte... Hoffnung auf eine heilseschatologische Wende ... fehlt bei den Deuteronomisten völlig. Heil erwarten sie offensichtlich nicht mehr, schon gar nicht als Ergebnis von geschichtsimmanenten Ereignissen". Sie sind eins "auf keinen Fall: Theologen der Heilsgeschichte".
Die Existenz eines von Dtn - 2Kön reichenden Geschichtswerks hatte, nach Vorarbeiten besonders im Josua-Kommentar, Martin Noth in seinen "Überlieferungsgeschichtliche(n) Studien" (1943)[630] zu erweisen gesucht. Trotz gelegentlicher

Zweifel und Widersprüche hat sich dieses Ergebnis bis heute als gut begründet erwiesen, insoweit es Existenz und Umfang des DtrGW angeht. Komplizierter, als es Noth annahm, ist indessen, wie zahlreiche seitherige Untersuchungen ergaben, der Prozeß der Redaktion verlaufen. Statt eines einzelnen dtr Redaktors, der älteres Material[631] unterschiedlicher Herkunft, Gattung und Tendenz auswählte, sammelte und durch ein sprachlich, stilistisch, dispositorisch und theologisch planvolles Rahmenwerk zu einem eindrucksvollen Ganzen formte[632], hat es offenbar mehrere solcher dtr Redaktoren gegeben[633], die zu unterschiedlichen Zeiten und mit je besonderen Akzentsetzungen das vorliegende Überlieferungsmaterial oder wenigstens Teile desselben bearbeitet haben. Für den Bereich des Jos-Buches und den Anfang des Ri-Buches hat das R.Smend[634], für die Königsbücher (in Anknüpfung an Smend) W.Dietrich[635] und T.Veijola für die Anfänge des Königtums (Ri 8f.; 17-21; 1Sam 7-12)[636] und den Komplex der Davidüberlieferungen (im wesentlichen Aufstiegs- und Thronfolgegeschichte)[637] wahrscheinlich gemacht.

Diese Redaktoren sind sich einig in ihrer grundlegenden Verbundenheit mit der im Geist und gemäß der Norm des (Ur-)Deuteronomiums vollzogenen Reform Josias mit ihrer auf Einheit, Einzigkeit und Ausschließlichkeit konzentrierten Abzwekkung: *ein* Gott, *ein* Volk, *eine* Tora, *ein* Kult! Zu diesem Zweck ist das Deuteronomium redaktionell dem Geschichtswerk vorangestellt worden.

Dieser theologische Standort verbindet sich mit dem geschichtlichen: Dem Untergang des Nordreichs (722) ist der Untergang Judas/Jerusalems (597/587) gefolgt. Diese Katastrophen als gerechtes Gericht Jahwes über die Schuld des Volkes zu deuten, machen sich die Deuteronomisten zur Aufgabe, indem sie die Geschichte von der Landnahme an vor Augen führen. Sie wollen damit Israels Schuld aufweisen und Jahwes Gerechtigkeit rühmen. Ob über den konfessorischen und gerichtsdoxologischen Zweck dieser "Ätiologie des Nullpunkts" hinaus noch eine Zukunft eröffnende Absicht zu erkennen ist, wird eine der Hauptfragen sein, wenn wir im folgenden die Eigenarten dtr Geschichtstheologie zu erfassen suchen.

Diese Geschichtstheologie ist besonders da zu fassen, wo sich die dtr Redaktoren selbst zu Wort melden, wo sie uns also nicht nur als Sammler entgegentreten, sondern als Theologen mit deutlich artikuliertem und breit entfaltetem theologischen Programm. Dies geschieht in hervorragender Weise in kürzeren oder längeren Reden, die großen Einzelpersonen an wichtigen Punkten der Geschichte in Form eines Rückblicks auf die vergangene oder eines Vorblicks auf die kommende Epoche in den Mund gelegt werden (Jos 1; 23; 1Sam 12[638]; 1Kön 8,14ff.) bzw.

in von den Deuteronomisten selbst verfaßten Reflexionen über größere Abschnitte der Geschichte (Ri 2,6-3,6; siehe auch lo,6-16; 2Kön 17,7-23), schließlich auch in der Auswahl, Rahmung, Komposition und Kommentierung, ja sogar der eigenen Abfassung erzählender Überlieferungen, wie das etwa für 1/2Kön an vielen Beispielen klar gezeigt worden ist (siehe bes.W.Dietrich).

Nun sollen in unserer Untersuchung des Geschichtsverständnisses des DtrGW solche diffizilen redaktionsgeschichtlichen Fragen nicht im Vordergrund stehen; dies umso weniger, als etwa Dietrichs Analyse zufolge[639] Geisteshaltung und Intentionen verschiedener dtr Redaktoren sich in wesentlichen Bereichen ähneln[64o] und auch ihre jeweils besonderen Akzentsetzungen keinen Ausschließlichkeitscharakter haben, vielmehr im wesentlichen additiv sind[641]. Von größerem Interesse sind für uns Antworten auf Einzelfragen, unter denen sich die Eigenarten dtr Geschichtsauffassung erschließen: die Frage nach Grund, Form und Absicht des Handelns Jahwes und darin eingeschlossen die Fragen nach der Funktion seines Wortes und der Aufgabe seiner Propheten; die Frage nach Jahwes Forderung an Israel und dementsprechend nach Israels Gehorsam oder Ungehorsam; die Frage nach dem Verhältnis von Jahwes Heil und Israels Tun, nach dem Verhältnis Jahwes und Israels zu den Völkern; schließlich die Frage nach einer Hoffnung angesichts der Katastrophen und d.h.: nach der Intention des DtrGW. Nur in der wechselseitigen inhaltlichen Beziehung all dieser Einzelelemente werden die Eigenarten, aber auch die Verbindungen dtr Geschichtsauffassung mit älteren Überlieferungen erkennbar werden.
Das Verhältnis Jahwes zu Israel wird unter Aufnahme verschiedener Traditionskreise als "Erwählung" beschrieben und in seiner inneren Ordnung durch die Kategorien Gebot und Gehorsam bestimmt.
Jeweils anknüpfend an weit vordtn, ja mitunter sogar vorisraelitische[642] Überlieferungen, weiß das DtrGW von der Erwählung Israels, Jerusalems und Davids. Dabei wird zwar der dtn Erwählungsterminus בחר , abgesehen vom Fall der Erwählung Jerusalems[643], nur selten gebraucht, aber die Sache ist auch da zweifellos im Blick, wo der Terminus בחר durch andere Termini ersetzt ist.
So ist von der Erwählung Israels außer in Dtn 4,37; 7,6; lo,15; 14,2 nur noch an der, zudem dtr unsicheren, Stelle 1Kön 3,8 unter Verwendung des dtn term. techn. die Rede, "offenbar einfach darum, weil ihm (sc.dem Dtr) beim Israel der Königszeit das nach dem Dtn unabdingbare Korrelat zur Erwählung, Furcht Jahwes und Liebe zu ihm, zu fehlen schien"[644]; aber nach 1Kön 8,51.53, wo Israel unter Aufnahme des Exoduscredo als Jahwes Volk (עם) und (Eigentumsrecht und Sorge-

pflicht umschließend) Eigentum (נחלה), ausgesondert aus allen Völkern[645], bezeichnet wird[646], und nach 2Sam 7,23f., wo Israel als das von Jahwe erkaufte und "auf ewig" bestimmte Volk erscheint, ist an der hohen Bedeutung dieser Erwählungstradition auch für das DtrGW nicht zu zweifeln.
Ähnlich wird im Fall der Erwählung Davids nur selten der Terminus בחר gebraucht[647], aber die Nathanweissagung, in der der Titel נגיד [648] einem בחיר nicht ferne steht (2Sam 7,8) und durch die, Erwählung und Berufung zu einem besonderen Dienst anzeigende Wendung לקח מן - (vgl. Am 7,15[649]) sowie den Inhalt der Weissagung (2Sam 7,13-16) und den Titel עבדי (2Sam 7, 5.8)[650] in einen eindeutigen Sachzusammenhang gerückt wird, und schließlich die Idealisierung Davids zeigen das Gewicht, das auch diese Erwählungstradition für die dtr Redaktoren hat.
In welchem Maße die Erwählungstraditionen, die Jahwes zuvorkommende Liebe bezeugen, den Forderungen des Herrschaftsanspruchs Jahwes, konzentriert im 1. und 2.Gebot, unterworfen werden, Erwählung mithin nicht allein als Privileg, sondern auch als Verpflichtung und Aufgabe[651] verstanden wird, zeigen neben zahlreichen Bundesparänesen nach dem Muster "Du sollst טוֹב , d.h. das בְּרִית - Gemäße tun, damit dir Jahwe טוֹב gibt"[652] die Segen-Fluch-Passagen im Dtn (4; 11,26ff.; 30,15ff. u.ö.)[653], zeigt (in Entfaltung der Grundgedanken etwa von Dtn 28,15-68) die auf dem Hintergrund von Jahwes Treue zu seinen Verheißungen umso nachdrücklicher erhobene Warnung vor Jahwes gerechtem Gericht im Fall der Übertretung der Bundesordnung (Jos 21,45; 23,14b → 15f.; siehe auch 1Kön 8,56ff.) und die Reflexion über die Vollstreckung des göttlichen Strafgerichts im Untergang Israels (2Kön 17,15)[654] mit entsprechendem Vorblick auf den im folgenden berichteten Untergang Judas; zeigt das dtr Programm des Ri-Buches (Ri 2,6ff.) und seine Explikation in den folgenden Rettererzählungen; zeigt sich schließlich an dem Urteil über die Könige Israels[655] und Judas, das die generelle Linie dtn/dtr Programmatik der Unterordnung auch und besonders des Königs[656] unter das Gesetz als Herrschaftsordnung Jahwes betont (Dtn 17, 14ff.; 1Sam 12,12ff.)[657]. Im Tun der Könige[658] ist das Geschick des Volkes mit eingeschlossen[659]. Inwieweit in solchem Gericht Gnade und Hoffnung aufleuchten[660], wird uns im Blick auf die Intention des DtrGW noch beschäftigen.

Eins der hervorstechenden und daher wiederholt beschriebenen Merkmale[661] der dtr Geschichtstheologie ist das Denken in den Kategorien von Weissagung und Erfüllung, von göttlichem Wort und geschichtlichem Ereignis als Gestaltwerdung dieses Wortes. Diese an die Überzeugung schon der Vätertraditionen, dann vor allem der klassischen Prophetie von der Mächtigkeit des Gotteswortes anknüpfende[662], jetzt die Grundstruktur der Geschichte bestimmende Konzeption tritt am deutlichsten zutage in den Königsbüchern, wo sie infolge einer stark schematisierenden, bis in die Einzelheiten gehenden Redaktion (Dietrichs DtrP), die nicht nur überkommenes Überlieferungsmaterial (vornehmlich Prophetenerzählungen) sammelt und entsprechend zusammenstellt,sondern selbst um dieses Grundschemas willen prophetische Erzählungen und Erfüllungsvermerke verfaßt (vgl. dazu bes. Dietrich), alles Geschehen als Realisierung, als Gestaltwerdung des göttlichen Worts erscheinen läßt.

Dieses Denken prägt aber nicht nur eine einzelne dtr Redaktion, wenn auch sie besonders stark, sondern ist, mehr summarisch und implizit-tendenziell wie in DtrG, konzentriert auf die großen Erwählungstraditionen wie in DtrN[663], Grundüberzeugung des ganzen dtr Kreises. Geschichte ist demzufolge nicht nur Wirkungsfeld, sondern Resultat zukunftsmächtigen Jahwewortes[664], das Jahwe durch seine in Zeiten generellen Abfalls ihm zu treuen Diensten ergebene Knechte, die Propheten[665], ausrichten läßt und für dessen Erfüllung er selbst eintritt, wenn auch mit durch menschliches Verhalten zeitweise bedingten kürzeren oder längeren Verzögerungen: Er richtet seinen דבר (in der Doppeldeutigkeit von Wort und Sache) auf (קום, 1Kön 2,4; 6,12; 8,2o; 12,15), sein דבר fällt nicht dahin (נפל, Jos 21,45; 23,14; 1Kön 8,56; 2Kön 1o,1o). Fragen wir hier nach Ursache und Ziel der Geschichte, ist mit Verweis auf Jahwes Wort und dessen Verwirklichung im Verlauf der Ereignisse zu antworten. Hier werden gleichermaßen Gottes Treue und Gerechtigkeit gerühmt, für die beide das geschichtsmächtige Handeln Jahwes für und gegen Israel Zeugnis ablegt.Wenn so auf die Mächtigkeit und Gültigkeit des Jahwewortes (siehe Dtn 32,47: כי לא־דבר רק) abgehoben wird, dann kann es auch für die Hoffnung der Dtr in der Exilssituation nicht ohne Bedeutung sein, daß die Nathanweissagung 2Sam 7,14-16 weder erfüllt noch rückgängig gemacht ist, sondern im Idealbild Davids lebendig bleibt und wohl am Schluß des DtrGW verhalten, aber deutlich ins Blickfeld tritt.

Wir sind damit zu einer für Theologie und Intention des DtrGW entscheidenden Frage gekommen: Welche Hoffnung bleibt denen, die als Exilierte oder als in der zerstörten Heimat Zurückgebliebene[666] die Katastrophen von 597/587 überlebt haben? Martin Noths Antwort[667] lautet: Keine! Das Ende ist als göttliches Gericht anzusehen, als endgültiges, abschließendes Gericht, und darüber geht der Blick nicht hinaus. So entspricht der Gesamtduktus und die Intention des DtrGW der wiederholt in Reden und Reflexionen dargebotenen Sicht: Ungehorsam im Sinn der Mißachtung des 1. und 2.Gebots führt zum Gericht der Verbannung. So ist es geschehen: Jahwes Wort ist nicht leer, nicht kraftlos; Jahwe hat, wie vor aller Augen ist, recht behalten in seinem Spruch (Ps 51,6).

Indes ist diese Antwort immer wieder und wohl m.R. als unbefriedigend empfunden worden[668]. Sowohl der voluminöse Umfang des Geschichtswerks[669] als auch sein Abschluß und die Thematik vieler seiner Reden- und Reflexionsstücke fordern weiterreichende Antworten. Sollte denn diese erdrückende Fülle gedeuteten geschichtlichen Materials nur dazu dargeboten worden sein, den durch die Katastrophe Ereilten ihre Lage als Strafe, als endgültig, als hoffnungslos und so das Gericht als letztes Wort in der ganzen erdrückenden Anklage durch die Geschichte nur umso schrecklicher vor Augen zu führen? Welchen Verkündigungssinn hätte diese ganze Anhäufung geschichtlicher Traditionen, wenn die Gegenwart unveränderbar wäre? Sollte in allem die widerspruchslose und ausweglose Anerkennung der Gerechtigkeit Jahwes das einzige sein, was von den Gestraften verlangt werden mußte? Und sollte wirklich die thematisch und kompositorisch jenseits des Endes liegende Begnadigung Jojachins durch Amel-Marduk (2Kön 25,27-3o) nur aus Ehrfurcht vor den geschichtlichen Tatsachen und in der dem dtr Redaktor eigenen Gewissenhaftigkeit als letztes erreichbares Datum der judäischen Königsgeschichte aufgenommen und "einfach als solches mitgeteilt" worden sein[67o]? Und sollten schließlich und vor allem die breiten und gelegentlich deutlich auf die gegenwärtige Exilssituation anspielenden Reden (z.B. 1Kön 8,44-51[-53]) nur den Zweck haben, die Hörer sich in das Unabdingbare fügen zu lassen?

Solche Fragen stellen bedeutet, sie im Blick auf die dtr Intention(en) zu verneinen! So ernst auch das von Jahwe immer wieder angekündigte und jetzt in äußerster Härte vollzogene Gericht genommen werden muß, so bleibt doch der Ausblick nicht ganz verschlossen, Hoffnung nicht ganz verboten, Sichabfinden mit der gegenwärtigen Lage nicht das allein gültige Gebot der Stunde!Die Absicht der dtr Redaktoren in der Situation des erfolgten Gerichts ist nicht allein - als Bekenntnis der Schuld Israels und der Gerechtigkeit Jahwes - gerichtsdoxologisch[671], sondern - zurückhaltender, indirekter, den Ernst des Gerichts nicht überspringend - gerade dadurch auch paränetisch: zur Abkehr, Einkehr und Rückkehr mahnend und ermutigend, so vorsichtig Hoffnung begründend und Zukunft eröffnend.

Den Ruf zur Umkehr als den "eigentlichen Aussagewillen des DtrG(W)" hat, nach mancherlei früheren Hinweisen[672], zuerst thematisch klar H.W.Wolff herausgestellt[673] und darin viel Beifall gefunden[674]. Beschäftigung mit Geschichte in dieser Ausführlichkeit und unter Einfügung so vieler Reden geschieht hier nicht um der Geschichte an sich willen, auch nicht nur zur Verdeutlichung des Funktionierens des göttlichen Wortes im Schema von Weissagung und Erfüllung, sondern um der Kennzeichnung der von den Anfängen an immer wieder an Israel ergangenen, von ihm zweitweise befolgten, zeitweise abgewiesenen Forderung der Umkehr willen, die in dem Terminus שׁוב [675] ihre je nach Situation und Aspekt reich nuancierte inhaltliche Zusammenfassung (Abkehr, Einkehr, Rückkehr, völlig neuer Anfang, Hinwendung) erhalten hat und die auch in diesem Bereich die ansonsten zu beobachtende enge Verbindung mit der Verkündigung Hoseas und Jeremias anzeigt[676]. Geschichte wird also in dieser Fülle gesammelter und gedeuteter Überlieferungen dargeboten, damit Israel aus dieser Geschichte Umkehr lerne.

Die ganze Richterzeit hebt sich von der "goldenen Zeit" Josuas (Ri 2,7) dadurch ab, daß Israel seinem Gott den Gehorsam aufkündigt und sich den Göttern der Kanaanäer zuwendet: "Israel weiß nichts mehr von Jahwe" (Ri 2,1o). Jahwe gibt in seinem Zorn Israel in Feindeshand; Israel schreit zu Jahwe[677]; Jahwe erbarmt sich und sendet zur Abwendung der Not seine מושׁיעים[678]. Schreien[679] als Ausdruck der Umkehr[680] zu Jahwe im Gericht und Jahwes Erbarmen ist also das, was Rettung, was Heil schafft (Ri 2,1o-19; 1o,6-16; 16,6f.; 1Sam 12, 8), was den Fortgang der Geschichte ermöglicht, was das Gericht bannt[681]. Diese Überlieferungen lehren, wie Jahwes Zorn zu tragen ist, worin Israels Hoffnung besteht[682]. Jahwe dienen בכל־לבבכם, in Treue und Furcht, nicht בשׁקר (Jer 3,1o), ist darum auch die Forderung Samuels (1Sam 7,3; 12,2o.24), die die Meidung des Götzendienstes (v21, vgl. die Götzenpolemik bei Hos, Jer und DtrJes!) notwendig einschließt (12,14f.) bzw. die Abkehr von ihm voraussetzt (7,3).

Umkehr - als Abkehr vom bösen Weg der Mißachtung des 1. und 2.Gebots und Hinwendung zu Jahwe - forderten im Auftrag Jahwes alle Propheten von Israel[683]; sie wurde verweigert, trotz gelegentlicher und offenbar Strafaufschiebung bewirkender Hinwendung zu Jahwe[684], und diese Weigerung machte das Gericht unausweichlich[685]. Umkehr zu Jahwe (bes.kraß auf dem Hintergrund des abtrünnigen Manasse) gemäß den Weisungen des mosaischen Gesetzes ist dementsprechend der Kern des uneingeschränkten Lobs, mit dem Josia bedacht wird (2Kön 23,25, siehe auch 22,2).

Wie schließlich der im Vergleich zu allen sonst in 1Kön 8,14ff. genannten Fäl-

len sehr ausführlich dargebotene, also nicht beiläufig erwähnte, sondern höchst aktuelle und deshalb klare Antwort fordernde Fall der Exilierung des Volkes zeigt (v46-51[-53])[686], ist Umkehr[687] בכל־לבב ובכל־נפש das Gebot der Stunde; Dtn 4,29-31 und 3o,1-1o (bes.v2.8.1o) setzen dieselbe Situation voraus[688] und unterstreichen dieses Gebot[689] als das entscheidende Wort des Jahweknechts Mose (Jos 1,2.7).
Umkehr als die ungeteilte, gehorsame Hinwendung zur Stimme Jahwes, wie sie in Mose und den Propheten vernehmbar ist, unter gleichzeitiger Abkehr von den fremden Göttern - das ist das einzige, das in jedem Fall Erforderliche, was die Deuteronomisten in der heillosen Zeit der Zerstörung und Verbannung als Hoffnung, als heilvolle und die Gestaltung der Zukunft[69o] bestimmende Möglichkeit Israel zu lehren haben. Die Zukunft liegt zwar in Jahwes Hand, aber das entläßt Israel nicht aus der Forderung der Umkehr und des Gehorsams gegenüber Jahwes Geboten (siehe Dtn 29,29).
Bleibt diese mit der Aufforderung zur Umkehr ins Auge gefaßte, aber ganz in Jahwes Freiheit und Erbarmen gestellte Möglichkeit neuen Heils inhaltlich unbestimmt? H.W.Wolff u.a. haben es so dargestellt in dem berechtigten Bemühen, vom Ernst der Gerichtsbotschaft und dem Nachdruck der Umkehrforderung nichts wegzunehmen und Jahwes gnädigem Erbarmen nicht vorzugreifen. Doch lassen gewisse inhaltliche und kompositorische Eigenarten die Frage nicht zur Ruhe kommen, ob man die von vRad[691] in Anknüpfung an Vorgänger angedeutete, von H.W. Wolff[682] abgelehnte, aber dennoch von vielen anderen[693] mehr oder weniger vorsichtig fortgesetzte Linie einer davidisch (-messianisch)en Konkretisierung nicht ernsthaft bedenken muß. Dafür spricht die in 2Kön 25,27-3o nach (!) 25, 21b aufgenommene, u.U.aus einem ausführlichen Bericht exzerpierte Nachricht[694] von der öffentlichen Rehabilitierung Jojachins durch den babylonischen König Amel-Marduk ebenso wie das in 1/2Kön entworfene Bild von David und die zentrale Stellung der Nathanweissagung 2Sam 7 im DtrGW[695]. Wenn hinter 25,21b, das in dem die ganze dtr Darstellung prägenden Schema von Weissagung und Erfüllung die Funktion hat, den gemäß Jahwes Wort eingetretenen Abschluß einer Entwicklung zu markieren (24,2), obgleich der sonst übliche Erfüllungsvermerk fehlt, nun noch von der Einsetzung und rasch folgenden Ermordung Gedaljas als Statthalter von Babels Gnaden und der dadurch bedingten Flucht etlicher im Lande Verbliebener nach Ägypten berichtet und so jeder Ansatzpunkt einer Hoffnung aus Juda/Jerusalem getilgt wird (25,22-26), dann kann die Anfügung von v27-3o, die zugleich das gesamte DtrGW abschließt, nicht allein mit dem "Respekt vor

den Tatsachen" befriedigend erklärt werden. Hier wird vielmehr ganz offenkundig ein Ereignis jenseits des Gerichts, jenseits des Endes aufgenommen, das verhüllt geäußerte Hoffnung auf ein neues heilvolles Handeln Jahwes aufkeimen läßt. Über Davids Dynastie ist das letzte Wort noch nicht gesprochen, hier ist ein Anknüpfungspunkt für zukünftiges Handeln Jahwes, ein Anknüpfungspunkt für seine Treue zu seinem Wort, das er seinem Knecht David durch Nathan gegeben hatte[696].

Diesem zurückhaltend, ohne direkten Bezug zur Nathanweissagung angedeuteten hoffnungsvollen Zug entspricht die dtr Idealisierung Davids, die sich vom Bild des in den Quellen (bes.Aufstiegs- und Thronfolge-Erzählung) vorgestellten Königs stark abhebt[697]. Wiederum wohl mit besonderem Nachdruck hat der nomistische,auf die Besonderheit Davids und seiner Dynastie konzentrierte Redaktor DtrN[698] David als Urbild des untadeligen und ungeteilten Herzens gehorsamen Theokraten und so als Vorbild und Maßstab für alle späteren Könige Judas dargestellt[699]. Die ihm für seine Dynastie gegebene Verheißung rechnet zwar mit dem Ungehorsam der Davididen und ihrer Bestrafung durch menschliche Gerichtswerkzeuge Jahwes, hält aber über aller menschlichen Untreue an der bleibenden Zuwendung der göttlichen Gnade in Form des ewigen Bestandes[7oo] des davidischen Königshauses fest[7o1].

Dieser Zug unbedingter Gültigkeit der göttlichen Gnadenzusage[7o2] wird, anders als etwa in 1Kön 2,3f.; 8,25; 9,4f., wo die Gültigkeit (gemäß Dtn 17,18-2o) durch den Gesetzesgehorsam der Könige konditioniert wird[7o3], in 1Kön 11,36 und 2Kön 8,19 unterstrichen, und gemäß 1Kön 9,7 und 2Kön 23,26f. wird aus dem möglichen und endlich beschlossenen Gericht über Juda, Jerusalem und den Tempel das Davidshaus ausgespart. Die Möglichkeit, daß in alledem Hoffnung[7o4] - versteckt, aber doch faßbar - angedeutet ist, läßt sich nicht von der Hand weisen, eine Hoffnung, die in der davidischen Erwählungstradition, die auf Jahwes ewiger Verheißung gegründet ist (2Sam 22,51; 23,5), lebendig blieb auch in der schwersten Katastrophe. Jahwes auf Davids טוב gerichtetes אמת -Wort ist für die vom Gericht Betroffenen die einzige noch verbliebene Quelle für Hoffnung und Vertrauen[7o5].

Hiermit hängt aufs engste die Frage zusammen, ob denn Umkehr und Gehorsam der zureichende Grund für die Hoffnung auf neues Handeln Jahwes für Israel sind, ob also Jahwe, nachdem er Israel erwählt und ihm sein Gebot als Lebensordnung gegeben hatte, nur der, wenn auch oft in großer Geduld und in dauernden Erweisen seines Erbarmens Re-agierende ist. Einige Stellen, die das Gericht des

Exils voraussetzen und das dtr Zentralthema der Umkehr kräftig herausstreichen, setzen offenbar unter Aufnahme von prophetischen Traditionen (Hos, Jer, Ez) tiefer an. So geht dem Gehorsam gegen Jahwes "Gebote, Satzungen und Rechte" in 1Kön 8,57f. offenbar die Hinwendung Jahwes zum Volk und die durch Jahwe bewirkte Ausrichtung der Herzen[7o6] zu ihm voraus, d.h. der Gehorsam ist begründet im zuvorkommenden Handeln Jahwes. Außerdem mündet der Abschluß des sog.Tempelweihgebets, der eindeutig die aktuelle Situation des Exils voraussetzt (1Kön 8,51-53), in das Lob Jahwes, der Israel erwählt hat, und der darin anklingende Appell an Jahwes Treue, die Bitte um ein neues befreiendes Handeln zeigt den Grund neuer Hoffnung an, der den Ruf zur unverzichtbaren menschlichen Umkehr (v47) umschließt.

Ähnliche Akzente setzen Dtn 4,29-31 und 3o,1-1o: Grund für Israels Umkehr (dreimal שׁוב in 3o,2.8.1o) ist Jahwes Barmherzigkeit und Treue, deren Ziel nicht Israels Verstoßung und Verderben ist, sondern das Festhalten an der den Vätern zugeschworenen ברית (4,31); und die nun nicht als Aufforderung zu menschlichem Werk (wie Jer 4,4), sondern als Zusage göttlichen Handelns formulierte Herzensbeschneidung deutet (im Traditionszusammenhang von Jer 31, 31ff.; 32,29ff.; Ez 36,24ff.) an, daß in Jahwes neuem Handeln alles Heil begründet ist. Umkehr im (von Jahwe gewirkten) Gericht ist zwar menschliche Tat, aber als solche letztlich Frucht göttlichen Erbarmens[7o7]. Und schließlich ist mindestens zu fragen, ob nicht die Gewißheit, daß Jahwe um seines großen Namens willen sein auserwähltes Volk nicht verstoßen wird (1Sam 12,22), über das in 12,25 ins Auge gefaßte Gericht hinausträgt und Grund jedes neuen Gotteshandelns ist, insofern im Namen die Macht- und Liebeserweise präsent sind[7o8] und damit Gottes Gottheit, seine Treue zu Israel und zu sich selbst auf dem Spiel steht.

Aus diesen Beobachtungen ebenso wie aus dem oben zur Erwählung Israels und zur Hoffnung der vom Gericht Betroffenen Gesagten ergibt sich die Feststellung, daß das Geschichtsdenken des DtrGW nicht einfach im Vergeltungsschema erfaßt werden kann, demzufolge Geschichte einzig vergeltende Antwort Jahwes auf Israels Gehorsam oder Ungehorsam wäre. Dieses Schema vermöchte wohl Jahwes strenges Gericht als Ausdruck seiner Gerechtigkeit zu veranschaulichen, damit aber weder die Abfassung des DtrGW zu begründen noch Hoffnung über den Nullpunkt hinaus zu eröffnen, weil es im letzten darauf hinausliefe, daß Jahwes in seinem Erwählungshandeln gesprochenes Wort hinfällig, ungültig geworden, Jahwe an Israel gescheitert wäre. Dies käme der Zerstörung des Gottesglaubens Israels an seiner

Wurzel gleich. So stark das Vergeltungsschema im DtrGW auch in den Vordergrund gerückt, aber eben nicht isoliert wird, so wenig kann es doch zu einer angemessenen Interpretation der Geschichte Israels genügen[7o9].
Der Horizont dieser Geschichtsdeutung endet gemäß dem dtn/dtr Erwählungsverständnis[71o] und dem von Israel geforderten Gehorsam im allgemeinen an den Grenzen Israels und Judas; der sowohl bei J als auch in der klassischen Prophetie erkennbare, ja nachdrücklich betonte universale Horizont göttlichen Handelns fehlt hier fast völlig. Zwar stehen auch die Völker unter der geschichtsmächtigen Hand des Gottes Israels, die sie gemäß den göttlichen Plänen mit Israel an ihren Platz stellt. So sind sie in ihrem in Kanaan verbliebenen Rest als Prüfsteine für den Gehorsam Israels gegen Jahwes Gebote belassen[711] und werden als Gerichtswerkzeuge gegen Israels Ungehorsam in Dienst genommen[712], sind also als Geschichtsfaktoren insoweit interessant, als sie ihren Platz im Handeln Jahwes für oder gegen Israel haben. Aber um ihrer selbst, ihres Heils, ihres Verhältnisses zu Jahwe willen treten sie kaum ins Blickfeld. Außer Jos 2,9-14; 6,25 und 2Kön 5 fallen besonders zwei kurze Passagen auf: In 1Kön 8,41-43[713] bittet Salomo um die Erhörung des Gebets auch des Fremden, der von ferne zum Tempel in Jerusalem heraufkommt, damit "alle Völker der Erde" Jahwes Namen erkennen und ihn (wegen der darin eingeschlossenen Heilstaten) fürchten. Und 1Kön 8,59f. soll Jahwes seinem Volk und dessen König מִשְׁפָּט schaffendes Handeln "alle Völker der Erde" zur Erkenntnis (למען דעת) von Existenz und Einzigkeit Jahwes bringen (siehe dazu Dtn 28,1o!). Ob nicht auch die Verherrlichung Jahwes als des Gottes Israels עד־עולם als Ziel der David gegebenen Dynastieverheißung (2Sam 7,25ff.) in dieselbe Richtung weist, mag hier offen bleiben.

In welchem Maß diese Geschichtsanschauung des DtrGW heilsgeschichtlich zu nennen ist, zeigt etwa ein Vergleich mit J. Beide stehen an einem sehr exponierten Punkt der Geschichte Israels und schauen zurück: J auf dem Gipfel der politisch-kulturell-religiösen Entfaltung der Ära Davids und Salomos, das DtrGW auf dem Tiefpunkt des Exils. Beide versuchen die dorthin führende Geschichte zu verstehen, nicht aus antiquarischem, sondern aus praktisch-theologischem Interesse: zum Zweck der Verherrlichung Jahwes und der Ermahnung und Wegweisung für das Volk. So stehen Darbietung und Verstehen der Geschichte in einer deutlich erkennbaren Beziehung zur Gegenwart und Zukunft, ein das Volk in seiner gegenwärtigen politischen und geistigen Lage betreffender Verkündigungswille begründet diesen Rückblick, der, die Fülle des dargebotenen Traditionsmaterials rechtfertigend, unter der Erkenntnis steht, daß die Geschichte als der Weg Jahwes mit seinem Volk "Lehrmeisterin des Volkes Israel"[714] ist. Dabei sind entsprechend der durch die ganze Geschichte Israels hindurch bestehenden Spannung von Erwählung und Gesetz, Verheißung und Anspruch, Gnade und Gericht die Gewichte unterschiedlich verteilt: Für J bietet die von ihm dargebotene Geschichte des Volkes eine herrliche Veranschaulichung der verläßlichen und sieghaften Treue Jahwes zu seinen den Vätern gegebenen Verheißungen - gegen alle menschliche Unfähigkeit und Unwürdigkeit. Das DtrGW versteht die Geschichte Israels als Erweis der göttlichen Gerechtigkeit, der Strenge, mit der Jahwe nicht nur über die Erfüllung seiner Verheißungen, sondern auch über dem Gehorsam gegenüber seinem Gebot wacht[715].Freilich ist dieses Gebot in seinem Ursprung und in seinem Fortbestand von Erwählung, Vergebung und Verheißung umschlossen. Die Geschichte Jahwes mit seinem Volk endet nicht im Gericht über menschlichem Ungehorsam, sondern Jahwe eröffnet einen Weg in die Zukunft durch die von ihm im Gericht gewirkte Umkehr und durch seine für ewig in Kraft gesetzte Verheißung für David. Vergegenwärtigt man sich die für heilsgeschichtliches Denken prägenden, nur im Koordinatensystem des Gottes-, Menschen-, Welt- und Heilsverständnisses faßbaren Faktoren und ihre im einzelnen sehr variable Gewichtung und Beziehung zueinander, wird man auch im Blick auf das DtrGW von deutlichen Zügen solchen Denkens sprechen müssen.

C. Zeit und Geschichte im Alten Testament und Alten Orient

Die Beantwortung der Frage, wie die alttestamentlichen Zeugen Geschichte und damit überhaupt Zeit erfahren, verstanden und in welcher Form sie diese Erfahrungen und dieses Verständnis überliefert haben, gehört zu den schwierigsten Aufgaben alttestamentlicher Theologie.Denn einerseits zeigt sich einer vergleichenden Untersuchung sehr bald und nicht überraschend, daß Israel viele Formen, Zeit und Geschichte zu erfahren und zu bezeugen, mit den Völkern seiner Umwelt gemeinsam hatte, so daß eine *dies*bezügliche prinzipielle Trennung beider Bereiche nicht möglich ist[716]. Andererseits ist aber Israel, von der Mitte seiner Glaubenserfahrung her wiederum nicht überraschend, auch in diesem Bereich ein Fremdling unter den Völkern des Alten Orients gewesen, was ein Vergleich der beiderseitigen Geschichtszeugnisse deutlich bekundet.
Folge des Interesses, das diese Erkenntnis bei Exegeten und Systematikern geweckt hat, ebenso auch die Folge der besonderen Schwierigkeiten, diese Erkenntnis genau zu fassen und ihr im einzelnen zu entsprechen, ist eine intensive und weitverzweigte Diskussion über das alttestamentliche Zeit- und Geschichtsverständnis, in die, mit verschiedenen Teilaspekten, alttestamentliche Exegese und Hermeneutik sowie die Systematik hineingezogen sind[717]. Angesichts mancher, bei einem solch schwierigen Gegenstand wohl kaum ganz zu vermeidenden methodischen und systematischen Einseitigkeiten, die sich oft sehr deutlich im Ergebnis der jeweiligen Untersuchung widerspiegeln, hat DeVries in seiner detaillierten und umfassenden Analyse des Gebrauchs des Terminus יום im Alten Testament die unverzichtbaren methodischen Richtmarken erneut kenntlich gemacht[718]: philologische und historisch-kritische Exegese mit allen zur Verfügung stehenden Mitteln unter Beachtung der spezifischen literarischen Formen, der Syntax und des literarischen Kontextes ebenso wie des lebendigen Traditionsstroms, der systematisch-thematischen Mitte und des außerbiblischen Vergleichsmaterials. Einseitigkeiten, Wiederholung alter Irrtümer, Verwendung unfruchtbarer Klischees lassen sich nur auf diesem Wege - wenn schon nicht ganz vermeiden, so doch erheblich - begrenzen.
Wir wollen, teils in Zusammenfassung, Vertiefung und Verknüpfung von bisher an Einzelkomplexen alttestamentlicher Traditionsbildung gewonnenen Einsichten (siehe B/V-VII), teils zu ihrer Ergänzung und so zur Erweiterung der Perspektive, jetzt auf dem Wege der Wortgeschichte und des religionsgeschichtlichen Ver-

gleichs einige der konstitutiven Elemente alttestamentlichen Zeit- und Geschichtsverständnisses noch besser zu erfassen suchen. Dabei sollen auch hier die Termini "Zeit" und "Geschichte" nicht vorweg definiert werden; angemessen ist allein die Methode, das Gemeinte in seinen verschiedenen Akzentuierungen durch sein Wortfeld und seine inhaltlichen Strukturen zu umschreiben[719]. Es mag vorab genügen, davon auszugehen, daß für die alttestamentlichen Zeugen Zeit und Geschichte in wechselseitiger Beziehung in der Weise existieren, daß Geschichte Geschehen in seiner zeitlichen Abfolge und im gedeuteten Zusammenhang innerhalb des vom Schöpfer bereitgestellten Raums der Schöpfung ist[72o]. Geschichte ist für Israel immer in irgendeiner Form das, was von Jahwe her mit ihm, für oder gegen es geschieht, also sein Weg mit Gott durch die Zeit.

Diesem Zeit- und Geschichtsverständnis Israels kann man sich von verschiedenen Seiten her nähern, wobei jeder Näherungsweg sein Recht hat, insofern er unter einem besonderen Aspekt versucht, des Gesamtkomplexes ansichtig zu werden. Zwei dieser Wege sollen jetzt, wie oben bereits angedeutet, unsere besondere Aufmerksamkeit finden. Der eine möchte dazu führen, über die Analyse der Zeitbegriffe wesentliche Elemente des hebräischen Zeitverständnisses zu erfassen. Seit Conrad von Orellis Untersuchung "Die hebraeischen Synonyma der Zeit und Ewigkeit genetisch und sprachvergleichend dargestellt" (1871)[721] ist dieser Weg häufig beschritten worden[722]. Er ist gekennzeichnet durch mancherlei Abgrenzungsversuche des alttestamentlichen Befundes gegenüber der Umwelt Israels und den Zeit- und Geschichtsauffassungen der Moderne und hat in seinen neuesten Arbeiten Ergebnisse gezeitigt, die vOrellis einseitig auf das Etymologische konzentrierte Bemühungen als weithin überholt erscheinen lassen[723]. Der andere, erst in jüngerer Zeit intensiver beschrittene Weg möchte zur Erfassung des Geschichtsverständnisses der altorientalischen Nachbarn Israels führen und dadurch zur Bestimmung der Eigenarten der alttestamentlichen Zeugnisse beitragen. Ist die erste Hälfte dieses Programms vonseiten der Altorientalisten in ertragreichen Arbeiten seit längerem in Angriff genommen worden[724], so ist die zweite, theologisch belangvollere von H.Gese zur Aufgabe gemacht und nach seinem eigenen Beitrag und anderen kleineren Arbeiten (von Malamat, Maisler, Speiser, Lohfink u.a.) besonders von Bertil Albrektson: History and the Gods (1967) breit entfaltet worden. Nach dieser Arbeit werden auch im hier zur Diskussion stehenden Bereich gängige, weit verbreitete und über lange Zeiten unkritisch tradierte Klischees und undifferenzierte Alternativen stark modifiziert werden müssen.

Der Weg des religionsgeschichtlichen und -phänomenologischen Vergleichs vermittelt die Erkenntnis, daß Zeit und Geschichte nur im Kontext des jeweiligen Gottesbildes und von ihm her des Verständnisses vom Menschen und seiner Welt erfaßt werden können; denn "Zeit" ist ein Grundelement menschlicher Lebens- und Welterfassung und -bewältigung, die sich dementsprechend in charakteristischen Erfahrungs- und Deutemodellen in den literarischen Zeugnissen niederschlägt. Weit über den Bereich der Zeit-Termini hinaus muß darum im Kontext der gesamtreligiösen Charakteristika das erfaßt werden, was Israel und seine Nachbarn als Geschichte erfahren, erfaßt und überliefert haben. Dadurch soll nun nicht doch wieder, unter Vernachlässigung der Vielzahl unterschiedlicher alttestamentlicher Zeugnisse, *das* Geschichtsverständnis Israels dargestellt, wohl aber aufgezeigt werden, welche Erfahrungen sich in bestimmten Begriffen niedergeschlagen haben und welche Grundelemente alttestamentlichen Glaubens jenseits aller geschichtlichen Veränderungen und aller Vielgestaltigkeit der Zeugnisse die Unterschiede zu den altorientalischen Nachbarn im Hinblick auf die Erfahrungen und das Verständnis der Geschichte bedingen[725].
Gemäß den voranstehenden Überlegungen sollen darum zunächst in aller Kürze die Erträge der wortgeschichtlichen und religionsvergleichenden Untersuchungen dargeboten und mit ihrer Hilfe die Eigenarten des Geschichtsverständnisses Israels erfaßt werden.

VIII. Zeitbegriffe im Alten Testament

Zahlreiche wortgeschichtliche Untersuchungen, unter denen aus jüngerer Zeit vor allem die Wörterbuchartikel von Ernst Jenni[726], die in größeren thematischen Zusammenhängen angestellten Untersuchungen von H.W.Robinson, J.Marsh und J.Muilenburg[727] und die beiden Monographien von J.R.Wilch (1969) zum Terminus עת und S.J.DeVries (1975) zum Terminus יום Erwähnung verdienen, haben, wenn man ihre detaillierten Einzelergebnisse auf das für unsere Fragestellung Wesentliche zusammenzufassen sich bemüht, ergeben, daß sich die Zeitbegriffe des Alten Testaments in modern-wissenschaftlichen Kategorien nicht adäquat erfassen lassen. Für "Zeit" und "Geschichte überhaupt" bieten die alttestamentlichen Zeugnisse weder einheitliche noch arithmetisch-quantifizierende bzw. philosophisch-abstrakte Begriffe noch auch infolgedessen ein allgemeines Konzept; dies alles haben sie gemein mit den religiösen Zeugnissen der Mesopotamier[728] und Ägypter[729]. Zeit ist keine leere Form, kein neutrales Kontinuum

oder eine Dimension an sich, in die die Ereignisse eingefügt würden. Zeit ist vielmehr wesentlich durch das charakterisiert, was in ihr passiert, ist also durch dessen spezifische Eigenart qualitativ bestimmte Zeit.Die Zeit, der Tag eines Menschen oder eines Volkes beispielsweise ist bestimmt durch das, was getan oder erfahren wird. Nicht so sehr die Distanzen als vielmehr der Inhalt und der dadurch bestimmte Kontext der Zeit sind bedeutungsvoll.
Das zeigt sich sehr klar im Umkreis der am häufigsten gebrauchten Zeitbegriffe יום , עת und עולם , wird unterstrichen aber auch durch ihre Synonyme und durch einen nur in abgeleiteter Form verwendeten Terminus, nämlich den Plural von דבר im Sinn von "Angelegenheiten, Annalen, Geschichte" insofern, als von der Doppelbedeutung des Wortes her das "Wort" eine "Sache" (Vorfall, Ereignis, Begebenheit) zum Ausdruck bringt, die Anlaß zur Erwähnung und Behandlung ist[730].

Die inhaltliche Bestimmung der Haupttermini erfolgt nach dem detaillierten Ausweis von Jenni und DeVries in grammatisch vielfacher und für jeden Terminus unterschiedlich gewichteter Weise[731], wodurch stets auf einen inhaltlich- qualitativ bekannten oder bekannt gedachten vergangenen, gegenwärtigen oder zukünftigen Zeitpunkt eines natürlichen, menschlichen oder göttlichen Geschehens oder Handelns Bezug genommen wird[732], so daß sich (mit kontextbedingten Gewichtungen der Einzelkomponenten) für עת (und für in der Grundbedeutung "Tag" verblaßtes und so עת angenähertes יום) die Hauptbedeutung "(bestimmter) Zeit(punkt) von/ für..." ergibt[733] und man infolgedessen nicht allgemein von "Zeit", sondern von "einer (besonderen) Zeit" zu sprechen hat[734], Zeit also, unabhängig von der etymologisch umstrittenen Herleitung von ענה [735], als das (von seinem Inhalt her) Begegnende, Betreffende, Beanspruchende zu verstehen ist. "Zeit und Geschehen sind eins"[736], Zeit ist "Geschehniszeit"[737]; alles hat "seine Zeit" - durch natürliche Ordnung, menschliche Entscheidung oder göttliche Freiheit inhaltlich-real bestimmte rechte Zeit (Qoh 3)[738].
Dabei ist nicht, wie beim Plural עתים / ימים , der sich עולם , דור(ות), עד , נצח und קדם annähert (s.u.), an ausgedehnte Zeiträume, also primär an Zeit*dauer* gedacht; die Ausdehnung ist unbestimmt und irrelevant, entscheidend ist die *inhaltlich* bestimmte Kennzeichnung als Zeitpunkt oder -abschnitt[739]. Verallgemeinerungen, wie eben angedeutet, aber andererseits auch Präzisierungen[740] sind von dieser Grundbedeutung aus möglich.
Die zeitlichen Aspekte der Vergangenheit, Gegenwart und Zukunft sind zwar nicht bei jedem Terminus und in jeder Tradition gleichgewichtig, aber insgesamt doch voll zur Entfaltung gebracht, wobei, wie jüngst wieder DeVries[741] beobachtet hat, die gleiche Verwendung bestimmter zeitangebender Wörter und Phrasen (אז , עולם , ביום ההוא , בעת ההיא) für vergangene und zukünftige Ereignisse anzuzeigen scheint, daß in der Erfahrung und Vorstellung die Zeit nicht von der Vergangenheit durch die Gegenwart bis in die Zukunft eine Summe von inhaltlich bestimmten Zeitpunkten und Zeitperioden durchläuft, sondern von der Erfahrung der Gegenwart aus in die beiden Richtungen von Vergangenheit und Zukunft gedacht wird.
Wie oben angedeutet, bezeichnet der Plural von עת (nur in späten alttestamentlichen Texten) und יום , im Bedeutungsgehalt einander nahe, die Grundbedeutung des Singulars nicht widerrufend, den inhaltlich und ausdehnungsmäßig mehr oder weniger exakt begrenzten Zeitraum, die Zeitdauer als Summe der einzelnen Zeitpunk-

te[742] und kommt darin dem Bedeutungsgehalt des Extrembegriffs עולם nahe. Dieser hat mit einem abstrakt philosophischen, im Kontrast zur Zeitlichkeit entworfenen Ewigkeitsbegriff wenig zu tun, was schon daraus erhellt,daß er bis auf wenige späte, von griechisch-hellenistischen Vorstellungen beeinflußte Texte nie als unabhängiges Subjekt auftritt, sondern stets in Genitiv- oder präpositionellen Wendungen (mit עד , מן , ל) oder als adverbieller Akkusativ und die Bedeutung "fernste Zeit"[743] erhält, im Blick sowohl auf die Vergangenheit[744] als auch auf die Zukunft[745]. Dabei bezeichnet מעולם den äußersten terminus a quo eines noch nicht abgeschlossenen Zeitraums, עד־עולם das sukzessive zeitliche Fortschreiten in die Zukunft[746], לעולם stärker das statische Element der Dauer, der Kontinuität und qualitativen Konstanz, der unabänderlichen Gültigkeit und so, über den quantitativen Aspekt der endlosen Zeit und im Überstieg zum Qualitativen, der Ewigkeit (bes. in Doxologien und Klageliedern). Dem entspricht die Wendung מעולם עד־עולם , bezogen auf Gottes Wesen und Handeln, oder die Bedeutung der Formel דר ודר [747]: Gottes עד־עולם -Sein geht, wie auf seine "Eigenschaften" (Liebe, Gnade, Wort,Name, Ratschluß), so auf die von ihm begründeten Institutionen (Bund, Kultordnung, Königtum Davids) über[748].

Wenn nach allem Gesagten die alttestamentlichen Zeugen in ihrem Zeitdenken nicht von der Fülle individueller Ereignisse abstrahieren, dann ist das begründet im Erfahren und Verstehen der Geschichte als Einheit der Ereignisse und ihrer Zeit. Dieses Denken ist darum viel weniger als modernes Zeitverständnis an der Kausalbeziehung der Ereignisse und der zwischen ihnen bestehenden Kontinuität interessiert. "Die" Zeit ist kein chronologisches Kontinuum, sondern eine Abfolge, eine Reihe von Ereignissen mit je ihrem Gehalt und ihrer Zeit(dauer).

Der in Gen 1-2,4a (P)[749] aus den Erfahrungen der Geschichte an allen Anfang zurückdenkende Glaube bezeugt Gott nicht nur als Schöpfer des Raums, sondern auch als Schöpfer und damit Herrn der Zeit: Sie ist sein erstes Werk (1,4)[75o]. Er hat Sonne, Mond und Sternen ihre Zeit gegeben (Jer 33,2o; Hi 38,32); seine Gnade garantiert, in Aufhebung des in Gen 6,5 (siehe 8,21) begründeten Fluchs, den unaufhörlichen Wechsel von Tag und Nacht (Gen 8,22 J, siehe auch Jer 31, 35-37); er ist für Israel im Exil der Schöpfer aller Räume und Herr aller Zeiten (Jes 4o,28[751]; auch Ps 9o,2). Er prägt das Leben seines Volkes durch die Tage, die er gemacht hat (Ps 118,24), Tage seiner Wahl (Jes.Sir 33,7-9), an denen Israel der geschichtlichen Heilstaten seines Gottes, die ihrerseits Grund für den hinfort befolgten festlichen Termin sind, "gedenkt" und sich den von Gott eingesetzten kultischen Vorschriften unterwirft[752].Er ist aber vor allem der Gott, der dem Menschen gnadenvoll Zeit gewährt[753], obwohl dieser durch seinen Ungehorsam den Tod verdient hätte (Gen 2,17 J) und der Todesgefahr seiner Umwelt ohne Gottes Schutz rasch erliegen würde (Gen 4,1o.14 J). Zeit ist von daher eine zutiefst soteriologisch bestimmte Größe: Der Mensch erhält von

Gott Zeit, damit er des dem Abraham verheißenen Segens teilhaftig werden kann, wie es J durch die Verbindung seiner Ur- und Vätergeschichte bezeugt. Die Zeit untersteht damit nicht nur Gottes Herrschaft, sondern dient auch der Verwirklichung seines Plans.
Schließlich weiß der in Gott geborgene Beter, daß seine "Zeiten" (עתים), d.h. das, was diese Zeiten an Widerfahrnissen mit sich bringen, in Gottes Hand, in seiner Macht stehen (Ps 31,16)[754]. Damit tun wir aber bereits einen Blick voraus auf das Gottesverständnis, das alttestamentliches Zeit- und Geschichtsverständnis begründet und eigentümlich gestaltet, dem wir uns thematisch indes erst zuwenden wollen, wenn wir den zweiten oben erwähnten Näherungsweg, nämlich die Erfassung des Zeit- und Geschichtsverständnisses der altorientalischen Nachbarn Israels zum Zweck der Vergleichung mit dem alttestamentlichen, kurz ins Auge gefaßt haben.

IX. Zeit und Geschichte im Alten Orient

Der methodische Grundsatz, daß die Eigenart alttestamentlichen Zeit- und Geschichtsverständnisses im Kontext entsprechender Erfahrungen und Vorstellungen in der Umwelt Israels erfaßt werden müssen - eine Regel zudem, die nicht nur für dieses Thema, sondern für alle Bereiche des Alten Testaments gilt -, ist wiederholt[755] bekräftigt worden, aber seine gewissenhafte Befolgung hat in der alttestamentlichen Wissenschaft einiges zu wünschen übrig gelassen und mußte deshalb von H.Gese in einem eigenen Beitrag nachdrücklich angemahnt und beispielhaft befolgt werden.Dabei läßt sich Israels wie seiner Umweltvölker Geschichtsverständnis immer nur im Zusammenhang der gesamten jeweiligen Konstellation der geographischen, soziologischen, religiösen, psychologischen und kulturellen Faktoren erfassen; denn das Geschichtsverständnis ist ein Korrelat zur Offenbarung und der durch diese bestimmten Welt- und Menschenbilder, ja der Kultur insgesamt[756], ist also angemessen auch nur in diesem Gesamtzusammenhang zu erfassen. Daß dabei unter historischem Aspekt weder das Alte Testament noch erst recht die Welt des Alten Orients die Einheit ist, als die sich beide in dem oben erwähnten Grundsatz zu geben scheinen, ist nicht aus den Augen zu verlieren, beschneidet jedoch nicht das methodische Recht und den Sinn einer auf die gestaltgebende Mitte, die sachliche Eigenart gerichteten systematischen Fragestellung[757] - zumal dann nicht, wenn etwa für Mesopotamien die durch die Jahrtausende fortbestehende, wesenhafte geistig-kulturelle Einheit unterstrichen wird[758] und sich für Ägypten ein ähnliches Bild ergibt[759], was nach den zuvor genannten Voraussetzungen eine substantiell gleichbleibende Erfahrung und Vorstellung von Geschichte erwarten läßt.

Die mangelhafte Kenntnisnahme bzw. Beachtung der altorientalischen Umwelt Israels durch die alttestamentliche Wissenschaft hat, trotz gelegentlicher Einwände und Mahnungen[76o], zu ungeprüft tradierten Klischees und falschen Alternativen geführt, die Israels eigenartige Geschichtsauffassung gegen die seiner Umwelt abheben sollten. So wurde sowohl im Blick auf die Offenbarungsmedien als auch mit Bezug auf die Art göttlichen Wirkens und die in beidem eingeschlossenen Formen der Zeiterfahrungen in pauschalen Alternativen gegenübergestellt: Jahwe offenbare sich in der Geschichte, während sich die Götter der Umweltvölker in der Natur offenbarten; das Zeitverständnis Israels sei linear, das der Umweltvölker zyklisch; Geschichte werde in Israel dynamisch, in der Umwelt statisch verstanden[761]. Verbunden mit diesen Urteilen waren häufig Folgerungen zur Frage der Entstehung der Geschichtsschreibung, über die es, bedingt durch unterschiedliche Kenntnisse und mangelhafte Begriffsdefinitionen, zu einem breiten Dissens zwischen klassischen Philologen, Orientalisten und Alttestamentlern kam[762], in dem bald Hellas, bald den Sumerern oder Hethitern, bald Israel die Urheberrechte zugesprochen wurden[763]. Der Streit um "eigentliche" Geschichtsschreibung, ihren Beginn, ihre Vorformen, ihre Voraussetzungen und ihre Strukturelemente mag hier, wo es nur um einen kurzen vergleichenden Überblick gehen kann, auf sich beruhen[764].

Was diesen Vergleich angeht, so hat sich Bertil Albrektson das Verdienst erworben, mancherlei Verkürzungen, Generalisierungen und falsche Alternativen der alttestamentlichen Wissenschaft aufgedeckt und erledigt zu haben[765].

Er zeigt unter Beiziehung zahlreicher sumerischer, babylonischer, assyrischer und hethitischer Textbelege und in intensiver Auseinandersetzung mit der alttestamentlichen und -orientalistischen Fachliteratur, daß auch in Israels Umwelt von Anfang an Natur und Geschichte gleicherweise Medium der göttlichen Offenbarung sind, alles Geschehen in Planung und Verlauf letztlich auf göttliche Aktivität zurückgeht und als Wirken der Gottheit(en) zum Guten oder zum Bösen, also als theokratisches Geschehen, verstanden wird (Kap.1 u.2); daß ferner (Kap.3) göttliche Herrschaft und Willensoffenbarung sich ereignet und vollzieht durch den König als Gottes Repräsentanten und Werkzeug[766] und daß (Kap.4) das machtvolle göttliche Wort nicht nur in Schöpfung und Natur, sondern auch im persönlichen und geschichtlichen Geschehen wirkt, indem es sich in geschichtliche Ereignisse (auch als Erfüllung voraufgegangener Verheißung!) umsetzt[767]. Nach Albrektson handeln demnach auch in Israels Umwelt die Götter plan- und zielvoll (Kap.5) und offenbaren in ihrem Handeln etwas von ihrem Wesen: Zorn, Erbarmen, Gerechtigkeit, Macht (Kap.6).

Im Blick auf die drei für unser Thema bedeutungsvollsten Einzelbereiche der Umwelt Israels ergeben sich folgende Spezifikationen:

1. Bei den *Ägyptern* trägt Geschichte entscheidend den Charakter der Königsgeschichte, Geschichtsschreibung mit ihren teils detaillierten geographischen, ethnographischen, militärisch-politischen, biographischen, ökonomischen und kultischen Nachrichten und mitunter lange Zeiträume umfassend[768] ist daher Königsliteratur[769]. Der König als der eigentliche Vollzieher der Geschichte ist Erhalter und Wiederhersteller der göttlichen Weltordnung (Ma'at) - sowohl im Kult[770] als auch im politischen Geschehen[771];beide: Geschichte und Kult, sind daher nur zwei gleichartige und gleichwertige Seiten derselben Sache, so daß E.Hornung von der "Geschichte als Fest" sprechen kann[772].

Diese Ordnung von Kult und Geschichte ist keine andere als die universale, unwandelbare, göttliche Ordnung der Natur; die Ordnung der Zeit ist Ausdruck der Ordnung des Kosmos in seinem zeitlichen Aspekt[773], und individuelles und gemeinschaftliches Leben ist gedeihlich nur in solcher Ordnung. Sie ist bestimmt durch die unendliche periodische Wiederkehr des ewig Gleichen, wie sie sich im Wechsel der Tages- und (im Rahmen des landwirtschaftliches Jahres und des Laufs der Gestirne) Jahreszeiten darstellt[774]. Für diese rhythmisch wiederkehrende Zeit im Rahmen der Naturphänomene und der ihnen entsprechenden kultischen Ordnungen hat das Ägyptische in der aspektiven Differenzierung des Zeitverständnisses den Begriff *tr* (Plural im Sinn von Jahreszeiten) im Sinn der der periodischen Ordnung entsprechenden "rechten Zeit für..."[775]. Eingebunden in solche Ordnung wird "Geschichte... (als) ein Naturereignis"[776] verstanden: Geschichte als das Regelmäßige, das in Übereinstimmung mit der Ma'at Stehende und nur so geschichtlich Relevante, das alles Individuelle auf seine Gesetzmäßigkeit Zurückführende, weshalb Zeiten der Unordnung aus der ägyptischen Geschichtsschreibung ausgeschlossen werden[777].

Damit ist die Erfahrung und das Verständnis der Zeit in ihrer Linearität, ihrer Unumkehrbarkeit und Einmaligkeit[778] nicht unmöglich gemacht[779], aber sie ist doch im wesentlichen begrenzt auf das individuelle Leben und bleibt vielfältig eingebunden in die übergreifende Ordnung und stört diese nicht. Die einmalige, als Setzung und Gabe Gottes[780] schicksalhaft-entscheidende Qualität individueller Situationen und Ereignisse solcher linearen Zeit- und Lebenserfahrung findet ihren Ausdruck in dem Begriff *ʿ.t*[781]. Im Grunde ist dieser Zeitbegriff unabhängig vom beherrschenden Zeitmodell (Kreis oder Linie).

Sowenig wie die bisher dargestellten Eigenarten ägyptischen Zeit- und Geschichtsdenkens hat die wiederholt[782] belegte Deutung menschlichen Handelns im Kausalschema von Tat und Ergehen, wie es beispielsweise in der sog. "Lehre für Merikare" formuliert ist[783], der Vorstellung von einer zielgerichteten Geschichte und ihrem eschatologischen Horizont, d.h. auch einem Ende der Geschichte, prägende und so dauerhaft wirkende Kraft vermitteln können[784]. Solche Deutung bleibt im wesentlichen im Ethischen, wird selten in den geschichtlichen Raum übertragen. Konstitutiv und bestimmend bleibt aufs ganze die Erfahrung und Vorstellung des Zyklisch-Periodischen, Regelmäßig-Typischen, des Ewig-Wiederkehrenden in der Geschichte. Sinn der Geschichte (und Aufgabe der Geschichtsschreibung) ist daher die gegen alle Zerstörung und Auflösung durch Chaosmächte ständig wiederholte Herstellung der vollkommenen göttlichen Weltordnung durch die Vermittlung königlichen Handelns[785].

2. Das Bild, das die Zeugnisse der *Mesopotamier* bieten, ist differenzierter, im Grundsätzlichen dem ägyptischen aber ähnlich[786].Das hinsichtlich Gattung und Inhalt überaus vielgestaltige historiographische Material[787] bezeugt zwar ein reges Interesse am Sammeln, Auflisten, Ordnen und Feststellen natürlicher Erscheinungen und politisch-militärischer, biographischer und kultischer Sachverhalte, bekundet auch das Interesse an den unterscheidenden Besonderheiten einzelner Zeiteinheiten und die unterschiedlichen religiösen und politischen Tendenzen der Erfassung vergangener Ereignisse, läßt aber das Interesse an zusammenfassender, auf innere Verbindung der Ereignisse und auf politisch oder religiös bedeutungsvolle Motivation, Intention oder Perspektive abzielender Deutung vermissen[788].Dabei zeigen sich im einzelnen teils für Mesopotamien typische, teils allgemein-orientalische Strukturen geschichtlichen Verstehens.

Typisch ist die Geschichtserfahrung, die uns seit der Akkadzeit die historischen Omina vermitteln[789]. Da das Wohlergehen der Gemeinschaft fast identisch war mit dem Geschick des Königs und seiner Familie, betreffen die historischen Informationen dieser Omina im wesentlichen auch den König. In unübersehbarer und undurchschaubarer Abfolge wiederholen sich einzelne Situationen und Zeiten, die wegen des unvorhersehbaren und nicht permanenten, darum Ungewißheit verbreitenden Planens und Handelns der (jeweils nur mit begrenzter Macht ausgestatteten) Götter nicht bestimmbar sind im Sinn der Entwicklung eines Zustandes aus einem andern oder einer Ziel- und Zweckhaftigkeit des Geschehens. Dieses Gefühl, der Willkür der Götter ausgeliefert und darum ungesichert zu sein, erzeugt eine pessimistische Lebenseinstellung und macht zur Sicherung eines heilvollen Zustandes höchste Wachsamkeit, ein ausgeprägtes kultisches Ritual und eine breit entwickelte Lebensweisheit erforderlich.Geschichtliche Ereignisse werden so stets als Störung oder Bedrohung des Heilszustandes gesehen, gegen die man sich nur sichern kann, indem man mittels der Omina die Vergangenheit befragt über das, was in der Gegenwart im Blick auf eine heilvolle Zukunft zu tun ist. Je mehr Details die Omina boten, desto besser konnten die Anweisungen für die Zukunft sein.

Darin bekundet sich ein Geschichtsverständnis, bei dem wesentlich neue und einmalige Erfahrungen nicht erwartet werden, alle Heils- und Unheilsperioden sind wesenhaft gleich und von Natur aufeinander bezogen[79o].

Dieser Wechsel von Heils- und Unheilszeiten ist ein weiteres prägendes Merkmal der Geschichtserfahrung in Mesopotamien. Dabei muß hier offen bleiben, ob dieses schon in der sumerischen historiographischen Literatur (Isin-Larsa-Zeit) durch Aufstieg (Segen, Heil) und Fall (Fluch, Unheil) der akkadischen Sargon-Dynastie zumindest explizierte, wenn nicht gar gewonnene Deuteschema[791] schon anfangs auf einen ewigen, in kosmischen Gesetzen begründeten Wechsel von Heils- und Unheilszeiten im irdischen Geschehen[792] abhebt[793] oder ob dieser Wechsel in das Belieben der Götter gestellt und darum willkürlich, unregelmäßig und so auch unbestimmbar ist[794].

Ähnlich ungewiß erscheint in der sumerischen Zeit infolge textlicher Unklarheiten[795] die Motivation von Heil und Unheil, die Frage also, ob das seit der altbabylonischen Zeit klar bezeugte weisheitliche Schema vom Zusammenhang von Tat und Folge, wie es, mit deutlich didaktischer Zielsetzung, in der sog. Chronik Weidner (l.babylon.Dynastie) vorliegt[796], schon in sumerischer Zeit Grundnorm der Geschichtsbetrachtung ist[797]. Jedenfalls finden wir hier das im ganzen Alten Orient weit verbreitete Interpretationsschema, mit dessen Hilfe man den Wechsel von Heils- und Unheilszeiten und das Verhältnis Gottes zum Menschen zu verstehen und infolgedessen die Theodizeefrage zu beantworten suchte[798], das aber keine geschichtliche Gesamtperspektive ermöglicht, vielmehr lediglich die Fülle der Ereignisse auf ein rational einsehbares Gesetz bezieht.

3. Weit in literarischer Technik und sachlichem Gehalt die mesopotamische Historiographie überflügelnd und doch, was das Verständnis von Geschichte angeht, in wesentlichen Grundstrukturen ihr ähnlich, begegnet uns die Geschichtsschreibung der *Hethiter*, die offenbar schon an eine vorhethitische, aus der Mischkultur Kleinasiens um die Wende zum 2.Jahrtausend hervorgegangene Historiographie anknüpfen konnte (siehe den Anitta-Text[799]). Ihre differenzierten logischen Struk-

turen, expliziert in der stilistisch-syntaktischen Form, hat Hubert Cancik an Hand des umfangreichen Annalenwerks Mursilis II untersucht[800] und dabei im Zusammenhang mit anderen hethitischen Traditionen auch mancherlei sachliche Eigenarten zutage gefördert.
Weitgehend vom Mythischen und von der Selbstdarstellung des Königs frei, werden hier auf der Basis schriftlich vorgeformten Materials, in klarem Aufbau und in auffallender Nüchternheit von zeitlich fixiertem Standort aus Ereignisse aufgeführt, weit über bloße Stoffsammlung hinaus unter einheitlichem Gesichtspunkt angeordnet und in Kausal- und Intentionalzusammenhängen gedeutet. Hier finden sich sogut wie alle Elemente, die traditionell[801] von den Alttestamentlern für die Eigenart der biblischen Geschichtsschreibung reklamiert werden.
Die gleichwohl starke religiöse Prägung zeigt sich darin, daß (wie in Ägypten und Mesopotamien) geschichtliche Ereignisse als Folge menschlicher Taten verstanden werden, wie die häufig in diesem Zusammenhang beigezogenen "Pestgebete" Mursilis II[802] und die sog. Apologie (bzw.Autobiographie oder Großer Text) Hattusilis III[803] zeigen; und daß die Geschichte des Königs, ohne alle besondere Wunderhaftigkeit, als Führungsgeschichte und darin als Manifestation göttlichen Willens und göttlicher (Rechts-)Ordnung dargestellt wird, geschieht ebenfalls nach allgemein-orientalischem Vorbild[804].

X. Eigenarten alttestamentlichen Zeit- und Geschichtsverständnisses

1. Die häufig verwendete Alternative "zyklisch oder linear" ist, wenn man überhaupt differenzierte Zeitstrukturen auf solche geometrischen Figuren reduzieren darf, zur Erfassung der jeweiligen Eigenart der alttestamentlichen wie der altorientalischen Geschichtserfahrung und -erfassung wie zur Bestimmung des Verhältnisses beider Bereiche zueinander ungeeignet[805], da zyklisches und lineares Verständnis einander nicht ausschließen[806], geschweige denn einen "perfect contrast"[807] bilden. Allerdings haben sie in der Umwelt wie auch in der Tradition Israels verschiedene Bezugsbereiche und unterschiedliches Gewicht: das zyklische den Bereich von Natur und, meist darauf bezogen, kultischer Ordnung; das lineare den Bereich des individuellen und politischen Lebens. Das Verhältnis von zyklischem und linearem Geschichtsverständnis kann nur durch die Erfassung der wechselseitigen Beziehung beider Bereiche richtig erklärt werden.
Für das Alte Testament verbietet das spannungsreiche Verhältnis der verschiedenen,

sich oft gegenseitig überdeckenden und wechselseitig explizierenden Formen bzw. Aspekte der Zeiterfahrung, die mithin nicht voneinander zu trennen sind, eine vereinseitigende Schematisierung, so als wäre *das* biblische Geschichtsverständnis linear[8o8], auch wenn sie vielleicht für systematische oder apologetische Zwecke dienlich sein mag. So vermag andererseits eine auf die Abschwächung eines einseitig linearen, sukzessiv-teleologischen Zeitverständnisses gerichtete Konzeption einer psychologischen[8o9], einer konzentrierten[81o], einer realen, konkret-inhaltlich gefüllten, kontrahierten oder kairologischen[811] Zeit zwar der inhaltlichen Qualifikation der Zeit (C/VIII) als auch dem in der dtn/dtr Predigt und der prophetischen Gerichts- und Mahnrede betonten unausweichlichen "Heute" im Sinn der Entscheidungssituation wohl gerecht zu werden. Sie läuft aber selbst im Prozeß einer polemischen kairologischen Alternative Gefahr, die Auffassung nicht angemessen berücksichtigen zu können, die sich Ausdruck verschafft in der Aufforderung zur Überlieferung (Ex 12,24ff.; 13,14ff.; Dtn 6,2off.; Jos 4,6f.21ff.), in der seit der Väterzeit lebendigen Denkweise von Verheißung und Erfüllung und der damit verbundenen Hoffnungsstruktur alttestamentlichen Geschichtsdenkens im Sinn der Hoffnung auf zeitlich noch in der Zukunft Liegendes; in der prophetischen Ankündigung von (qualitativ und zeitlich) neuem Handeln Jahwes im Unterschied zum einstmaligen in der Patriarchen-, Exodus-, Wüsten-, Landnahme- und Davidszeit; in der Erfahrung der dtn/dtr Paränese vom Abstand der gegenwärtigen Gemeinde von der Zeit der Väter[812] und in den Genealogien. Hier sind Zeit und Geschichte unter dem Symbol des Weges[813] erfaßt, ihr auf ein Ziel gerichteter Verlaufscharakter, ihre teleologische Tendenz ist betont[814].

2. Wie sind nun aber die verschiedenen Zeitaspekte inhaltlich aufeinander bezogen?[815] Einen ersten hilfreichen Hinweis auf eine Antwort gibt J: Die dem Menschen gegebene Zeit ist gnädig gewährte Zeit, weil der Mensch, der gemäß der Urgeschichte unter dem Fluch steht, des in Abraham verheißenen Segens teilhaftig werden soll. Dies ist das von Gott verfolgte Ziel, das allein in seinem Erbarmen gründet. Diesem Ziel dient die von Gott garantierte natürliche Ordnung (Gen 8,22), wie ein Blick auf die theologisch motivierte Verbindung von Ur- und Vätergeschichte sowie die typisierend-mythische Tendenz der Urgeschichte zeigt. Die konstante kosmisch-zyklische Ordnung ist funktional der von Gott initiierten und auf ein Ziel ausgerichteten Geschichte zugeordnet, soteriologisch ihr subordiniert[816]. Sie ist der besonderen Geschichte Gottes mit seiner Menschheit voraus-gesetzt, ihr vor-gegeben; sie ist der Raum, in dem Gott seinen Wil-

len in geschichtlicher Abfolge der Ereignisse verwirklicht;über alle geschichtlichen Bewegungen und Wirrnisse hinweg ist sie das äußerlich sichtbare Zeichen göttlicher Treue! Ein isoliertes lineares oder rhythmisches Zeitverständnis würde diesem komplexen Sachverhalt nicht gerecht werden können[817]. Entstehung und Funktion des priesterschriftlichen Schöpfungsberichts und der Schöpfungsaussagen des DtrJes unterstreichen diesen Befund, den K.Barth in die berühmte, Schöpfung und Bund(esgeschichte) in ihrer wechselseitigen Beziehung umschreibende Doppelformel gefaßt hat: "Die Schöpfung als äußerer Grund des Bundes" - "Der Bund als innerer Grund der Schöpfung"[818].

Ähnliches zeigt sich im Blick auf die alttestamentliche Kultauffassung. Im Kult, vorab bei Gelegenheit des Passa[819], aber auch der anderen großen Jahresfeste, gedachte Israel der Heilstaten seines Gottes; es hat den Kult (in seinen durchweg vorisraelitischen und vorjahwistischen Formen) historisiert, d.h. zum Erinnerungsträger von Gottes Heilshandeln gemacht[82o]. Solchem Gedenken, das mit kultdramatischer Vergegenwärtigung im Sinne Mowinckels und der von ihm initiierten kultphänomenologischen Forschung wenig zu tun hat[821], hat der gesamte Alte Orient offenbar nichts Vergleichbares an die Seite zu stellen[822]; denn in Israel begründet nicht der Mythos[823], sondern Gottes Handeln in der Geschichte den Kult. Nicht die im Mythos verkündete Urordnung des Daseins,im jährlichen Kult restituiert und in ihrem Segensgehalt dem Festteilnehmer rituell vermittelt, gibt dem Leben Sinn, Ziel und Geborgenheit, sondern Gottes kontingentes und kontinuierliches, von seinem Heilswillen und seiner machtvollen Treue geprägtes Handeln in Zeit und Geschichte.

Dem Gedenken dieser Gottestaten und der in ihnen für Israel beschlossenen Verheißungen und Ansprüche dient der Kult; in der Grunderfahrung des wachsenden, offenbar durch kein kultisches Ritual aufzuhebenden Abstands der Gegenwart von der Gründungszeit des Volkes wird die fortbestehende, in Gottes Bundestreue begründete Geltung von Verheißung und Gebot eingeprägt, so daß hier unter dem Leitwort זכר[824] Vergangenheit, Gegenwart und Zukunft miteinander derart verbunden sind, daß auf Grund von Gottes erwählendem Handeln in der Vergangenheit und seinem Treuebekenntnis in der Gegenwart der Mensch zu Gehorsam und Bekenntnis aufgerufen ist, die für die Gestaltung der Zukunft ausschlaggebend sind.

Im jährlich wiederkehrenden kultischen Ritual steht die Vergegenwärtigung der Heilstaten des Gottes Israels, die Verkündigung seiner Selbigkeit und Verläßlichkeit im Dienst der Entscheidung im Heute (im Dtn 7omal היום הזה), im Kairos, in dem sich Heil oder Unheil für die Zukunft entscheiden[825].

Auf die Gefahr, daß die Einzigartigkeit und Einmaligkeit dieser Heilstaten in einer irreversiblen und teleologisch verlaufenden Geschichte zu etwas zyklisch Wiederholbarem und daher Verfügbarem reguliert und so das Gedenken zu einem selbstperpetuierenden Ritual werden kann, hat DeVries[826] hingewiesen; er hat ebenso die andere Gefahr angedeutet, daß das Gedenken im Beachten des exakten, kultisch-rituellen Vollzugs stecken bleibt und so ohne praktische Auswirkungen ist[827] - eine Gefahr, die die prophetische Kultkritik immer wieder beklagt und die z.B. auch in den Passaabschnitten in P deutlich faßbar ist[828].

Beiden Gefahren gegenüber, die seit der Landnahme Israels und seiner Berührung mit Kultur und Kultbetrieb Kanaans, verstärkt dann mit dem Jerusalemer Staatskult immer wieder akut wurden, haben die großen Geschichtstraditionen das lineare und kairologische Element im Geschichtsverständnis Israels unterstrichen, auf das die kultische Vergegenwärtigung instrumental und funktional bezogen ist. Der Kult mit seiner rhythmischen Ordnung dient dem personal-geschichtlichen Verhältnis Jahwes zu Israel, wie die Zyklik der Schöpfungsordnung der Heilsgeschichte dient.

Das Verhältnis von linearem und kairologischem Aspekt läßt sich verdeutlichen an der prophetischen Verkündigung. Für die Propheten ist die unterschiedlich breit herangezogene Vergangenheit nicht aus antiquarischen, die Zukunft nicht aus futuristischen Gründen von Interesse, sondern aus theologischen, ihr geschichtliches Interesse ist Glaubensinteresse. Sie wollen ihre Hörer im Namen Gottes, der Initiator, Lenker und Herr der Geschichte ist, anklagen, warnen, mahnen, ermutigen, trösten, zur Einsicht rufen, Gewißheit erfahren lassen, sie wollen darin das bevorstehende Heil oder Unheil, das im Wort ihrer Verkündigung im Anbrechen ist, begründen, wollen es verstehbar und bejahbar machen[829]. Die Geschichte in ihrer Vergangenheits- und Zukunftsdimension wird in das Gespräch mit dem Hörer der Gegenwart, in das Gespräch Gottes mit seinem Volk einbezogen, sie wird um der Lebendigkeit des Jahwe-Israel-Verhältnisses willen vergegenwärtigt und so dem Vergessen, der Irrelevanz, der Perspektivelosigkeit entrissen. Das Geschehene wird in das Geschehende hineingezogen[83o], ohne daß aber der historische Abstand und damit die lineare Erstreckung der Zeit aufgehoben wird.

Daran wird deutlich, daß prophetisches (wie überhaupt biblisches) Geschichtsdenken keine Spekulation, sondern den Hörer in seiner Situation behaftendes Verstehen und Deuten des göttlichen Tatwortes ist, indem es ihm sagt, was heute zu

tun und zu lassen ist - um seines Heils oder Unheils willen. Der Hörer als Gottes Gesprächspartner soll seine Vergangenheit (mit Gott!) verstehen und seine Zukunft (von Gott her!) antizipieren, indem er Gottes Verheißung und Anspruch und in beidem seine eigene Verantwortung und Beauftragung in rechter Weise erkennt und wahrnimmt. Die zugespitzte, weil von Gottes Gericht bedrohte Situation läßt gewiß das kairologische Moment in den Vordergrund treten, um den unausweichlichen Ernst des göttlichen Wortes zu unterstreichen; und doch wäre es falsch, dieses Moment zu isolieren oder zu verabsolutieren. Die in der prophetischen Verkündigung unterschiedlich stark hervortretenden überindividuellen, in Gottes Erwählen, Planen, Lenken und Vollenden gesetzten, Vergangenheit und Zukunft einbeziehenden Strukturen zu vernachlässigen oder gar zu leugnen, hieße prophetisches Geschichtsverständnis unzulässigerweise auf Individuum und Situation und jeweilige Entscheidung zu verengen. Gottes Handeln geht über menschlichen Gehorsam und Ungehorsam hinaus, seine Aktionen markieren immer auch Etappen auf dem Weg der Verwirklichung seines Willens, der Schöpfung und Geschichte umgreift, indem er ihnen Ursprung, Richtung, Inhalt und Ziel gibt. So gesehen ist der soteriologische Kairos eingefügt in den heilsgeschichtlich qualifizierten Chronos.
Weniger deutlich läßt J dieses Kairos-Element erkennen; es ist hinter der breiten heilsgeschichtlichen Linie, die hier im Schema erfüllter Verheißung dargeboten wird, verborgen: Gegen alle sich aus dem religiösen Erwählungsbewußtsein oder der politisch-kulturellen Blütezeit herleitende Überheblichkeit mahnt J mit Verweis auf das unverändert böse Wesen des Menschen, sich nicht zu verlassen auf sich selbst und seine Privilegien, sondern auch weiterhin auf Gottes Führung, Bewahrung und Treue und seinem Willen gemäß zu leben (Ex 34,10ff.). Nur so vermag Israel Segensmittler für die Völker zu sein und zu bleiben. So steht auch hier die Heilsgeschichte als Lobpreis der Gnade und Treue Gottes im Dienst der Mahnung zum rechten Verhalten in der Gegenwart.

3. Wenn wir vorhin darauf hinwiesen, daß sich zu der Art, wie Israel seine geschichtlichen Erfahrungen im Kult vergegenwärtigt hat, im ganzen Alten Orient Vergleichbares nicht findet und daß durch diese Art Israels Erfahrung und Verständnis von Zeit und Geschichte in einem zentralen Punkt beleuchtet wird, dann sind wir damit zu der Frage nach den *Besonderheiten Israels* gegenüber seinen altorientalischen Nachbarn gekommen, einer Frage, die sich, wie angedeutet und etwa in Albrektsons Untersuchung vielfach belegt, nicht durch einfache Schlagworte beantworten läßt.Die Besonderheit des in den alttestamentlichen Zeugnis-

sen faßbaren Geschichtsverständnisses Israels muß, analog dem seiner Nachbarn, bestimmt werden von seinem Gottes-, Menschen- und Weltverständnis[831] her, und von daher drängt sich dann auch immer wieder die Frage auf, ob die mancherlei Differenzen zwischen Altem Testament und Altem Orient nicht nur, wie es sich einer stärker phänomenologisch orientierten Sicht nahelegt, gradueller, quantitativer Art sind, sondern durchaus qualitativer Art, weil bestimmt durch die Lebensmitte des jeweiligen Glaubens. Trotz der zahlreichen Abhängigkeiten Israels von seinen altorientalischen Nachbarn hinsichtlich Tradition, Kult und Kultur ist der besondere Eindruck des Alten Testaments nicht solchen Abhängigkeiten, sondern seiner Selbständigkeit, ja seiner von frühster Zeit an erkennbaren Eigenart zuzuschreiben[832]. Worin besteht sie?

a) Ein abgrundtiefer Unterschied zu den Umweltreligionen und damit der konstitutive Faktor der Eigenart des alttestamentlichen Glaubens wird angezeigt durch das 1.Gebot, das man m.R. das Grundgebot Jahwes an Israel genannt hat[833]. In der vielfältigen Bezeugung der Einzig(artig)keit und Unvergleichlichkeit Jahwes gestaltet dieser Glaube das ganze Alte Testament[834]. An die Stelle des Götterpantheon in allen Religionen der Umwelt mit seiner Vielzahl von Göttern und Geistern tritt der eine, einzigartige, unvergleichliche Gott in Israels Religion (siehe Dtn 6,4: יהוה אחד). An die Stelle der Spekulation über Entstehung, gegenseitiges Verhältnis und das Mit- und Gegeneinander der Willensäußerungen der Götter (Theogonie, Theomachie, Schicksalsglaube) tritt der Glaube an und das Vertrauen auf den einen Gott, der als der Schöpfer von Natur und Mensch ihr alleiniger Herr und als solcher der Initiator und Lenker der Geschichte ist. An die Stelle der Manifestationen der vielerlei Götter tritt die Selbstkundgabe des einen Gottes in seinem Wort und seinen Führungen. Dieser Glaube Israels begründet einen echten Begriff von (Welt-)Geschichte, bewahrt vor anthropozentrischen Sinndeutungen der Geschichte und der Absolutsetzung, gar Deifizierung des Natürlich-Geschöpflich-Geschichtlichen[835]. Notwendiges Korrelat dieser Einheit und Einzig(artig)keit Jahwes ist seine, gerade auch in der Eigenart alttestamentlicher Anthropomorphie und Anthropathie gewahrte[836] Transzendenz. Beides führt zum Monotheismus und Universalismus des alttestamentlichen Jahweglaubens, der über alle monotheistischen Tendenzen in der Umwelt[837] weit hinausgeht.

Israel hat nach Maßgabe des im 1.Gebot in seiner unverwechselbaren Eigenart gefaßten Jahweglaubens von Anfang an[838] seine Auseinandersetzung mit Kultur und Religion seiner Umwelt geführt in einem ständigen und leidenschaftlichen

Prozeß der Aneignung, Transformation und Abstoßung[839]; man wird sagen dürfen, daß die ganze Geschichte des Glaubens Israels ein Kampf um die (An-)Erkenntnis der Unvergleichlichkeit Jahwes gegenüber den Göttern der Umweltvölker ist[84o]. Unabhängig von literarischen und redaktionsgeschichtlichen Fragen, auch einer gewissen Entwicklungsgeschichte muß vom religionsvergleichenden und überlieferungsgeschichtlichen Standpunkt aus dieses Gebot seinem Geist und theologischen Rang nach in die Zeit vor der Landnahme der (später maßgeblich traditionsbildenden) Stämme(gruppe) zurückreichen, m.E. mit der Jahweoffenbarung an Mose unlösbar verbunden sein[841]. Es hat die Auseinandersetzung mit den Kulturlandreligionen von der Zeit der Landnahme an bestimmt und ist bei Elia (1Kön 18; 2Kön 1), im Deuteronomium und in der klassischen Prophetie bis hin zur monotheistischen Reflexion DtrJes in seiner Doppelheit als Ausschließlichkeitsforderung und Unvergleichlichkeitsbezeugung[842] der zentrale theologische Faktor[843]. In ähnlicher Weise hat Israel auch die Natur, ihre Ordnungen und Gaben verstanden; der Schöpfungsbericht von P bezeugt diesen Glauben in "einer, wenn auch sehr seltsamen, doch höchst einprägsamen zusammenfassenden Auslegung des ersten Gebotes"[844]. Und ebenso werden die Geschichte des Volkes und seine politische Gegenwart nach Maßgabe dieses Gebots beurteilt.

b) Eng mit dem ersten verbunden, ja bisweilen mit diesem eine Einheit[845] bildend (Ex 2o,2-6.23; 34,14-17; Lev 19,4; Dtn 4,16-19; 5,7-1o; 27,15), ist das 2.Gebot[846], das wie das erste und mit ihm zusammen in der Umwelt Israels analogielos ist. Es unterstreicht die Transzendenz des Schöpfers, indem es gegen jede Verwechslung oder Vermischung des Schöpfers mit Erscheinungen der geschaffenen Welt und damit gegen die Bemächtigung Gottes durch den Menschen Stellung bezieht.

Sein Entstehen aus dem Nährboden der von bildhaften Darstellungen und Symbolen der Gottheiten strotzenden und dadurch auch kultisch-rituell bestimmten Umwelt Kanaans, Mesopotamiens oder Ägyptens ist undenkbar; aber auch die Versuche, wenigstens einiges dieser Differenzen kultursoziologisch aus der unterschiedlichen Lebensweise der Ackerbauer einer- und der Wüstenbewohner andererseits herzuleiten[847], greifen wohl zu kurz, ist doch der Kult der Nichtseßhaften keineswegs bildlos, wie z.B. der altsemitische Steinglaube zeigt[848]. Auch hier wird man, bei aller Beachtung der faktischen Verstöße dagegen und der Differenz zwischen offizieller Jahweverehrung und aktueller Kultpraxis, kaum umhinkönnen, daß 2.Gebot zum Urgestein des mit Mose verbundenen Jahweglaubens zu rechnen;

seine in der Auseinandersetzung mit der Kultur Kanaans ausgeprägte polemische, auf grundsätzliche Alternative: Jahwe oder Baal, ausgerichtete Kraft wird besonders in der Verkündigung Elias, Hoseas, Jeremias, Ezechiels und unüberbietbar bei DtrJes erkennbar.

c) Dieser Gott des 1. und 2.Gebots ist der Gott Israels, Israel ist das von diesem Gott erwählte, *darum* einzigartige, unvergleichliche Volk (siehe Dtn 4,7; 33,29; 2Sam 7,23 u.ö.). Dieser Glaube hat, jenseits seiner begrifflichen Fixierung in der sog. Bundes-[849] bzw. Zusammengehörigkeitsformel[85o], seine deutlich faßbaren Wurzeln in der Exodus- und (möglicherweise gestaltet, aber doch nicht ursprungshaft abhängig von ihr) Vätertradition und hat seine älteste literarisch faßbare Ausgestaltung in der Konzeption des J erhalten. Will man über den durch das 1. und 2.Gebot bezeugten Gott und die von ihm gewirkte Geschichte sprechen, muß man über Jahwes Volk, seinen Ursprung, sein Wesen und seinen Auftrag sprechen. M.R. schließt darum H.W.Robinson seine Überlegungen zu "God and History"[851] mit einem Kapitel über "The Election of Israel" ab[852].

Zwar begegnet der Erwählungs-, Führungs- und Schutzgedanke in den (Stadt-)Kulturen der Umwelt als Erwählung und Führung des (Stadt-)Königs und seiner Dynastie durch den (Stadt- oder Reichs-)Gott, und der nomadische Lebensbereich kennt im Zusammenhang des Stammvaterdenkens und der Beziehung der Ahnen zum Sippengott in der Form des von A.Alt[853] beschriebenen Vätergottglaubens mit den Elementen der Land-, Nachkommen- und Beistandsverheißung ähnliche Bezüge[854]. Aber das *Volk* als Erbe eines Verheißungsempfängers, als Träger der Erwählung und Subjekt der Geschichte, das als ganzes oder in seinen Repräsentanten eine Bestimmung für andere Völker hat, und die dadurch bestimmte Mitte und Kontinuität der Geschichte gibt es in Israels Umwelt nicht[855]. Der in Gen 12,2f. programmatisch formulierte universale, teleologisch auf Segensvermittlung abzielende Grundsatz ist ein im altorientalischen Religionsvergleich analogieloses Phänomen[856].

d) Von den genannten Grundfaktoren her werden zahlreiche Einzelphänomene der alttestamentlichen Religion bestimmt: z.B. Auftrag und Wirken großer Heilsmittler wie Mose und Samuel oder die Verkündigung der klassischen Porophetie, für die es im weiten räumlichen und zeitlichen Umkreis des Alten Orients nichts wirklich Vergleichbares[857] gibt. Vor allem aber interessiert uns in diesem Zusammenhang das sich in großen und klar dimensionierten Entwürfen geschichtlicher Entwicklung ausdrückende Verständnis der eigenen Geschichte, teils gar

im Horizont der Völker- und Menschheitsgeschichte. Trotz hoher Entwicklung der Historiographie bei den Hethitern (vgl. H.Cancik), trotz des vielfältig bezeugten historischen Interesses in Mesopotamien und Ägypten, trotz der dort zu findenden Fülle historischer Nachrichten und des gelegentlichen Denkens im Schema Verheißung-Erfüllung im Blick auf Einzelereignisse, trotz auch der gelegentlich lange Zeitstrecken überblickenden Epik, z.B. des Enuma ēliš, wo die Weltschöpfung durch Marduk auf die Geschichte hinführt, die in der politischen Machtstellung Babels ihr Ziel hat[858], bietet Israel nach Begründung, Inhalt und Form eine im Alten Orient einzigartige, vorbildlose Geschichtsschau[859] - im Grunde deshalb einzigartig, weil seine Gotteserfahrungen (und von daher sein Selbst- und Weltverständnis) einzigartig waren[860].
Ihre Wurzeln werden auch hier zurückreichen in die Zeit vor der Seßhaftwerdung und besonders in den Erfahrungen des Vätergottglaubens ihren Nährboden haben, wie nach A.Alt in mehreren Beiträgen und von spezifisch soziologischem Ansatz aus V.Maag[861] ausgeführt hat. Freilich genügt zur Erklärung dieses Phänomens großer Geschichtsentwürfe nicht der Hinweis auf eine geschichtliche Blütezeit; denn in den Kategorien eines politischen Großreichs und Mehrvölkerstaats ist, wie z.Z. des J, so auch in Mesopotamien und Ägypten gedacht worden, ohne daß vergleichbare Geschichtszeugnisse daraus entstanden wären, und das DtrGW ist entstanden in der Situation der schwersten nationalen Katastrophe!

Die in aller unübersehbaren Traditionsverbindung mit der altorientalischen Umwelt doch an verschiedenen Punkten aufweisbare Originalität, Einzigkeit und Fremdheit des alttestamentlichen Glaubens gestattet schon dem Historiker bzw. Religionswissenschaftler mit seiner historisch-kritischen Fragestellung, nicht erst dem glaubenden Theologen das von Hesse[862] beanstandete Urteil, daß "im Zentrum der Geschichte 'Israels' Erscheinungen begegnen, für die es keine Vergleichsmöglichkeiten mehr gibt..., weil nach allem, was wir wissen, dergleichen Dinge in der sonstigen Völkergeschichte überhaupt nicht begegnen"[863]. Gehört zur Arbeit des Historikers nicht nur das Sichern und Anhäufen von Fakten, sondern auch das Verstehen wesenhafter Eigenarten[864], Prozesse und Zusammenhänge, so ist Noth hier den Prinzipien des Historikers nicht untreu geworden, wenn er von Israels Fremdheit, von seinem Charakter sui generis redet[865]. Gerade die seit der Religionsgeschichtlichen Schule programmatisch betriebene Erfassung der spezifischen Besonderheiten (auch) der israelitischen Religion, die freilich auf einer exklusiv religions*phänomenologischen*, auch religions*geschichtlichen* Basis nicht zu ihrem Recht kommen kann, rechtfertigt das inkriminierte Urteil Noths in stärkerem Maße, als es z.B. Gunneweg[866] zugestehen möchte. Richtig ist indes seine[867] nachdrückliche Warnung, die historisch faßbare Eigenart als Offenbarung erweisen zu können.
Die trotz der religionsgeschichtlichen Bedingtheit aller alttestamentlichen Aussagen[868] gerade durch religions- und frömmigkeitsgeschichtliche Forschung zu erfassende Fremdlingsschaft Israels in seiner altorientalischen Umwelt kommt bei

Baumgärtel[869] zu kurz, wenn er vom Neuen Testament her das alttestamentliche Zeugnis als ein solches einer, gemessen an ihrem eigenen Selbstverständnis, "zunächst einmal"[87o] fremden Religion bezeichnet, die nur in Analogie zu Volksreligionen des Alten Orient verstanden werden könne. Ähnlich hat sich wiederholt Hesse geäußert: Der Glaube Israels und der christliche Glaube seien fremde, "wesensverschiedene Religionen"[871]; denn die Geschichte einer noch nicht realisierten Verheißung, einer noch nicht vollen göttlichen Selbsterschließung sei "etwas wesenhaft anderes" als die Geschichte der Erfüllung und vollen Selbstoffenbarung[872]. Nicht einzusehen ist dann aber die Berechtigung des Urteils, daß Altes und Neues Testament "qualitativ etwas anderes als Urkunden anderer Religionen" sind, und zwar auf Grund der Identität Gottes[873].

Man bleibt auf halbem Wege stehen, wenn man nur die Fremdheit des alttestamentlichen Glaubens gegenüber dem neutestamentlichen, nicht aber die des alttestamentlichen gegenüber den Religionen der Nachbarn Israels betont. Sieht man auf letztere, dann wird man historisch wie theologisch fragen müssen, ob nicht alt- und neutestamentlicher Glaube, trotz aller Differenzen[874], auf eine Weise miteinander verwandt sind, die den Grad ihres gegenseitigen Fremdseins erheblich relativiert. Lindblom[875] stellt darum das Neue der neutestamentlichen Glaubensanschauung gebührend heraus, kommt aber gleichwohl zu dem Urteil: "Es wird niemals, und weder dem Denker noch dem Historiker, gelingen, die innere, geheimnisvoll tief verwurzelte, organische Einheit zwischen den Religionen der beiden Testamente aufzulösen". Wenn zudem, wie Baumgärtel[876] ausgeführt hat, die Grunderfahrung des Alten wie des Neuen Testaments je für sich gleich ist, weil alt- und neutestamentliches Zeugnis in der Grundverheißung "ihre gemeinsame Lebenswurzel"[877] haben, dann kann das Alte Testament keine fremde, wesensverschiedene Religion bezeugen, selbst wenn die Erfahrung der alttestamentlichen Frommen vom Evangelium her gesehen "als gehemmte, ja oft genug als Irrtum erscheinen muß"[878].

Für Israel ist in den wiederholten Neuinterpretationen seiner Tradition Geschichte nie einfach (auch im DtrGW nicht) im Schema der Tat-Ergehen-Folge oder als Veranstaltung göttlicher Willkür zu fassen, sondern sie ist in allen Erfahrungen des Erwählens und Verwerfens, des Strafens und Neubeginnens das gegen menschlichen Ungehorsam gerichtete, diesen immer wieder überwindende und endlich vernichtende, seinem Vorsatz treue und machtvolle Wirken Gottes, ausgerichtet auf das Heil seines Volkes und durch dieses vermittelt auf das Heil der Menschheit und darin auf seine eigene Ehre; das Gericht wird in den Dienst dieses Zieles gestellt. Gott erweist sich durch seine Worte und Taten als Herr der Geschichte wie als Schöpfer der Natur. Hier ist, mit unterschiedlichen Akzentuierungen, eine von einem einheitlichen Willen bestimmte Gesamtschau der Geschichte Israels und ihrer Begründung und Orientierung in der Weltgeschichte gegeben, die phänomenologische und im Wesen der Religion ohnehin vorgegebene Analogien in der Umwelt Israels weit übersteigt[879].

XI. Heilsgeschichte im Alten Testament

Die Frage, wie die alttestamentlichen Zeugen Geschichte verstanden und bezeugt haben, und verbunden damit die speziellere Frage, in welchem Sinn dieses Verständnis heilsgeschichtlich genannt werden kann, hat uns an Hand von drei großen, für diese Fragestellung repräsentativen Traditionskomplexen ausführlich beschäftigt (Teil B). Die dabei gefundenen Antworten sollen, ergänzt durch die bisherigen Darlegungen in Teil C, in einigen wesentlichen Punkten jetzt zusammengefaßt und vertieft werden, wohl wissend, daß es dadurch nicht zu einer Summierung von Einzelelementen zu *der* Heilsgeschichte kommen kann.

1. Heilsgeschichte ist die theologische Deutekategorie für die, gerade auch im religionsgeschichtlichen Vergleich erkennbare spezifisch alttestamentliche Art, von Heil und Geschichte zu reden[880]. Diese Rede ist bestimmt durch die Erfahrungen, die Israel mit Jahwe, seinem Gott, gemacht hat, bestimmt also durch die "Faktoren" Jahwe und Israel. Die für diese personalen Beziehungen im Sinn von Entscheidungs-, Handlungs- und Geschehensbezügen konstitutiven Elemente können nur im Gesamtkontext des alttestamentlichen Gottes-, Menschen- und Weltverständnisses hinreichend erfaßt werden. In diesem Kontext ergeben sich für die Rede von Heil und Geschichte prägende Strukturen, die sich aus den Zeugnissen exegetisch erheben lassen. Ist verweisend auf solche Strukturen von Heilsgeschichte die Rede, wird ein theologischer Sachverhalt begrifflich gefaßt, dem zwar ein biblisches *Begriffs*äquivalent fehlt, der gleichwohl in den biblischen Zeugnissen beschrieben wird[881].

2. In der spezifisch alttestamentlichen Art, Heil und Geschichte zu verstehen und zu bezeugen, sind eingeschlossen die Erfahrungen, die zu solchem Verstehen führten, und der Zweck, den solche Bezeugung verfolgte. Beides gilt es zu bedenken in Anbetracht der immer wieder gegen heilsgeschichtliches Denken erhobenen Vorwürfe der Objektivierung, chronologischen Fixierung, Schematisierung, Distanzierung und Entkerygmatisierung der biblischen Zeugnisse, der damit betriebenen Analogisierung des göttlichen Handelns mit dem menschlichen und der Plazierung des Menschen in eine ihm nicht zustehende Position[882].

Die alttestamentlichen Zeugnisse zeigen, daß Verstehen der Geschichte kein isolierter intellektueller Akt ist, sondern sich, im Sinn des hebräischen Terminus ידע, in der ungeteilten leiblich-geistig-seelischen Einheit des unter Verheißung und Anspruch seines Gottes stehenden Menschen ereignet. Widerfahrnisse werden darum nicht verstanden von einem neutralen Standort aus, sondern im Betroffensein der Existenz in allen ihren Bezügen und Äußerungen; was Heil und Geschichte ist, kann nur von diesen Voraussetzungen aus verstanden werden[883]. Verstehen der Geschichte ist Verstehen dessen, was Gott für oder gegen oder mit Israel getan hat und tun wird; und weil Israel zu jeder Zeit unter der Zusage und Forderung desselben Gottes stand, ist dieses Verstehen nicht vom Gehorsam, vom Bezeugen, von der Erkenntnis des Anspruchs und der Bedeutsamkeit dieser Geschichte zu trennen.

3. Solches Verstehen hat daher notwendigerweise kerygmatische Intention und Funktion. Im Medium vergangener Geschichte wird Israel in der Gegenwart vor seinen, stets denselben Gott gestellt. Das Vergangene, inhaltlich gefüllt durch Jahwes Zuwendung und Israels Antwort, wird in seinem zeitlichen Abstand nicht aufgelöst, es wird in seiner Bedeutung für die Gegenwart zur Sprache gebracht. Das Interesse an der Geschichte ist kein antiquarisch-archivarisches, sondern ein kerygmatisches; vergangene Geschichte steht für J wie für die Schriftpropheten wie für die Deuteronomisten - in je unterschiedlichen Situationen und darum in je unterschiedlicher Weise, aber prinzipiell doch gleichermaßen - im Dienst des Gotteslobs, der Mahnung, der Anklage, des Bekenntnisses, der Paränese, des Trostes und der Hoffnung. Geschichte ist in alledem Anrede Gottes an sein Volk, und solche in ihrem Jahwe-Israel-Bezugsgefüge theologisch gedeutete Geschichte ist Heilsgeschichte zu nennen. Heilsgeschichte steht im ursprünglichen Kontext der Verkündigung, ist von dieser nicht zu trennen[884]; heilsgeschichtliche Theologie gibt es darum biblisch nur in konstitutiver Verbindung mit der Theologie des Wortes. Von daher ist die (Heils-)Geschichte nicht ein "Gräber- und Totenfeld"[885], und ein rein kognitiver Umgang, wie ihn die Geschichtswissenschaft mit ihrem Gegenstand zu pflegen hat[886], liegt den biblischen Zeugen der Heilsgeschichte fern. Für sie hat die Heilsgeschichte aktuelle Geltung, Vergangenheit ist darum aktuelle Vergangenheit, Gegenwart hat eine heilsgeschichtliche Perspektive; darum gehört zu ihr bestimmend das prophetische Element im Sinn der Verkündigung der Geschichte als Tat Gottes in ihrer Bedeutung stets hinzu[887]. Die ursprüngliche Verbindung von Faktum und Deutung, von Ereignis und prophetischem Wort ist Grund für alles folgende Bekennen und Verkündigen, in dem Heilsgeschichte ihren Platz hat[888].

4. Mit alledem ist auch gesagt, daß die so bezeugte Geschichte "inklusive Geschichte" ist[889], die den Menschen nicht als Betrachter göttlicher Heilsfakten duldet, sondern ihn in sich hineinholt, ihn einbezieht[890]; die als Zeugnis von Gottes Erwählung, Verheißung, Führung und Begnadung, aber auch Beanspru-

chung und Vergeltung für den gegenwärtigen Menschen gültig und bedeutungsvoll ist[891]; die das objektive nicht vom subjektiv-existentiellen, das historische nicht vom kerygmatischen, das vergangenheitlich-erinnerte nicht vom gegenwärtig-geltenden, daß äußere nicht vom inneren Geschehen trennen und so falsche Alternativen errichten läßt. Die Begründung liegt darin, daß es die biblischen Geschichtszeugnisse nicht mit einem Etwas, sondern mit Jahwe als Person in seiner Zuwendung zu Israel (und den Völkern), aber auch in seiner Verborgenheit zu tun haben. Was dieser Gott zu den Ahnen, in denen sich ja Israel mit seinem eigenen Geschick paradigmatisch verkörpert sah, gesagt und was er mit ihnen getan hatte, schloß die Hörer dieser Geschichte mit ein; und ebenso schloß die Beziehung des Volkes zu Gott in der Vergangenheit positiv oder negativ die Gegenwärtigen in ihrer Gottesbeziehung ein.

5. Dem so umschriebenen Interesse an der Geschichte und der darin begründeten Art der Verwendung heilsgeschichtlicher Überlieferung entspricht die theologische und doxologische Tendenz aller von uns beigezogenen Zeugnisse; mit Recht ist diese Tendenz immer wieder hervorgehoben worden[892], die z.B. einer monistisch betriebenen existentialen Interpretation dieser Zeugnisse widerstreitet[893]. Ihr Thema ist Jahwe als Schöpfer und Herr der Geschichte in seiner Zuwendung zu Israel[894].Analog zum Verstehen von menschlichen Personen kann dieser Gott in seinem Wesen und Wollen nicht verstanden und bezeugt werden, wenn man nicht die Geschichte zur Kenntnis nimmt, die von diesem Gott erzählt wird als Zeugnis seiner Worte und Taten, durch die er sich selbst bekannt gemacht, sich selbst unverwechselbar definiert hat. Wer er ist, was er will und tut, kann heute und für morgen nur im Kontext dessen gesagt und verstanden werden, was er gestern gesagt und getan hat. Erst sein Reden und Handeln in der räumlich-zeitlich-persönlichen Konkretion und im zeitlichen Nacheinander ermöglicht solche Bezeugung. Das bedeutet zum einen, daß zur Rede von Gott die Rede von den Heilsereignissen unverzichtbar hinzugehört, ja, daß beide identisch sind, insofern die Heilsereignisse Gott identifizieren, ihn erkennbar und bezeugbar machen. Es bedeutet zum andern, daß Gottes Reden und Handeln nicht verstanden werden kann als isolierte Einzeltaten, ohne den Zusammenhang, in dem sie stehen, so lückenhaft dieser Zusammenhang auch immer gemäß der kerygmatischen Tendenz der Zeugnisse im einzelnen sein mag[895].

6. Überblickt man die drei großen alttestamentlichen Traditionskomplexe des Jahwisten, der Schriftprophetie und des Deuteronomistischen Geschichtswerks unter der Leitfrage ihres Verständnisses von Geschichte, so sind es drei span-

nungsvoll aufeinander bezogene Motive, unter denen sich die konstitutiven Faktoren dieses Verständnisses erfassen lassen. Mit G.Gloege[896] bezeichnen wir sie als das Ursprungs-, das Widerstreit- und das Zielmotiv.
Das *Ursprungsmotiv* weist auf den Grund aller Heilsgeschichte hin: Gottes in freier Zuwendung geschehene Erwählung Israels, die ja nicht nur eine Tat in der Reihe vieler anderer gleichwertiger Taten Jahwes ist, sondern das für die ganze folgende Geschichte Jahwes mit Israel grundlegende und die Art dieser Geschichte ständig prägende Ereignis. Mit großem Nachdruck und, wie sich z.B. bei Paulus zeigen läßt, mit vollem Recht auch für den christlichen Glauben, hat Cullmann darauf hingewiesen: "Wer das Prinzip der Erwählung nicht begreift, kann von Heilsgeschichte nichts verstehen"[897]. Wo die Erwählung und die darin begründete, bleibende Einzigartigkeit des Verhältnisses Jahwes zu Israel vernachlässigt oder gar geleugnet wird, kann zwangsläufig von Heilsgeschichte nicht geredet werden. Diese Erwählung hat, wie besonders bei J, aber auch bei DtrJes programmatisch hervorgehoben wird, ihr Ziel im Heil aller Völker; alle Heilsgeschichte bekommt von dieser Grundentscheidung Jahwes her ihre Gestalt, ihre Motivation und ihre Zielsetzung.
Das *Widerstreitmotiv* betont, daß Gottes Heilshandeln in der Geschichte sich von allem Anfang an vollzieht wegen des menschlichen Ungehorsams, in seinem Fortgang geprägt wird durch menschlichen Ungehorsam und zum Ziel gelangt in endgültiger Überwindung menschlichen Ungehorsams. Im Blick auf den Beginn, den Verlauf und das Ziel gehören Schuld und Untreue Israels, gehört darum auch Gottes Geduld, Umkehrforderung, Mahnung und Vergebung, schließlich auch sein Gericht zur Heilsgeschichte hinzu. Seiner eigentlichen Intention nach ist und bleibt Gottes Handeln auf Heil gerichtet, konkret-inhaltlich nimmt es dabei auch die Gestalt des Gerichts an. Das Widerstreitmotiv weist so hin auf den Gesprächs- und Entscheidungs-, ja den Kampfcharakter der Heilsgeschichte.
Das *Zielmotiv* schließlich weist darauf hin, daß trotz aller Untreue Israels und trotz aller dadurch bedingten Gerichte und Umwege und Neuanfänge Gottes Verheißungen nicht annulliert, seine mit Erwählung und heilvollem Ratschluß eingegangenen Verpflichtungen nicht aufgegeben werden. "Die Ausführung des Vornehmens Gottes kann nicht durch menschliche Taten vereitelt werden"[898]. In dieser Treue und um seiner Gerechtigkeit und Ehre willen hält Gott an seinem Israel und den Völkern zugedachten Heil fest und erweist so gemäß der Begründung der Heilsgeschichte und trotz allem Widerstreit seine letztlich sieghafte und heilvolle Überlegenheit. "Diese Treue Gottes trägt die Gewißheit

des Glaubens"[899].

7. Dieses Geschehen zwischen Jahwe und Israel unter vielfältigem Einschluß der Völkerwelt vollzieht sich im Ablauf der geschichtlichen Ereignisse, hat darum ein Vorher, ein Heute und eine Zukunft. In Analogie zum menschlich-innerweltlichen Geschehen mit seinem Anfang,Verlauf und Ziel, dem man nur in der Verbindung von Erinnerung, Erfahrung und Erwartung gerecht werden kann, so daß der Erfahrungs- und Erzählstruktur die Geschehensstruktur begründend vorausliegt, spricht man m.R., wenn man den Begriff aus seiner positivistischen Engführung befreit, von Heilsgeschichte, die mehr ist als Heilsgeschehen, mehr auch als eine Reihe je und je geschehener Gottestaten und -worte. In Ermanglung eines angemesseneren Begriffs ist dieser Terminus notwendig zur Erfassung einer biblischen Handlungs- und Geschehensstruktur, die nur in der Fülle der sie bestimmenden Faktoren umschrieben werden kann. Insofern der Terminus dieser Struktur korrespondiert, ist er eine "sachgemäße, ja unentbehrliche Kategorie"[9oo].

Das Kontinuum dieser Heilsgeschichte ist von der Eigenart des hier gedeuteten Geschehens her die Dauerhaftigkeit des Gesprächs Jahwes mit Israel in der Vielgestaltigkeit seines Redens und Handelns im Raum und in der Zeit der Geschichte Israels und von daher im Ausgriff auf die Völker seiner Umwelt, ist darin die beständige Realisierung des göttlichen Ratschlusses, ist über alles Versagen und alles Gericht, über alle Umwege und durch alle Umbrüche der Geschichte der Erweis der Treue Gottes zu seinem Wort, wie es in Erwählung und Verheißung an Israel erging und auf Israels und der Völker Heil gerichtet ist. Diese Kontinuität wird auch da erkennbar, wo die zeitliche Abfolge der Ereignisse nicht lückenlos dargeboten wird. In der Art, wie Jahwes Reden und Handeln und Israels Antwort punktuell bezeugt werden, zeigt sich oft die paradigmatische Intention, derzufolge Kontinuitäten deutlich gemacht werden sollen, auch wenn die geschichtlichen Ereignisse nur auswahlhaft dargeboten werden.

Heilsgeschichte ist deshalb zur Verkündigung der Treue Gottes unentbehrlich, steht letztlich in deren Dienst. Sie besagt mehr, als daß Gott der Beweger, das erste und einzige Subjekt der Geschichte ist[9o1]. Heilsgeschichtliches Denken versucht, die der Gottesoffenbarung in der Geschichte inhärente Logik, die Theo-Logik (P.Schütz) der Geschichte, zu erfassen.Es ist begründet, motiviert und geleitet durch das Wort der biblischen Zeugen, Produkt, nicht Grund einer fides, die stets ex auditu, aber ebenso quaerens intellectum ist[9o2].

8. Im Rahmen des so umschriebenen Verständnisses von Heilsgeschichte wird auch

die Rede vom *Heilsplan* Gottes ihren legitimen Platz haben können[903]. Dabei muß allerdings der Gedanke an eine deterministische Fixierung der Ereignisfolge, an eine damit im Grunde geschichtslose, weil der Kontingenz ihrer Ereignisse beraubte Geschichte, an eine immanente, irdisch sicht- und kontrollierbare und so Gott zum verfügbaren Objekt machende Entwicklung und an eine Entfaltung keimhaft vorgegebener Prozeßanlagen[904] vermieden werden. Das Reden vom Heilsplan möchte alledem gegenüber vielmehr Gottes Initiative, Souveränität und machtvolle Treue in seiner auf das Heil der Menschen bedachten Zuwendung ausdrücken, die ihr Ziel trotz aller Hindernisse und Umwege erreicht[905].

9. Die so unter verschiedenen Aspekten beschriebenen Eigenarten biblisch begründeter Heilsgeschichte, die sich nur auf der Grundlage der biblischen Zeugnisse erfassen lassen, machen den Vorwurf der Vergötzung der Geschichte und die Behauptung, ihr werde Offenbarungsqualität zuerkannt, gegenstandslos; das darauf gerichtete Dictum J.T.Becks, von K.G.Steck als Motto übernommen[906], geht insoweit ins Leere. Heilsgeschichte kann nicht dazu dienen, theologische Moden zu sanktionieren, vielmehr wird sie solche kräftig infragestellen - sei es die Mode der geschichtstheologischen bzw. universalhistorischen Monopolisierung[907] oder die der existentialtheologischen Ächtung der (Heils-)Geschichte. Ihr jeweiliger Rang richtet sich nach der Prägekraft der sie bestimmenden Struktur; darum ist Heilsgeschichte nicht der Generalnenner, auf den sich alle biblischen Zeugnisse bringen lassen. Geschichte ist nicht das einzige Offenbarungsmedium, und nicht alle Geschichtszeugnisse sind geprägt durch die für Heilsgeschichte bestimmenden Faktoren.Innerhalb der von solchen Faktoren geprägten Zeugnisse beruhen die Unterschiede auf der je eigenartigen inhaltlichen, instrumentalen und intentionalen Gewichtung dieser Faktoren im theologischen Gesamtkonzept der alttestamentlichen Zeugen. Neben einem ausgeführten heilsgeschichtlichen Entwurf , dem des J, stehen mehr oder weniger breite heilsgeschichtliche Perspektiven im DtrGW und bei den Schriftpropheten.

D. Neutestamentlicher Ausblick

XII. Heilsgeschichte im Alten Testament und paulinische Rechtfertigungslehre (Problemstellung)

Die Untersuchungen zum Verständnis von Geschichte im Alten Testament, die wir in den voranstehenden Kapiteln angestellt haben, und die Beantwortung der Frage, in welchem Sinn dieses Verständnis heilsgeschichtlich genannt werden kann, gingen aus von alttestamentlichen Überlieferungskomplexen und bezogen Geschichte ein in das Koordinatensystem des jeweiligen Gottes-, Welt- und Menschenverständnisses. Im Gegensatz zu der von Hesse (und Klein) mit besonderer Vehemenz vertretenen heilsgeschichtskritischen Position wurde dem hier verwendeten Geschichtsbegriff und damit dem Beurteilungsmaßstab für Existenz und Recht heilsgeschichtlichen Denkens nicht ein geschichtswissenschaftliches oder populäres Verständnis von Geschichte zugrundegelegt, stand also "Geschichte" nicht schon außerbiblisch bzw. vortheologisch fest, sondern der Geschichtsbegriff wurde an den alttestamentlichen Überlieferungen gewonnen. Doch auch so steht der Nachweis des theologischen Rechts im Sinn einer legitimen Kategorie christlicher, vom Neuen Testament ausgehender Theologie noch aus, selbst wenn alttestamentliches Geschichtsverständnis heilsgeschichtlich genannt werden kann. Denn solche Kennzeichnung, gewonnen auf der Grundlage alttestamentlicher Texte, beschreibt zunächst nur ein religionsgeschichtliches Phänomen.
Zum theologischen Maßstab für den Abschied von der Heilsgeschichte bzw. ihre Ächtung haben Hesse und Klein die paulinische Rechtfertigungslehre gemacht, und zwar mit der Begründung, daß wir es in der Theologie des Paulus mit "der zentralen urchristlichen Konstruktion des Glaubens" zu tun haben, deren Bewertung der Heilsgeschichte dann "theologisch nicht überholbar" ist[908]. Christliches Urteil über die Heilsgeschichte muß also auf dem Boden der Rechtfertigungslehre des Paulus stehen, die ihrerseits zentrales Interpretament von Kreuz und Auferstehung Jesu Christi ist, Heilsgeschichte also unter christologisches Urteil stellt.

Da es Heil als Widerfahrnis der Gottesgerechtigkeit einzig in Jesus Christus, dem Gekreuzigten, gibt, im Kerygma geschenkt und im Glauben als iustificatio impii empfangen, kann es für die Zeit zwischen Abraham und Christus, d.h.für die Zeit der Geschichte Israels vor Christus, kein Gegenstand theologischer Reflexion sein, ja nicht einmal als Problem aufgeworfen werden[909]. Und darum

ist auch die Frage nach einer Heilsgeschichte vor Christus "definitiv ausgestanden"[91o]. Das Heilshandeln Gottes in Jesus Christus ist unableitbar wunderbar, absolut einmalig und kontingent und läßt keinerlei Kontinuum zu[911], so daß nur eine schroffe Diskontinuität zwischen Altem und Neuem Testament angenommen, das Verhältnis beider zueinander nur in der Alternative Gesetz - Evangelium beschrieben werden kann[912]. Da vom ersten Element des Begriffs Heilsgeschichte her prinzipiell der ganze Bereich des Alten Testaments für eine mögliche Heilsgeschichte theologisch ausfällt, ist das Lebensrecht jedes wie auch immer gefaßten heilsgeschichtlichen Konzepts bestritten, das sich auch auf das Alte Testament beruft[913].
Jegliche Rede von Heilsgeschichte ist damit aber nicht nur theologisch als illegitim erwiesen, sondern auch als blasphemisch[914], da Heil und Geschichte in unversöhnlichem Gegensatz zueinander stehen: Geschichte als "Produkt menschlicher Selbstbehauptung" gegenüber Gott[915] ist versklavende Macht[916], Heil, zugeeignet durchs Wort, befreit den Menschen aus dieser Macht - der Macht der Sünde als Macht der Geschichte.
Mit alledem ist dann auch das theologische Urteil über Israel und sein sich auch in seinen Geschichtszeugnissen niederschlagendes Selbst- und Gottesverständnis gesprochen. Wie Klein in nicht mehr zu überbietender Radikalität einschärft, ist damit der Begriff Ἰουδαῖος "auf die Ebene ethnographischer Klassifikationen heruntergehoben und damit religiös vollständig depotenziert"[917], die Geschichte Israels radikal "entheiligt und paganisiert"[918].

Diesem Nachweis dient augenscheinlich auch Hesses Aufsatz "Zur Profanität der Geschichte Israels" (1974). Von der paulinischen Rechtfertigungslehre her wird letztlich jede über ein bloßes monotheistisches Axiom hinausgehende Identität des Gottes Israels mit dem Gott Jesu Christi bestritten, indem die Existenz einer Verheißung und so auch, da Erwählung und Verheißung zusammengehören[919], die Erwählung Israels und eine besondere Geschichte Gottes mit ihm bestritten werden[92o].

Hesse nimmt damit Abschied von wesentlichen Positionen, die er, gut zusammengefaßt in seiner Arbeit "Das Alte Testament als Buch der Kirche" (1966), bisher vertreten hatte: Israels Geschichte ist nicht mehr die infolge des in ihr ergehenden Gotteswortes qualitativ einzigartige, aus aller sonstigen Menschheitsgeschichte herausgehobene, zum Heil der Völker veranstaltete und so mit dem neutestamentlichen Geschehen eng verbundene Geschichte[921]; die Differenzierung von Weissagung und Verheißung, von Baumgärtel[922] übernommen und vor nicht allzu langer Zeit noch ausführlich begründet[923], wird theologisch unerheblich, da nicht nur die Weissagung (historisch) irrelevant, weil historisch falsifiziert ist, sondern auch die Verheißung (theologisch) nicht existiert, es folglich in der Geschichte Israels auch keine (Teil-)Einlösungen der Verheißung geben kann[924]. Damit ist dann auch die früher in Anbetracht der "Grundverheißung" und gleicher Grunderfahrung für möglich gehaltene positive Beziehung des Alten Testaments zum Neuen zerstört. Eine "Botschaft des Alten Testaments" kann es so nicht mehr geben; denn im Alten Testament redet nicht der Gott, den das Evangelium bezeugt, insofern es ἐπαγγελίαι Gottes nicht gibt, 2Kor 1,2o also gegenstandslos ist[925].

Das früher[926] erkennbare Bemühen, das sich in strukturellen Analogien zeigende taliter *und* das infolge des christologischen Novum erkennbare totaliter aliter in der Verhältnisbestimmung von Altem und Neuem Testament zu berücksichtigen, ist zunehmend einer einseitigen Überbetonung des letzteren gewichen. Hand in Hand damit geht eine immer einseitigere existentiale Interpretation biblischer Zeugnisse, wofür Hesses theologische Interpretation des Geschichtsbegriffs im Sinn von Fuchs[927] und seine Verhältnisbestimmung von Altem und Neuem Testament im Sinn von Bultmann[928] - beidemale den Zielpunkt der jeweiligen Ausführungen bildend und daher besonders betont - als Beispiele genannt seien.

So trifft Hesses früheres Urteil[929], daß die (von Bultmann und Fuchs vertretene) kerygmatische Theologie mit dem Alten Testament "im Grunde theologisch kaum etwas anfangen kann", nun ihn selbst; und wenn er früher sein Festhalten am Begriff Heilsgeschichte so begründete: "Ich sehe nicht, wie wir sonst noch eine theologische Relevanz des Alten Testaments behaupten können"[93o], dann bedeutet nach der Logik dieses Urteils der jetzige Abschied von der Heilsgeschichte zugleich den Abschied von einem für uns theologisch relevanten Alten Testament! Denn wie kann es noch eine Geltung des Alten Testaments, erfahren in der persönlichen Anrede und der "unableitbare(n) Glaubensentscheidung"[931] auf Grund der gleichen, in der Grundverheißung gefaßten Grunderfahrung geben[932], wenn die Verheißung und die sich im Reden und Handeln erweisende Identität Gottes und konsequenterweise dann auch die gleiche Grunderfahrung bestritten werden?

Israel ist damit in die Völkerwelt nivelliert, Gottes besondere Geschichte in und mit Israel geleugnet, das Alte Testament zum exemplum außerchristlicher heiliger Schriften und so zum Gesetz gemacht, somit für den christlichen Glauben prinzipiell entbehrlich[933]. Die Differenz von alt- und neutestamentlichem Heilsverständnis wird im Schema der Alternative: weltlich-national-materiell oder geistlich-jenseitig-eschatologisch (siehe Exkurs 2) bestimmt, weshalb, da Israel eine politische Größe, auch sein Heil ein politisches ist und daher nur im radikalen Gegensatz zum neutestamentlichen Heilsverständnis stehen kann[934].

Es fällt schwer, diese Position alttestamentlich zu begründen; daß man sich für sie nicht auf Paulus berufen kann, hoffe ich demnächst zeigen zu können[935]. M.E. nehmen Hesses Darlegungen die Geschichtlichkeit der Offenbarung Gottes, das Geheimnis seiner Kondeszendenz und die Akkomodation seines Redens und Handelns nicht ernst genug und reduzieren um eines vermeintlichen Heilsradikalismus willen die lebendige, vielgestaltige und aspektreiche Wirklichkeit der in den biblischen Zeugnissen bekundeten Geschichte der Offenbarung Gottes auf dogmatische Maximen und führen so notwendigerweise zu Scheinalternativen[936].

Wie sehr die hier berührten Komplexe Heilsgeschichte, Rechtfertigungsbotschaft und Israel ineinandergreifen und wie das Urteil über einen Komplex das über die andern notwendigerweise mitbedingt, zeigt sich beispielhaft in der aktuellen Diskussion über den Beschluß der Landessynode der Ev.Kirche im Rheinland "Zur Erneuerung des Verhältnisses von Christen und Juden" (11.1.198o)[937]. Die auch in diese Diskussion eingebrachte radikal heilsgeschichtskritische Position (von Klein, Hesse u.a.) macht eine detaillierte Auseinandersetzung mit den dafür vorgebrachten Argumenten auf der Grundlage der für das Geschichtsverständnis des Paulus relevanten Texte (Röm 3,1-9.21-4,25; 5,12-21; 9-11; 2Kor 3,6-18; Gal 2,

15-4,7.21-31) erforderlich. Zwei in diesem Komplex eingeschlossene Probleme sollen indes jetzt noch, zum Abschluß der vorliegenden Arbeit, in exkursartiger Kürze skizziert und in ihrer Bedeutung für das *gesamt*biblische Thema Heilsgeschichte unterstrichen werden: 1. Alt- und neutestamentliches Heilsverständnis, 2. Rechtfertigung im Alten Testament.

Exkurs 2: Alt- und neutestamentliches Heilsverständnis

Heilsgeschichtlichem Denken widersetzt sich theologisch die Differenz zwischen alt- und neutestamentlichem Heilsverständnis; beide Begriffe von "Heil" lassen sich nicht in einem einheitlichen Konzept von Heilsgeschichte vereinen. Neutestamentliches, speziell paulinisches Heilsverständnis setzt das alttestamentliche theologisch außer Kraft, es läßt für Heils*geschichte* keinen Raum. Es erweist sich somit das Thema des Heilsverständnisses als Modifikation des Themas Rechtfertigung und Heilsgeschichte.
Dieser Befund ergibt sich aus Hesses Analyse der hebräischen bzw. griechischen Begriffsäquivalente von "Heil". Auf die methodischen Mängel dieser Analyse war im Blick auf den alttestamentlichen Bereich bereits hingewiesen worden[938]; sie zeigen sich ebenso im Blick auf den neutestamentlichen Befund (s.u.). Für Hesse[939] ergibt sich folgendes Bild:
Heil im Alten Testament ist "eine inhaltlich keineswegs festliegende, vielmehr eine schillernde, schwer faßbare Größe", die allerdings, soweit sie Israel betrifft, "auf alle Fälle ein(en) Zustand" meint, "der für die irdische Existenz des Volkes Israel, sei es jetzt, sei es in künftigen Zeiten, maßgebend" ist[940]. Dieses Heil meint im politisch-sozialen Bereich die Aktion (יָשַׁע) der Befreiung aus oder Bewahrung vor Gefährdungen aller Art, durch die ein Zustand des umfassenden Wohlseins (שָׁלוֹם) geschaffen wird. An ihm hat jeder als Glied der Gemeinschaft teil. Doch erfährt dieser darüber hinaus Heil in letzter Tiefe in der Vergebung von Schuld als Friede mit Gott. Wenn auch dieses zuletzt erwähnte Verständnis von Heil gegenüber einer stark materiellen Färbung zurücktritt, so ist doch daran festzuhalten, daß Heil "durchweg Gabe von Jahwe her" ist[941]. "Seine Präsenz ist an keine menschlichen Vorleistungen gebunden;das Heil wird bedingungslos gewährt"[942], und das heißt doch, es ist nicht "in irgendeinem Sinne ableitbar"[943].
Demgegenüber richtet sich der Blick vom neutestamentlichen Begriff σωτηρία her[944], sei er auf den Einzelnen oder die Gemeinschaft bezogen, "auf das alle irdischen Begrenzungen sprengende zukünftige Endheil", das in der "Rettung vor dem kommenden Zorne Gottes" und in der "Begabung mit der göttlichen δόξα " besteht; dieses Heil ist aber "zugleich auch präsentische Gabe"[945] in der Sündenvergebung, Rechtfertigung des Gottlosen, Versöhnung mit Gott und neuen Existenz. Mithin betrifft das "Heil nach dem Verständnis des Neuen Testaments... allein das Gottesverhältnis des Menschen", bezieht sich aber "nicht auf dessen irdische Verhältnisse"[946].
Auch wenn man die Basis für die Erhebung der biblischen Sachverhalte wesentlich breiter nehmen muß, als Hesse es tut, kann nicht bestritten werden, daß es deutliche Unterschiede sowohl im Alten Testament selbst, die es unmöglich machen, von *dem* alttestamentlichen Heilsverständnis zu sprechen, als auch zwischen den beiden Testamenten gibt. Fraglich ist indes, ob sich diese Unterschiede so wie z.B. bei Hesse schematisieren lassen. Häufig in diesem Zusammenhang in der wissenschaftlichen Diskussion verwendete Alternativen: politisch-theologisch, materiell-geistig,

kollektiv-individuell, diesseitig-jenseitig, mögen vielleicht für apologetische oder polemische Zwecke nützlich sein, bleiben aber sachlich problematisch und sind nicht geeignet, das Verhältnis von alt- und neutestamentlichem Heilsverständnis zureichend zu erfassen.
Der bereits erwähnte methodische Mangel bei der Erfassung des *alt*testamentlichen Heilsverständnisses wird spürbar auch in Hesses Bestimmung des paulinischen Sachverhalts insofern, als "Heil" hier eingeengt wird auf das LXX- und NT-Äquivalent σῴζω / σωτηρία , dessen sachlicher Kontext und dessen Seitenbegriffe aber vernachlässigt werden.
Mit Foerster[947] wird das paulinische Verständnis von Heil als Errettung des Einzelnen im Endgericht wiedergegeben, über Foerster hinaus schon als präsentische Gabe präzisiert. Von hieraus sind Spuren erkennbar, die über Hesses Einschränkungen hinausführen; denn Heil wird hier keineswegs eingegrenzt auf das Gottesverhältnis des Einzelnen unter Ausschluß seiner irdischen Verhältnisse!
So hätte der Verweis Foersters von 1Thess 5,9 auf 1,1o auf die Beachtung des Synonyms ῥύομαι führen können[948], das in Röm 15,31 und 2Kor 1,1o - neben der zukünftigen Rettung vor Gottlosigkeit/Sünde (Röm 11,25f.) und Gottes Zorn (1Thess 1,1o) und der vergangenheitlichen aus der Macht der Finsternis (Kol 1, 13) - die leiblich-irdischen Verhältnisse betrifft (vgl. 2Tim 3,11; 4,17f.). Weiterhin belegt im sachlichen Umfeld von "Heil" der Terminus εἰρήνη [949], gerade auch hinsichtlich seiner Anknüpfung an das alttestamentliche und rabbinische שלום -Verständnis, die elementare Zusammengehörigkeit von Innerlichem und Äußerlichem, d.h. den Weltbezug des Heilshandelns Gottes: Röm 8,6; 14,17; 1Kor 7,15; 14,33 reden von der gottgewollten, heilsamen äußeren Ordnung des Zusammenlebens der Gemeinde Gottes als der irdischen Existenzweise der eschatologisch im Frieden mit Gott Lebenden!
Und wenn schließlich Christus den νόμος in seiner göttlichen Intention, gegen die Perversion als Mittel der Leistungsfrömmigkeit, bestätigt hat, derzufolge er in der Liebe erfüllt (Röm 13,8-1o; Gal 5,14; 6,2) und somit aufgerichtet wird (Röm 3,31; 8,3f.7), wenn also der Gerechtfertigte als der im Geist Christi Wandelnde, der δικαιοσύνη Dienende (Röm 6,18) und dem νόμος τοῦ θεοῦ sich Unterwerfende (Röm 8,6f.) dem δικαίωμα τοῦ νόμου(Röm 8,4) genügt, dann konkretisiert sich solche Erfüllung, wie im Alten Testament, auch im irdischen Raum und in leiblicher Form (Röm 12,1f.). Rechtfertigung und Heiligung als das Werk des einen Gottes sind nicht voneinander zu trennen[950], und so ist das Werk des rechtfertigenden Gottes nicht ohne seinen leiblich-geschichtlichen Umkreis (Röm 7,6; Gal 5,25), darum jedem "falschen Rechtfertigungsquietismus"[951] und jedem Spiritualismus, der nicht Gehorsam gegen Gottes Gebot ist, zu wehren.
Wie wenig sich nach allem, wie bereits im Alten Testament, persönliches Gottesverhältnis und irdisch-leibliche Verhältnisse trennen lassen, wird unmißverständlich auch deutlich in den synoptischen und johanneischen Wundererzählungen[952].
Die Konsequenz der Alternative von empirisch und jenseitig-eschatologisch zeigt sich in der Verhältnisbestimmung von Altem und Neuem Testament durch Bultmann[953], derzufolge die alttestamentlich-jüdische Geschichte Verheißung nur ist "in ihrem inneren Widerspruch, in ihrem Scheitern"[954], wie an den drei für das Alte wie das Neue Testament gleichermaßen konstitutiven Begriffen Bund, Königsherrschaft und Gottesvolk ausgeführt wird. Daher ist das Verhältnis exklusiv im Interpretationsmodell Gesetz - Evangelium zu bestimmen. Vom Evangelium, von Christus her[955] ist das Alte Testament als Zeugnis des Menschen unter dem Gesetz prinzipiell entbehrlich; es sind lediglich pädagogische Gründe, weshalb es in der Kirche gebraucht wird. Es bringt das Sein des Menschen unter dem Gesetz in besonders deutlicher Weise zum Ausdruck[956]. Dem Alten Testament bleibt so einzig

die Funktion exemplarischer Darstellung gesetzlicher Existenz.
Aus dem großen und differenzierten Chor widersprechender Stimmen[957] erscheint mir für unseren Zusammenhang die von Mauser[958] besonders beachtlich:
Man muß überlegen, "ob es nicht gerade die unlösliche Verbindung des Jenseitigen mit dem Weltlichen im Alten Testament sein könnte, die das Alte Testament zur Verheißung für die Botschaft des Neuen Testaments macht; und zwar nicht zur Verheißung im Sinne des Scheiterns und des Widerspruchs, sondern so, daß gerade diese Verbindung des Jenseitigen mit dem Weltlichen im Alten Testament auf eine Erfüllung weist, die den eigentlichen Kern des Neuen Testaments darstellt. Fern davon deshalb in einem Selbstwiderspruch gefangen zu sein, könnte das Alte Testament vielmehr gerade darum die Verheißung des Christusgeschehens sein, weil es auf dem Wege dazu ist, das Göttliche in der Form des Welthaften zu erfassen. Verheißung von Gottes Offenbarung wäre das Alte Testament dann gerade insofern, als es das Eingehen des Göttlichen in das Welthafte noch nicht mit völliger Radikalität auszusagen vermag, sondern erst ahnt, vorbereitet und mit deutlicher Gebrochenheit stückweise darstellt".

Exkurs 3: Rechtfertigung im Alten Testament

Wir berühren in den folgenden Überlegungen ein Problem, das sich bei der Exegese von Röm 3f.; 9-11 und Gal 2-4 immer wieder aufdrängt und theologische Grundfragen wie die des Verhältnisses der beiden Testamente und damit der alttestamentlichen Hermeneutik, des Geschichtsverständnisses, der Identität und Gerechtigkeit Gottes, der Kontingenz und Kontinuität seines Handelns berührt. Die Beschäftigung mit diesem Problem dient dem Zweck, die besonders im Röm betonte, dem Christusgeschehen vorausliegende Geschichte des Handelns Gottes in Israel und damit die Kontinuität zwischen beiden,bezeugt durch die Schrift, inhaltlich genauer zu bestimmen.
Paulus erklärt zu Beginn des für die positive Entfaltung seiner Rechtfertigungsbotschaft zentralen Abschnitts Röm 3,21-31, daß in Christus die Gottesgerechtigkeit offenbart sei, die von νόμος καὶ προφῆται, d.h. von der ganzen Schrift bezeugt werde (v21b). Die Schrift ist ihm das autoritative Zeugnis vom Reden und Handeln des Gottes, der im νῦν καιρός in Jesus Christus geredet und gehandelt hat. So ist die Einheit von Altem und Neuem Testament begründet in der Identität des deus qui impium iustificat, die iustificatio impii ist das Materialprinzip, von dem her Paulus die Schrift versteht und von dem aus entschieden wird, was darin νόμος im Sinn der in Christus als Heilswegs ausgeschlossenen Halacha und was ἐπαγγελία im Sinn der bleibend gültigen und den Rechtfertigungsglauben legitimierenden Offenbarungsautorität ist[959]. Diese Dialektik der Schriftbenutzung spiegelt sich in den beiden Spitzensätzen Röm 1o,4 und 2Kor 1,2o, aber auch in dem Verhältnis von Röm 3,31 und 1o,4. Im Licht der Christusoffenbarung gewinnt Paulus die Klarheit,im Alten Testament Gottes Wort, Wille und Werk in seinem ἐπαγγελία - Charakter zu erkennen, der bis dahin verborgen war (2Kor 3,14ff.). Paulus ist nach seiner Überzeugung darin "weit davon entfernt, das Alte Testament total zu christianisieren"[960]; denn er behauptet, daß der Kanon der iustificatio impii kein von außen an das Alte Testament herangetragener, sondern, wenn auch dort nicht dominierend, so doch vorhanden ist, wie an Abraham gezeigt wird.
Läßt sich diese Behauptung an den alttestamentlichen Zeugnissen verifizieren? Anders gefragt: Liest Paulus in die alttestamentlichen Zeugnisse immer erst hinein, was er schon zuvor weiß oder folglich dann immer nur aus diesen Zeugnissen wieder herauslesen kann? Vergewaltigt er mithin diese Zeugnisse? Oder lassen sich Tendenzen, inhaltliche und strukturelle Analogien zur Christusverkündigung in den

Zeugnissen der Schrift erfassen, die von ihrem Woraufhin, von Christus her in ihrer ursprünglichen Intention entdeckt und so als die Vorgeschichte des Evangeliums auf dieses ausgerichtet werden? So daß Paulus, nachdem durch Christus im Glauben die Decke über der Schrift weggenommen ist, darin nichts Neues, wohl aber das Alte, das in Gottes Willen Ursprüngliche neu in seinem Woraufhin sieht? Die Frage kann noch einmal präzisiert werden: Wenn Paulus im Alten Testament denselben Gott redend und handelnd bezeugt findet, der jetzt in Jesus Christus geredet und gehandelt hat, Gottes Selbigkeit also nicht wort- und geschichtslos, die Offenbarung *eine* und so eine Kontinuität des Weges Gottes mit der Menschheit gegeben ist, geben dann die Zeugnisse der Schrift als die Israel anvertrauten λόγια τοῦ θεοῦ (Röm 3,2) in ihrem ursprünglichen, nicht legalistisch entstellten Sinn Hinweise auf diesen deus impium iustificans[961], weisen sie, wenn sie ihr Eigenes sagen, sich selbst aussprechen, auf ihn hin, so daß sie in diesem Horizont erst angemessen verstanden werden können? Oder ist das nur ein Postulat des Paulus, kann in Wirklichkeit nur von einem radikalen Bruch im Reden und Handeln Gottes und damit im Verhältnis Gottes zum Menschen gesprochen, Gottes Identität nur als unanschauliches, dogmatisches Prinzip gefaßt werden?

Die hier zur Diskussion stehende Problematik des Verstehens der Heilstat Gottes in Jesus Christus durch den Aufweis ihrer Kontinuität und Diskontinuität zum vorausgegangenen Reden und Handeln Gottes in der Geschichte Israels geht weit über den Rahmen des oft verhandelten Rückgriffs des Paulus auf das Alte Testament in der Form alttestamentlicher Zitate und Anspielungen, also über sehr unterschiedlich breit gestreute und in ihrer Verwendung sehr flexible punktuelle Bezüge hinaus[962], umgreift vielmehr die Sprache als Ausdruck einer bestimmten Welt- und Menschensicht[963], Begriffe in ihren Kontexten, Begründungsgefüge und Offenbarungsmodi[964]. Die zugegebenermaßen oft gewaltsame und methodisch kaum wiederholbare Verwendung von Zitaten darf nämlich nicht die Grundhaltung verdecken, daß Paulus in der Entfaltung seiner Rechtfertigungstheologie auch über direkte Schriftbeweise und Anspielungen hinaus vielfältig an alttestamentliche Traditionen anknüpft.

Damit ist die für die Verhältnisbestimmung von Altem und Neuem Testament und das reformatorische Schriftprinzip von der Rechtfertigungsbotschaft als Kanon der ganzen Schrift zentrale, freilich thematisch auffallend selten behandelte Frage[965] nach der Rechtfertigung im Alten Testament gestellt als Frage nach Gottes Handeln, der ja nach den biblischen Zeugnissen kein menschenloser Gott, sondern der die Gemeinschaft mit den Menschen suchende und so Gemeinschaft der Menschen mit Gott stiftende, gestaltende, bewahrende und erneuernde Gott ist; sein Rechtfertigungshandeln ist in diesem Gemeinschaftsbezug formal zu definieren als Einsetzung des Menschen in die vor Gott geltende (Rechts-)Ordnung als Werk und Erweis göttlicher Gerechtigkeit.

Wie die Erhellung des Bedeutungsgehalts und der Begriffsgeschichte der hebräischen Äquivalente der Wurzel צדק zeigt, die die alttestamentliche Vorgeschichte des neutestamentlichen, speziell paulinischen δίκαιος etc. darstellen und zu dessen sachgemäßem Verständnis erforderlich sind[966], weiß das Alte Testament von Gerechtigkeit und von der Rechtfertigung des Menschen viel zu sagen. Die entscheidende Frage lautet dabei im Zusammenhang unserer Überlegungen, ob es, analog der paulinischen Verkündigung, von der Rechtfertigung des Gottlosen weiß.

Diese Frage wird in der Forschung schroff gegensätzlich beantwortet: Während etwa Koch[967], auf den sich Gloege[968] beruft, im Alten Testament allein die Rechtfertigung des Gerechten, nie die des Gottlosen findet, kommt Graf Reventlow zu dem Ergebnis, daß vom Begriffsfeld der Wurzel צדק her "das gesamte Handeln Gottes im Alten Testament als Rechtfertigungsgeschehen zu begreifen"[969] sei, wobei Rechtfertigung im Sinn lutherischer Dogmatik[970] verstanden, wenn auch wohl in diesem

Verständnis nicht immer durchgehalten wird[971]. Diese Diskrepanz der Beurteilung des alttestamentlichen Sachverhalts läßt nach den Begründungen der jeweiligen Antwort fragen, und in der Tat sind diese, im Blick auf Inhalt wie Methode, von großem Interesse.
Zunächst muß betont werden, daß es nicht um eine Identität alt- und neutestamentlichen Rechtfertigungsgeschehens gehen kann. Ist Gottes Handeln nicht zeitlos, sondern geschichtlich-konkret, hat seine Zuwendung zum Menschen eine Geschichte, die Vorgeschichte seiner Inkarnation in Christus ist; ist aber diese Inkarnation gleichwohl unableitbares Novum, das das Alte als solches bestätigt und aufhebt, dann ist dadurch Gleichheit ausgeschlossen. Zudem fehlt in den alttestamentlichen Rechtfertigungszeugnisses ein Analogon zum paulinischen propter Christum; erst am Rande des Alten Testaments klingt es an im Stellvertretungsgedanken des letzten Gottesknechtsliedes DtrJes (Jes 53,5f.), wobei dieser Gedanke eine bewegende Vorgeschichte hat im Leiden der Propheten[972]. Zu fragen ist aber gleichwohl auf Grund der Identität Gottes und der Beständigkeit seiner Gerechtigkeit im Sinn der Aufrichtung des ihm und dem Menschen gemäßen gegenseitigen Verhältnisses nach wesentlichen Ähnlichkeiten, nach Übereinstimmungen prägender Wesenszüge, nach Strukturanalogien, Voraussetzungen und Anknüpfungspunkten[973], die sich in den alttestamentlichen Zeugnissen im Blick auf die paulinische Rechtfertigungsbotschaft finden.
Das ist nur teilweise eine isolierbare historische Frage, weil in allem historischen Wandel doch auch immer wieder nach konstitutiven theologischen Grundelementen zu fragen ist, und darum kann etwa Gyllenberg[974] mit einigem Recht auf den Vorwurf von C.Müller[975], er habe die Verbindung von Altem und Neuem Testament quasi kurzgeschlossen und die zwischen beiden liegende Traditionsgeschichte mit ihren verändernden Einflüssen vernachlässigt, antworten, die strukturellen Ähnlichkeiten seien ihm wichtiger als die geschichtlichen Ableitungen, zumal wenn man etwa in Röm 3,21-4,25 und Röm 9-11 erkennt, wie Paulus wiederholt hinter jüdische (apokalyptische und rabbinische) Tradition auf das Alte Testament zurückgreift. Nicht nur, daß er hier auf die Grundbedeutung der alttestamentlichen Wurzel צדק zurückkommt[976], die im Rahmen der von Gott gesetzten Gemeinschaft(sordnung) sowohl nach der Seite Gottes als auch der Seite des menschlichen Partners hin als "gemeinschaftsgemäßes Handeln und Verhalten", als "Gemeinschaftstreue" bzw., wenn man diese Gemeinschaft als "Bund" bezeichnet, als "Bundestreue" beschrieben werden muß, in jedem Fall also ein Verhältnisbegriff ist[977], ist festzuhalten, sondern auch, daß er darüber hinaus Strukturanalogien in der Sache zeigt.

Mit diesem Begriff der Strukturanalogie soll gesagt sein, daß Gottes Handeln in der von ihm begründeten Beziehung zum Menschen und darum auch das Leben des Menschen in dieser Beziehung mit Gott im Alten wie im Neuen Testament eine Reihe gleicher oder ähnlicher Faktoren aufweist und diese Faktoren das Gemeinschaftsverhältnis zwischen Gott u. dem Menschen auf eine Weise strukturieren, die Gottes und des Menschen Wesen, Willen und Verhalten spiegelt. Der Aufweis von solchen Strukturanalogien vermag zu verdeutlichen, daß es auch in allem Neuen stets um den alten Gott, der des Menschen Heil will und schafft, und um den alten Menschen geht, der zu seinem Heil allemal der gnädigen Einsetzung in den Stand der Gerechtigkeit vor Gott bedarf.
Die Frage nach solchen Strukturanalogien im alt- und neutestamentlichen Rechtfertigungsgeschehen spitzt sich, wie gesagt, in unserem Zusammenhang auf die Frage nach der Rechtfertigung des Gottlosen zu. Bestimmt sie, wie bei Paulus, so in alttestamentlichen Zeugnissen das Gott-Mensch-Verhältnis? Koch und Gloege begründen ihre Verneinung dieser Frage mit dem Hinweis, daß es zwar voraussetzungsloses Heilshandeln Gottes gebe (Erwählung, Bund, Heil nach dem Gericht), davon aber das rechtfertigende Handeln Gottes deutlich unterschieden werden müsse, da

das Rechtsein vor Gott nur dem צדיק zuerkannt werde, wie z.B. die Tempeleinlaßliturgien Ps 15; 24 und Jes 33,14b-16 zeigen. Nun ist es aber fraglich, ob man nicht genauer differenzieren muß.
Sind Erwählung und Bundesschluß, wie alle in B/V -VII analysierten alttestamentlichen Zeugnisse bekunden, allein begründet in Gottes freier Zuwendung zu dem in keiner Weise würdigen Volk bzw. seinen Repräsentanten und als solche sachlich, auch wenn dieser Begriff fehlt, als Aufrichtung der von Gott in seinem Verhältnis zu Israel gewollten צדק -Ordnung zu verstehen, und sind die Heilsverheißungen als Ausdruck der Treue Gottes zu seinem Wort als Bundesversprechen ebenso allein in Gottes freier, erbarmender Zuwendung begründet, so daß er die Gemeinschaft schafft und über das Gericht hinaus erneuert, so wird man fragen müssen, ob die Aufrechterhaltung der Gemeinschaft, d.h. die צדק -Ordnung[978] des Bundesgottes, allein durch das צדיק -Sein des Menschen bedingt sein kann. Man darf überhaupt -und das gibt Graf Reventlow die sachlich angemessene, breite Basis für die Begründung seiner positiven Beantwortung der oben gestellten Frage - die Untersuchung nicht auf das Begriffsfeld von צדק beschränken. Die Sache, um die es geht, ist präsent weit über diese Begriffe hinaus[979]. Die inhaltliche Überschneidung, ja gelegentliche Identität der צדק -Gruppe mit anderen, ebenso in je besonders akzentuierter Weise die Realisierung der Gemeinschaftstreue beschreibenden Begriffen wie חסד , שׁלום , רחמים , אהב , גאל , משׁפט , ברכה , אמת / אמונה und die erst in solchem Kontext erkennbare inhaltliche Breite und Differenzierung innerhalb der das Gott-Israel-Verhältnis bestimmenden Ordnung erweitern den sachlichen Rahmen weit über den begrifflichen hinaus. Insofern geschieht es zurecht, wenn Graf Reventlow *theologische Konzeptionen* wie die des J, des DtrGW und Hoseas unter der Frage des Rechtfertigungshandelns Gottes untersucht[98o].
Daß das bundes- bzw. gemeinschaftsgemäße Handeln Gottes auch anders als mit Begriffen der Wurzel צדק zum Ausdruck gebracht werden kann, bezeugt z.B. die Heilsverkündigung Jer und Ez, die bis auf die in ihrer Echtheit zudem noch umstrittene Stelle Jer 23,5f. (siehe 33,15f.)[981] die Wurzel צדק im Zusammenhang göttlicher Heilswirklichkeit und -gabe nicht verwendet, außerdem das verheißene Heil stärker als in der bisherigen Heilsbotschaft der Propheten individualisiert. Ob also wie bei Jes, Hos und bes.DtrJes vom Erweis der צדקה Jahwes die Rede ist oder (wie bei Jer, Ez) nicht -, die Grundstruktur des hier angekündigten, Gemeinschaft erneuernden bzw. über das Gericht hinaus bewahrenden Handelns Gottes und seiner Bedingungen ist gleich.In dieser Heilsverkündigung wird zugleich die letzte Konsequenz gezogen aus der Erkenntnis des menschlichen, in Adam repräsentierten Wesens als eines zum Guten nicht nur unwilligen, sondern unfähigen (bes. J, Jer, Ez).
In diesem Rahmen tritt aus allem, z.B. durch die Verkehrung von Kult, Rechtsordnung und Erwählungsglauben geschaffenen Zwielicht heraus die Erkenntnis, daß Rechtfertigung dieses Menschen letztlich nur Rechtfertigung des Gottlosen sein kann, Jahwes alleiniges und nur in seiner צדקה begründetes, also vom Menschen her völlig unkonditioniertes Werk[982]. Nicht nur die Begründung, sondern auch die Aufrechterhaltung und die Bewahrung durch das Gericht hindurch sind Jahwes Werk am sündigen Israel, allein begründet in seiner Treue gegenüber der im Erwählungshandeln gewollten und aufgerichteten Heilsordnung.
Man darf also erwählendes, rechtfertigendes und Heil verheißendes Handeln, das jeweils auf Gottes gemeinschaftsgemäßes Verhalten hinweist, nicht trennen und außerdem die Frage nach diesem Verhalten nicht auf das Begriffsfeld der Wurzel צדק einengen; dennoch muß auch festgehalten werden, daß diese von Jahwe begründete Gemeinschaft ihre Ordnung in Gestalt von Rechtsproklamationen hat, über deren Einhaltung Gott eifersüchtig wacht (Ex 2o,5b, 1.und 2.Gebot umgreifend), dieses Recht also "Lebensform und Daseinsordnung" ist[983], der Israel bzw. der

Einzelne zu entsprechen , d.h. צדקה zu üben und so צדיק zu sein hat.
Einer den Arbeiten von Noth[984] und vRad[985] innewohnenden Tendenz, die beispielsweise bei Achtemeier[986] voll durchschlägt und derzufolge die Gesetze der in freier Zuwendung Jahwes begründeten (Bundes-)Gemeinschaft gegenüber sekundär, nur aus dieser engen Zuordnung zum Gnadenbund und so gleichsam, als Gnadengabe, als die Gestalt des Evangeliums zu verstehen seien, hat Zimmerli[987] m.R. das von allem erkennbaren Anfang an[988] bestehende spannungsvolle Mit- und Nebeneinander von gnädiger Zuwendung Jahwes zu Israel, von der Israel als Jahwes Volk lebt, *und* heilig-unerbittlicher, Israel im Fall der Übertretung bedrohender Gehorsamsforderung, in deren Befolgung Israel allein seinen Zeugendienst für die Völker erfüllen kann, betont[989], dessen Auflösung nach der einen oder andern Seite hin sich vom alttestamentlichen Gottesgedanken her verbiete, wenn auch, wie z.B. J und das DtrGW, aber auch die Gestalten der klassischen Prophetie zeigen, die Gewichte je nach Situation, Tradition, Intention und Charisma unterschiedlich verteilt sein können[990].
Aus dieser Spannung führt indes wieder die Frage nach der Übermacht der Gnade Gottes als Frage nach seiner Treue, letztlich: seiner Gottheit im Fall menschlichen Ungehorsams und dadurch drohenden Bundesbruchs in die Richtung einer Rechtfertigung des Gottlosen, die im letzten Gottes Selbstrechtfertigung ist. Im Grunde kann Israel nur von der voraussetzungslosen Zuwendung und Treue seines Gottes zu sich selbst und darin zu seiner Bindung an Israel leben[991]. Israel weiß, daß jeder Mensch vor Gott der Schuld verfallen und der Vergebung bedürftig ist (siehe repräsentativ für weite Teile des Alten Testaments die Buß- und Klagepsalmen), daß allein das Vertrauen auf Gottes Verheißung seiner Bundesordnung entspricht (siehe dazu die geradezu lehrsatzartige Formulierung Gen 15,6; auch Jes 7,9), daß Gottes Gnade seinen Zorn überwindet (siehe die Urgeschichte von J und ihre Verbindung mit der Vätergeschichte; dazu noch Ex 32,11-14 und 34,6f.), daß alle Umkehr von Gottes Erbarmen und Verheißungstreue getragen sein muß (siehe bes.Hos,Jer, Ez und das DtrGW), also keinerlei menschliche Leistung, ja letztlich gar keine menschliche Möglichkeit darstellt, die in einem analytischen Akt angerechnet würde. In der prophetischen Heilsverkündigung wie bei J wird Gottes Gerechtigkeit trotz des Menschen Ungerechtigkeit und auch im Gericht und durchs Gericht hindurch bezeugt. Gerade so erfüllt Jahwe seine sich aus Erwählung und Bundesgemeinschaft ergebenden Verpflichtungen - zum Heil der Menschen und zu seiner eigenen Ehre.
Man wird in alledem nicht nur vereinzelte Elemente, sondern prägende Strukturgefüge des Gott-Mensch-Verhältnisses finden, die Paulus von der Christuswirklichkeit her konzentriert, radikalisiert und universalisiert zu seiner Rechtfertigungsbotschaft verarbeitet hat. Hier werden Kontinuitäten sichtbar, die über alttestamentliche Zitate und Anspielungen weit hinausgehen[992].
Demgegenüber wird man etwa die sog.Beichtspiegel (Ps 17,1-5; 18,22-24; 26,1-6) und die Tempeleinlaßliturgien (Ps 15; 24; Jes 33,14b-16) nicht mit Graf Reventlow[993] als "Strukturentsprechung zu dem in Christus geschehenen Rechtfertigungsereignis" heranziehen dürfen. Zwar stellen diese Texte das Angewiesensein des Menschen auf Rechtfertigung dar,aber damit ist noch nicht gesagt, welcher Art diese Rechtfertigung ist. Daß צדקה von Gott her kommt, daß sie als solche kultisch vermittelt, also nicht usurpiert ist[994], macht solches Geschehen noch nicht zur iustificatio impii; denn sie wird nur zugesprochen auf Grund der Erfüllung bestimmter, in Form konkreter Gebote umschriebener Bedingungen, ist also ein analytisches Urteil, wobei sie auch als "ein für allemal vollzogenes Geschehen"[995] nicht bezeichnet werden kann, da ihr ein Analogon zum paulinischen propter Christum fehlt.

Analogien und Differenzen der alttestamentlichen Rede von Gottes Gerechtigkeit und des Menschen Rechtfertigung zum paulinischen Rechtfertigungskerygma werden so weit deutlich geworden sein, daß das Urteil als begründet angesehen werden kann, daß wir uns in großen Teilen des Alten Testaments (bes. der jahwistischen Theologie, der prophetischen Verkündigung, mancher Psalmen) "auf dem Wege zur 'Rechtfertigung des Gottlosen'"[996] befinden[997] - ein Weg, der sich als ἐπαγγελία auf Christus hin deutlich im Alten Testament abzeichnet[998]. Dieser Weg ist verschlungen mit dem νόμος -Weg, ist noch nicht an sein Ziel gekommen, weil erst im stellvertretenden Leiden und Sterben Jesu Christi aller Menschen Gericht vollzogen und aller Menschen Rechtfertigung durch Gott ein für allemal gewirkt ist.

A n m e r k u n g e n

L i t e r a t u r v e r z e i c h n i s

A n m e r k u n g e n

1. Dabei soll sein langer Weg in der Beschäftigung mit Fragen der Heilsgeschichte hier nicht nachgezeichnet werden. Wir nehmen den "Abschied von der Heilsgeschichte" als Ausgangspunkt unserer Untersuchung, weil hier das gelegentlich in früheren Beiträgen vorscheinende Ziel des Weges erreicht zu sein scheint, wie der Aufsatz "Zur Profanität der Geschichte Israels" (1974) nachdrücklich bestätigt. Die früheren Äußerungen werden darum hier nur gelegentlich berücksichtigt. Freilich wird man den nun vollzogenen Abschied, auch im Zusammenhang des dahin führenden Weges, nicht als *sachliches* Kriterium für die exegetische und systematisch-theologische Berechtigung der nun erreichten Position Hesses ansehen dürfen, wie es anscheinend Klein tut, wenn er konstatiert: "Nichts aber belehrt über die auch historisch zu verifizierende vehemente Abwehrkraft des Alten Testaments gegen jedweden heilsgeschichtlichen Annäherungsversuch eindringlicher... als die Tatsache, daß Hesse aus im heutigen Wissenschaftsbetrieb zur Rarität gewordener selbstkritischer Distanz zum eigenen Entwurf inzwischen gründlich 'Abschied von der Heilsgeschichte' genommen hat" (Fragwürdigkeit 112f.). Über die methodischen und sachlichen Voraussetzungen dieses Urteils wird ausführlich zu handeln sein; persönliche Wendungen eines Autors, und seien sie noch so unzeitgemäß, können allerdings niemals ein unüberbietbares Lehrstück, geschweige denn ein sachliches Argument für die Qualität und das theologische Recht einer Position sein! Erinnert man sich an ein gerade für unseren thematischen Zusammenhang bedeutungsvolles Exempel aus früherer Zeit: die scharfe Wende K.Barths von einem als tödlich empfundenen einseitig existentialtheologischen Zeit- und Geschichtsverständnis hin zu einer als sachlich notwendig empfundenen Neubegründung heilsgeschichtlichen Denkens (KD II/1 716f.) - eine Wende mithin in gerade umgekehrter Richtung wie bei Hesse -, wird man einzig in den biblischen Zeugnissen das Recht und die Norm solcher Wendungen gegeben sehen können.
2. Mit der von Klein in besonderer Schärfe vertretenen heilsgeschichtskritischen Position hoffe ich mich in einer Studie "Heilsgeschichte bei Paulus" demnächst auseinandersetzen zu können.
3. Klein: Fragwürdigkeit 96.
4. Klein: Fragwürdigkeit 129, siehe auch 98. Wenn Klein in diesem Zusammenhang Glaube formal bestimmt "als die Beziehung geschichtlich existierender Subjekte auf Heil" (Fragwürdigkeit 97), Geschichte also auf die Seite des menschlichen Subjekts rückt und zu dessen Prädikat macht, dann ist damit, sofern es sich um eine *umfassende* Verhältnisbestimmung handeln soll, kein weitgehendes Einverständnis zu reklamieren; denn der Streit um die Heilsgeschichte geht auch darum, Geschichte ebenso aufseiten des Heils, d.h. als dessen Prädikat festzuhalten.
5. 113ff.
6. Antwort 388ff.
7. Vgl. die Rezensionen von Cullmanns Buch "Christus und die Zeit" (1946) durch Bultmann (Heilsgeschichte 356ff.) und Fuchs 79ff. sowie Cullmanns späteres Werk "Heil als Geschichte" (1965).
8. Siehe ihre Programmschrift "Offenbarung als Geschichte" (1961). Im Gegensatz zu Bultmanns Position auch, wie die Arbeiten Cullmanns und des Pannenberg-Kreises, Moltmann und Sauter.

9. Pannenberg u.AT 183ff.
1o. Zunächst Offenbarung 65ff.; auf die Antwort Pannenbergs im Nachwort zur 2. (und 3.) Aufl. der Programmschrift (132ff.) dann schärfer in "Theologie des Wortes Gottes..."(1964), außerdem die Auseinandersetzung speziell mit U.Wilckens (Römer 164ff., Exeget.Probleme 17off.).
11. Käsemann: Glaube Abrahams 152ff., Römer 1o9.118f.; Kümmel: Individualgeschichte 157ff., Heilsgeschichte 434ff., Botschaft 481ff.; Klein: Fragwürdigkeit 144ff., Brisanz 244f., Präliminarien 237f.
12. Pannenberg: Rezension 41 (gegenüber Klein).
13. Vgl. dazu insgesamt Philipp: Absolutheit.
14. Römer 1oo, ähnlich Rechtfertigung 117; vgl. in ähnlichem Sinn W.Krecks "Grundfragen der Dogmatik" (197o) und seine wichtige Vorarbeit "Die Wirklichkeit des Wortes Gottes" (1966), außerdem G.Eichholz: Die Theologie des Paulus im Umriß (1972) und die in "Tradition und Interpretation" (1965) gesammelten Vorarbeiten (z.B. Grenze 223f.A6). Mit den philosophischen, natur- und geschichtswissenschaftlichen Prämissen der Existentialtheologie setzt sich auch Beck 19ff.243ff. u.ö. auseinander.
15. K.Barth: Einführung 8 (kursiv).
16. Kümmel: Heilsgeschichte 434.
17. So pointiert Käsemann: Römer 243; auch Klein: Offenbarung 86ff.gegenüber Pannenbergs Programm; im Ergebnis ebenso Kümmel: Heilsgeschichte 457 gegenüber Klein (siehe auch seine Bemerkung 447 +A57).
18. Dabei ist der Kontakt der exegetischen Arbeit zur geschichtswissenschaftlichen Diskussion (vgl. die bei Reventlow: Problems Anm.97.1o6 genannte Literatur) sicher nützlich (Reventlow: Problems 11ff.). Ob er freilich die alttestamentliche Theologie aus ihrem auch im Bereich der heilsgeschichtlichen Diskussion bestehenden Dilemma herauszuführen vermag (so Reventlow: Problems 13), mag hier offen bleiben; jedenfalls ist das Gegenteil: die Behaftung im Dilemma, nicht von vornherein auszuschließen!
19. Vgl. dazu auch Hengel 47ff.1o7ff.
2o. Heil 38.
21. Über diesen exegetischen Zusammenhang hinaus sollen diese Fragen jedoch hier nicht thematisiert und systematisch-theologisch reflektiert werden; vgl. Ansätze für die Bereiche der Ethik, Liturgik und Homiletik z.B. bei Vriezen: Erwählung 1o9; Frör 1ooff.; Cullmann:Heil 288ff.3o3ff.; K.Barth: KD IV/2 914ff.
22. Vgl. seine Definition: Heilsgeschichtliche Theologie ist eine solche, "die durch dauernde Zusammenfassung historischer, exegetischer und dogmatischer Arbeit das Gefühl (?) eines einzigen Systems aufbaut und mit diesem System eine nachbildende Darstellung des offenbarungsgeschichtlichen Werdens selbst von der Schöpfung bis zum endgültigen Durchbruch des Gottesreiches geben will" (5f. gesperrt). Zur Darstellung siehe auch Kraus: Bibl.Theologie 24off.; die Nachfahren solcher Theologie im 2o.Jahrhundert (Schlatter, Cullmann) stellt K.G.Steck: Idee 36ff.43ff. kritisch, jedoch nicht ohne Widerspruch zu erfahren (siehe Cullmann: Heil 37f.; Kümmel: Heilsgeschichte 435 A4), dar.
23. Historisch-kritische Auslegung der Schrift, vertiefte theologische Wahrheitsfrage, geschichtliche Erfahrung (3f.); siehe ähnlich auch Fritzsche 64f., der Heilsgeschichte nurmehr im Zusammenhang anderer Themenkomplexe für darstellbar hält. Kritisch gegenüber heilsgeschichtlicher Systematik auch Lohff 1o32 und K.G.Steck: Idee 53.56.58, Heilsgeschichte 87ff., der davon heilsgeschichtliche Elemente und Perspektiven getrennt wissen möchte.
24. Verstehen 164ff.

25. Weth 3,12.23off.
26. Siehe zuletzt die große zusammenfassende Darstellung "Heil als Geschichte" (1965).
27. Siehe dazu überblicksartig Kraus: Problem 69ff., Bibl.Theologie 287ff.
28. Siehe dazu auch den Aufsatz von D.Braun (zu Cullmanns Position 59ff. 64ff., zum Verhältnis Cullmann:K.Barth 71ff.).
29. Hesse: Abschied 5; siehe auch Kümmels Hinweis (Heilsgeschichte 435). In ähnlicher Weise hatte bereits ein Jahrzehnt zuvor im Blick auf den Geschichtsbegriff allgemein Rendtorff: Hermeneutik 34f. diagnostiziert: "Aber was ist denn eigentlich gemeint, wenn wir hier von Geschichte reden? Diese Frage wird in der ganzen Diskussion merkwürdigerweise kaum gestellt". Freilich muß man zugestehen, daß sich seit diesem Urteil einiges zum Positiven geändert hat, wenn man sich die mitunter intensiven Definitionsbemühungen vergegenwärtigt: siehe u.a. vRad: TheolAT II lo8ff. u.ö.; Cullmann: Heil 56ff.132ff.; Ott 187ff.; Noack 7ff.; Käsemann: Römer 98ff.241ff.u.ö.; J.Blank 116ff.
3o. So u.a. Schrenk 58 A23: "Das Wort Heilsgeschichte ist mehr ein Bonmot als ein brauchbarer Begriff"; Cullmann: Heil 57ff.u.ö., Heilsplan 731f.; Hempel: AT u.Geschichte 24f.; K.G.Steck: Idee 53.56, Heilsgeschichte 88f.; Mildenberger 12f.; Noack 8; Goppelt: Heilsgeschichte 22o; Wilckens: Antwort 6ol; vRad: Antwort 391, Wort Gottes 212; Kraus: Bibl.Theologie 353; demgegenüber hält ihn Kuß: Römerbrief I/II 286 für einen "vortrefflich geeigneten Terminus" und K.Barth: KD III/1 63 für "sachlich richtig und wichtig".
31. Abschied 7, auch 8 A13; ebenso Käsemann: Rechtfertigung 112; Gunneweg: Verstehen 169.
32. Abschied 7.
33. Siehe die von Noack 14f. und Hesse: Abschied 7.15.17 gebotenen Beispiele; des weiteren, mit je unterschiedlicher formaler und inhaltlicher Weite und Prägnanz, etwa Delling 99; Lohff 1o32; Barr: Revelation 2ol; Scharbert: Geschichtsschreibung 69; Braaten 127; Frör 97; Cullmann: Heil 3 u.ö.; K. Barth: KD III/1 63f., IV/2 914; Beck 223.229.231(seine Ausführungen zum alt- und neutestamentlichen Geschichtsverständnis [21off.222ff.]sind allerdings einseitig auf das lineare Modell fixiert und bleiben in der theologischen Aussagekraft hinter großen Teilen der übrigen Darstellung zurück); ausführlicher Ott 187f. mit Zustimmung von Schreiner: Führung 3 und Kuß: Römerbrief I/II 286. Für vRad (Geschichtstheologie 2o4, Geschichtsschreibung 189f.) ist Heilsgeschichte in Bezug auf das Alte Testament im DtrGW klassisch definiert.
34. So z.B. North: History 612; P.Schütz 415; Kuß: Paulus 398; siehe auch J. Blank 119.
35. Vgl. dazu bes. Käsemanns (gegenüber Rechtfertigung 116 präzisierende) Bemühungen in seinem Röm-Kommentar zu c.4 (98ff.) und c.9-11 (241ff.).
36. Hesse: Abschied 5.
37. Heilsgeschichte 361.
38. Mildenberger hat die hier lauernde Gefahr gut erkannt, "die Kontingenz des geschichtlichen Geschehens in den Schematismus einer gedanklichen Konstruktion aufzuheben. Dieser Gefahr werden wir aber entgehen können durch die Bindung an den konkreten Text" (1o7 A41).
39. So m.R. Cullmann: Relevance 13; Flückiger 39; J.Blank 12of.; Kraus: Bibl. Theologie 35o; Jaeschke 1o6ff.; Kegler 1ff. Die von Reumann 149 aufgeführten Ansätze zur Erfassung von Heilsgeschichte sind darin alle gleich, daß sie nur auf der Basis biblischer Texte möglich sind, ob man nun bei diesen selbst oder bei bestimmten Themen (Erwählung, Bund, Rechtfertigung, Verhältnis Ju-

den:Völkerwelt, Mission[dazu siehe jetzt Zellers Versuch 15. 17 u.ö., Heilsgeschichte bei Paulus zu erfassen]) oder bei bestimmten Personen (Abraham, Mose, Christus) einsetzt.

4o. Nur bei diesem Ansatz sind auch die Gefahren zu vermeiden, von denen O.Weber: Dogmatik II 738f. heilsgeschichtliche Theologie ständig bedroht sieht: Biblizismus, Kanonisierung des linearen Zeitverständnisses, Nivellierung der Eschatologie.

41. 136f.: 6 Perioden, die die Geschichte Gottes selbst widerspiegeln an Hand seiner Manifestation an bestimmten Orten und zu bestimmten Zeiten in der jeweiligen Zweiteilung der göttlichen Zuwendung zum Menschen und dessen Abkehr von Gott.

42. 7ff.: 3 Perioden gemäß dem deuteronomistischen Schema der Geschichtsdarstellung.

43. Im Blick auf die prophetische Verkündigung und ihr Verständnis von Geschichte scheint mir der methodische Leitsatz Keglers zu eng, daß an Geschichte nur über "Geschichten" heranzukommen sei (1).

44. Wenn Noack 44 im Zusammenhang der Erfassung des Geschichtsverständnisses des Jes Sir behauptet, "daß die Heilsgeschichte nicht eine unumgängliche Bedingung für den Glauben und das Leben sein kann,und auch nicht für das Geschichtsverständnis", ist ihm in Bezug auf die "Bedingung" zuzustimmen; offen bleibt damit freilich die Frage nach Recht und Rang dieses Denkens in verschiedenen biblischen Zeugnissen und damit auch für Glauben und Leben.

45. vRad: TheolAT I 1o; siehe auch Cullmann: Heil 38.

46. Siehe dazu J.Blank 117.

47. Siehe die jeweiligen Zusammenfassungen zu J, zur Schriftprophetie und zum DtrGW am Ende der entsprechenden Kapitel!

48. Das einmalige ἱστορεῖν im Neuen Testament (Gal 1,18; siehe noch Apg 17,23 D*) hat die Bedeutung "kennen lernen".

49. Siehe unsere Anm.62.

5o. Dinkler: Geschichte 1476.

51. Dazu Gerleman: Wort 437; W.H.Schmidt: dāḇār 111ff.; Kegler 7ff.(Konkretion an der Thronfolgegeschichte, 188ff.3o9).

52. vRad: Werk Jahwes 236ff.; Vollmer: Tun I 368f.; zuletzt wieder Pannenberg: Gott d.Geschichte 79.

53. Koch: däräk 294ff.

54. M.R.betont von Simonsen, zit.bei Noack 14f. Dem Einwand von Noack 8, die Sache sei nicht so bedeutsam gewesen, daß sie sich in einem unzweideutigen Begriff Ausdruck verschafft habe, ist entgegenzuhalten, daß in der Bibel auch durch Handlungs- und Bezugsgefüge eine Sache ausgedrückt werden kann, die *wir begrifflich* möglichst angemessen zu erfassen suchen.

55. Klein: Fragwürdigkeit 147.

56. Schnackenburg: Theologie 3o, siehe so auch Heilsgeschichte 148.

57. Siehe dazu Faber 1ooff. Rust hat sich in diesem Sinne bemüht, die für biblisches Heilsgeschichtsverständnis konstitutiven Elemente zusammenzustellen (111ff.).

58. So m.R.Braaten 1o3f.

59. Siehe Kleins Kritik (Brisanz 244f.) an Käsemanns Römerbriefinterpretation. Mit Käsemann weithin konform Kümmel: Botschaft 481ff.

6o. Heil 56ff.132ff., Relevance 11ff.: Die heilsgeschichtlichen Ereignisse stehen in einer Kontinuität (diese gehört wie zur Geschichte, so auch zur Heilsgeschichte, vgl. auch Weth 234; J.Blank 119), die aber als die Kontinuität des Planes Gottes und der göttlichen Treue historisch nicht faßbar ist; sie gehören der Geschichte an, stehen mithin in chronologischer Folge in Raum und Zeit, sind allerdings durch Lücken getrennt, weil Gott in je neuen Heilssetzungen auswahlhaft handelt; trotz aller Konstanz des göttlichen Plans fehlt doch die Kontingenz nicht, da zur Heilsgeschichte die Sünde des Menschen und die dadurch bedingten Umwege Gottes hinzugehören. Zu einem neuerlichen Versuch, den Bezug der alttestamentlichen Erzählung auf die Geschichte (partiell, nicht total und systematisch) aufzuweisen, siehe Barr: Story 6ff.

61. Hesse: Abschied 8.
62. Daß trotz dieses prinzipiell richtigen Ansatzes die Ergebnisse Hesses nicht recht befriedigen, liegt daran, daß er nur die Stichworte ישׁע und שׁלום berücksichtigt; wenige darüber hinausgehende Anmerkungen (Abschied 12) genügen zur Komplettierung dieses Befundes nicht. Denn nicht nur hinter den hebräischen *Begriffs*äquivalenten für das deutsche Wort "Heil" verbirgt sich die Sache, sondern auch hinter einer Vielzahl von Seitenbegriffen, die häufig im Wortfeld von ישׁע / שׁלום vorkommen: אהב / אהבה , אמת / אמונה , בחר , ברית , ברך / ברכה , גאל , חנן / חן , חסד , משׁפט , נצל , רחם , צדק / צדקה .Es beleuchtet das Ungenügen dieses methodischen Ansatzes, daß in einem, auch nach Hesses Meinung (Abschied 22f.), heilsgeschichtlichen Entwurf par excellence wie dem des Jahwisten (s.u.S.48ff.) die für die Definition von "Heil" im Terminus "Heilsgeschichte" herangezogenen Äquivalente יֶשַׁע / יֵשַׁע / יְשׁוּעָה und שָׁלוֹם (dazu שָׁלֵם) insgesamt nur zweimal in theologisch relevanten Zusammenhängen vorkommen: Ex 14,13.3o, bezogen auf die Errettung am Schilfmeer! Und daß die Bedeutung dieser Rettungstat den Rahmen des Politischen und Materiellen sprengt, bezeugt die Exodus-Erwählungstradition im ganzen Alten Testament.
63. Siehe unsere Anm.33.
64. Abschied 7.
65. Abschied 8ff.
66. Abschied 37ff.
67. Gewisse Inkonsequenzen sind dabei freilich unverkennbar. So wird zunächst Käsemanns Urteil, daß "Heil... immer nur Gott selber in seiner Gegenwart für uns" sei (Rechtfertigung 132, bei Hesse: Abschied 6), als mit dem alttestamentlichen Befund "gewiß nicht" vereinbar angesehen, später aber via negationis rehabilitiert (Abschied 12). Ähnlich ergeht es Käsemanns Beurteilung der Heilsgeschichte als "Kampffeld der Civitas Dei und der Civitas Terrena" (Rechtfertigung 12o, bei Hesse: Abschied 5), die, verstärkt durch ein Zitat von W.Elert, später auch bei Hesse (Abschied 64) zu theologischen Ehren kommt.
68. Abschied 6.
69. Insofern ist Hesse doch, entgegen seinem ausgesprochenen Verzicht (Abschied 8 A13), der Forderung an entscheidender Stelle nachgekommen, zu klären, was unter "Geschichte" zu verstehen sei.
7o. Abschied 25.27.32f.35.39.43.
71. Abschied 49, auch 41; zustimmend Klein: Römer 164, Fragwürdigkeit 117.
72. Abschied 55.
73. Abschied 49.
74. Abschied 49f.
75. Abschied 5o.
76. Abschied 49.
77. Abschied 56.
78. Abschied 56; ähnliche Definitionen von Geschichte bei K.G.Steck: Idee 1of. (Geschichte "im heutigen Sinn" zu verstehen als "eine lückenlos kausal verknüpfte und in solcher Verknüpfung kontrollierbare und nachweisbare Kette historischer Tatsachen"), Barr: Story 8 ("History means only what we mean

by our use of the word 'history'") und Klein: Fragwürdigkeit 1o2: "... was üblicherweise'Geschichte'heißt".

79. Abschied 5o.

8o. Siehe z.B. Abschied 14f.

81. Siehe Abschied 18f.31.37f., bes.64f. (noch radikaler in diesem Sinn Klein: Fragwürdigkeit 136ff., der, wie Hesse, hier Fuchs 79ff.91ff. und Bultmann: Geschichte 1oo, Geschichte u.Eschatologie 171 u.ö. folgt; siehe auch Gunneweg: Verstehen 174f.). Hesse möchte die anthropozentrisch-hamartiologische Definition *aller*, also auch Israels Geschichte ("Produkt der Anstrengungen..., die Sünder machen, um leben zu können"[Abschied 64 mit Fuchs 91, auch 95], "ihrem Wesen nach Ausdruck des hybriden Denkens, Wollens und Handelns des zutiefst gottlosen Menschen"[ebda.], so Teil der νόμος - Welt und ihrer Mächte, die als Verhängnis unser Leben bestimmen) durch theologische Elemente bereichern. Aber wie die Gedankenfolge im engeren Kontext und das die ganze Untersuchung leitende Interesse deutlich zeigen, wirken diese Elemente wie ein erratischer Block; denn wie soll, wenn die eben vorgeführte Geschichtsdefinition ernst genommen werden will, *diese Geschichte* "das Feld eines unaufhörlichen Kampfes zwischen dem verborgenen Gott, der letztlich der Herr und Lenker alles Geschehens bleibt, und dem sich selbstherrlich gebärdenden Menschen" sein (Abschied 64 mit W.Elert), "der Vollzug des Willenswiderstreites zwischen Gott und den Menschen" (ebda. Zum Verständnis der Geschichte als Kampfesgeschichte siehe auch Gloege: Sinn 43f.; R.Niebuhr 134f.; Pannenberg: Weltgeschichte 366; Käsemann: Rechtfertigung 12o; Zimmerli: Weltlichkeit 148; Weiser: Psalmen I 368; Löwith 169; vWeizsäcker: Tragweite 49; Eichrodt: TheolAT I 256f.für die Prophetie; vertiefend Flückiger 39f.46)? Warum wird hier nur vom deus absconditus gesprochen? Die Geschichte Israels ist doch der Ort der Offenbarung Gottes; abseits von dieser Offenbarung hat Israel kein Interesse an der Geschichte (gegen Hesse: Abschied 65, auch er selbst in seiner Auseinandersetzung mit Pannenberg[Pannenberg u.AT 183ff.]. Zur Intention und Wertung von Luthers theologisch nicht unbedenklicher Rede vom deus absconditus siehe Althaus 238ff.; O.Weber: Dogmatik I 446ff.). Die alttestamentlichen Geschichtszeugnisse legitimieren einzig eine Definition, die sich - bei allen Differenzierungen im einzelnen - orientiert an dem unauflösbaren, spannungsreichen Miteinander von Wort und Tat Gottes und des Menschen Antwort in Gehorsam und Ungehorsam. Dadurch bekommt die Geschichte Gesprächs-, Entscheidungs-, ja Kampfcharakter. Er macht, wie das Wesen, so auch das Rätsel der Geschichte aus; beides in einem systematischen Ganzen logisch zusammenschließen und damit die Spannung auflösen zu wollen, würde Geschichte auf "die tote Harmonie eines denkbaren Gegenstandes" bringen (Loen 117.124 [Zitat]). Es ist der im Wort der Erwählung, Berufung, Verheißung, Rechtfertigung, aber auch der Verstockung und des Gerichts dem Menschen begegnende, sich selbst trotz allen menschlichen Ungehorsams treu bleibende Gott, der die Geschichte lenkt und an sein Ziel bringt. Die "Alternativfrage: Geschichtsmächte oder Evangelium?" (Hesse: Abschied 65 mit Fuchs 94) bestimmt Geschichte zur widergöttlichen Macht, beraubt das Evangelium seines geschichtlichen Feldes, in dem sich Gottes Reden und Wirken Raum schafft, und ist im Blick auf die biblischen Bezugsgefüge eine Abstraktion.

82. Siehe vorige Anm.

83. Seit der Aufklärung gilt das Dogma: "Geschichte (ist) die Schöpfung der Menschen" (Faber 122), was bedeutet, daß Menschen ihr Subjekt, Träger und Herr sind. Der Satz ist deshalb voller Rätsel und Probleme, weil im Hintergrund die Frage steht: Wer ist der Mensch? Zum Menschen gehört wesenhaft sein Bezug zur Transzendenz, er ist also weder soziologisch noch psychologisch noch

biologisch angemessen zu erfassen. Gewiß qualifiziert die Anthropologie das Geschichtsverständnis (vgl. Staudinger); da aber biblische Anthropologie nicht anthropozentrisch ist, kann es auch biblisch begründetes Geschichtsverständnis nicht sein. Der Geschichtsbegriff der Aufklärung ist mithin untauglich zur Interpretation des biblischen Sachverhalts. Diesen hat Koch (Profeten I 74ff.82ff.157ff., II 77ff.) mit dem Terminus "Metahistorie" zu erfassen versucht; er meint damit, etwa im Sinn der jesajanischen Termini מעשׂה und עצה (s.u.S.69), die hinter der sichtbar-kontrollierbaren Außenansicht liegenden Tiefenschichten der Geschichte mit ihren mannigfachen Wirkgrößen und -kräften, deren sich Gott in der alle Wirklichkeit durchdringenden Aktivität seiner Welten- und Geschichtslenkung bedient.

84. Abschied 52f.
85. Abschied 53.
86. Abschied 53; zu der hier anvisierten Differenzierung in Heils- und Unheilsgeschichte vgl. Abschied 17ff.25ff. und unsere Ausführungen S.87f.
87. Abschied 53.
88. Abschied 54,siehe ebda.: "Heilsgeschichte im Sinne einer kontinuierlichen Geschichte, die durch Gottestaten bestimmt ist, ist ein in sich von einem unaufhebbaren Widerspruch bestimmter, darum dem Glauben und dem theologischen Denken letztlich gar nicht möglicher Begriff".
89. Abschied 54f.
9o. Abschied 57.
91. Abschied 57.
92. Abschied 54.
93. Abschied 56.
94. Abschied 55.
95. Ebda. Beispiele solcher unberechenbaren, souveränen göttlichen Machttaten sind für Hesse (Abschied 54f.) die mit Noah, Abraham und Mose verbundenen Ereignisse.
96. Abschied 58, siehe auch 59f.
97. Abschied 58.
98. Siehe so schon Heilstatsachen 16.
99. Abschied 55ff.
1oo.Abschied 59.
1o1.Es ist interessant, dieses Urteil im Spiegel vorangegangener Urteile Hesses zu sehen: Israels Geschichte hat "eine einzigartige Würde, die sie von der Geschichte anderer Völker grundlegend unterscheidet", und diese qualitative Besonderheit im Sinn einer "streng theologischen Qualität" besteht im Reden und Handeln Gottes auf das Ziel der Offenbarung in Jesus Christus hin (Erforschung 1f., ähnlich Heilstatsachen 16); Israels Geschichte ist "qualitativ von jeglicher Geschichte irgendeines anderen Volkes unterschieden" auf Grund des *nur* im Alten Testament begegnenden verheißenden Gottes, sie ist *einzigartig* als "Kette von Taten Gottes", die die Grundverheißung explizieren (Buch 68.97, auch 143ff.).
1o2.Siehe Exkurs 1.
1o3.Abschied 59.
1o4.Abschied 59.
1o5.Abschied 59ff.
1o6.Abschied 6o.
1o7.Abschied 62.
1o8.Abschied 62.
1o9.Diskussion 1off., Auferweckung 325ff. Zur Problematik einer Einbeziehung der Auferstehung in die Definition der historischen Methode, wie sie Moltmann:

Theologie 156ff.; Pannenberg: Heilsgeschehen 44ff. und R.R.Niebuhr angeregt und durchgeführt haben, siehe die m.E. überzeugenden Einwände von Wittram: Interesse 93, Zukunft 54ff.; Mildenberger 4of.; Klappert: Diskussion 21f., Auferweckung 334.338f.

11o. Abschied 62.

111. Zitate Abschied 61-63.

112. Abschied 54.

113. Antwort 391.

114. F.Schütz 111.

115. Mit Käsemann: Römer 246.261; siehe auch Cullmann: Heil 1o4ff.139 im Zusammenhang seiner Überlegungen zu Konstanz und Kontingenz, Kontinuität und Veränderung.

116. Vgl. zu diesem Zusammenhang die bedenkenswerten Ausführungen von K.Barth: KD III/3 18off.

117. TheolAT I 43off., Weisheit 366ff.

118. Denken 344ff.

119. Weisheit 136ff.

12o. Smend: Elemente 25f.; siehe auch F.Schütz 11o.

121. Abschied 37ff.

122. Klein: Fragwürdigkeit 1o1 behauptet kategorisch, "daß grundsätzlich niemand die Kluft zwischen Faktum und Bericht jemals zuzuschütten imstande sein wird"; auch Kegler 317 hält diese Kluft für "unüberbrückbar".

123. Abschied 37.39 mit Vorverweis auf die Erörterungen 49ff.

124. Abschied 39; merkwürdig Hesses wiederholte Einschränkung "...muß nicht...", wohl im Sinn von "darf nicht..." zu verstehen.

125. Abschied 38.

126. Gegen Hesses Reserve (Abschied 39).

127. Gegen Hesse: Abschied 38f.

128. Von Hesse: Heilstatsachen 7 zutreffend erkannt, zustimmend Klein: Fragwürdigkeit 1o5ff. Besonders kraß erscheint die hier heraufbeschworene Gefahr bei Hesse: Wertung 275ff., wo die "unmittelbare innerlich-bezwingende Kraft" (28o) des neutestamentlichen Zeugnisses begründet wird mit der Kongruenz von neutestamentlichem und wissenschaftlich-kritischem Bild von den Heilsereignissen, welche dem alttestamentlichen Glaubenszeugnis häufig abgeht.

129. Abschied 39f.

13o. 28ff.

131. Forschung 1off., Wertung 275ff., Buch 111f.127ff., zurückhaltender auch noch Heilstatsachen 16f.

132. Abschied 41ff., ausführlicher 49ff. Was soll da die Einschränkung: eine "wie auch immer geartete Geschichte" (43), wenn *alle* Geschichte ihrer Art nach unwandelbar definiert ist?

133. Was Hesse anhangsweise in diesem Zusammenhang zum Begriff "Heil", seiner Vollgültigkeit, Geschichtslosigkeit und Zukünftigkeit, der Differenzierung von Heils- und Unheilsgeschichte, der Heilsleere der vorchristlichen Zeit und der Differenz von alttestamentlicher Verheißung und Verheißungsgeschichte sagt, ist an anderen Stellen unserer Untersuchung aufgenommen.

134. Abschied 4of.46f.

135. Hesse hatte seine in der Auseinandersetzung mit vRad früher (Erforschung 1off., Kerygma 24ff., siehe auch Buch 43) in der strengen Alternative: Faktum oder Deutung aufseiten des ersteren bezogene Position als unsachgemäß erkannt und sich um eine "Mittelposition" bemüht (Heilstatsachen 5ff., auch Buch 122f.).

136. Abschied 41.46; mit im Endeffekt gleicher Radikalität schon Erforschung 3,

Wertung 276, Dogmatik 43, Kerygma 24ff. ("...die alttestamentliche Gottesgeschichte mit Israel...[erweist]sich bei der historischen Nachprüfung als Pseudogeschichte"[26, zustimmend Klein: Offenbarung 69]), Heilstatsachen 3.

137. Beide Zitate Abschied 41.

138. Klein: Fragwürdigkeit 98.1o7; auf dieses scheinbare Fundamentalfaktum gründet Klein seine generelle Ablehnung der "Idee der Heilsgeschichte" in der Besprechung der Entwürfe von vRad, Rendtorff und Hesse (Fragwürdigkeit lolff.).

139. TheolAT I 117ff., II 339ff.441ff.; ganz auf dieser Seite Pannenberg: Kerygma 84ff. Einige Vorläufer dieser Position nennt, mit den notwendigen Differenzierungen, Hesse: Erforschung 3ff.

14o. Vgl. z.B. vRads im Zuge der verschiedenen Auflagen seiner TheolAT und anderer Publikationen vorgenommene Modifikationen seiner Position, die ein sympathisches Zeichen seines "Noch-nicht-sicher-Wissen(s)" (Seebaß: Hermeneutik 43) angesichts der äußerst komplexen und nicht in griffige Alternativen aufzulösenden Problematik sind. Auch ist die wiederholte Betonung ernstzunehmen, daß es nicht um ein alternatives Auseinanderreißen von Fakten und Deutungen gehen dürfe, siehe z.B. TheolAT I 11.118 (Glaube Israels "grundsätzlich geschichtstheologisch fundiert..., gegründet auf Geschichtstatsachen..., gestaltet und umgestaltet von Fakten, in denen er die Hand Jahwes wirksam sah").12o.134, II 443ff (444 ist die Rede von "einer letzten Verbundenheit, ja Einheit beider Aspekte"). Daß vRad die Geschichte der sachlichen Irrelevanz überantworte (so Klein: Fragwürdigkeit lo2f.), kann ebensowenig akzeptiert werden wie der in ähnliche Richtung laufende Einwand Eichrodts (TheolAT II/III IX, ähnlich jetzt wieder Kegler 317; m.R. dagegen Pannenberg: Kerygma 84ff.), vRad stelle den geschichtlichen Wert aller alttestamentlichen Geschichtszeugnisse konsequent infrage. Weder die umstrittene Voranstellung des "Abriss(es) einer Geschichte des Jahweglaubens und der sakralen Institutionen in Israel" (TheolAT I 17ff.) noch das Votum dafür, "wie Israel geschichtlich dachte" (TheolAT I lo), können *diese* Vorwürfe in ihrer Pauschalität rechtfertigen.

141. Erforschung 14f., Kerygma 26.

142. Klein: Fragwürdigkeit 99. Das Unverständnis Kleins gegenüber der Position vRads, die Israels Glaubenszeugnisse als die theologisch einzig legitime Quelle ansehen möchte, kommt schon in seiner Terminologie zum Vorschein, wenn er es für einleuchtend hält, daß in vRads Konzeption "die Idee einer Heilsgeschichte keine Wurzeln schlagen kann" (Fragwürdigkeit lo4). Aber vRad weiß sich doch gerade durch die biblischen Zeugnisse zur Rede von Heilsgeschichte animiert und legitimiert (TheolAT II 441ff.)! Zudem: Um das Wurzelschlagen einer Idee geht es überhaupt nicht, sondern allein um die Erfassung heilsgeschichtlichen Denkens in den biblischen Zeugnissen. Daß die von Hesse und Klein definierte Idee dort keinen Raum hat, ist nicht verwunderlich.

143. Heilstatsachen 7ff. und sein dortiges Urteil (kritischer Buch 123ff.) über Rendtorffs Versuch (Hermeneutik 35ff., siehe auch Überlieferung 81ff. Ähnlich auch Pannenberg: Thesen 112, Nachwort 137f., Kerygma 86ff.; gelegentlich auch Cullmann[Heil 75]), den J.M.Robinson u.a. weiterzuführen versuchten (siehe dazu C.Barth 355ff.; Soggin: Glaubenszeugnisse 385ff., Geschichte 721ff. und die dort zahlreich Genannten).

144. So offenbar Hesse: Abschied 37ff., den Klein: Fragwürdigkeit 112f., seinen Gang durch die alttestamentlichen Problemzusammenhänge beendend, anerkennend erwähnt.

145. Zurecht daher Hesses Unterstreichungen (Erforschung 14f., Kerygma 24ff.);

zustimmend E.Jacob: Grundfragen 32; Soggin: Glaubenszeugnisse 387 + A6, Geschichte 727 u.a.

146. Siehe so Wittram: Zukunft 5o.
147. E.Jacob: Grundfragen 35; siehe auch vRad: TheolAT I 116ff.; Guthrie 12; Soggin: Glaubenszeugnisse 385ff.; Porteous 28ff.69f. mit Eichrodt:TheolAT II/III VIIIff.; Wilckens: Rechtfertigung 123, Antwort 6o6, präzisierend jetzt Römer 283; Cullmann: Heil 72 u.ö.; differenzierter Fohrer: Überlieferung 7.27: "Geschichten kreisen um Geschichte".
148. Keine Alternative zu dieser Position ist freilich Keglers These (316), der Glaube gründe "im Vertrauen". Vertrauen ist ja selbst Antwort und hat damit einen Bezug zu einer transsubjektiven Wirklichkeit, hat Anhalt an begründender und ermöglichender Gottesoffenbarung, ist Glaube an... und Vertrauen auf...
149. TheolAT I 119.
15o. Zutreffend Weippert 416.
151. Ich brauche in diesem Zusammenhang beispielsweise nur auf die tiefgreifenden Differenzen in der Beurteilung der Vor- und Frühgeschichte Israels durch Alt, Noth, vRad u.v.a. einerseits, Albright, Bright und Wright u.a. andererseits (siehe dazu Bright: Altisrael), auf die einseitig überlieferungsgeschichtlich bestimmte Beurteilung der Gestalt des Mose und des Verhältnisses von Exodus- und Sinaitradition durch Noth und deren Revision z.B. durch Smend (Jahwekrieg 87ff.), Herrmann(Aufenthalt 6off., Geschichte Israels 82ff., bes.11of.) und Fohrer (Überlieferung) oder auf die neuere Diskussion über Noths Amphiktyoniehypothese (dazu jetzt den Überblick von Bächli) oder die jüngsten Bestreitungen eines hinter die Zeit der Abfassung zurückreichenden historischen Gehalts der Patriarchentraditionen durch Thompson u.a. hinzuweisen, um deutlich zu machen, daß die Fronten wesentlich beweglicher sind, als es Hesse und vRad auf je ihre Weise darstellen, und sich dadurch pauschaler Beurteilung entziehen.
152. Mit Soggin: Glaubenszeugnisse 393.
153. Siehe dazu vRad: Fragen 299ff.
154. Mit Jaeschke 1o7f.; Kegler 5.
155. Jaeschke 152.
156. M.R. fixiert darum Frör 98.119 A42 die von Hesse aufgestellte Alternative auf die Absolutsetzung seiner positivistischen Prämissen.
157. Bildung, persönliches Charisma, Wertsystem, leitende Perspektiven, Situationsgebundenheit, Herkunft, soziale Stellung, Wirkungsbereich u.a.m.
158. Die sich daraus ergebende Fundamentalfrage, inwieweit Objektivität historischer Erkenntnis und Darstellung überhaupt möglich ist, ist in der Geschichtswissenschaft höchst umstritten (siehe dazu u.a. Faber 1o9ff.128ff.; Junker/Reisinger 1ff.; Schaff 69ff.).
159. So Wittram: Zukunft 2o; zum damit gegebenen Gegenstandscharakter der Geschichte siehe Faber 23ff.
16o. vRad: Fragen 3o2.
161. Siehe dazu ausführlich Weiser: Glaube u.Geschichte looff. Einen eindringlichen Versuch, die schroffe Alternative: Faktum oder Deutung zu überwinden und Offenbarungs- und Deutegeschichte zur Heilsgeschichte verklammert zu sehen, hat Cullmann: Heil 7off. unternommen. Umso problematischer ist dann seine (in der Frontstellung gegen Bultmann erhobene) Forderung, diese Einheit um der Betonung des extra me des Heilshandelns Gottes und seines Skandaloncharakters willen rückgängig zu machen mit dem Ziel, daß sich uns auf dem Weg der historisch-kritischen, d.h. möglichst objektiven Erfassung der facta nuda die in diesen selbst (und nicht erst in ihrer Deutung) gegebene Offenbarung begreifbar mache und so in unumgänglicher Dringlichkeit diesel-

be Deutung aufdränge wie den biblischen Zeugen(Heil 51.77ff.129f.). Die Entkerygmatisierung des Kerygmas bekommt so soteriologischen Rang.
Aber die hier gestellte Aufgabe ist nicht nur schwierig und hinsichtlich ihrer Lösungen unsicher, sondern theologisch unmöglich. Denn 1. wäre das Letztfaßbare in diesem Reduktionsprozeß wieder nur eine Deutung (siehe Cullmann: Heil 75: das Kerygma soll "zu den [gedeuteten] Ereignissen führen"), hinter der nur bestimmte Aspekte eines Ereignisses erfaßt werden können, nie *das* Ereignis selbst. 2. hätten solche Aspekte nicht die divinatorische Macht für Nachgeborene, wie sie die Ereignisse selbst für die unmittelbar Betroffenen gehabt haben. 3. würde der Glaube letztlich doch wieder gebunden an die Leistungsfähigkeit und die Ergebnisse der historischen Kritik. 4. ist nicht einzusehen, warum, wenn "die Offenbarung zugleich *in der Deutung und im historischen Geschehen* zu sehen" ist (Heil 13o, siehe auch 133) und wir durch die Fakten zu derselben Deutung gedrängt werden wie die biblischen Zeugen, überhaupt nach den facta nuda gefragt werden soll, falls an sie historisch heranzukommen wäre. 5. ist der hier stets vorausgesetzte und in polemischer Zuspitzung wiederholt vorgetragene Gedanke vom "Glauben an die Heilsgeschichte" im Sinn des Überwältigtwerdens von einer Ereignisfolge ein unbiblischer Gedanke, und bei der Verhältnisbestimmung von Faktum und Wort wird dem ersteren eine ungerechtfertigte Dominanz zuerkannt (siehe Exkurs 1).

162. Zur daher rührenden Identität von Bedeutung und Deutung in den alttestamentlichen Geschichtszeugnissen siehe Kegler 321ff., zum Thema "Erzählung und Interesse" Anacker/Baumgartner 555f. Diese Deutung göttlichen Handelns in der Geschichte im Blick auf seine Bedeutung geschieht bisweilen (je nach Definition des Mythischen: immer) mit Hilfe mythologischer Kategorien, so daß es zu dem bekannten Phänomen der "Mythisierung der Geschichte" kommt (so Ringgren: Religion lo2[kursiv]; siehe auch Maag: Gottesverständnis 197; H.-P.Müller: Funktion 275, bes.Mythos u.Transzendenz 57ff., auch [Krecher/] Müller 33; Barr: Story 7; ausführlich Cullmann: Heil 77.117ff. Die die Bedeutsamkeit für Israels Existenz übersteigende "geschichtlich[e], eschatologisch[e], sachverweisend[e] und typologisch[e]" Bedeutsamkeit "als Bezug auf zukünftige Ereignisse" hat Moltmann: Exegese 61 hervorgehoben).

163. Die Identifikation von Geschichte mit Überlieferungsgeschichte (und so die Abwandlung des Themas "Offenbarung als Geschichte" in "Offenbarung als Überlieferungsgeschichte") liegt bei Rendtorff (Hermeneutik 35ff., ausgewogener m.E. Überlieferung 86.88.91.93) und Pannenberg (Kerygma 86ff.[Überlieferungsgeschichte als "der tiefere Begriff von Geschichte überhaupt anzusehen" 88], angemessener Thesen 112 [Geschichte "immer auch Überlieferungsgeschichte"] und Nachwort 137 A12) nahe. Geschichte gibt es im Alten Testament nicht ohne (in ihrer Art vielfältig differenzierte) Überlieferung, und Überlieferung gestaltet ihrerseits die Geschichte, so daß beide "eine unauflösliche Einheit (bilden)" (Rendtorff: Hermeneutik 4o). Aber nicht um eines materialistischen Geschichtsbegriffs (gegen Rendtorff: Hermeneutik 39), sondern um der Freiheit göttlichen Handelns, der Vermeidung einer Hypostasierung der Geschichte und Kanonisierung der Überlieferung willen muß eine Identifikation von beiden abgelehnt werden. Luz 13 A8 (ähnlich Mildenberger 4of.) hat im Blick auf die Verwendung der Geschichte in den biblischen Zeugnissen m.R. die kerygmatische Intention und damit den Gegenwartsaspekt in der Überlieferungsgeschichte stärker als Pannenberg hervorgehoben.

164. Zeit 23ff.37ff.

165. Muß man vRad wirklich den Vorwurf machen, er habe, ausgehend von den alttestamentlichen Zeugnissen, "kurzerhand" ein Stück der Religions- und Geistesgeschichte zur Heilsgeschichte erhoben (so Klein: Fragwürdigkeit lo4)?

Er behaupte "die geschichtliche Manifestation von Heil" einzig(!) im geistesgeschichtlichen Sektor der Geschichte (Fragwürdigkeit 1o5)? Sind nicht viel komplexere Zusammenhänge hier unstatthaft verkürzt? Ist hier nicht ein Begriff von Faktizität leitend, der nur das eine Überlieferung *primär auslösende* Ereignis berücksichtigt?

166. Siehe dazu jüngst Kegler 29ff.
167. Weippert 418.
168. Mißverständlicherweise nennt Hesse: Heilstatsachen 11ff. solche Überlieferungen "sekundäre" Fakten, so daß "Fakten" verschiedenen Realitätsbereichen angehören, die für die Theologie maßgebenden aber nur die "primären" sind.
169. vRad: Fragen 3o4ff. spricht von ihnen als den "sekundären Fakten", die also in demselben Realitätsbereich wie die primären liegen, also nicht in den Bereich der Geistesgeschichte abgedrängt werden können.
17o. Besonders zu letzterem siehe Wittram: Zukunft 5ff. im Anschluß an S.A. Kaehler; zustimmend Gyllenberg: Rechtfertigung 14f. Dazu noch McKenzie 24; Faber 39; Junker/Reisinger 13ff.; Koselleck: Theoriebedürftigkeit 25; Vierhaus 8; zum Problem der Zukunft eines Ereignisses Moltmann: Exegese 57ff., Theologie 247f.
171. Wittram: Zukunft 8.
172. Zu diesen Grundelementen israelitischen Geschichtsdenkens siehe vRad: Fragen 3o3; bes.Smend: Elemente 1off., Tradition 56ff, zustimmend Barr: Story 7 und Weimar/Zenger 95. Die Frage, "ob die Fakten in der Überlieferung richtig beschrieben und gedeutet sind" (Hesse: Buch 124), wird man nur im Kontext solcher fortlaufenden Erfahrungen beantworten können. Zudem: Was ist der Maßstab für das Urteil "Richtig"?
173. Klein: Fragwürdigkeit 111. J.M.Robinson 118ff. hat an der biblischen Gattung der Berachot/Hodajot (Struktur: ברוך + Gott + Relativsatz, der Gottes lobwürdiges Tun nennt) die Verbindung von Geschichte und deren Geschichtlichkeit, d.h. die Erfahrung von Fakten und deren Bedeutsamkeit zu erfassen versucht mit dem Ergebnis, daß generell die Existenz solcher Formeln auf ihre historische Veranlassung hinweist, auch wenn im Einzelfall ihr Inhalt sich historisch nicht verifizieren läßt. Die Verwendung als solche setzt Erfahrungen mit Gott voraus.
174. Zeit 122f.
175. Siehe auch Eichrodt: TheolAT II/III Xf.; Childs 88f.; vRad: Fragen 299ff.; auch Pannenberg: Kerygma 84ff.
176. Im einzelnen sind dabei die Fragen zu klären, in welchem Verhältnis diese Bereiche zum Offenbarungshandeln Gottes in der Geschichte stehen: die Schöpfung, von geschichtlichen Erfahrungen her bedacht, als Raum und Werkzeug göttlichen Erwählungshandelns; der Kult als Ort der Vergegenwärtigung solchen Handelns und so in seinen verschiedenen Formen Erinnerungsträger für die großen Taten Gottes; das Recht heilsgeschichtlich begründet und so als Lebensordnung des Bundesverhältnisses.
177. Damit ist über die modi solchen Offenbarungshandelns noch nichts gesagt; ihre Vielfalt sei angedeutet, indem auf Ereignisse wunderbaren Eingreifens Gottes (Ex 13f.; Ri 4,14ff. u.a.), auf Gottes Führung und Mitsein (Gen 24; Erzvätergeschichte im Spannungsbogen von Verheißung und Erfüllung; Davids Aufstieg 1Sam 16,14ff. u.a.), auf die verborgene Lenkung menschlichen Planens und Entscheidens (z.B. Joseph- und Thronfolgegeschichte), auf das Reifenlassen geschichtlicher Entwicklungen (Jes 18,4f.) oder auf den von Jahwe in Kraft gesetzten Tat-Ergehen-Zusammenhang hingewiesen wird.
178. Z.B.gegen Seeligmann 385; Köhler 77ff. (Geschichte ist "der eine rechte Hauptgegenstand der ganzen Urkunde" 77; "Die Geschichte ist die Offenbarung

Gottes" 8o); auch gegen E.Jacob: Théologie 149 (Geschichte "le sacrement de la religion d'Israël") und vRad: Auslegung 278 ("Das A.T. ist ein Geschichtsbuch" - trotz seiner folgenden Explikation; zurückhaltender Aspekte 311), bes. gegen Moltmann: Theologie 85ff. und Pannenberg und seinen Kreis (z.B. Pannenberg: Heilsgeschehen 22 "Geschichte ist der umfassendste Horizont christlicher Theologie").

179. M.R.betont von Knierim: Offenbarung 224ff. Siehe dazu insgesamt bes. Barr: Revelation 193.198.2ol, Alt u.Neu 61ff.; in seinem Sinn, teils auf ihn Bezug nehmend u.a. Fohrer: Prophetie 268ff., Geschichte 178f., Grundstrukturen 43; Vriezen: Theologie 199.2o8ff.u.ö.; Smend: Elemente 4.36f., Mitte 23, Tradition 49ff.; Seebaß: Hermeneutik 125; E.Jacob: Grundfragen 35f.; H.-P.Müller: Mythos-Tradition 55; Saebø: Name 188f.; Scharbert: Heilsgeschichte 1o77; K.Barth: KD III/1 99; auch Hesse: Pannenberg u.AT 187.191; Davidson 1oo; Kegler 316; Zimmerli: Wahrheit 1o; Reventlow: Problems 8ff.

18o. God 12.

181. Siehe dazu Cullmann: Heil 72.79.117. Er erkennt im Entstehungsprozeß heilsgeschichtlichen Denkens im Alten (7off.) wie im Neuen Testament (8off.) formal den gleichen Dreitakt: 1.nacktes Faktum (des politischen oder persönlichen Lebens), dessen Augenzeuge der Prophet ebenso wie der Nichtglaubende ist; 2. Offenbarung eines göttlichen Plans in und mit diesem Ereignis, in den sich der Prophet im Glauben einreiht; 3.Herstellung eines Zusammenhangs mit früheren heilsgeschichtlichen Ereignissen und dadurch deren Neuinterpretation. Dabei wird an der Priorität (79) und am sachlichen Primat (117f.) der Ereignisse festgehalten, so daß alle Deutungen und Neuinterpretationen Ereignisse zum Gegenstand haben, in denen Gottes Handeln erkennbar wird. Und auch gegen den möglichen Einwand, daß das Wort schon vorhandener heilsgeschichtlicher Darstellung (74f.) das Prius und so Rahmen für eine Neuinterpretation sei, wird fast ausnahmslos die Wechselwirkung zwischen dem Wort überlieferter Heilsgeschichte und dem Gegenwartsereignis, darin aber sogleich wieder die überragende Bedeutung des Ereignisses betont (74ff.). Vom Ereignis neuen göttlichen Worts *vor* historischen Ereignissen wird ebensowenig gesprochen wie von der Nötigung, in seinem Licht die Deutungen der Tradition neu zu interpretieren. Es gibt, wie die Prophetie zeigt, auch Deutungen ohne voraufgegangene historische Ereignisse in Sinn von facta nuda. Für Israel ist das Geschehen ohne das Wort nicht von Interesse, aber es gibt Worte, die die historischen Ereignisse nicht hinter oder neben, sondern vor sich haben und dennoch ein Geschehen sind (zu 118).

182. Besonders betont wird in diesem Zusammenhang die Augenzeugenschaft (Cullmann: Heil 72f.).

183. Zu Einzelbelegen siehe unsere Ausführungen in B/V-VII; vgl. auch Barr: Revelation 197.2o1f., Alt u.Neu 72ff.; Albrektson 12of.; Porteous 28.32f. 69f.; Rowley 4off.57; Wolff: Jahwe u.d.Götter 4o9ff.; Hesse: Buch 141f.; Westermann: Auslegung 25f.; Freedman 146ff.

184. Siehe dazu K.Barth: KD I/2 31ff.93ff.u.ö.; Ratschow: Glaube 75ff.; Zimmerli: Offenbarung 21.28.

185. Siehe Albertz: Schreien 574; deVaux 733f.; Zimmerli: Wahrheit 8ff.

186. Unzutreffend jedoch Rendtorffs Meinung, daß das vom Geschehen isolierte Wort nicht als Offenbarung zu verstehen sei, die stets nur im Geschehen erfolge (Offenbarungsvorstellungen 4o).

187. So m.R.Rendtorff: Geschichte 622f.A5. 635 u.ö.

188. Offenbarungsvorstellungen 21ff., bes.4of., Geschichte 621ff.

189. Offenbarung 15ff.

19o. Knierim: Offenbarung 216ff. hat diese Diskussion kritisch zusammengefaßt.
191. Zwar will auch Pannenberg nicht bestreiten, daß zum geschichtlichen Wirken Gottes das (voraufgehende oder nachfolgende) Wort hinzugehört, aber das primäre, konstitutive Offenbarungsmedium ist doch die Geschichte, die über "bloße Worte" (u.U. gegenüber der geschichtlichen Wirklichkeit sogar defiziente Worte, wie im Blick auf manche prophetischen Zukunftsaussagen festgestellt wird[dazu kritisch m.R.Klein: Hypothese 14f.]) hinausgreift und in jedem Fall den Vorrang vor dem Wort hat (Thesen 112, Nachwort 132f.). In der "Sprache der Tatsachen" (Thesen loo) in ihrem genuinen Geschichtszusammenhang erweist Gott seine Gottheit; zu ihrer Erkenntnis ist das Wort nicht nötig (Thesen 98ff.), "aus den Ereignissen selbst" geht ihre besondere Bedeutung hervor (Weltgeschichte 36o), der Glaube ist primär auf Fakten gegründet. Die hier der Geschichte als universalem Geschehenszusammenhang und primärem Offenbarungsmedium zuerkannte Bedeutung und die (dem entsprechende) Geringschätzung des (prophetischen) Wortes lassen sich weder alt- noch neutestamentlich rechtfertigen.
192. So Zimmerli, zustimmend Hesse: Pannenberg u.AT 186.188ff.; auch Eichrodt: Offenbarung 326ff.; Miskotte: Götter 169; zu Zimmerli kritisch Moltmann: Theologie lo2f.
193. So Rendtorff: Offenbarungsvorstellungen 4o (doch siehe 32), Geschichte 622f.
194. Siehe dazu Knierim: Offenbarung 221ff.; früher ähnlich schon Hesse: Pannenberg u.AT 19of.197f.
195. Faber 82; F.G.Maier 66; siehe auch Süßmann 1379.
196. Siehe R.R.Niebuhr 14o, zum ganzen Problemkreis 81.132.144f. und Moltmann: Exegese 36ff.53ff.; zu den geistesgeschichtlichen Wurzeln auch R.Niebuhr 6off.81ff.
197. Siehe die teils ausführlichen Überblicke von Hager/Scholtz, Koselleck u.a., kürzer für die Zeit seit der Renaissance Anacker/Baumgartner 549ff.
198. In Abwandlung eines Gedankens von Wittram: Zukunft 24 erweist sich der von Hesse verwendete Geschichtsbegriff als eines der "durch viel Glück und Unglück getragenen alten Kleider einer wohlbekannten Vergangenheit, oft genug mit den unverkennbaren Stilmerkmalen des 19. und 18.Jahrhunderts".
199. Siehe Jordan: Schöpfung 14.6o.
2oo. Siehe Koselleck u.a. 674f.
2o1. Siehe kurz zusammengefaßt Altner: Schöpfungsglaube 1ff.
2o2. Zum heutigen Stand der Verhältnisbestimmung von Naturwissenschaft und biblischem Glauben seien beispielsweise die Arbeiten von C.F.vWeizsäcker, P. Jordan, G.Süßmann, dazu Philipp: Absolutheit 244ff. genannt.
2o3. Heisenberg, zit. bei Jordan: Schöpfung 66, Naturwissenschaftler 144 u.ö., Zufall 27.
2o4. Dazu Philipp: Absolutheit 245ff.; Jordan: Schöpfung 15f.63ff.; eine kurze Zusammenfassung der (auch im folgenden berührten) Gedanken von Jordan: Zufall 9-31.
2o5. Ev.Erw.-Katechismus 163 (kursiv).
2o6. Philipp: Absolutheit 244.
2o7. So Jordan: Schöpfung 7of., auch 94; siehe noch Rust 7ff.
2o8. Vgl. dazu Jordan: Schöpfung 91 "... wesentlich durch *historisch einmalige Quantensprünge* beeinflußt"; auch Altner: Grammatik 7off.; Ev.Erw.-Katechismus 168ff.
2o9. Ev.Erw.-Katechismus 17o.
21o. Altner: Grammatik 74.
211. Siehe dazu Jordan: Schöpfung 15f.63f.148f.
212. Siehe dazu Süßmann 1378ff.

213. Es ist ein anschauliches Beispiel solcher Bindung, daß für Bultmann im Rahmen des Natur- und Geschichtsverständnisses des 19.Jahrhunderts nur eine existentiale Interpretation biblischer Texte möglich war, die dann auch folgerichtig Klein: Fragwürdigkeit 1o3 "für die einzig sachgemäße halten" kann, deren Ungenügen sich aber an den alt- und neutestamentlichen Zeugnissen immer wieder erweist. Die unkritische, ja fast gläubige Bindung Bultmanns an die *dogmatischen* Grundaxiome der aufklärerischen Natur- und Geschichtswissenschaft des 19.Jahrhunderts mit ihrem Glauben an die allumfassende lückenlose Kausalität kann im Blick auf die biblischen Zeugnisse nur beklagt werden; sachlich erweisen sich diese Grundaxiome als "in krassem Widerspruch zur modernen Naturwissenschaft" stehend, als "ganz schlicht falsch" (Jordan: Schöpfung 157; in der Sache zustimmend Buchheim 7ff.15ff., siehe auch Beck 21ff.).
214. Zu diesem Prozeß siehe Loen 171ff., dazu die ihm stark verpflichtete (2.3o.62ff., bes. 62 A12o) Arbeit von Beck; kurz auch vWeizsäcker: Tragweite 196f. Dazu die ausführliche und den genannten Prozeß an zahlreichen Beispielen beleuchtende Arbeit von Philipp: Absolutheit.
215. Siehe m.R. Rust 17ff. zum naturalistisch-positivistischen Geschichtsverständnis.
216. Wagner 7o5, siehe auch 7o8.71o im Blick auf die Analogie.
217. Faber 69.
218. Zum Typischen siehe Faber 9off. Mit der Frage nach dem "spezifische(n) Allgemeinen" im Sinn historisch bedingter und beschränkter, weil vom Menschen veränderbarer Ordnungsformen, in die geistiges und geschichtliches Leben in seiner Mannigfaltigkeit einzugliedern ist, hat sich K.Hübner 43ff. befaßt.
219. Siehe Beck 246.265. Auf die Nichtsystematisierbarkeit der Geschichte im Sinn eines "durch Abstraktion von der jeweiligen Einzigkeit gewonnene(n) Zusammenhang(s) sich wiederholender Daten" (27) hat A.Heuß nachdrücklich hingewiesen; diesem Urteil geht die Ablehnung einer totalen Determination des Denkens und Handelns des Menschen durch bestimmte Gesetzmäßigkeiten und Systeme parallel (29ff.34ff.).
22o. M.R.weist Buchheim 7 auf das Verhängnis des an der aufklärerischen Wissenschaft orientierten Geschichtsbegriffs hin, der meint, entscheiden zu können, welche Erfahrungen Menschen machen können.
221. Wittram: Zukunft 2o.
222. Stammler 173f.188.
223. Siehe Faber 79: "Jede kausale Erklärung richtet sich auf die Wirklichkeit, *soweit* sie der Generalisierung zugänglich ist und klassifiziert werden kann, und zwar je nach der Fragestellung des Historikers auf einen bestimmten Ausschnitt dieser Realität".
224. Abschied 5o.
225. Interesse 12ff., Zukunft 19; siehe auch Schieder: Geschichte 51ff.; Beck 261 und Moltmann: Theologie 221f.
226. Faber 65f.; vgl. dazu auch die Ausführungen von Staudinger, bes.42ff.
227. Buchheim 15.
228. Moltmann: Exegese 54, ähnlich Theologie 221; dazu auch Wittram: Interesse 15ff.25ff.31f.69ff.u.ö.; F.G.Maier 665ff.; Wagner 7o3ff.; Rust 7ff.19f.; Schieder: Geschichte 41ff.; Buchheim 15.23ff.; Pannenberg: Kerygma 81, Heilsgeschehen 44ff.5off.; ausführlich und mit Bezug auf die gegenwärtige geschichtswissenschaftliche Diskussion Faber 45ff.66ff.
Von diesen Erkenntnissen aus ist wiederholt der *Rang des Analogieprinzips* in der Definition der historischen Methode durch Troeltsch (731ff.) diskutiert worden (siehe z.B. Pannenberg). Dieses behauptet zwar nicht die

Gleichheit - weil "den Unterschieden alle(r) mögliche(r) Raum" gelassen wird -, wohl aber die "prinzipielle Gleichartigkeit alles historischen Geschehens". Alles Geschehen hat einen "Kern gemeinsamer Gleichartigkeit" und steht so unter der "Allmacht der Analogie", die dadurch eine alles analogisierende Macht und "alles nivellierende Bedeutung" erhält (732f.). Wohl im Bereich der Erscheinungen, nicht aber im Wesen des Geschehens kann es so Neues geben. Fragwürdig ist es nach allem nicht erst theologisch, sondern schon natur- und geschichtswissenschaftlich, "die 'Grenzen' des 'historisch *Möglichen*' vorweg abzustecken" (so m.R. O.Weber: Dogmatik II 117 in kritischer Aufnahme einer These Ebelings; siehe jüngst auch Hengel 1o7f.); denn Geschichte geht nicht in dem verrechenbaren Bestand auf.

229. Wagner 7o8.
23o. Moltmann: Exegese 57 treffend: "Der historisch-positivistische Tatsachenfetischismus begreift, wie die Dinge stehen und liegen, aber nicht, wohin sie gehen".
231. Siehe dazu Moltmann: Exegese 55: "Der Verzicht... auf jede Teleologie würde die Geschichte in unaussprechbare Individualitäten auflösen". Fakten sind nur verstehbar im Zusammenhang und in ihrer Bedeutung für...
232. Dies nicht im Sinn der vom Evangelium geforderten und von ihm bewirkten Entgötterung einer vergötterten Welt, sondern im Sinn einer theoretischen Verbannung Gottes aus der einen, in sich geschlossenen Wirklichkeit.
233. Vgl. dazu Loen 33ff.4of.19of. Zur ethischen Konsequenz der Säkularisierung siehe Jordan: Schöpfung 146, zum Säkularismus als einer christlichen Häresie vWeizsäcker: Tragweite 196f.
234. Abschied 5o.
235. Mit Beck 33 kann man nur erstaunt sein darüber, "wieweit eine reduktive Wirklichkei(t)sbestimmung nach positivistischem Sinnkriterium stillschweigend im theologischen Denken übernommen wird".
236. KD I/2 62ff., siehe auch III/3 23ff., IV/1 16.
237. In hohem Maße aufschlußreich für diese Problematik sind die Fragen Conzelmanns an vRad (113ff.) und dessen Antwort (Antwort 388ff., siehe auch TheolAT II 441ff.); sie konzentrieren sich auf den den biblischen Zeugnissen angemessenen Geschichtsbegriff bzw. auf Recht und Grenze der den allgemeinen Begriff konstituierenden Elemente. Im Geschichtsbegriff sieht auch Frör 119 A42 die eigentliche Differenz in der Auseinandersetzung zwischen Hesse und vRad.
238. Stammler 186, siehe auch Beck 232.
239. Stammler 19o.
24o. Stammler 192, in weiterem Kontext dazu auch Staudinger 47.
241. Siehe dazu insgesamt Loen 164ff.227f.
242. Miskotte: Götter 281, ähnlich wohl auch Philipp: Absolutheit 359f. Im Blick auf die von J übernommenen Traditionen bemerkt North: Interpretation 25: "He baptized the originally Canaanite stories into the Hebrew religion", womit er an Luther erinnert, für den alle unsere Begriffe getauft werden müssen, sollen sie zur Verkündigung taugen. Siehe auch K.G.Steck: Idee 12; sein Einwand einer metabasis eis allo genos (Idee 1of.49f.) und der Ambivalenz des Begriffs (Idee 53.56) betrifft so nicht nur die Rede von der Heilsgeschichte, sondern theologische Begrifflichkeit insgesamt, sofern, anders als für die historische Wissenschaft, Gott ihre fundamentale Bedingung ist und sie nur auf der Basis der biblischen Zeugnisse zu legitimieren ist. Aber beide Einwände erfordern bzw. rechtfertigen nicht (mit der Ablehnung der heilsgeschichtlichen Entwürfe des 19.Jahrhunderts) den Abschied von der Heilsgeschichte insgesamt. Stecks Ablehnung heilsgeschichtlicher Systematik

(Idee 53.56.58) macht ja auch ausdrücklich heilsgeschichtliche *Elemente* (Idee 11.56) nicht unmöglich.

243. Zimmerli: Offenbarung 28, ebenso Gesetz u.Propheten lol, Wahrheit lo, Grundriß 18 im Blick auf das alttestamentliche Verständnis; so ähnlich auch Wright: God 42f.; Eichrodt: Offenbarung 325; Porteous 23.3o.67.7o; Jenni: Time 647f.; Loen 39; O.Weber: Treue Gottes lo9f.; siehe auch Beck 21off. (zur Offenheit der Wirklichkeit auf Gott hin 23off.26off.) und Jaeschkes Protest (145ff.) gegen die Ausstattung der Geschichte mit göttlichen Prädikaten und damit gegen eine Hypostasierung der Geschichte. Moltmann: Exegese 58f. spricht von der Geschichte als dem "Spielraum der Offenbarung".
244. "Alle Geschichte rührt von Gott her und begibt sich für Gott" (L.Köhler 78[gesperrt]). Die Ausführungen von Philipp (Absolutheit 215ff., kürzer auch Geschichte 1483ff.) gehen in dieselbe Richtung, wenn sie Zeit und Geschichte als Raum und Medium der Begegnung des Menschen mit der Wirklichkeit Gottes beschreiben, die der Mensch durch Verabsolutierung einzelner Aspekte oder Erfahrungsmodelle verstellt oder verzerrt.
245. Miskotte: Weg 21.
246. So z.B. K.G.Steck: Idee 5o mit Bezug auf den Begriff der Heilsgeschichte. Hat sich die Theologie also den Allgemeinbegriffen bei der Interpretation der biblischen Zeugnisse zu unterwerfen, wenn sie verpflichtet wird, sich "über den Kurswert ihrer sprachlichen und begrifflichen Valuta an der allgemeinen Börse auszuweisen"?
247. Joest 251.
248. Siehe Iwand 71.
249. Götter 137 (kursiv), siehe auch 153.
25o. Siehe dazu Iwand 243.
251. Philipp: Absolutheit 372.
252. Das ist nicht Ausdruck anmaßender Selbstüberschätzung der Theologie, sondern Ausdruck der Bitte und Erwartung der anderen Wissenschaften, für die das folgende Zitat von C.F.vWeizsäcker repräsentativ sein kann, das einem größeren Zusammenhang entnommen ist, der sich mit Grundfragen des Verhältnisses von Theologie und Naturwissenschaften beschäftigt: "... Die andere theologische Haltung, die dem Physiker nicht hilft, ist die Art des theologischen Denkens, die sich selbst dem wissenschaftlichen Bewußtsein des jeweiligen Augenblicks unterordnet... (W)ie wird sie es vermeiden, die Theologie zu verharmlosen und damit (!) dem Naturwissenschaftler genau das zu verweigern, worum er im Grunde und mit Recht bittet: den nicht zu bewältigenden Widerstand?" (Säkularisierung 262ff., auch Tragweite 47.92). Vgl. ähnlich und nicht nur auf die Naturwissenschaften, sondern auch auf die Geschichtswissenschaft zu beziehen, das Urteil W.Philipps (Absolutheit 252): "Auch im Bereich der Naturerkenntnis vermag nur der biblische Glaube der Forschung dazu zu verhelfen, daß sie zu sich selber kommt. Auch hier ist er *Summe*, *Kritik* und *Erlösung* der kategorialen Perspektiven und strukturellen Betrachtungs-Zwänge" (siehe auch 259.419f.; Süßmann 1379; Beck 3 u.ö.; Rust 71).
253. 228, siehe auch das Geleitwort Miskottes zu Loens Buch (5ff.) und Beck 264ff. u.ö.
254. Fragwürdigkeit 98.
255. Fragwürdigkeit 129.
256. Ebda.
257. Fragwürdigkeit 95.98.
258. Abschied 49ff.
259. Andernfalls wäre die wissenschaftliche Darstellung einer Geschichte Isra-

els gegenstandslos, was sie aber angesichts teils umfangreicher Publikationen offensichtlich nicht ist.

26o. Die Problematik und Gefahren der Erfassung solcher Strukturen, Modelle, Gefüge etc. im Blick auf geschichtliche und geistige Bewegungen können nicht verborgen bleiben (siehe deshalb auch die Reserve Pannenbergs: Einheit 484 gegenüber dem Versuch Kosellecks, geschichtliche Prozesse auf ihre gemeinsamen Strukturen zu hinterfragen); aber nach dem in A/III Gesagten ist die Frage z.B. von Gyllenberg: Rechtfertigung 9.51 berechtigt, ob überhaupt solche Bewegungen verstehbar, darstellbar und tradierbar seien ohne die Erfassung gemeinsamer Strukturen.

261. U.v.a. auch Hesse: Abschied 13.22f. Er spricht im Blick auf das in J dargestellte Geschehen von einer "kontinuierliche(n) Abfolge von nicht nur äußerlich - im Sinne von Ursache und Wirkung -, sondern auch innerlich miteinander zusammenhängenden Ereignissen", einer "innerlich zusammenhängenden Geschehenskette" (Abschied 17f.). Im Blick auf Hesses Geschichtsdefinition (A/II) ist zu fragen, was denn diesen innerlichen Zusammenhang ausmacht. Hesses Antwort, daß Jahwe diesen Zusammenhang bewirke und die Ereignisfolge auf sein Heilsziel hinlenke (Abschied 18), übersteigt seine historistische Bestimmung des Geschichtskontinuums und deren hamartiologische Vertiefung, widerspricht auch der Forderung, solche Kontinuität müsse an jedem Punkt der Geschichte theoretisch nachweisbar sein, und der These (s.o. A/II.1), Gottes Handeln kenne keine Kausalität und Finalität.

262. Ellis, ähnlich Bewer 74.

263. Ob wir diesen wissenschaftlichen Kunstnamen mit dem Namen einer uns aus den biblischen Zeugnissen bekannten Person identifizieren können, z.B. mit Nathan (so jüngst wieder vSoden 238ff.), braucht uns hier nicht zu beschäftigen.

264. Geschichtsschreibung 573f. H.Haag 39 hält ihn für einen "der meisterhaftesten Erzähler der ganzen Weltliteratur", für Scharbert: Prolegomena 62 ist er "ein Mann von hervorragender literarischer und theologischer Bildung, von reicher Lebenserfahrung, guter Beobachtungsgabe und tiefem Glauben".

265. Siehe dazu den Überblick von Diebner 2ff.

266. Theologe 158ff. (Yahwist 2ff.), Problem passim.

267. Stattdessen nur priesterliche Bearbeitung der JE-Tradition (Problem 112ff. 16off.; dem zuneigend Kaiser: Einleitung lo2ff. Dagegen Smend: Entstehung 53f.; W.H.Schmidt: Einführung 93f.; Zenger: Pentateuchforschung 114).

268. Rendtorff: Studies 44 mit Coats: Yahwist 28ff. u.a.

269. Dies wird anerkannt von zahlreichen, mehr oder weniger zustimmenden Rezensionen, vgl. E.Otto, McKane, Langlamet, Zenger, ferner in JSOT 1977, 1ff. Clements, Coats, H.H.Schmid u.a. Zur Annäherung der Standpunkte von H.H. Schmid und R.Rendtorff siehe Rendtorff: Problem 158ff., Studies 44f. und Schmid: Approaches 33 u.ö.

27o. So Rendtorff im Gefolge von Gunkel LXXXIVf.; siehe auch Smend: Entstehung 89f. und Westermann: Genesis II 16ff.

271. Dagegen W.H.Schmidt: Einführung 72ff., Theologe 82ff.; Clements: Rezension 55; Smend: Entstehung 86ff.

272. Dagegen Zenger: Pentateuchforschung lo4ff. (er sieht im vordtn J "das uns erhaltene älteste theologische Geschichtskonstrukt"[lo7]); W.H.Schmidt: Einführung 73ff., Theologe 92ff.lolf.: Entstehungszeit lo.Jahrhundert.

273. Dagegen Zenger: Pentateuchforschung 115; E.Otto 93f.96f.; vanSeters 18; Clements: Rezension 53f.; W.H.Schmidt: Einführung 76ff., Theologe 86ff.

274. Einleitung 89ff.

275. Einleitung 9o.

276. Entstehung 91.

277. Ebda.
278. Theologe 1o1.
279. Einführung 72.
28o. Pentateuchforschung 111.
281. Daß man zur Kennzeichnung der auffallenden Eigenart von J auf die Termini "Geschichte" und "Geschichtstheologie" verzichten sollte, auch wenn diese aus ihrem (untauglichen) vortheologischen Verständnis gelöst und als Chiffre für klar strukturierte Handlungs-, Geschehens- und Intentionsgefüge verwendet werden, erscheint mir nicht so sicher wie etwa Seebaß (Geistige Welt 43f., auch Ermöglichung 591f. A5; siehe ähnliche Reserve bei Jaeschke 15of. und die Warnung von Smend: Mitte 32 vor allzu starrer Begrifflichkeit, vor allem für die vordtn Zeit). Die von ihm freudig aufgenommene Bemerkung L.Baecks, "der Tenach denke die Kategorie der Geschichte in der von Genealogien (Toledoth)" (Geistige Welt 44), wird im folgenden noch präzisiert werden müssen.
Zur Frage, ob J der Vater der israelitischen Geschichtsschreibung sei, siehe differenziert Mowinckel: Historiography 4ff., der, unbeschadet vorangegangener Anregungen, bei J die erste Gesamtdarstellung der Geschichte von den Anfängen in der Schöpfung bis zur Landnahme als Verwirklichung eines göttlichen Plans sieht (8.15); ähnlich Brandon: Religion 168, History 1o7. 121.129 u.ö.; Plöger: Geschichte 1474f.; Schulte 7f.2o3ff. (in den Spuren ihres Lehrers G.Hoelscher J bis mindestens 1Kön 2,46 ausdehnend, u.U. noch Einschluß einiger Salomoüberlieferungen); Halbe 312; Westermann: Genesis 782f., TheolAT 183; W.H.Schmidt: Einführung 72 mit J.Hempel; vgl. auch North: Interpretation 25. Dagegen sieht Noth (Vorwort zu ÜStud; siehe auch Soggin: Geschichtsauslegung 17) im DtrGW den ersten derartigen Versuch.
282. Hempel: Geschichten u.Geschichte 192f., Wurzeln 252f.; Noth: ÜPent 256ff.; vRad: Hexateuch 71ff., Genesis 121ff., TheolAT I 167ff.; Speiser: Genesis XXVII; Muilenburg: Abraham 387ff.; Wolff: Jahwist 351ff.; Zimmerli: Verheißung u.Erfüllung 72f., Abraham 18ff.; Schreiner: Segen 2ff.; Ellis 147ff.; Ruppert: Jahwist 88ff.; O.H.Steck: Genesis 525ff.; Scharbert:Heilsmittler 77ff.; Martin-Achard: Israël 32ff., Actualité 71ff.; Clements: Abraham 15; H.-P.Müller: Ursprünge 52ff.; W.H.Schmidt: Schöpfungsgeschichte 178.227 A1. 228; Berkhof 44f.; Westermann: Genesis II 166ff.; Ruprecht: Tradition 171ff.; dazu die Meditationen von Rohland und Breit.
283. Kilian: Abrahamsüberlieferungen 1off. sieht in v2f. das theologisch-heilsgeschichtliche Programm von J, das in eine vorjahwistische Grundschicht v1.4a.6a.7f. eingestellt wurde und diese im jetzigen Wortlaut überfüllt; ähnlich Zimmerli: Abraham 18f. (v1 Vorlage, v2f. von J bearbeitet), kritisch dazu Westermann: Genesis II 171f. mit Hinweis auf die in 12,1-4a vorliegende Struktur (169), siehe auch Ruprecht: Tradition 171ff. Zenger: Jahwe 47f. will, wenig überzeugend, nur in v1a.2a.3b.4a ursprüngliches J-Gut sehen. Die von Schulte 48 + A2o erwogene dtr Herleitung von v2f. (v1 J) findet in den beiden genannten Begründungen keine Stütze, da man für גדל שם nicht die dtr Bundestheologie bemühen muß, weil offenbar ein bewußter Bezug auf Gen 11,4 (J) vorliegt, und das ברך -Thema doch wohl nicht typisch dtn/dtr ist. Zum traditionsgeschichtlichen Hintergrund von v2f. siehe jetzt Ruprecht: Hintergrund 444ff.
284. Siehe seine Aufnahme an wichtigen Stellen des Werks (Gen 18,18; 22,18; 26,4; 28,14; Ex 2,24; 32,13; 33,1; Num 32,11).
285. Vriezens Urteil (Bemerkungen 384), in Gen 12,1ff. seien alle wesentlichen Motive der alttestamentlichen Theologie in nuce enthalten, ist über J hinaus bedenkenswert. Noch weitergehend H.Haag 4o: J Kristallisationspunkt gesamt-

biblischer Theologie.
286. Siehe dazu Ellis 113ff. und Westermann: Genesis II z.d.St.
287. Siehe dazu insgesamt Wolff: Jahwist 345ff., Heilsgeschichte 83ff.Daß sich unter syntaktischem, kompositorischem und traditionsgeschichtlichem Aspekt v3b als Zielpunkt von Gen 12,1-3 erweist, hat Wolff: Jahwist 351ff. im einzelnen gezeigt.
288. Siehe dazu Keller(/Wehmeier) 362.366; Scharbert: Segnen 825ff.829ff. 837; Schreiner: Segen 3. ברך auf Grund von Gen 39,5 auf die reiche Fruchtbarkeit zu beschränken, wie es L.Schmidt: Überlegungen 245 vorschlägt, wird weder der Josephserzählung noch Gen 26,26ff. (von Schmidt unmittelbar vor Gen 39,5 behandelt [244]) noch der programmatischen Bedeutung des fünfmaligen ברך in 12,1-3 (auf dem Hintergrund der J-Urgeschichte!) gerecht. Fruchtbarkeit war Gottes Gabe schon zuvor, wie etwa die Völkertafel Gen 1o (JP) zeigt.
289. Keller (/Wehmeier) 363, siehe auch 368 und Scharbert: Segnen 836.
29o. Siehe dazu Helfmeyer 211.221f.
291. Gen 12,1-3.7; 13,14-17; 18,18; 26,2-3a; 28,13-15; 45,7; 48,21; 49,8-12; Ex 3,8; Num 24,7.17f.
292. Gen 12,1o-2o; 16,1ff.*; 18,9-15; 27; 29,31; 32; 37,4.8.11; 39; 42,29-38; 43f.; Ex 1f.; 5-11; 14; Num 13f.; 16; 2o,14-21; 22-24 (siehe dazu Ellis 136ff.).
293. Ellis 154.
294. Siehe dazu die Beiträge von Alt, Wolff, vRad, Ellis, Zimmerli, wiederholt und betont auch Hesse: Abschied 18f.31.37f.
295. Hesse: Abschied 19.
296. Ellis 158; ähnlich auch u.a. Bewer 74; Mowinckel: Historiography 15; Zimmerli: Verheißung u.Erfüllung 75; Barr: Alt u.Neu 148ff.; Elliger: Geschichte 2o3; vRad: Genesis 122f., TheolAT II 111; Ruppert: Jahwist 91ff.; Schreiner: Führung 3.12 (mit Ott 188).
297. Siehe insgesamt Ellis 158ff.
298. Wolff: Heilsgeschichte 86f.
299. Elliger: Geschichte 2o3.
3oo. Vorländer 184ff. nimmt jetzt an, dieser Typ sei eine Sonderform des gemeinorientalischen Typs des persönlichen Schutzgottes.
3o1. Schnackenburg: Heilsgeschichte 148 sieht infolge der fundamentalen Bedeutung des Exodus in der alttestamentlichen Tradition die Mosezeit als Quellort heilsgeschichtlichen Denkens an. Aber das muß keine strenge Alternative sein, ohne daß wir hier auf die schwierigen Fragen nach dem Verhältnis von Patriarchen- und Exodustradition als zweier Erwählungstraditionen und dem Verhältnis von Vätergott- und Jahweverehrung eingehen können.
3o2. Vgl. dazu die Forschungsberichte von Weidmann; Scharbert: Patriarchentradition 2ff.; Ruprecht: Religion 2ff.; Westermann: Gen 12-5o 97ff., Genesis II 116ff.; dazu die zusammenfassende Darstellung von Preuß: Jahweglaube 1o9ff.
3o3. Zum Urbestand der Verheißungen siehe Westermann: Arten 11ff., Gen 12-5o 114ff., Genesis II 143f. u.ö. und außer den dort genannten Autoren noch Ruppert: Jahwist 91ff. und Schreiner: Segen 8.29f.
3o4. In ähnlicher Weise, freilich unter weitgehender Vernachlässigung der überlieferungsgeschichtlichen Prozesse der Pentateuchüberlieferung, verbindet Speiser (Idea 211ff., siehe auch Genesis LIf.LVII) das alttestamentliche Geschichtsverständnis mit der Gestalt Abrahams: "Patriarchal traditions... reflected and illuminated the divine plan for an enduring way of life, an ideal not envisioned by other societies" (Idea 214).
3o5. "Die Geschichte bekommt ein Gefälle auf noch Ausstehendes hin" (Zimmerli:

Verheißung u.Erfüllung 77), sie wird erfahren als "Losreißung von Bisherigem, Ausschau nach Künftigem, Weg zu einem Ziele" (Maag: Hirte 22).

306. Zur historischen Aktualität des Schemas Verheißung-Erfüllung siehe u.a. Porteous 60; Guthrie 33f.; Maag: Malkût 140f., Hirte 9ff.; Zimmerli: Verheißung u.Erfüllung 70; Brueggemann: Yahwist 973. Zum mündlichen und möglicherweise auch schon schriftlichen Überlieferungsprozeß vor J siehe grundlegend Noth: ÜPent und die sich daran anschließende Diskussion (dazu die neueren Einleitungen in das AT von Fohrer, Kaiser, Smend und W.H.Schmidt).
Jaeschke 130-133 möchte die Verheißung als zukunftseröffnendes Motiv offenbar auf die vorgeschichtlichen Familienerzählungen der Genesis beschränken;denn in *Alternative* zu dieser Verwendung werde die Verheißung z.B. von J nur zur Interpretation der Vergangenheit, also in der Retrospektive verwandt, wie der Ausbau der Väter- und der Vorbau der Urgeschichte zeigen, zum Zweck der Legitimation und Vergewisserung (für Kegler 320 ist diese Abzweckung offenbar die für das Entstehen heilsgeschichtlichen Denkens maßgebende) der gegenwärtigen, unüberbietbaren Erfüllungssituation, in der Israel lebt. Jede neue Verheißung wäre deshalb sinnlos; es kann nurmehr Abfall vom Heil und Restitution des zerstörten Heilszustandes geben. Die Dimension der Zukunft ist als Dimension der Vergangenheit verwendet, Zukunft so stets nur vergangene Zukunft.
Abgesehen vom Recht seiner Heilsgeschichtsdefinition und der These von der exklusiv anaklitischen Struktur der Geschichte (s.u.Anm.621.899) ist auch die von Jaeschke formulierte Alternative fragwürdig; denn retrospektives Vergewisserungselement kann die Verheißung nur sein, wenn sie breiter, lebendiger Erfahrung entstammt; daß letzteres der Fall war, zeigt z.B. auch die prophetische Verkündigung. Das Schema Verheißung-Erfüllung kann (wie etwa Zimmerli: Verheißung u.Erfüllung 69ff. ausgeführt hat) nicht auf eine, zudem sehr begrenzte geschichtliche Situation fixiert werden, sondern bestimmt Israels gesamten Weg hinsichtlich seiner spezifischen Erfahrungen und der Art seiner Daseinsvergewisserung; das hat an verschiedenen Einzelthemen und Traditionskomplexen bes. H.D.Preuß: Jahweglaube, trotz gelegentlicher Einseitigkeiten, zutreffend nachgewiesen.

307. Schreiner: Führung 2ff.; Preuß: Jahweglaube 111ff., Verkündigung 79.

308. Buber 7f., dazu 51f.; ähnlich Maag: Hirte 10f.(bei aller berechtigten Kritik, die Jaeschke 137ff. an Maags Ausführungen geübt hat, wird man die Begründung der Eigenart alttestamentlichen Zeit- und Geschichtsverständnisses *auch* im Vätergottglauben nicht bestreiten können); allgemeiner auch Herrmann: Wort 661; W.H.Schmidt: Einführung 80, Theologe 10lf. und der Titel des von Gunneweg u.a. besorgten Bandes alttestamentlicher Predigten "Der Gott, der mitgeht".

309. M.R.betont Scharbert: Prolegomena 61 diese kompositorische Funktion des Themas "Sünde" als Hintergrund für die Darstellung von Jahwes Gnadenhandeln.

310. Siehe dazu Gunneweg: Schuld 11ff.; O.H.Steck: Genesis 546.

311. vRad: TheolAT I 167 spricht im Blick auf die J-Urgeschichte von der "große(n) Hamartiologie"; m.R. und für den Aufweis theologischer Strukturanalogien hilfreich hat Gunneweg auf die hinsichtlich Fundamentalität und Ausweglosigkeit der Schuldsituation vergleichbaren Abschnitte Gen 2-11 (J) und Röm 1,18-3,20 aufmerksam gemacht. Ob beide allerdings "literarisch und sonst gänzlich voneinander unabhängige Zeugnisse" sind (Schuld 12), ist fraglich.

312. Auf die enge sachliche Zusammengehörigkeit von Gen 2f. und 4,1-16 ist wiederholt hingewiesen worden (siehe u.a. Westermann: Genesis 388ff., Gen 1-11 51ff., Predigt 12f. und Kaisers Kommentar: "Wer die Brüderlichkeit des Nächsten verkennt, verkennt Gott. Wer Gott verkennt, wird in der Folge den Bru-

der verkennen" [Gegenwartsbedeutung 34]).

313. Zur breit gefächerten Diskussion vgl. u.a. Philipp: Absolutheit 79ff.; Jolles 96ff.; Eliade 463ff.; Heiler 283ff. (beide Letztgenannten mit viel Literatur); Frankfort: Frühlicht 9ff.; Westermann: Gen 1-11 7ff.; McKenzie 61ff.

314. Gunkel 49; jüngst wieder Gunneweg: Schuld 2 "Fundamentalauslegung menschlicher Existenz".

315. Vgl. dazu Westermann: Arten 47ff., Genesis 66ff.; Ellis 139.162ff.185; Muilenburg: Abraham 389; auch vRad: Genesis 116ff.

316. Fünfmalige Verfluchung (s.u.Anm.356), dazu außer den Kommentaren z.d.St. W.H.Schmidt: Schöpfungsgeschichte 214ff.

317. Hier haben wir es nicht mit "ein(em) Wendepunkt in der Heilsgeschichte" (Junker: Aufbau 71; unklar auch Schreiner: Berufung 97), sondern - in Erkenntnis der mythisch-typisierenden Tendenz der Urgeschichte - recht eigentlich mit ihrem Ausgangspunkt zu tun.

318. Zur detaillierten und im Ergebnis m.R. ablehnenden Auseinandersetzung mit der These von Rendtorff (Urgeschichte 69ff.; so auch Zenger: Jahwe 49 A2o), 8,21f. beschließe die J-Urgeschichte, und der an Rendtorff anknüpfenden von Koch (Hebräer 72), 9,18-27 markierten den Einsatz der Heilsgeschichte, siehe O.H.Steck: Genesis 527ff. (zustimmend Scharbert: Universae cognationes lo A24; Westermann: Genesis 6o9ff.; auch W.H.Schmidt: Einführung 79).

319. Wolff: Jahwist 361.

32o. Scharbert: Prolegomena 7of.74f.

321. Begründung: des Menschen Streben nach Autonomie (Gen 2,9.17; 3,5.22), die Gott als Gott entmachten möchte (so die Interpretation der Formel "Gutes und Böses" durch Stoebe: Gut u.Böse 196.2o1, Bezug 471f.; Clark 277f.; O.H.Steck: Genesis 544.551; Gunneweg: Schuld 8; vRad: Genesis 63; zur Auslegung[sgeschichte] ausführlich Westermann: Genesis 328ff.).

322. Siehe die aufeinander bezogenen (so m.R.vRad: Genesis 91f.; Ellis 142f. 171.2o7f. u.ö.; Rendtorff: Urgeschichte 69f.74; Westermann: Genesis 6o9), von J frei formulierten (wie 12,1-3; 18,16-22a[22b-33a hat, anders als noch vRad: Genesis 169, L.Schmidt: De Deo 131ff. als Zusatz aus nachexilischer Zeit zu erweisen gesucht; so jüngst auch Zimmerli: Abraham 84 und Westermann: Genesis II 146.346ff.491f. Siehe zu solcher Spätdatierung auch schon Gunkel 2o3ff. im Gefolge von Wellhausen]; 32,1o-13) und darum mit großer programmatischer Bedeutung versehenen, Gen 3 sachlich aufnehmenden Texte 6,5-8 und 8,21f. Ob man hier differenzieren darf wie Seebaß (Anthropologie 49 A42): Urteil nicht mehr primär individuell-ethisch, sondern die Gesamtheit betreffend, ist im Blick auf den Charakter der Urgeschichte zweifelhaft. Im Gegensatz dazu bezweifelt L.Schmidt: Segen 143 die allgemein-anthropologische Ausrichtung dieser Texte.

323. Siehe die Gen-Belege bei Ellis 136ff.; außer den Kommentaren z.d.St. auch Henry: Jahwist 1off.; Zimmerli: Grundriß 154f.; Hempel: Geschichten u.Geschichte 192f. Zur ausführlichen Form-, Inhalts- und Kontextanalyse der offenbar traditionsgeschichtlich sekundär in die Überlieferung von Jahwes Führung durch die Wüste (positives Bild!) eingebauten, inhaltlich selbständigen "Rebellion"-Texte siehe nach Vorarbeiten von vRad und Noth die Untersuchung von Coats: Rebellion (Zusammenfassung 249ff.) und neuestens Crüsemann 17off. (mit politischer Interpretation des Motivs auf dem Hintergrund des Reiches Davids/Salomos).

324. Siehe zu solcher Verschärfung der Sünde Hempel: Geschichten u.Geschichte 197.

325. Siehe zur Repräsentanz Jeremias für die klassische Prophetie Eichrodt:Theol AT I 251ff.

326. Jeremia redet wiederholt von der שְׁרִירוּת לֵב , vgl. dazu Anm.498.

327. Jer 24,7; 31,31-34; 32,37-42a (sekundär: Rudolph: Jeremia 215; Weiser: Jeremia II 3oo u.a.).
328. Siehe im Gegenteil die Unfruchtbarkeit Saras, Rebekkas und Rahels (Gen 11, 3o; 15,2ff.; 17,17; 18,11f.; 25,21; 29,31; 3o,1f.) und die Begründung der Erwählung in Dtn 7,6ff.
329. Vgl. die *von J selbst formulierte* Passage Gen 32,1o-13 (so mit Stoebe: Gut u.Böse 2o2, Bezug 47o, Güte 612; Elliger: Jakobskampf 159f.; vRad: Genesis 258; Seebaß: Erzvater 23; für H.Schulte sind 32,1off. und 28, 13-16 "plumpe theologische Einschübe" und darum nicht von J, sondern später[58 + A42]); zu den Leitworten חסד und אמת in der Gen von J noch 19, 19; 24,12.14.27, dazu Ex 32,1off.; Num 14,11ff. (vgl. Ez 2o).
33o. Abschied 27 (demgegenüber 13!). Er meint im Blick auf J nur gebrochen von Heilsgeschichte sprechen zu können, weil "Objekt" des Heilshandelns Jahwes der sündige Mensch und so Gottes Vergeltung ein wesentliches Element der Heilsgeschichte, Heil im Vollsinn Gabe der Zukunft, in der Gegenwart nur in Gestalt des Verheißungsgutes da sei (Abschied 19f., anders 22!). Nun gehört aber J zufolge der sündige Mensch und damit auch Gottes Vergeltung *konstitutiv* zur Definition von Heilsgeschichte hinzu (siehe dazu Cullmann: Heil 239.242), eine Heilsgeschichte im Vollsinn Hesses wäre identisch mit ihrem Ende. Auch hier geht Hesse mehr vom vorwegdefinierten Begriff als von den biblischen Zeugnissen aus.
331. Siehe dazu die von H.W.Robinson nach früheren Arbeiten bes.Conception 49ff. in die alttestamentliche Diskussion eingebrachte Kategorie der "corporate personality".
332. Wenn auch, wie z.B. Hempel: Geschichten u.Geschichte 197 richtig sieht, der Befehl an Abraham in Gen 12,1 nicht kausal, sondern final erklärt wird, kann man seine causa aus dem Gesamtduktus der Ur- und Vätergeschichte erschließen.
333. Siehe schon Gen 6,8: Gottes חן Grund für die Annahme Noahs (vgl. dazu Freedman/Lundbom: ḥānan 26ff.); möglicherweise ist im Licht von Ex 33,19b auch Gen 4,4 so zu interpretieren.
334. Zum Thema "Segen und Erwählung" siehe Helfmeyer 2o8ff.
335. Zum historischen Ursprungsort der alttestamentlichen Erwählungsvorstellung jüngst Rendtorff: Erwählung 11 (mit Zimmerli: Grundriß 35; siehe auch Köhler 67): In der kritischen Begegnung mit der kanaanäischen Religion, die in die "Spannung zwischen dem neuentstandenen universalistischen Gottesbild" und "dem Festhalten an der Überzeugung, daß Jahwe in einem besonderen, einmaligen Verhältnis zu Israel steht", führte, ist die Voraussetzung des Erwählungsglaubens gegeben (siehe Dtn 7,6ff.; 1o,14f.). Fraglich ist, ob diese Voraussetzung nicht früher als z.Zt. des Deuteronomiums gegeben war und wo die Wurzeln solchen Glaubens sind. Auch ohne den term.techn. בחר bezeugt J diese Erwählungsvorstellung deutlich.
336. Siehe dazu Dtn 4,2o.37; 7,13 (ברך zwischen אהב und הרבה); 8,17f.; 9,4-6. 26.29; 1o,14f.; 14,2; 23,6 und vor allem den locus classicus der dtn/dtr Erwählungstheologie 7,6-8 (mitsamt den Interpretamenten עם קדוש/ סגלה/ נחלה [vgl. Vriezen: Erwählung 62ff.],die auf Jahwes Initiative verweisen); vgl. zum ganzen Komplex zuletzt Jenni: Lieben 6off.; Wildberger: Erwählen 275ff.; Seebaß: Erwählen 593ff. und die dort reichlich genannte Literatur!
337. Siehe Anm.335; m.R. auch Vriezen: Erwählung 9o.96; Preuß: Jahweglaube 45f.; Ellis 152ff.; Wildberger: Erwählen 283f.; auch Seebaß: Erwählen 6o3. Unzutreffend ist Vriezens Behauptung (Erwählung 36), daß nur בחר die volle Bedeutung des Erwählungsglaubens wiedergebe. Erstens ist der Bedeutungsgehalt dieses Terminus durchaus nicht einheitlich (vgl. etwa seine Verwendung mit-

samt dem umgebenden Wortfeld bei DtrJes und im Dtn), und zweitens sind die Sachkomponenten dieses Terminus auch da deutlich vorhanden, wo er selbst fehlt (siehe z.B. Hos und Jer, aber auch J); zur in diese Richtung gehenden Kritik an Vriezen siehe auch Altmann 1 A3. 3f.

338. Siehe dazu Vriezen: Erwählung 36ff.76ff.; Lindblom: Prophecy 326ff. (Zusammenfassung der Grundgedanken des Erwählungsglaubens 331f.); auch Preuß: Jahweglaube 46. Manche in diesem Zusammenhang und im Blick auf die unterschiedliche Terminologie versuchten Differenzierungen (z.B.bei Fohrer: Prophetie 275f.) erscheinen künstlich.

339. Siehe Stoebe: Güte 6ooff.; Zobel 48ff.; Jepsen: Fest 333ff.341ff.; Wildberger: Fest 196ff.

34o. Wildberger: Fest 196.198f.2o4; Stoebe: Güte 6o1f.616, Erbarmen 761ff.; Jepsen: Fest 337ff.; Zobel 53ff.61ff.

341. Zobel faßt die konstitutiven Elemente von חסד zusammen: Tat, Gemeinschaftscharakter, Beständigkeit (56f.69f.).

342. Schottroff 513ff.

343. Ellis 176 A43.

344. Siehe Stoebe: Güte 611ff.; Zobel 63f.

345. Davor warnen m.R. Keel/Küchler 28; Crüsemann 168ff.

346. Siehe dazu u.a. vRad: Hexateuch 75ff., Genesis 14f.; Guthrie 26ff.; Clements: Abraham 16.34.58f.; Henry: Jahwist 15ff., Phänomene 145; Wolff: Jahwist 348f. 356.369f., Heilsgeschichte 79; Ellis 4off.51ff.189ff.; H.-P.Müller: Ursprünge 51f.+A1o2; Halbe 311f.; O.H.Steck: Genesis 553f.; L.Schmidt: Segen 143ff., Überlegungen 24off.; Crüsemann 167ff.; W.H.Schmidt: Einführung 73f., Theologe 92ff.; Ruprecht: Tradition 184f., Hintergrund 46off. Zu einer davon abweichenden neueren Auffassung s.o.S.48f.
Sehr hypothetisch sind die Spezifikationen von vSoden (im Rahmen der Urgeschichte Warnung Salomos vor dem Einfluß seiner ägyptischen Frau [1Kön 3,1; 7,8; 9,16.24] und einer maßlosen Bautätigkeit), Richter 96ff. (Ursprünge von J in der Jerusalemer Hoftheologie; die Motive Garten, Schlange, Keruben, dazu die geographisch-ethnologischen Listen in der Urgeschichte von J werden auf direkte Inaugenscheinnahme und Anregungen von Tempel und Palast in Jerusalem zurückgeführt!) und Brueggemann: David 156ff., siehe auch Yahwist 973f. (Er möchte durch den Aufweis elementarer kompositorischer, struktureller und theologischer Beziehungen der J-Urgeschichte zur etwa gleichzeitig entstandenen Thronfolgegeschichte 2Sam 9-2o; 1Kön 1f. nachweisen, daß letztere Schema und Material für die erstere geliefert hat. Dem dient ein Vergleich von vier,jeweils parallelen Texten beider Komplexe: I Gen 3 - 2Sam 11f.; II Gen 4 - 2Sam 13; III Gen 6-8 - 2Sam 15-2o; IV Gen 11 - 1Kön 1f.[David 16o-175]. Zu kritisieren sind der Schematismus des Vergleichs und die *ein*seitige Herleitung des J-Konzepts; zudem relativiert Brueggemann seine Entsprechungen wiederholt [162.164.167] und hält Teil III m.R. für das schwächste Glied seines Vergleichs [171f.A6o]).

347. Dazu bes. Crüsemann 175ff. und Weimar/Zenger 93f., auch W.H.Schmidt: Theologe 95f.

348. Segen 135ff., zusammengefaßt Überlegungen 241.244f. (gegen entgegengesetzte Tendenzen bei Wolff: Jahwist 352ff.), zustimmend Zenger: Jahwe 55f., ähnlich Zimmerli: Abraham 19f.

349. Segen 145f., Überlegungen 24off.; siehe auch Jaeschke 134f. +A157. 142 + A199 sowie Albrektson (s.u.Anm.357).

35o. Zutreffend erscheint diese These, soweit sie Gen-Texte mit Segens*terminologie* betrifft (26,26ff.; 3o,27.3o; 39,5); sie ist jedoch fragwürdig bei 13, 7ff., unzutreffend für Ex 12,32. Gen 18,23ff. ist unberücksichtigt, weil nach Schmidts Auffassung (s.o.Anm.322) nachexilischer Zusatz.

351. 13ff.; jüngst McCarthy: Treaty 262f. u.ö. zustimmend.
352. Ellis 2o3 möchte Ex 34,11ff. *auch* auf den König Israels (mit Blick auf die Zeit Davids und Salomos) beziehen; zu dessen Funktion im Heilsplan Jahwes für die Völker siehe 189ff.
353. Ähnlichen Nachdruck auf den Gehorsam Israels als Aufgabe des erwählten Volkes und damit als Voraussetzung für die rechte Erfüllung seines Auftrags als Segensmittler legen Alt: Deutung 133; Vriezen: Erwählung 32. 41f.71 A1. 1o9; Mildenberger 55f.59f.62.69.76.121f.; Schreiner: Berufung 98.1o1; Martin-Achard: Israël 34f.; Brueggemann:Yahwist 974; Scharbert: Universae cognationes 1off.; auch Seebaß: Anthropologie 47f.; Preuß: Jahweglaube 82.117f.; Crüsemann 17off.
354. 3o2ff. Das Sinaithema bekäme so einen bedeutungsvolleren Rang als etwa bei Wolff: Jahwist 367f.
355. Mit Käsemann: Rechtfertigung 122.
356. Fünfmal Wurzel ברך , die in der J-Urgeschichte fehlt (stattdessen dort fünfmal Wurzel ארר 3,14.17; 4,11; 5,29; 9,25, dazu קלל 8,21 als negativer Hinweis auf 12,3). Zur Übersetzung von ונברכו בך in 12,3b siehe die Erwägungen von Schreiner: Segen 6f.; Wolff: Jahwist 352 A31; Albrektson 78ff.; Zenger: Jahwe 5of.; Vriezen: Bemerkungen 386ff.; Keller(/Wehmeier) 364; Scharbert: Solidarität 142.173.175f., Heilsmittler 77ff., Universae cognationes 4ff. (8 A21 mit leichter Korrektur seiner Auffassung Segnen 828f.); Junker: Segen 553; Westermann: Genesis II 175f. Dazu und zur Interpretation des v1 (Imperativ) und v2f. (Verheißung) verbindenden ו (konsekutiv oder final?) auch H.-P.Müller: Ursprünge 53 A1o5, Imperativ 559ff. und O.H.Steck: Genesis 54o A41. In der Sache indes ist der Streit um (einander nicht ausschließende) reflexive, mediale oder passivische Deutung des Nifal (auch noch Gen 18,18; 28,14; Hitpael 22,18; 26,4, dazu noch Dtn 29,18; Jes 65,16; Jer 4,2; Ps 72,17; Pual Dtn 33,13; 2Sam 7,29; Ps 37,22 u.ö.) belanglos, da das Gemeinte schon in v3a klar ist (mit Scharbert; siehe auch Altmann 1o A6; Ruprecht: Tradition 182f. hält die schwebende Formulierung für Absicht des J).
357. Diese universale Tendenz wird zudem unterstrichen durch den Stammbaum in Gen 1o (JP), der das Produkt langer Reflexion ist und in Umfang und Tendenz ein im ganzen Alten Orient einzigartiges Gebilde darstellt (vgl. Westermann: Genesis 665ff., bes.7o4ff., Gen 1-11 66f.; Speiser: Genesis 71; Herrmann: Geschichte Israels 63ff.). Dem wird das Urteil Weisers (Religion 71f.) nicht gerecht, demzufolge das Interesse des Autors hier geographisch und historisch bestimmt, aber vom Gottesbegriff her unbewältigt geblieben sei. Vielmehr ist auch hier, wie Weiser kurz darauf im Blick auf die ganze Urgeschichte sagt, das Interesse an der folgenden Heilsgeschichte spürbar.
Der Stammbaum zeigt die Ausdehnung der בני אדם über die ganze Erde und in der Breite ihrer Völker als das Endprodukt der durch die Tiefe der Zeiten gehenden Generationen, wobei nicht nur, wie es die Tendenz des nomadischen Genealogiedenkens ist (siehe Scharbert: Solidarität 76ff.263), verwandte, sondern *alle* Völker in einem großen Stammbaum zusammengestellt werden.Diese ganze Menschheit steht unter dem Fluch, der Segensbedürftigkeit und kraft der Erwählung des Abraham auch unter der Segensverheißung.
Albrektson 77ff. gesteht zwar zu, daß im Blick auf die Geschichte Israels bis zur Abfassungszeit des J von einer Art göttlichen Plans gesprochen werden könne, der sich in der Erfüllung der göttlichen Verheißung verwirkliche. Aber er bestreitet (mit Gunkel gegen Noth, vRad, Zimmerli, Wolff, Schreiner, O.H.Steck u.a.), daß darüber hinaus von einer die *ganze Geschichte* umgreifenden, die Zukunft mit einschließenden Perspektive gesprochen werden könne. Dabei mißachtet er aber vor allem die Stellung von 12,1-3 am Übergang von

der Ur- zur Vätergeschichte und die von daher v3 zukommende programmatische Bedeutung, die hier ein (an sich mögliches) Verständnis von ונברכו בך v3b im Sinn von Gen 48,2o (siehe auch Jer 4,2; Ps 72,17; negativ Jer 26,6; 29,21f.; Ps 83,1o) als unzureichend erscheinen läßt (ähnlich Junker: Segen 553; E.Jacob: Abraham 15of.; Zimmerli: Abraham 21 A4). Der universale Aspekt, den Albrektson für überraschend hält, wird durch die mythisch-typisierende Grundstruktur der Urgeschichte hinreichend begründet. Es ist darum zu kurz gedacht, mit Gunkel nur die vergangene Geschichte unter dem göttlichen Plan stehend zu sehen.

358. Dazu Hempel: AT u.Geschichte 13.

359. Ellis 2o5ff.; vRad: Genesis 116ff. u.ö.; Wolff: Jahwist 359f.; Eichrodt: Offenbarung 324; Westermann: Genesis 788.798ff., Genesis II 176.184; Zobel 63f.68.7o. Hier verbinden sich Erwählungsglaube und Universalismus in einer sachlich-theologisch differenzierten Weise (siehe Altmann 9ff.), wie sie erst wieder bei DtrJes auftritt. Ob man dieses universalistische Konzept in seiner Genese hinter die Zeit des J zurückverfolgen und möglicherweise als Aktualisierung eines bereits mit Abraham latent verbundenen Universalismus verstehen kann (so E.Jacob: Abraham 151f. mit Verweis auf Gen 14,22), kann hier nicht diskutiert werden.

36o. Mit Schreiner: Segen 3o; siehe auch Rowley 182f.

361. Mit vRad: Hexateuch 73, Genesis 1o.117f.; zustimmend O.H.Steck: Genesis 554; siehe auch Muilenburg: Time 242, Abraham 39o; Köhler 71; zurückhaltender Brandon: History 126.

362. Unverständlicherweise leugnet Koselleck: Geschichte 217 diesen universalen Aspekt innerhalb des Alten Testaments; m.R. daher der Widerspruch Pannenbergs (Einheit 482).

363. Wenn Reventlow: Heil Israels 13o im Blick auf Gen 12,1-3 minimalisierend von "gewissen universalistischen Ausblicken" spricht, wird das den Dimensionen des J-Konzepts schwerlich gerecht. Fraglich erscheint auch, ob gelegentlich genannte Exempel friedlichen und gedeihlichen (Zusammen-)Lebens (z.B. Gen 26,26ff.; 3o,27.3o; 39,2ff.) den mit der Segensverheißung auf dem Hintergrund der Urgeschichte abgesteckten Rahmen auszufüllen vermögen, ob sie nicht nur kleine Zeichen solchen Segens sein können.

364. Siehe die urgeschichtlichen Genealogien, den Übergang von der Ur- zur Vätergeschichte und die innerhalb der Vätergeschichte getroffene Auswahl in der Nachkommenschaft Abrahams.

365. So (außer den in Anm.357 Genannten) u.a. Guthrie 38.148f.; Halbe 311f.; Preuß: Jahweglaube 134; Zenger: Jahwe 53; H.-P.Müller: Ursprünge 54f.; (Krecher/)Müller 37 (mit Sauter 2o2 und Mildenberger 76f.).

366. Siehe auch Cullmann: Heil 142.

367. Keel/Küchler 26f.

368. Wolff: Heilsgeschichte 83; auch Martin-Achard: Israël 34. Weippert greift darum im Blick auf die Konzeption von J zu kurz, wenn er die J- (und E-) Geschichtsschreibung als "große Ätiologie des israelitischen Kulturlandbesitzes" charakterisiert (428 gesperrt).

369. Wolff: Heilsgeschichte 82f., Geschichtsverständnis 33o; Cullmann: Heil 14off.; Wright: Faith 351ff.; Kaiser: Einleitung 91; K.Barth: KD III/1 63f. (Heilsgeschichte die eigentliche Geschichte, darum keine andere Geschichte ihr gegenüber selbständiges Thema, weshalb es auch "keine im Ernst so zu nennende Profangeschichte [gibt]" -KD III/3 2o8 -. Israels Geschichte ist in Erwählung, Verwerfung, Aufdeckung und Vergebung von Schuld, Wohltaten und Gericht exemplum und Modell für Gottes Geschichte mit der Menschheit, Schlüssel zu ihrem Verständnis [KD IV/3 6of.69]; ähnlich kann die Geschichte der christlichen Gemeinde als zentrale Geschichte beschrieben

werden [KD IV/2 373, auch 914 und III/3 42]); ähnlich Miskotte: Götter 154.281f.; Ruppert: Jahwist 89; Elliger: Geschichte 2o2; Alt: Deutung 132f.; Guthrie 36f.; Gloege: Sinn 33.38; J.Blank 12o. Die sich hier zwangsläufig einstellende Frage, "ob Weltgeschichte ohne Heilsgeschichte überhaupt verstehbar wird" (Wolff: Heilsgeschichte 87), erhält durch J eine eindeutig negative Beantwortung.

37o. Zimmerli: AT i.d.Verkündigung 68.

371. So Hesse: Abschied 23.

372. vanLeeuwen 69. Dieser universale Horizont muß in der Diskussion über Heilsgeschichte auch im Blick auf die paulinische Theologie beachtet werden, wo sich ein analoges Problem- und Kontroversfeld bei der Interpretation von "Gerechtigkeit Gottes" ergibt (vgl. dazu Dantine, bes.68-75. 84-1oo; zu den Arbeiten Käsemanns und seiner Schüler Klein: Gottes Gerechtigkeit 225ff., außerdem den Überblick Stuhlmachers[4off.]). Ist dieser Terminus im Horizont der Schöpfung (Schlatter 36.3oof.u.ö.), des Bundes als des inneren Grundes der Schöpfung (K.Barth: KD III/1, §41), des Rechtsstreits des Schöpfers mit seiner Schöpfung (Käsemann: Gottesgerechtigkeit 188ff., Römer 86 u.ö.) oder gar der Gottheit Gottes (vgl. K.Barth: KD IV/3 §61 in seinem ganz bezeichnenden Gefälle: theologischer Aspekt [Gottes Recht und Selbstrechtfertigung]- christologisch-soteriologischer Aspekt [Rechtfertigung des Menschen durch Jesus Christus]- kerygmatischer Aspekt[des Menschen Urteils- und Freispruch]- anthropologischer Aspekt [Spannung des simul iustus et peccator mit Tendenz zur Auflösung im solus iustus]) angemessen zu erfassen?

373. Siehe Anm.346. Inwieweit das Urteil Moltmanns (Theologie 212) auch für J zutrifft, daß Ausgangspunkt für den "Sinn für Geschichte, das Interesse an Geschichte und die Notwendigkeit, Geschichte zu verstehen" immer Krisenzeiten sind, wir also für J eine solche anzunehmen hätten, bleibe dahingestellt. Für die Schriftprophetie und das DtrGW legt sich dieses Urteil nahe, für die Ursprünge des israelitischen Geschichtsbewußtseins, soweit sie im Vätergottglauben liegen, kann man seine Richtigkeit vermuten. Nur reicht das alles nicht zur Erklärung der Besonderheiten des alttestamentlichen Geschichtsverständnisses und der darin begründeten Geschichtsschreibung aus; denn ähnliche Religionsstrukturen und mancherlei Krisensituationen hat es im ganzen Alten Orient gegeben, ohne daß etwas dem israelitischen Geschichtsdenken Vergleichbares entstanden wäre.

374. Abschied 25f. Eben diese Erkenntnis muß auch festgehalten werden im Blick auf Hesses einschränkende Bewertung der heilsgeschichtlichen Konzeption des J: Sie sei gegen alle Erwartungen, unter dem Zwang der politischen Verhältnisse, auf die Zeit Davids und Salomos beschränkt geblieben und habe außer in J nur noch in (dem Grundbestand von) 2Sam 7 einen Niederschlag gefunden. Späterhin sei der Glaube Israels durch die heillose Gegenwart genötigt gewesen, Heil in die Vergangenheit zurückzuverlegen, also von einem "abgetanen Heil zu sprechen" (Abschied 25) oder in der Zukunft zu erwarten und die Zwischenzeit als Unheilsgeschichte zu verstehen (Abschied 25ff.). Das exegetische Recht dieser These wird an der Schriftprophetie und am DtrGW zu überprüfen sein (B/VI.VII). Zu fragen ist, in welchem Verhältnis zueinander der Gott der unheilvollen Gegenwart und der heilvollen Vergangenheit bzw. Zukunft stehen. Daß die dem Glauben Israels auferlegte Nötigung so pauschal nicht bestand, zeigen u.a. Heilsprophetie, Kultbetrieb und fortbestehender Erwählungsglaube. Heilsgeschichtsdenken, das durch die theologischen Faktoren des Gottes- und Menschenverständnisses, also durch die lebendige Gottesanschauung (siehe Hesse: Abschied 25f.), bestimmt ist, erhält nicht durch die zeitgeschichtlichen Gegebenheiten die Bedingungen

seiner Möglichkeit.

375. Faith 35o.

376. Zimmerli: AT i.d.Verkündigung 67 spricht vom "Geschehnis eingelöster Treue".

377. TheolAT II 412; siehe auch Antwort 39off.

378. Vgl. dazu im einzelnen vRad: TheolAT II 1o8ff.188ff.441ff.; Preuß: Jahweglaube 71ff.; Zimmerli: Verheißung u.Erfüllung 69ff.; Plöger: Geschichte 1473ff.; Vriezen: Theologie 194ff.; E.Jacob: Théologie 149f.; Smend: Elemente, Tradition 51ff.; Herrmann: Zeit 96ff.115ff.; Jepsen: Wissenschaft 248ff.; Elliger: Geschichte 199ff.; Wolff: Geschichtsverständnis 319ff.; Wildberger: Geschichte 83ff.; dazu auch die bisweilen einseitigen, stärker systematisch-theologischen Reflexionen von Moltmann: Theologie 85ff.95ff. und Sauter 149ff.197ff.

379. Siehe dazu auch Weiser: Psalmen I 197. Seebaß: Anthropologie 43 erinnert daran, daß im Alten Testament vom Menschen nicht abgesehen von Jahwe, seinem Willen und Handeln die Rede ist. Wer der Mensch ist, erschließt sich erst coram Deo. Darum fragt der, der nach der Geschichte fragt, immer nach dem Menschen vor Gott und der Beziehung beider zueinander im Geschehen der Geschichte. Wie in solchem (konstitutiven) Bezugsgefüge Geschichte verstanden werden muß, kann der Historiker aus den Selbstzeugnissen des Glaubens Israels erfassen (zu Kaiser: Gegenwartsbedeutung 16).

38o. Selbst da, wo Geschichte profan in ihrer Eigengesetzlichkeit dargestellt und die Souveränität menschlichen Planens und Handelns so hervorgehoben wird wie in der sog.Thronfolgegeschichte 2Sam 9-2o; 1Kön 1f., gehört nach der jüngsten umfassenden Untersuchung durch J.Kegler (und auch Crüsemann 18off.) der Bezug zu Gott in Glaube und Hoffnung konstitutiv zum Verstehen der Geschichte hinzu (Kegler 249.3o7.31o.322), er gehört zu den Grundvoraussetzungen des Geschichtsverständnisses der biblischen Autoren (siehe dazu insgesamt 183ff.). Die Eigenart charakterisiert Kegler folgendermaßen: "Nicht der 'Gedanke' an das 'Geschichtshandeln Jahwes' ist für ihn konstitutiv, sondern die *Praxis* der Ausrichtung von Hoffnung auf und die Richtung des Denkens an Jahwe ist für den Glauben das Wesentliche" (195, auch 249. 3o7f.); Gottes Lenkung der Geschichte wird indirekt erfahren im Zusammenfallen des Ergebnisses menschlichen Handelns mit Jahwes Urteil (195), d.h. Jahwe führt nach seinem Willen das Planen und Handeln der Menschen zum Erfolg oder Mißerfolg und umgreift so alle menschliche Autonomie. Ist also wirklich der Gedanke verborgener Führung durch Jahwe ausgeschlossen, wie Kegler 3o5ff. meint?
Die Kategorie der Heilsgeschichte wäre unangemessen, dieses Geschichtsdenken zu erfassen; die Art der Darstellung der königlichen Geschichte, der Mangel an Rückgriffen auf die vor- und frühgeschichtlichen Heilsbezeugungen Jahwes und die fehlende Prägekraft der für heilsgeschichtliches Denken elementaren Faktoren (siehe B/V, B/VI.3 und C/XI) lassen diese Kategorie hier nicht zu. Aber die zeitlich benachbarte heilsgeschichtliche Konzeption des J und die spätere Einfügung der Thronfolgegeschichte in das DtrGW zeigen, wie begrenzt solcherart Geschichtsdenken im Alten Testament ist, bestätigen andererseits aber eben auch, daß nicht jedes Geschichtsdenken im Alten Testament heilsgeschichtlich ist.

381. Zimmerli: Grundriß 159.

382. Siehe zur Zusammenfassung des Weges, den Jahwe mit seinem Volk ging, im Begriff מַעֲשֶׂה u.a. vRad: Werk Jahwes 236ff. und Vollmer: Tun I 366ff.

383. Die Auskunft von Herrmann: Zeit 14o, dieses Kontinuum bestehe "in der Beständigkeit eines persönlichen Gegenüber, das Orientierungspunkt und Garantie zugleich ist", ist zu allgemein-religiös, als daß es Israels Spezifikum

treffen könnte; und die Ergänzung, daß diese "Überzeugung des mitfolgenden Gottes" (158) die Kontinuitätserfahrung der biblischen Zeugen bestimme, hilft nur wenig weiter. Es kommt auf die Begründung und besondere Art dieses Verhältnisses, die Beauftragung und die Intention göttlichen Führens an!

384. Das haben vRad, Zimmerli, Wolff in verschiedenen Arbeiten dargelegt; Preuß: Jahweglaube, Pannenberg: Heilsgeschehen, van Ruler 34ff. u.v.a. sind ihnen gefolgt; siehe zuletzt wieder Herrmann: Zeit 96ff.: Hier ist eine Grundkategorie biblischer Geschichtserfahrung und biblischen Geschichtsdenkens erfaßt. Unzureichend ist die Auskunft von Sauter 2o8: "Israels Geschichtsdenken (und das heisst vermutlich: Geschichtsbewusstsein überhaupt) entsteht (!) durch 'Addition' geschehener Gottestaten". Aber was ermöglicht diese Addition? Und inwiefern ergibt sie ein Geschichtsdenken so eigener Art? "Addiert" haben ja auch Israels altorientalische Nachbarn!

385. So m.R. Preuß: Jahweglaube 79; siehe dazu auch van Leeuwen 42: "Man kann die Geschichte Israels tatsächlich nicht in allgemein-anthropologischen Kategorien verstehen. Das Alte Testament zwingt uns im Gegenteil dazu, die allgemeinen Fragen der Anthropologie und Religion von der besonderen Geschichte Israels her zu verstehen. Israel ist nicht ein Typ des Menschseins unter anderen, sondern der Mensch muß umgekehrt im Lichte dieser Geschichte Israels verstanden werden"; ähnlich auch Stammler 144f. und Herrmann: Wort 659 A13.

386. Das betrifft nicht allein biblisches Geschichtsverständnis (siehe dazu Eichrodt: Offenbarung 321f.; Wildberger: Geschichte 83; Jepsen: Quellen 113f., Wissenschaft 257ff.; Plöger: Geschichte 1473; Bright: Faith 3; Hermisson: Weisheit 143; Weiser: Glaube u.Geschichte 115ff.[einseitig freilich 115: "*'Geschichte' ist geistgewordenes Geschehen*"]; siehe auch Luz 11f. und Koch: Profeten I 165f.), sondern geschichtliches Verstehen insgesamt (siehe Pannenberg: Einheit 482.489f.; Taubes 497; Anacker/Baumgartner 547 u.ö.; Rust 12ff. Zur Frage, ob Geschichte verstanden und geschrieben werden kann ohne die Einbeziehung der hinter den Phänomenen liegenden Gott-Welt-Mensch-Strukturen, d.h. ohne Bezug auf die Wahrheit , siehe Wagner 71off.).
O.Weber (Dogmatik II 11off., Treue Gottes 11o) hält vom biblischen Standpunkt aus, der zwischen Hypostasierung und Verachtung der Geschichte liegt,die Frage nach dem Sinn der Geschichte für verfehlt und möchte sie einfach als schlichtes Geschehen nehmen. Soweit hier die Behauptung eines Eigenwerts, einer immanenten, aus dem Gang der Ereignisse ablesbaren Sinnhaftigkeit abgewehrt werden soll, steht solches Bemühen auf dem Boden biblischen Schöpfungs- und Geschichtsverständnisses. Aber bleibt Weber in seinem berechtigten Anliegen nicht hinter den deutlichen Aussagen der biblischen Zeugnisse über Sinn und Ziel der Geschichte zurück? Ist zudem die notwendige Auseinandersetzung mit den Geschichtsbildern und -ideologien des Menschen samt ihren oft verheerenden Konsequenzen von Webers so zurückgenommener Position aus möglich?

387. J.Blank 123.125f.; Herrmann: Zeit 49.

388. TheolAT I 131.

389. Herrmann: Zeit 1o1 erwägt, ob man die sich im Schema Verheißung-Erfüllung ausdrückende Geschichtsauffassung nicht auch als "eine großdimensionierte Zyklik" verstehen könne. Doch wohl nicht! Denn Zyklik hat es mit der Wiederkehr des Gleichen zu tun, Geschichte würde so systematisierbar (Heuß 26f.), während es im Schema Verheißung-Erfüllung um die Schaffung eines Neuen, eines Unbekannten geht und so Gottes zukünftige Taten (gegen Östborn 42.46f. und Jaeschkes Anaklasis-Konzept[s.u.Anm.621]) über die Erneuerung bzw. Wiederholung früherer Taten weit hinausgehen. In der (gemeinorientalischen) Fundamentalidee der Zyklik sehen auch Östborn 34f.5o.6off. und Curtis das

für alttestamentliches Geschichtsdenken Bestimmende. Berechtigt ist ihr Protest gegen eine Generalisierung des linear-teleologischen Aspekts, unzureichend die Erklärung dieses Aspekts als Summierung verschiedener Epochen und so als Modifikation bzw. Heraushebung *eines* im zyklischen Verständnis genuin enthaltenen Elements (so Östborn 63ff.). Und die von Curtis beigebrachten Belege für seine These (u.a. Gen 3,19c; 8,21f.; Festzeiten und Sabbat; dtr Interpretation der Richterzeit Ri 2,6ff.; Typologie und Wiederkehrmotiv in der prophetischen Heilsverkündigung; Koh 1, 9-11; 3,1-9; Unheil und Wiederherstellung Hi 1,2f. und 42,12f.) entstammen überwiegend dem mythischen, kultischen und weisheitlichen Bereich, was die Frage aufwirft, ob darin (allein) das spezifisch Israelitische faßbar ist.

39o. vRad: TheolAT II 115.

391. So die Warnung von Wildberger: Geschichte 84 A2; Lindblom: Prophecy 311; auch Hempel: AT u.Geschichte 9 im Blick auf den Versuch, "(d)ie alttestamentliche Idee der Geschichte" zu erfassen.

392. Diese stärker systematische Fragestellung ist die m.E. theologisch notwendige Ergänzung zum historischen und überlieferungsgeschichtlichen Verständnis von Eigenart und Bedeutung der alttestamentlichen Botschaft. Bezogen auf die alttestamentliche Prophetie ist sie ein, freilich repräsentativer, Sonderfall der das ganze Alte Testament, darüber hinaus aber auch das Verhältnis des Alten Testaments zum Neuen umspannenden Frage nach elementaren Grundstrukturen, nach dem Konstanten und Kontinuierlichen (Herrmann: Wort 66o) bzw. dem perspektivischen Fluchtpunkt (Zenger mit Zimmerli), nach der "eigentlich(n) Botschaft" (Wolff: Eigentl.Botschaft 547ff. mit Bezug auf die Prophetie), nach einer in der Abfolge der Neuinterpretationen fortbestehenden, einheitstiftenden, sowohl das alttestamentliche Spezifikum erfassenden als auch der differenzierenden Auslegung fähigen *Mitte* des Alten Testaments (Zur Vielzahl der für das fragliche Phänomen gewählten Bezeichnungen siehe Smend: Mitte 9 und Hasel 65ff.).
Diese Frage ist, zumal in der Auseinandersetzung mit der überlieferungsgeschichtlich konzipierten TheolAT vRads (zu seiner Ablehnung dieser Frage siehe begründend TheolAT I 128f.131f., doch immerhin Ansätze für eine einheitliche Mitte alttestamentlichen Denkens I 131, auch Fragen 294f.311 in der Frage nach dem "Typischen"; im Sinne vRads jüngst wieder Gunneweg: Verstehen 185, auch Westermann: TheolAT 5ff.), immer wieder gestellt, begründet und beantwortet worden. R.Smend hat die Frage nach der "Mitte des Alten Testaments" in einen weiteren wissenschaftsgeschichtlichen und systematisch-theologischen Kontext gestellt (siehe kürzer auch C.Barth 35off.; Zimmerli: Mitte d.AT looff.), die Sachgemäßheit bisheriger Antworten geprüft und (im Anschluß an Duhm und Wellhausen) die sog. "Bundesformel" (Jahwe, Israels Gott - Israel, Jahwes Volk) als Mitte bestimmt (Bundesformel, Mitte 46ff.; zuletzt Böhmer 89ff.). Für Eichrodt (Vorwort zur TheolAT II/III, bes.XIf.) ist der Bund Jahwes mit Israel diese Mitte, für W.H.Schmidt das 1.Gebot (Gebot passim), für Fohrer (Grundstrukturen passim, Geschichte 7o.184.276 u.ö., Prophetie 293) das Miteinander von Gottesherrschaft und Gottesgemeinschaft (zu wechselseitigen Vermittlungen vorstehend genannter Positionen siehe etwa W.H.Schmidt: Gebot 47: 1.Gebot drückt Gemeinschaft wie Herrschaft Gottes aus; Seebaß: Anthropologie 47.59 A78: 1.Gebot als das kritische Prinzip des Bundesverhältnisses), für Zimmerli (Grundriß lof., ausführlicher Mitte d.AT 97ff.) Jahwe als derselbe in seiner Beziehung zu Israel (ähnlich auch Zenger: Mitte 4ff.: Jahwe als der sich in seiner Zuverlässigkeit, Unverfügbarkeit und Ausschließlichkeit erweisende Gott Israels; siehe auch Wolff: Eigentl.Botschaft 551ff.; Herrmann: Wort 66o; Reventlow: Grundfragen 95ff.;

Hasel 79ff.), für Miskotte (Götter 127ff.; ähnlich Weimar/Zenger 97f.) der Name JHWH und die in ihm umschlossene Geschichte des Bundes (zur darin gefaßten Strukturkongruenz des Alten Testaments mit dem Neuen 168ff., zum alttestamentlichen Überschuß 179ff.), für Vriezen (Theologie 82) "das geschehende Wort Gottes", für Preuß (Jahweglaube 5o mit Wildberger: Bibl.Theologie 77f.) die Erwählung als Ausdruck der "zentrale(n) Struktur des israelitischen Glaubens", für L.Köhler 11ff. Gott als der gebietende Herr (אדון משל האלהים), was der Religion des Alten Testaments die prägende "Beziehung zwischen Geheiß und Gehorsam" gibt (12 gesperrt); Baumgärtel (Verheißung 16ff.36ff.u.ö., Problem 131ff.; in seinem Gefolge Hesse: Buch 77ff.) sieht in der Grundverheißung אני יהוה אלהיך die auch für den Christen gültige Mitte des Alten Testaments. Inwieweit durch eine solche Bestimmung der Mitte des Alten Testaments auch das Verhältnis der beiden Testamente zueinander bestimmt werden, welche Bedeutung sie folglich für eine Biblische Theologie haben kann, ist eine der wesentlichsten, aber auch schwierigsten Fragen biblischer und systematischer Theologie. Sie kann im Rahmen dieser Arbeit nicht behandelt werden. Nur soviel sei gesagt: Alle zur Bestimmung der Mitte des Alten Testaments vorgeschlagenen Begriffe und Formeln sind dynamisch, sie bedürfen der Explikation im Zusammenhang des Redens und Handelns Jahwes in seiner Zuwendung zum Menschen bzw. zu Israel, verbieten also jede Abstraktion auf ein geschichtloses Prinzip.

393. Cullmann: Heil 2 nennt in Bezug auf analoge neutestamentliche Sachverhalte "die Frage nach dem Gemeinsamen" der verschiedenen Einzelzeugnisse "letztes Ziel" der exegetischen Arbeit, ihre Vernachlässigung der Verschiebung auf andere Disziplinen "eine pseudowissenschaftliche Deformation". Und W.H. Schmidt hat den Versuch gewagt, die "Einheit der Verkündigung Jesajas" im Sinn des inneren Zusammenhangs situativ und formal unterschiedlicher Einzelworte zu erfassen.
394. Abschied 27.
395. Siehe auch H.W.Robinson: Inspiration 123f.; Fichtner: Jahves Plan 27; Zimmerli: Verheißung u.Erfüllung 83; vRad: TheolAT II 182f.; Loen 41.
396. Geschichte 2o3f.
397. Siehe u.a. vRad: TheolAT II 121; Preuß: Jahweglaube 85; Scharbert: Solidarität 167f.179f.; Bright: Faith 4.11; Berkhof 58; Burrows 113 (fraglich jedoch das Recht seiner Behauptung, der *Rest*gedanke sei die zentrale Idee im Verständnis von Jahwes Geschichtshandeln bei den Propheten wie schon bei J [116]); Guthrie 78ff.142ff. (mit G.H.Davies 37ff.); Brueggemann: Yahwist 974; Gese: Denken 143f.; Brandon: Religion 175ff., History 1o8.132f.
398. Vgl. die Doxologien 4,13; 5,8(f.); 9,5f. und den häufigen Gebrauch des Titels יהוה צבאות ; in beiden Fällen ist allerdings die Echtheit der betreffenden Stellen umstritten (siehe dazu die Kommentare von Wolff und Rudolph).
399. Diese universale Konzeption beginnt sich allerdings nicht erst seit Amos und Jesaja auszuformen (gegen Fohrer: Prophetie 267.278), sondern liegt schon bei J vor, wie u.a. der Vorbau der Urgeschichte zeigt.
4oo. Der Erwählungsgedanke wird hier nicht mit dem späteren term.techn. בחר , auch nicht mit ברית , sondern mit עלה und ידע bzw. mit ראשית הגוים ausgedrückt.
4o1. Vollmer: Rückblicke 9.13o.
4o2. Vgl. dazu zusammenfassend Wolff: Umkehr 13off., DtrGW 3o8ff., Eigentl.Botschaft 547ff.; Eichrodt: TheolAT II/III 324ff.; Würthwein: Buße 98off.; kurz: Soggin: Zurückkehren 884ff. Speziell zu Hos Fohrer: Umkehr 222ff., zu Jes Sauer 227ff.; zur Grundbedeutung der Wurzel שוב siehe Holladay 53, zur detaillierten Bedeutungsklassifikation dann 55ff.147ff.

4o3. Siehe Holladay 53; Wolff: Umkehr 134f.138.

4o4. Zur Genese des Prophetenspruchs siehe zusammenfassend Fohrer: Einleitung 382f., Geschichte 239ff., Grundstrukturen 47f.

4o5. Siehe außer den oben genannten Stellen noch 2,14f.; 5,18ff. Herrmann: Heilserwartungen 119f. (ähnlich Vollmer: Rückblicke 28ff.) betont im Blick auf 9,7 die geradezu ketzerische Nivellierung des für Israel exklusiven Glaubenssatzes (vgl. 3,2a: רק אתכם ידעתי ; 6,1).

4o6. Dazu Würthwein: Amos-Studien 44ff.

4o7. Oder muß man angemessener formulieren: dieses dreifache Nein als Konkretion des grundlegenden Nein?

4o8. Vgl. im einzelnen Smend: Nein 4o5ff.

4o9. Erdbeben (2,13), Krieg (3,11; 5,3; 6,14; 7,17), Exil (4,3; 5,27; 6,7; 7, 11.17), Heuschrecken (7,1), Dürre (7,4); das Entscheidende in aller Variabilität der Form und Konkretion ist die Unausweichlichkeit des Gerichts.

41o. Gegenüber der auf Vorgänger (u.a. Pedersen, Fahlgren) zurückgreifenden These von Koch: Vergeltungsdogma 1ff., derzufolge der Mensch durch seine Taten eine ihn schicksalhaft bleibend umgebende Sphäre des Heils oder Unheils wirkt und Gott dieses Ordnungsgefüge von Tun und Ergehen bei jedem einzelnen bald und vollständig in Kraft setzt - einer These, die zu mechanistischen Mißverständnissen und unsachgemäßen Nivellierungen des alttestamentlichen Glaubens in die altorientalische Umwelt führen kann -, ist sowohl die jeden Automatismus sprengende Freiheit und Personalität Jahwes als auch die vorgängige, das Gute ermöglichende צדקה durch Jahwe als auch die Rechtmäßigkeit juridischer Kategorien zur Bezeichnung des Tun-Ergehen-Zusammenhangs betont worden (siehe u.a. Wildberger: Geschichte 1o3 A3; Gese: Weisheit 42ff.; Horst: Recht u.Religion 286ff.; Fohrer: Grundstrukturen 156; vRad: TheolAT I 277ff.+A88. 388; Saebø: Name 124; Stuhlmacher 48f.; auch Koch: Heilvoll 517. Pannenberg: Einheit 486 hat zurecht betont, daß der Tun-Ergehen-Zusammenhang in Israel von Erwählung und Verheißung umgriffen ist).

411. "Ein *vorlaufendes Sprachgeschehen*... gestaltet die Geschichte" (Koch: Profeten I 82).

412. Amos kaum abzusprechen, wie Würthwein: Buße 983; Wolff: Joel-Amos 133.135. 274.294f. u.a. es wollen; m.R. dagegen Hesse: Verstockungsproblem 8of.; Lindblom: Prophecy 316.35o +A124; Ringgren: Religion 243; Wildberger: Übrigsein 85o; Herrmann: Heilserwartungen 123ff.; Rudolph: Joel-Jona 193; Zimmerli: Grundriß 162; Smend: Nein 4o6f.415f.

413. Zur seit Wellhausens Urteil (96) intensiv geführten Diskussion über die Authentizität von 9,8-15, bes. v11ff., siehe Reventlow: Amt 9off. und die beiden letzten Kommentare von Wolff und Rudolph z.St.

414. Zimmerli: Gesetz u.Propheten 1o5.

415. Exodus (2,17; 11,1; 12,14; 13,4), Wüstenzeit (2,5.16f.; 9,1o; 13,5), Sinaibund (1,9; 2,21f.; 6,7; 8,1.12), Landgabe (2,1o; 1o,11f.; 11,1ff.; 13,5f.); es fehlen die Zions- und Davidstradition, denn ואת דוד מלכם in 3,5 ist sekundär (mit Weiser: Hos-Mi 36 A2; Wolff: Hosea 71.8o), wenn nicht sogar der ganze v5 (so Rudolph: Hosea 87f.93.259).

416. Hosea 281.

417. Siehe Jer 9,3 und Jes 43,27: Jakob, der Stammvater, als Inbegriff schuldhaften Verhaltens Israels.

418. Wolff: Hosea 281; siehe dazu auch E.Jacob: Hosea 285ff.29o; Rudolph: Hosea 23off.

419. Siehe die Textbelege oben Anm.415.

42o. Hinwendung zum Baalsdienst, unter dem es zugrunde ging (13,1), mit den Stichworten "huren, Hurerei" beschrieben (1,2; 2,4.7; 3,3; 4,1o-18[רוח זנונים v12; 5,4 beherrschende Macht!];5,3f.; 6,1o; 9,1; zu anderen Umschreibungen der Sünde Israels vgl. Wolff: Hosea XXI), mit seinem lächerlichen, ja perversen Bilderkult (4,12.17; 8,4ff.; lo,5ff.; 14,4; bes. 13,2).

421. Vgl. dazu Wolff: Jahwe u.d.Götter 422ff. Das Bösetun Israels ist bei Hosea wiederholt in bestimmten, mit kultischen und politischen Ereignissen verbundenen Ortsnamen typisiert: Baal Peor 9,lo; Gilgal 4,15; 9, 15; 12,12; Gilead 12,12; Gibea 9,9; lo,9f.; siehe auch Jesreel 1,4 (aber auch 2,24 in der für Hoseas Verkündigung charakteristischen Wendung) und Adam 6,7. Darin wird die Permanenz der Sünde Israels angezeigt.
422. 4,4ff.; 5,1ff.11ff.; 7,3ff.; 8,11ff.; lo,1ff.13ff.; 13,1ff.loff.
423. Siehe ähnliche Zusammenfassungen Am 5,14; Mi 6,8; Zeph 2,3.
424. Vgl. dazu Farr, der Amos und Hosea miteinander vergleicht und im Gebrauch von חסד Hosea einen Schritt über Amos hinauskommen sieht; zu חסד als des Menschen Antwort auf Gottes חסד -Erweise siehe noch Stoebe: Güte 613ff. und Zobel 52ff.
425. Vgl. dazu Wolff: Wissen 182ff., Hosea 97f.153f. und die bei Fohrer: Umkehr 228f. A16 (siehe auch Reventlow: Rechtfertigung I 67 A222) angedeutete Diskussion. Wie der Kontext von 4,1 zeigt, geht ידע jedenfalls über eine intellektuelle Kenntnis hinaus.
426. Konkretisiert im Verlust der natürlichen Existenzmittel, Unfruchtbarkeit, Krieg, Verbannung (1,5; 2,11ff.; 4,3; 5,7; 7,16; 8,3; 9,3.6; lo,14f.; 14,1).
427. So Zimmerli: Verheißung u.Erfüllung 83.
428. Wolff: Hosea XX.
429. Nach dieser Seite hin ist קדוש hier ausgelegt. Die zentrale Stellung dieser erbarmenden Liebe Jahwes in Hoseas Verkündigung hat Eichrodt:Holy One 259ff. stark unterstrichen; siehe auch Wallis 122f.
43o. Hier ist die logisch nicht auflösbare "coincidentia oppositorum" (Eliade 474) im Wesen Gottes bezeugt, die Gerechtigkeit und Liebe umgreift (vgl. 4,6; 5,lo; 9,15 einer-, 11,8f.; 14,4f. andererseits), freilich gemäß den religiösen Grunderfahrungen der Erwählung und der Treue Jahwes die Übermacht der Liebe als letzten Grund der Gottheit Jahwes erkennt; vgl. die theologische Konzeption von J, deren tiefste Intention Paulus in Röm 5,2o auf eine Formel bringt. Ist von Gottes Wesen und dem ihm entsprechenden Handeln nicht anders als in solcher coincidentia oppositorum zu sprechen, dann hat das grundsätzliche Bedeutung auch für die Erfassung von Geschichte, z.B. für das Verhältnis von Heils- und Unheilsgeschichte (s.u.S.87f.).
431. Zimmerli: Grundriß 166.
432. Rudolph: Hosea 218; vgl. auch Wolff: Hosea 265; Weiser: Hos-Mi 86f.; Reventlow: Rechtfertigung I 68.
433. Was menschliche Leistung nicht erreichen konnte, wird jetzt im Gericht von Jahwe durch sein zuvorkommendes Handeln bewirkt werden (2,8f.17; 3,3-5; 12,lo; 14,1ff.). Fohrer (Umkehr 239ff., siehe auch Geschichte 252.275f.) hat versucht, Rettung durch Umkehr und Erlösung durch Gottes zuvorkommendes Handeln in ein zeitliches Nacheinander innerhalb der Tätigkeit Hoseas einzuordnen. Aber diese logisch vielleicht befriedigende Lösung ist unbeweisbar, zumal, wie Fohrer selbst betont, Umkehr und Erlösung keine strengen Gegensätze, sondern verschiedene Akzentuierungen des einen Wandlungsvorgangs des Menschen sind (siehe so zu Jes 1,18ff. mit Fohrer: Jesaja I 4o auch Wildberger: Jesaja I 54. Zum Verhältnis von Mahnung und Verheißung in ihrer unterschiedlichen Betonung siehe auch Hentschke 51ff.).
434. Der Akt der Zurechtbringung im Gericht steht also im Dienst des Heils und ist daher theologisch begründet, darum nicht aus der Geschichte als solcher ableitbar, sondern Akt göttlicher Weisheit (siehe Jes 28,23ff.), vgl.Kraus: Geschichte 269ff.; sehr fein auch Weiser: Hos-Mi 39.

435. vRad: TheolAT II 152 mit Wolff: Hosea 78; siehe auch H.-P.Müller: Ursprünge 69.114 u.ö.
436. W.H.Schmidt: Grundgewißheit 646; so auch Zukunftsgewißheit 85.
437. לעולם betont stärker als עד־עולם die statische Seite im Sinn des Dauerhaften, Endgültigen, Unabänderlichen (vgl. Jenni: Ewigkeit 233f.).
438. Das fünfmalige, in dichtester Steigerung mit צדק , משפט , חסד , רחמים und אמונה verbundene ב-pretii (vgl. Wolff: Hosea 64f.; Stoebe: Güte 613f.) in v21 nennt den göttlichen Brautpreis und unterstreicht so die Initiative Jahwes als Grund und Kraft des neuen Verhältnisses, zeigt so das Wunder der Neugestaltung (vgl. Jer 31,31ff.; Ez 36,21ff.). Was beim Volk fehlt, schenkt Jahwe (siehe dazu noch Zimmerli: Gesetz u.Propheten 113; Eichrodt: Holy One 271.273; Herrmann: Heilserwartungen lo7ff. und Koch: Profeten I lo5, der in v2off. "den Schlüssel zum hoseanischen Denken überhaupt" sieht). v21 ist ein einprägsames Beispiel, wie Einzelbegriffe durch ihr Wortfeld spezifische Akzente erhalten und einen Sachverhalt perspektivisch differenziert zur Sprache bringen.
439. Lindblom: Prophecy 337; vgl. auch Eichrodt: Holy One 265 ("God's action in love is seen as the determining power of Israel s history"), zum Thema "Liebe Jahwes" TheolAT I 162ff., II/III 2ooff.
44o. E.Jacob: Grundfragen 36; ähnlich Zimmerli: Wahrheit 9.
441. Köhler lo4.
442. An konkrete geschichtliche Traditionen Israels gibt es allerdings nur schwache Reminiszenzen (1,9; 3,9; 9,3; lo,24-26; 28,21; 29,1.22).
443. Ihr entspricht das (vielleicht erst von einem bestimmten Zeitpunkt der jesajanischen Verkündigung an gebrauchte) verächtliche העם הזה 6,9f.; 8,6.11f.; 9,15; 28,11.14; 29,13f. (vgl. dazu den Exkurs von Hoffmann 16ff.).
444. Zu diesem Thema siehe Fichtner!
445. Siehe dazu R.Fey, der allerdings von Anlehnung spricht; kritisch dazu Vollmer: Rückblicke 144.
446. Siehe u.a. 1,lo-17.22f.; 2,6-22; 3,12-4,1; 5,1-7.8-24.25-29; 9,7-lo,4; 22, 15ff.; 3o,1f.11; 31,1.
447. Vgl. den theologisch zentralen und reichhaltigen Gebrauch der einander sachlich ergänzenden und akzentuierenden Termini צדק(ה)(1,21.26f.; 5,7.16. 23; 9,6; 11,5; 28,17; 32,1.16) und משפט (1,17.21.27; 3,14; 4,4; 5,7.16; 9,6; lo,2; 16,5; 28,6.17; 3o,18; 32,1.16); sie bezeichnen die dem Willen des Schöpfers und Gottes Israels entsprechende Ordnung und so Israels "höchste(s) Heilsgut" (vRad: TheolAT II 156).
448. 1,4; 5,19.24; 3o,11f.15; 31,1.
449. 1,9.24; 2,12; 3,1.15; 5,7.9.16.24; 6,3.5; 8,13.18; 9,6.12.18 u.ö.
45o. Vgl. Vriezen: Essentials 131ff.; Zimmerli: Verkündigung 45of.
451. Siehe dazu W.H.Schmidt: dāḇār 129f.
452. M.R.betont von Hesse: Verstockungsproblem 59f.67f.82.97 u.ö.
453. Siehe Ri 9,23; 1Sam 16,14; 18,lo; 19,9; 2Sam 7,14; 24,1; 1Kön 12,15; 22,21.
454. Siehe dazu bezeichnend auch die wiederholte Erwähnung der Verstockung Pharaos in den 3 Pentateuchquellenschriften (Ex 4ff.), wobei zwischen Verstokkung durch Gott und Selbstverstockung gewechselt wird: P Ex 7,3.13.22; 8, 15; 9,12, 11,lo; 14,4.8.17; J und E (Zuordnung im einzelnen kontrovers, vgl. die teils gegensätzlichen Ergebnisse z.B. von Hesse: Verstockungsproblem 18f.45ff.; Noth: ÜPent 31; vRad: TheolAT II 16o Alo; Fohrer: Überlieferung 124f.) Ex 4,21; 7,14; 8,11.28; 9,7.34f.; lo,1.2o.27; dazu dtr 13,5.
455. Vollmer: Rückblicke 14of.
456. Der Textbefund rechtfertigt nicht die Bezeichnung Jesajas als Umkehrprophet (so m.R. zuletzt wieder Sauer 279ff.[zu der textlich schwierigen Stelle 6,lob und dem hap.leg. שׁובה in 3o,15 siehe 279ff.286ff.],zustimmend H.-P.

Müller: Glauben 31 A4[von 3o], auch Funktion 274 +A37; Kilian: Verstockungsauftrag 217ff.225; J.M.Schmidt 86f.; Würthwein: Buße 983; Eichrodt: TheolAT II/III 325; W.H.Schmidt: Einheit 27o; Wolff: Umkehr 139; Wildberger: Jesaja I 2o8ff.215.217f.227. Anders z.B. Fohrer: Einleitung 4o9, Jesaja I 16.32f.44f., II 1o2.131 und sein Schüler Hoffmann 37ff.58f.77ff. [erst am Ende seiner Tätigkeit - 22,1-14; 29,9f. - sei der Umbruch erfolgt, weil Israel die Chance zur Umkehr endgültig vertan hatte, 49ff. Schwierig damit in Einklang zu bringen seine These, Jes 6,9f.habe in der 2.Wirkungsperiode seinen jetzigen Wortlaut erhalten, 23];für die Prophetie allgemein so auch Buber 148ff.; Preuß: Jahweglaube 159ff.188ff.).
Eine andere Frage ist es, ob sich hinter der Gerichtspredigt insgesamt noch ein letztes Angebot Jahwes verbirgt (so Kaiser: Jesaja II 236;Wildberger: Jesaja I 256; speziell im Blick auf die Amos-Interpretation von R.Smend Amsler 318ff.["ultime avertissement" -328 kursiv];im Gefolge von Amsler und Fohrer so auch Vollmer: Rückblicke 16f.2o.5o.71.119.197.2oo. 211).
Kontrovers ist auch die Diskussion über die sachliche und zeitliche Beziehung von Umkehrforderung und Berufungsauftrag Jesajas (6,9f.). Jüngst hat Kilian: Verstockungsauftrag 2o9ff. wieder den Auftrag 6,9f. als ursprünglichen Bestandteil der Berufung zu erweisen versucht (zuvor schon Buber 181.188f.2o3; vRad: TheolAT II 158ff.; Kaiser: Jesaja I 65; W.H.Schmidt: Einführung 215, auch schon Zukunftsgewißheit 34; zu Eichrodt: TheolAT II/III 119f. siehe 3o1 und Heilige 16); er muß dazu freilich die gesamte unbedingte Heilsverkündigung Jesajas für unecht (215.225) und die mit der Umkehrforderung verbundene bedingte Heilsverkündigung als erfolglos, ohnehin nicht prägend und auf die Frühzeit beschränkt erklären (216ff.221ff.; siehe auch O.H.Steck: Bemerkungen 198 A27).Weniger gewaltsam und der Annahme der inneren Wahrhaftigkeit der prophetischen Verkündigung angemessen erscheint darum die Erklärung, die sich unter der Bezeichnung "Rückprojizierungsthese" in der wissenschaftlichen Diskussion eingebürgert hat und u.a. von Hesse: Verstockungsproblem 59f.82ff.; Preuß: Jahweglaube 184.192; Fohrer: Jesaja I 94; O.H.Steck: Bemerkungen 2o2ff.; Scharbert: Propheten 2o5.21o; Vollmer: Rückblicke 129f.A9; J.M.Schmidt 68ff., zustimmend Zimmerli: Grundriß 168; Hoffmann 23f.+A77. 77ff.; Koch: Profeten I 125f.; wohl auch Wildberger: Jesaja I 241f.256 vertreten wird. Ihrzufolge haben enttäuschende Erfahrungen der Umkehrverkündigung (in der Frühzeit: 1,16f.18f.; 7,1-8,8) Jesaja (in der 1.Wirkungsperiode: Koch; z.Zt. des syrisch-ephraimitischen Krieges: J.M.Schmidt, O.H.Steck, Hoffmann; später: Hesse) zu der klaren Einsicht geführt, daß solche Verkündigung de facto nur Verstockung bewirkt und darum nur noch die Predigt von Verstockung und Vernichtung als Ankündigung und Vollzug des göttlichen Gerichts bleibt. Diese Erfahrungen haben sich in der Formulierung des Visionsberichts 6,9f. niedergeschlagen, mit dem Jesaja öffentlich die Ausweglosigkeit Israels aussprach (J.M.Schmidt). Dabei muß nicht ausgeschlossen werden, daß die Erfolglosigkeit Jesajas und die Verstockung des Volkes schon in der Berufungsvision zur Sprache kamen (so J.M.Schmidt, auch Vollmer; dagegen O.H.Steck und wohl auch Hesse) - eine Einschränkung, die im Blick auf die ähnliche von Buber und vRad, derzufolge angenommen werden könne, daß die Erfahrungen Jesajas auf die Formulierung von 6,9f. eingewirkt haben, beide Lösungsversuche des Problems nicht in eine starre Alternative rückt, vielmehr eine sachliche Aporie des Verhältnisses von göttlicher Allwirksamkeit und menschlicher Entscheidung erkennen läßt, die logisch nicht auflösbar ist.

457. Bes.drastisch 2,18-2o: אלילים = "Schwächlinge, Stümper" (Wolff: Jahwe u.d. Götter 428 mit Hulst und Wildberger).

458. Eichrodt: Heilige 51: Gericht so "Auswirkung des göttlichen Wesens".
459. Siehe dazu noch 7,7-9; 8,1-4; 28,16; in 31,3 wird die qualitative Differenz zwischen göttlicher und militärisch-politischer Macht aufgewiesen.
46o. Wildberger: Geschichte 89ff.; vRad: TheolAT II 168.
461. Zu beiden Termini vgl. vRad: Werk Jahwes 236ff., TheolAT II 168ff.; Wildberger: Geschichte 95ff., Jesaja I 189; Vollmer: Tun I 368f., Tun II 465.
462. Außer den 3 Jes-Stellen 5,19; 14,24-27; 28,29 (Kaiser: Jesaja II 4of. hält sie für nichtjes.) noch Jes 25,1 (pl.); 4o,13; 44,26; 46,1o und Ps 1o6,13 (par. mit מעשׂיו ; siehe dazu Ruppert: Raten 739ff.[zu Jes].742ff. [zu DtrJes]), im par.membr. mit מחשׁבות Mi 4,12; Jer 49,2o=5o,45 und Ps 33,11 (מחשׁבות allein Jer 29,11; 51,29, jeweils pl.),inhaltlich verwandt מזמה Jer 23,2o=3o,24; 51,11. עצה hat die Bedeutung "Rat, Ratschlag, Beratung" und als deren Inhalt oder Resultat "Vorsatz, Plan, Intention, Beschluß". Im Umkreis dieser Termini kann nicht von *einem* fixierten, die ganze Geschichte von Anfang bis Ende gleichsam deterministisch bestimmenden Plan gesprochen werden (m.R. Albrektson 77; Wildberger: Geschichte 1o3, Jesaja II 722 u.ö.; Hesse: Pannenberg u.AT 193; Fohrer: Prophetie 288f.; Vollmer: Rückblicke 17f.47.143 A72.2o2f.; Koch: Profeten I 167f.; siehe auch die Einwände Jaeschkes gegen einen umfassenden Heilsplan: der Gedanke eines Unheilsplans werde notwendig und die Frage der Kontingenz zu einem logischen Problem gemacht[146f.]);nur Ps 33,11 bestimmt die עצת יהוה / מחשׁבות לבו als לעולם bzw. לדר ודר . Doch hängt der Gedanke, daß Jahwe einen bestimmten Plan verfolgt, nicht nur an den genannten Begriffen; Fichtner: Jahves Plan 27 sieht diesen Gedanken m.R. hinter der gesamten prophetischen Verkündigung stehen; er äußert sich in bestimmten Erfahrungs- und Denkstrukturen (Albrektson 77 sieht das zutreffend im Blick auf J).
Im Anschluß an Gloeges Interpretation (Heilsratschluß 19off.) wäre darunter zu verstehen die mit der gnadenvollen Zuwendung Jahwes zu Israel (und dadurch zu den Völkern) initiierte und gegen allen Widerstand menschlichen Ungehorsams durchgesetzte Realisierung des göttlichen Willens. Die besondere Geschichte Israels, um die alle alttestamentlichen Zeugen wissen, wird hier im Zusammenhang und unter Maßgabe des göttlichen Willens gesehen, der nicht beliebig ist, sondern seinen Ausdruck findet in der Eigenart des Verhältnisses Jahwe-Israel mit seinem Bezug auf die Völker. Albrektsons wiederholte Rede vom "divine purpose", von den "purposeful acts in history" etc. (85ff.) umgeht das Mißverständnis, das die Vorstellung von einem uniformen Plan Gottes im strengen, auf deterministische Fixierung hinauslaufenden Sinn erweckt, greift aber doch zu kurz, wenn sie nur auf situationsbedingte Intentionen und Einzeltaten beschränkt bleibt und diese nicht in einen übergreifenden Rahmen einbezieht (Albrektson 88 spricht selbst in diesem Zusammenhang von einem "common denominator in the different divine plans"). Die Rede vom Plan Gottes weist in diesem Sinn auf das in aller Interdependenz von Gottes Wort und des Menschen Antwort unangetastete Herrsein Jahwes und die "Festigkeit seiner geschichtlichen Treue" (Moltmann: Theologie 12o) hin.
463. Allmachtstitel יהוה צבאות durch den Kontext exegesiert!
464. Zu allen Einzelheiten siehe außer den Kommentaren z.d.St. Stähli 752f.; Fichtner: Jahves Plan 27ff. (zur Auseinandersetzung mit ihm Vollmer: Rückblicke 143 A72. 2o2f.); Wildberger: Geschichte 87ff.; Vriezen: Essentials 142ff.; den weisheitlichen Hintergrund besonders bedenkend Hermisson: Weisheit 149ff.).
465. Hermisson: Weisheit 151.
466. האמין absolut gebraucht wie Ex 4,31; Hi 29,24.
467. Umstritten ist der traditionsgeschichtliche Hintergrund und damit auch die

politische Konsequenz dieser Aufforderung. Allgemeinere Auskünfte: Vertrauen auf die göttliche Beständigkeit (so Vriezen: Essentials 134) oder Vertrauen auf die Beständigkeit des göttlichen Worts (so in Anknüpfung an JE-Überlieferungen G.H.Davies 45ff.; auch Eichrodt: Heilige 85), sind durch den Bezug auf die Ideologie des Hl.Krieges (so bes. vRad: Hl.Krieg 56f.,TheolAT II 165ff.; auch Schreiner: Sion 251; Lohfink: Landverheißung 57; H.-P.Müller: Ursprünge 92.122, doch siehe Imperativ 565; Fohrer: Jesaja I 1o7ff.) oder die ewig gültige Nathanverheißung (mit Bezug auf 2Sam 7,16 bes. Würthwein: Beitrag 141; in seinem Gefolge u.a. Preuß: Jahweglaube 162; Scharbert: Propheten 23o; Sauer 286.293 A115; Wildberger: Jesaja I 271.283ff., Glauben 377 +A5, Fest 186.191; O.H.Steck: Rettung 8o A16; Hesse: Profanität 286; Zimmerli: Grundriß 17of., Proclamation 84; Jepsen: Fest 329; Koch: Profeten I 135; siehe auch W.H.Schmidt: Einheit 264 und Knierim: Offenbarung 231. Dagegen Smend: Geschichte 288, weil 2Sam 7,16 [wie auch 1Sam 25,28; 2,35; 1Kön 11,38] nachjes. sei [siehe jetzt die Einzelbegründungen z.d.St. bei Dietrich und Veijola].In 7,9 knüpfe Jesaja u.U. an 1,21 [.26] an: קריה באמנה) spezifiziert worden. Stimmt man dem Bezug auf die Nathanverheißung zu,würde nicht zur völligen politischen Passivität aufgerufen (wie vRad, Fohrer; Hoffmann 62f. unter zusätzlichem Hinweis auf 14,28-32; 18,1-7; 3o,1-5; 31,1-3 -64ff.- u.a. meinen), sondern zum politischen Handeln aus dem Glauben an die Geborgenheit in der göttlichen Verheißung (so Jepsen: Fest 329f.; Würthwein: Beitrag 132ff.; Wildberger: Jesaja I 28o; auch Eichrodt: Herr d.Geschichte 175ff. und Koch: Profeten I 138). Allerdings ist auch dann zu betonen (mit O.H.Steck: Rettung 84ff.), daß es in 7,4ff. primär um die Konfrontation des Königs mit dem göttlichen Wort, erst sekundär um das politische Handeln geht. An Ahas bewahrheitet sich der Verstockungsauftrag 6,9f.

468. Vgl. dazu H.-P.Müller: Imperativ 564ff., Glauben 34ff., Funktion 274; auch Eichrodt: TheolAT II/III 119f.; Wildberger: Jesaja I 256; Koch: Profeten I 167; wiederholt auch Vollmer (s.u.Anm.617).Zur Frage der Kausalität im alttestamentlichen Geschichtsdenken siehe in größerem Zusammenhang Seeligmanns Ausführungen, der bei allen Berührungen und Überschneidungen der verschiedenen Formen doch eine grobe historische Reihenfolge meint feststellen zu können: Menschliches Heldentum gerühmt - Gottes Hilfe bestimmt menschliches Handeln - Gott als einziger Helfer schließt menschliche Initiative und Betätigung aus (411).

469. Wildberger: Geschichte 1ooff., Jesaja I 188f.

47o. Für Jesaja kann man diesen Tatbestand nur leugnen, wenn man, wie (nach Vorgängern bes. aus der Wellhausen-Schule) Fohrer: Jesaja I/II z.d.St., seine Schüler Hoffmann 18ff. A63 und Vollmer: Rückblicke 126ff. und zuletzt wieder Kilian: Verstockungsauftrag 215.225, die Heilsverkündigung (1,26; 2,2-5; 4,2-6; 9,1-6; 11,1-9; 23,17f.; 28,5f.; 29,17-24; 3o,18-26; 32,1-15.15-2o) insgesamt Jesaja abspricht, worüber allerdings die von Kilian suggerierte Einigkeit nicht besteht. Die Bestreitung der Echtheit erfolgt häufig über exegetisch schwer beweisbare Periodisierungen der alttestamentlichen Glaubensgeschichte, mit denen das noch immer höchst kontroverse Verständnis von Eschatologie im Alten Testament verbunden ist (siehe dazu den knappen Überblick über Positionen und Stand der Diskussion von G.Habets 351ff.).

471. Mit Wildberger: Geschichte 115; Kaiser: Jesaja I 2of.; zu 1,21ff. auch Herrmann: Heilserwartungen 127f.

472. Hesse: Verstockungsproblem 89. Man muß im Blick auf Jes (und Hos) Herrmanns These (Heilserwartungen 238) anzweifeln, die Propheten vor Jeremia (dazu 217f.223ff.228.236f.238) seien "noch weit davon entfernt, die Wurzel ihrer Heilserwartungen zu begründen".

473. Gegen Kilian: Verstockungsauftrag 2o9ff.
474. Siehe dazu auch lo,12.27-34; 14,24-27.28-32; 17,12-14; 3o,27-33 und vRad: TheolAT II 162ff.; Wildberger: Geschichte 93f. Die Echtheit auch nur eines Kerns in 29,1-8 bestreitet Kaiser: Jesaja II 2loff.
475. So m.R.Sauer 294f.
476. Zu 1,21-26 siehe insgesamt Wildberger: Jesaja I 58ff. Die Echtheit dieses Wortes zu bestreiten (so zuletzt wieder Kilian: Verstockungsauftrag 225; im Gegensatz dazu hält Smend: Entstehung 15o dieses Wort für eins der ganz wenigen echt jes.Heilsworte; noch eindeutiger positiv W.H. Schmidt: Einführung 219), überzeugt ebensowenig wie die Verneinung seines Bezugs auf die Heilszeit durch Fohrer: Jesaja I 45 (dagegen für seinen Schüler Vollmer: Rückblicke 158.2oo +A2 das einzige, zudem frühe Heilswort der gesamten jes.Verkündigung). Daß hier der Restitutionsgedanke im Vordergrund steht, spricht nicht gegen den Restgedanken (zu O.H. Steck: Bemerkungen 198 A27), der hier in *einer* Richtung entfaltet wird (mit Herrmann: Heilserwartungen 127f.).
477. Zur Herkunft und alttestamentlichen Verbreitung der Restvorstellung siehe vor allem W.E.Müllers Arbeit und das von Preuß verfaßte Nachwort, in dem die seit Müller geführte Diskussion dargeboten wird; jüngst dazu noch Wildberger: Übrigsein 844ff.
478. So Kaiser: Jesaja I 71; ähnlich Hesse: Verstockungsproblem 88f.; Preuß: Jahweglaube 182f.; Soggin: Zurückkehren 889; Wildberger: Jesaja I 276ff.; Eichrodt: TheolAT II/III 3o2.
479. Gegen O.H.Steck: Bemerkungen 2oof A3o.
48o. Zur Restvorstellung bei Jesaja insgesamt siehe 1,9.26; 7,3; 8,18; 14,32; 28,16f.; 3o,15-17; nachjes. 4,3; 11,11.16; lo,2o-23; in seiner Echtheit höchst umstritten 6,13bβ (echt: Scharbert: Propheten 2lof.; echtes, aber sek.hinzugesetztes Jes-Wort: Kaiser: Jesaja I 66; Fohrer: Jesaja I lo3; vorsichtiger Zimmerli: Verkündigung 447; dem Gesamtkontext der jes.Verkündigung entsprechende Glosse: Vriezen: Essentials 133.137; Preuß: Jahweglaube 182; ähnlich auch Eichrodt: Heilige 17; unjes.: Wildberger: Jesaja I 241; dazu auch Hoffmann 15 A49).
481. Außer den Kommentaren z.St. Hermisson: Zukunftserwartung 62f. A24 mit vRad: TheolAT II 176f. +A24; auch Preuß: Jahweglaube 144.
482. Bekanntlich ist die Echtheit dieser Texte noch immer heftig umstritten; Wildberger: Jesaja I 368ff.442ff. hat die Argumente pro und contra nochmals überprüft, Vertreter beider Auffassungen finden sich dort.
483. Die Echtheit dieses umstrittenen Worts hat Wildberger: Jesaja I 78ff. wieder begründet; zustimmend Rudolph: Mi-Zeph 77f.; auch W.H.Schmidt: Einheit 27o A44. 272 A54.
484. So m.R.Hermisson: Zukunftserwartung 62f. mit Blick auf 11,2-5.
485. Im Einzelfall ist die Authentizitätsfrage gerade bei Jeremia sehr kontrovers, weil die Grenzen zwischen jeremianischer Verkündigung und dtr Autorschaft fließend sind, zumal bei der Annahme dtr Bearbeitung echter Jeremia-Worte (sie ist bei Rudolph im Blick auf die Quelle C die Regel). Je nach Einschätzung dieser Frage wird sich das Bild der Verkündigung Jeremias verändern. Im folgenden werden (wahrscheinlich) dtr (bearbeitete) Stücke in eckigen Klammern aufgeführt.
486. Die dtr Bearbeitung ist in diesem Komplex gering (siehe Thiel 8off.).
487. Der term.techn. בחר fehlt (in Jer nur 33,23), aber der Erwählungsgedanke begegnet doch in anderen Bildern, bes.den aus dem Familien- und Ehebereich genommenen: 2,2ff.32;[3,6ff.]19.22; 4,22; 5,7; 9,1; 11,15; 12,7; 31,9.
488. 5,21ff.; 8,7; 14,2ff.22; 27,5f.; 31,35f.; 32,17.
489. [25,9] 27,5ff.; 43,lo (Nebukadnezar עבד יהוה); [18,7-lo] 32,28f.; 42,11f.;

dazu die Fremdvölkersprüche 9,24f.; 12,7ff.;[25,15ff.] 27,3ff.; 43,8ff.; 44,29f.; 46ff.

49o. 2,5.8.11.27f.; [11,12;]14,22; 16,2o; hier wie in ähnlichen Passagen Hos klingt eines der großen Themen der Verkündigung DtrJes an.

491. 2; [3,6ff.]19f.; 5,6.1off.;[7,16ff.] 8,4ff.19;[11,1o] 18,13ff.; 44,15ff.

492. 2,18.36f.; 3,4; 4,1o; 6,14;[7,4ff.] 8,11; 9,23f.; 13,21; 14,13; 22,6; 23, 17; 27-29. Thiel 1o3ff. arbeitet überzeugend heraus, daß wir es in 7-8,3 mit einer dtr redigierten, doch mit dem authentischen Jeremia sehr nahe verwandten Summe seiner Gerichtsverkündigung zu tun haben, in der nur das Thema der Pseudopropheten fehlt (7,1-15 Tempelrede; 7,16-2o Kult der Himmelskönigin; 7,21-29 Opferpolemik; 7,3o-8,3 Thopheth-Polemik und Gericht).

493. 2,34; 5,2ff.26ff.; 6,6f.13.28;[7,5f.]9,1ff.; 21,12; 22,3.17; 23,1off.; 29, 23 [34,8ff.].

494. 2,3o; 5,3;[7,28] 17,23; 32,33; vgl. dazu Am 4,6ff.; Jes 9,7ff.; 5,25ff.

495. Der Ruf zur Umkehr wird zur Zielsetzung bzw. thematischen Zusammenfassung der Tätigkeit Jeremias (36,2f.7) wie (der dtr Bearbeitung zufolge [25,3ff.; 35,13ff.]) der wahren Prophetie überhaupt (Propheten als Jahwes Knechte 7,25; 25,4; 26,5; 29,19; 35,15; 44,4). Zur Aufnahme und Weiterbildung der dtr Prophetenanschauung in den dtr bearbeiteten Stücken des Jer-Buches siehe O.H.Steck: Geschick 72ff.; zur heilspädagogischen Motivierung des Schemas Gericht-Umkehr Kraus: Geschichte 271f.; zum Topos דרך bei Jer Koch: däräk 3o7f.

496. 6,8f.16f., negativ 23,14; 4,3f.13f.;[7,3.25ff.; 11,7f.]13,16; 26,2f.7; 28,8; 44,4ff. Zum Gebrauch der Wurzel שוב bei Jer (dazu jetzt auch Koch: Profeten II 36ff.) und in der dtr Bearbeitung siehe im ganzen zutreffend Holladay 128ff. Ergebnis: Umkehrruf Jeremias positiv (Hinkehr zu), in der dtr Bearbeitung negativ (Abkehr von).

497. Siehe dazu die Kommentare von Rudolph und Weiser z.d.St.; ferner Wolff: Umkehr 142; vRad: TheolAT II 225.

498. [7,24;] 9,13; 13,1o; 16,12;[18,12] 23,17; siehe auch 5,23 (dazu Thiel, der [122 u.ö.] *alle* Vorkommen für dtr hält, bis auf noch späteres 3,17 [dazu auch Rudolph: Jeremia XIV und z.d.St.; Böhmer 37f.]).

499. So Hempel: AT u.Geschichte 2o.

5oo. Siehe dazu 15,16; 2o,7ff.; 23,28f.; auch 5,14. Das Wort des Propheten hat teil an Gottes wirkender Macht (vgl. Mauser 84ff.).

5o1. Der geheimnisvolle Feind aus dem Norden wird dabei immer stärker in Gestalt der Neubabylonier und ihres Königs Nebukadnezar konkretisiert (27,8.12ff.; [34,21f.] 38,2.17f.21ff.; 43,1off.).

5o2. Bes. in c.1-6; dazu 12,7ff. Siehe zu diesem Thema vRad: TheolAT II 2o1ff.; Zimmerli: Grundriß 181; bes.Mauser 46ff.83ff.1o2ff.; allgemeiner auch Eichrodt: Bund 45f.; Ratschow: Glaube 86f.; Miskotte: Götter 169f.176.

5o3. שוב שבות als endgültige Wiederherstellung des Einstmaligen durch Gott (29, 14; 3o,3.18; 32,44; 33,7.11.26; 48,47; 49,6.39; weitere alttestamentliche Belege und wissenschaftliche Literatur bei Holladay 11off. und Soggin: Zurückkehren 886f.).

5o4. Weiser: Jeremia I XXXII.

5o5. Im einzelnen hängt das Bild der Heilsverkündigung von der Beurteilung vor allem des in c.3of. vorliegenden (Trost-)Buches (3o,2) ab. Während vor allem Volz: Jeremia 277ff. und Rudolph: Jeremia 188ff. das Buch in seinem (auf Ephraim bezogenen, d.h. um die judäischen Einfügungen 3o,3f.8f.; 31,1.23-31. 38-4o reduzierten) Hauptbestand auf Jeremia zurückführten(so auch Lindblom: Prophecy 373f.; Weiser: Jeremia II 264ff.; siehe auch Koch: Profeten II 36ff.), haben Herrmann: Heilserwartungen 215ff.; Böhmer 47ff. (zusammenfassend 81ff.); Smend: Entstehung 162f. u.a. die Echtheit bis auf einen (freilich unterschiedlich) kleinen, zudem unsicheren Kernbestand bestritten (Herrmann: 3o,5-7; 31,15-17 ["wahrscheinlich" jer. 222.226.227 Alo]; Böhmer: 3o,12-15.23f.; 31,2-6.15-2o; Smend: 31,2-6.15-2o, dazu 32,1-15 und der Grundbestand von c.24 und c.29); siehe zum Stand der Diskussion Böhmer 11ff.und Kaiser: Einleitung 223.Für Herrmann: Heilserwartungen 223ff.236f.238 liegt die Wurzel der Heilsverkündigung in 3,12f.(jetzt auch Smend: Entstehung 163), verstärkt durch die Heilsgewißheit für die eigene Person (1,8.18f.; 15,19-21; 17,14); dabei ist 3,12f. Umkehrruf, nicht Aufforderung zur Rückkehr in die Heimat (Herrmann: Heilserwartungen 224ff.; Thiel 85.87.89.93; gegen Rudolph: Jeremia 29). Er bezeugt wie 31,2f. Umkehr und Heil als Werk göttlicher חסד und אהבה . "Für den durch Zeiten des Abfalls hindurch bewahrten Bund gibt es keinen Grund außer der Liebe Gottes" (Stoebe: Güte 616), dazu 31,2o und Hos 11,8f. Die auf Gottes Gerichts- und Heilshandeln abhebende Wortgruppe "ausreißen, niederreißen - pflanzen, aufbauen" (1,1o; 12,14-17; 18,7-1o; 24,6; 31,28; 42,1o; 45,4) halten im Gefolge Herrmanns (Heilserwartungen 162ff. 239) Thiel 7of.162ff.; Böhmer 38ff. für insgesamt dtr. Rudolph: Jeremia z.d.St. hielt nur 12,14-17; 18,7-1o(-12); 31,28 für dtr oder späteren Zusatz.

5o6. [7,23; 11,4;] 3o,22; 31,1.33; 32,38 und bes. 24,7. Zur Verbreitung, Geschichte und Funktion der Bundesformel im Alten Testament siehe Smend: Bundesformel und jüngst Böhmer 89ff.

5o7. Es entspricht der Radikalität der Schulderkenntnis Jeremias, daß Umkehr und Gehorsam nur möglich sind auf Grund von Jahwes neuschaffendem, sündenvergebendem Handeln. Sollte darin nicht trotz aller dtr Verkleidung und Geprägtheit der Motive genuin jer. Denken faßbar sein?

5o8. 24,4-7; 31,31-34; siehe auch 32,38-41. Zur Diskussion über die Herkunft von 31,31ff. siehe Herrmann: Heilserwartungen 179ff.24o (dtr nach Sprache und Gedankenwelt); zuletzt Böhmer 74ff. (dtr Herkunft unter starkem jer. Einfluß); zum theologischen Gehalt siehe die Meditation von Miskotte: Götter 4o6ff.

5o9. Wolff: Geschichtsverständnis 327; auch Porteous 61.

51o. Rudolph: Jeremia XIII; siehe auch Volz 3oof. und W.H.Schmidt: "Die erhoffte Zukunft wird nicht gemacht, sondern geschenkt" (Zukunftsgewißheit 89). Dies gilt erst recht, wenn man den Umfang der echten Heilsverkündigung in Jer wesentlich geringer veranschlagt als Rudolph und Volz (siehe Herrmann: Heilserwartungen 226).

511. Von Demokratisierung der Abraham-Verheißung zu sprechen (so Porteous 58), verkennt das in den Abrahamerzählungen immer wieder greifbare Denk- und Verkündigungsmodell der "corporate personality" (H.W.Robinson), demzufolge im Ahnherrn Geschichte und Aufgabe seiner Nachkommen umschlossen sind.

512. In ihrer Echtheit umstritten wie 3,17; 12,14ff.; 18,7ff.; 16,19 (s.o.Anm. 498.5o5).

513. 4,4-8 zeigt dabei, anknüpfend in vielem an Jeremia (dazu vRad: TheolAT II 2o3f.), ein Maß an solidarischem, ja stellvertretendem Mittragen des Gerichts, das im Alten Testament nur in Jes 53 übertroffen wird (dazu Zimmerli: Gestalt u.Botschaft 1o6ff.; vRad: TheolAT II 242f.).

514. Weil Fohrer die ganze Theologie Ezechiels einseitig vom verantwortlichen Individuum (bes. c.18) her versteht, kommt dieser Gesamtaspekt zu kurz (siehe Ezechiel XXVIff.).

515. Ez 2o,8.13 u.ö., das überlieferungsgeschichtlich sekundäre "Rebellion"-Motiv (s.o.Anm.323) in J verabsolutierend; anders Hos, Jer und DtrGW (Ri 2,7): helle Anfangszeit des Jahwe-Israel-Verhältnisses.

516. Unter Verwendung des term.techn בחר ist davon nur 2o,5 die Rede (אבי

יהוה אלהיך der Selbstkundgabe präzisiert durch die Zusage von Exodus und Landgabe und die Forderung des 1.Gebots, v5-7;, sachlich aber noch verschiedentlich: 5,5; 16,8; 23,4; 38,12; siehe auch 1o,18f.; 11,22f.

517. 17,15ff. Eid- und Bundesbruch Zedekias; 16,15ff.und 23,3ff. Schutzsuchen bei den mächtigen Nachbarn Assur und Ägypten unter dem Leitwort זנה .

518. Geschichte des Nordreichs (23,5-1o) für Juda/Jerusalem offenbar keine Lehre (23,11ff.); vgl. ähnlich die Funktion von 2Kön 17,7ff. im DtrGW.

519. "Mistdinger" nach גל 4,12.15.

52o. 5,9.11; 6,9.11; 7,3.8.2o; 8,6.9.13.15.17; 14,6; 16,2.2o.36.43.5of.; 2o, 4 u.ö.

521. Dies geschieht sowohl durch die Komposition größerer Einheiten (z.B. die Abfolge von c.6f. und 8-1o) als auch durch explizierende Begründungen: יען , לכן u.ä. (2o,24; 21,29; 23,9 u.ö.).

522. Ursprünglich Hoheit und edlen Charakter symbolisierend (19,1o-14; siehe auch Jes 5,1-7; Ri 9,12f.; Ps 8o; Joh 15,1ff.).

523. Zimmerli: Ezechiel 89*, auch Gestalt u.Botschaft 74.

524. Im Bild des Feuers, Schwertes, Schmelzofens, Feuerkessels dargestellt (21,1ff.13ff.; 22,17ff.; 24,1ff.), siehe im ganzen 7,2f.6 (fünfmal Ende = קץ angedroht, siehe Am 8,1f.); 7,1o-27 und die Drohworte 6,1-7.11-14; 14,14ff.

525. Die damit angezeigte Totalität des Gerichts wird freilich nicht immer durchgehalten; denn neben dem exklusiv klingenden Urteil 9,8; 11,13; 21,3.8f., siehe auch 14,14, steht die Ankündigung 9,4 (von Jahwes Boten gezeichneter Rest von Getreuen) und setzen 6,8-1o; 12,16; 14,22f. nicht vom Gericht verschonte, aber dieses Gericht überlebende Menschen voraus, die zu Zeugen der göttlichen Gerechtigkeit gemacht werden (vgl. auch die Weiterführung von 19,1-9 in 19,1o-14).

526. Hochmütige Unbekümmertheit 9,9; 12,22f.26 (vgl. Jes 5,19), Selbstsicherheit 33,24, falscher Stolz der Hörer 11,3.15.

527. Vgl. ergänzend die mit affirmativem אני יהוה דברתי abgeschlossenen Unheils- und Heilsworte 5,15.17; 17,21.24; 21,22; 22,14; 3o,12; 34,24; 36,36; siehe auch 23,34; 26,5.14; 28,1o; 37,14; 39,5.

528. Über Hochmut, Spott, Schadenfreude und Selbstvergötterung (25,3.6.8; 26,2; 28,2.6ff.; 31,1o).

529. Umstritten in der Ansetzung vor diesem Termin sind 11,14-21 und 14,1-11 (vgl. z.d.St. Eichrodt: Hesekiel I und Zimmerli: Ezechiel I, dazu auch die Zusammenfassungen Hesekiel II 25* und Ezechiel I 96* sowie Zimmerli: Gestalt u.Botschaft 118.15o.

53o. Ezechiel diese Heilsverkündigung total abzusprechen (so Herrmann: Heilserwartungen 241ff.29o; zustimmend Kaiser: Einleitung 235 A12), ist nicht überzeugend und hat kaum Beifall gefunden (siehe positiv die Kommentare, dazu Baltzer und jetzt Smend: Entstehung 167f.).

531. 37,3; vgl. 16,6o: Jahwes Gedenken an sein ursprüngliches Verhältnis zu Israel ist der Ausgangspunkt der Heilswende.

532. Vorverweis auf das große Thema der Verkündigung DtrJes, vgl. Zimmerli: Exodus 193ff., Ezechiel I 453ff.; Baltzer 2ff.12ff.

533. Dazu außer den Kommentaren auch Baltzer 28ff.5off.

534. 11,2o; 14,11; 34,3o; 36,28; 37,23.27, dazu (wohl Nachtrag) 16,53ff.

535. Dazu übereinstimmend im Blick auf 3,17-21; 33,1-9 Eichrodt: Hesekiel II 26f. 35f. und Zimmerli: Kommentar z.St., Gestalt u.Botschaft 14off., Grundriß 187f.; anders Fohrer: Ezechiel XXIf., kurz zusammengefaßt auch Einleitung 447f., Geschichte 327f. (zu einem ähnlichen entwicklungsgeschichtlichen Nacheinander bei Hosea siehe Fohrer: Umkehr 222ff.).

536. Stets שׁוב מן - , dessen Vorkommen auf die 3 Komplexe 3,17-21; 18,1-32 und 33,1-2o (2o von 23 Belegen) konzentriert ist.
537. Die starke Betonung der Eigenverantwortung des Einzelnen, gipfelnd in dem Imperativ v31f., entspricht dem Gesamtcharakter von c.18 so sehr, daß neues Herz und neuer Geist zu Werken des Menschen zu werden drohen. Die Dialektik des Begründungszusammenhangs entspricht der in Phil 2,12f.
538. Vgl. Erweiswort 12off.
539. D.Michels Skepsis gegenüber einer hinter Jes 4o-55 stehenden prophetischen Einzelgestalt erscheint mir bei aller zutreffenden Erkenntnis des traditionellen Stils (124ff.) gerade im Blick auf die theologischen Eigenarten (z.B. Gottesknechtslieder, Fixierung der Zeitenwende, Verbindung von Schöpfungs- und Erwählungsaussagen) übertrieben.
54o. Dazu ausführlich Westermann: Sprache 117ff. (siehe auch seinen DtrJes-Kommentar) und Stuhlmueller 16ff.
541. Siehe zur traditionsgeschichtlichen Anknüpfung an 2Sam 7; 23,5; Ps 89, aber auch zur inhaltlichen Modifikation und veränderten Zielsetzung Eißfeldt: Gnadenverheißungen 44ff.; Baltzer 143ff.; Westermann: Jesaja 227f. Die "unverbrüchlichen Gnadenverheißungen Davids" werden nicht mehr auf die ewige Dauer der Daviddynastie bezogen, wodurch die Gefährdung dieser Dynastie als Infragestellung der Verheißung verstanden werden mußte (vgl. Ps 8o), sondern sie werden auf Israels Stellung in der Welt bezogen. Der davidische Herrscher gehört nicht (anders als Jes 9,1ff.; 11,1ff.; Jer 23,5f.; 33,14ff.; Ez 34,23f.; 37,15ff. [siehe auch 17,22ff.];Hag 2,23; Sach 3,8; 4,6ff.; 6,9ff.) zu den erhofften Heilsgütern; Jahwe selbst ist König (41,21; 43,15; 44,6; 52,7), jenseits aller menschlichen Macht und Hilfe Israels Heil (siehe zum מלך -Titel Elliger: Deuterojesaja 181f. 34of.), יהוה צבאות , der Allmächtige (44,6; 45,13; 47,4; 48,2; 51,15;54, 5; zum umstrittenen Ursprung und Bedeutungsgehalt des Titels vgl. Schmitt: Zelt 145ff.); sein Messias ist Kyros (45,1).
542. 44,3-5.26; 45,13; 49,17ff.; 51,3; 54,2.11f.
543. Zu den Differenzen zwischen Ezechiel und DtrJes siehe außer den Kommentaren Zimmerli: Exodus 193ff. und Baltzer 1ff.12ff.; zum ganzen Exodus-Komplex auch Stuhlmueller 66ff.233f.
544. 4o,3-11; 41,17-2o; 42,14-17; 43,1-7.16-21; 44,1-5.27; 48,2of.; 49,8-12; 51,9-11; 52,11f.; 55,12. In aller Farbenpracht erkennt und begründet Herrmann: Heilserwartungen 297f.3o4f. eine *Veräußerlichung* der israelitischen Heilstraditionen.
545. 4o,9ff.; 44,26; 49,14-22; 51,11.13; 52,1f.7ff.; 54,1ff.11ff.Zu Zion-Jerusalem als Brennpunkt der verschiedenen Heilstraditionen und so als Inbegriff der dtrjes Heilserwartung siehe Baltzer 41ff.162ff., zum Thema von Jahwes Heimkehr auch 6off.
546. 4o,3f.; 42,16; 41,18f.; 43,19f.; 44,3.27; 49,9-11; 51,3.
547. 41,21-29; 42,8f.; 43,9.18f.; 46,9-11; 48,3-5.6-8. Vgl. dazu Jer 16,14f.= 23,7f. (Herrmann: Heilserwartungen 169ff.: dtr; Rudolph: Jeremia 112.148, auch XVIII und Zimmerli: Grundriß 179: dtrjes Einfluß wirksam; anders Weiser: Jeremia I 14o.2oo).
548. TheolAT II 191.256f.
549. So ähnlich auch O.H.Steck: Deuterojesaja 289ff. ("annullierte Heilsgeschichte Israels" 29o); Bentzen 184ff. (das "absolutely New" [184 kursiv] , doch zeigt gerade der von ihm gewählte Vergleich mit Jer 31,31ff.[185] in allem Neuen die Kontinuität; in einseitiger Betonung der Diskontinuität ist auch Fohrers [Jesaja III 7ff., auch Geschichte 335f.] Unterscheidung zweier Zeitalter und so der Ansatz eschatologischer Erwartung bei DtrJes begründet). vRad: TheolAT II 3o9f. kann trotz aller Betonung des Neuen, das nach dem Ab-

bruch des Bisherigen als neue Heilssetzung Jahwes folgen soll, davon sprechen, daß sich "die Propheten... in einen Geschichtszusammenhang mit weiten Perspektiven nach rückwärts und nach vorwärts gestellt (wissen)"und dessen gewiß sind, "daß Jahwe das von ihm Begonnene und Begründete nicht liquidieren, sondern daß er daran anknüpfen werde, um es herrlicher zur Vollendung zu bringen". So wird m.R. die Alternative in die Dialektik übergeführt.

55o. AT i.d.Verkündigung 74, Exodus 2o4, Bedeutung 71, Grundriß 19o; siehe auch North: Second Isaiah 18; Kahmann 83f.; Goppelt: Typos 255; Preuß: Deuterojesaja 3of.38.44; Porteous 63f.; Ringgren: Religion 268; Westermann: Jesaja 1o4f.; H.-P.Müller: Ursprünge 111ff.116f.123, Mythos u.Transzendenz 116f.; Koch: Heilvoll 528, Profeten II 151ff.; siehe auch Sauter 2o5f.

551. In der Diskussion der vielerlei Versuche, den Bezug von ראשׁנות (41,22; 42, 9; 43,9.18; 46,9; 48,3) zu bestimmten Ereignissen der Geschichte Israels zu präzisieren, gelegentlich auch die einzelnen Belege auf verschiedene Ereignisse zu beziehen (so z.B. North: Former Things 111ff.), hat jüngst wieder Elliger: Deuterojesaja 353 allgemeiner übersetzt: "Laßt die Vergangenheit auf sich beruhen und richtet euren Sinn auf die Zukunft, die ich jetzt verkündige".

552. Siehe die in den Anm.554.572 genannten Belege.

553. vRad: TheolAT II 258; siehe ähnlich auch O.H.Steck: Deuterojesaja 292f.und E.Haag 21off.

554. 4o,5ff.; 44,7.26; 45,23f.; 46,1of.; 55,6ff. Die theologische Bedeutung des Gotteswortes wird dadurch besonders hervorgehoben, daß es in den Rahmenstücken der Gesamtkomposition thematisiert ist.

555. Zimmerli: Grundriß 189; ausführlich dazu Stuhlmueller 176ff. und Baltzer 118ff.

556. O.H.Steck: Deuterojesaja 289f.; Elliger: Deuterojesaja 196; E.Haag 194ff.; Westermann: Jesaja passim zu den Gerichts- und Disputationsworten.

557. Weltschöpfung 4o,12-31; 45,8.18f.; 48,13; Menschenschöpfung 43,1.15.21; 44,1f.21; 54,5; Mischformen (besonders aufschlußreich für die Funktion der Schöpfungsaussagen bei DtrJes) 42,5f.; 44,24-28; 45,7.9-13; 51,12-16 (vgl. dazu E.Haag 194ff. in Auseinandersetzung mit Albertz: Weltschöpfung 7-9o). Die Schöpfungsaussagen sind Zeugnis für Jahwes Willen und Macht, heilvoll an Israel zu handeln (dazu O.H.Steck: Deuterojesaja 287ff.). Sie stehen im Dienst des Trostes, der Mahnung, der Gewißmachung und des Lobpreises, haben thematisch keine Eigenständigkeit, sondern stützen und universalisieren andere Aussagen. Jahwe, der Schöpfer und Erbarmer, ist der machtvolle Herr der Geschichte; sein Geschichtshandeln ist schöpferisches Tun, seine Schöpfung ist der erste seiner Gnadenerweise (חסדי יהוה); siehe zum Verhältnis von Schöpfung und Erlösung bei DtrJes noch vRad: Schöpfungsglaube 138ff., TheolAT I 15of., II 25off.

558. בחר 41,8f. (42,1) 43,1o.2o; 44,1f.; 45,4; 49,7; zu עבד s.u.Anm.585. In beiden Titeln finden wir Krönung und Vollendung all dessen, was früher (Mose, David, Propheten) damit verbunden war (siehe Eißfeldt: Gnadenverheißungen 51).

559. Zu diesem wohl von Jesaja (1,4; 5,19.24; 3o,11f.15; 31,1) geschaffenen Titel siehe 41,14.16.2o; 43,3.14; 45,11; 47,4; 48,17; 49,7; 54,5; 55,5; auch 4o,25. Während er aber bei Jesaja Jahwes zuneigende Huld und seinen unbedingten Rechtsanspruch und im Fall von dessen Mißachtung sein strenges Gericht anzeigt, liegt der Akzent bei DtrJes auf dem unwandelbaren Heilswillen Jahwes trotz aller Schuld Israels und allen Gerichts (siehe dazu Elliger: Deuterojesaja 151f.; Westermann: Jesaja 63f.).

56o. 41,14; 43,1.14; 44,6.22-24; 47,4; 48,17.2o; 49,7.26; 51,1o; 52,3.9; 54,5.8.

561. Im Unterschied dazu das handelsrechtliche פדה nur in 5o,2 und der in ihrer

Echtheit umstrittenen Stelle 51,11 verwendet.

562. Ausnahme Gen 48,16, expr.verb. auf מלאך, im Kontext aber auf Gott bezogen.

563. Vgl. dazu ausführlich Stuhlmueller 99ff.234; auch Elliger: Deuterojesaja 15of.; Stamm: Erlösen u.Vergeben 41ff.89f.94.123; E.Haag 212; Fohrer: Jesaja III 4of.; Baltzer 86ff.; Ringgren: Erlösen 884ff.; zum Nebeneinander der fast synonymen Attribute יצר und גאל in 44,24 siehe Stamm: Erlösen 391 mit Westermann: Jesaja 126. Insgesamt steht die Häufung der für Jahwes Handeln und darin erkennbar sein Wesen konstitutiven Begriffe (ברא , בחר , גאל , קדוֹש ישׂראל , יהוה צבאות , מלך u.a.), oft miteinander verbunden und im Bedeutungsgehalt parallel und so eine Einheit bildend, im Dienst der Bezeugung der Einzig(artig)keit, Selbigkeit, Allmacht und Treue Jahwes. Dieser Gott steht im Fluchtpunkt aller Einzelthemen der dtrjes Verkündigung (vgl. O.H.Steck: Deuterojesaja 292f.; E.Haag 194ff.), er ist es, der jetzt wunderbarerweise neues Heil schafft und darum Zweifel und Resignation Israels überwinden kann.
Wie sich aus dieser Verkündigung und in ihrem Dienst der Monotheismus DtrJes ergab - mit innerer Notwendigkeit und in einer im Alten Orient singulären Weise -, das hat, unter Einschluß der vordtrjes Traditionsgeschichte, Wildberger: Monotheismus 5o6ff. dargestellt.

564. Mit Kahmann 85.158f.; North: Second Isaiah 97; Wildberger: Erwählen 29o; Fohrer: Jesaja III 38; Stamm: Erlösen 391; Elliger: Deuterojesaja 139; Stuhlmueller 22 ("implicit promise of salvation").

565. Siehe dazu H.-P.Müller: Ursprünge 2o7 im Blick auf 54,9: "...die Verbindung der beiden Hälften von v.9 durch כַּאֲשֶׁר (LXX) und כֵּן bezeichnet die Kontinuität des göttlichen Handelns".

566. Siehe dazu Stähli 75off.

567. Elliger: Geschichte 21o, siehe auch Deuterojesaja 54.

568. "The centuries-long prophet polemic against idols here reaches its climax in a *reductio ad absurdum* of idolatry; (Bright: Faith 18; ähnlich Wolff: Jahwe u.d.Götter 432).

569. Gerichtsszenen 41,1-5.21-29; 43,8-15; 45,2o-25; dazu auch 4o,19f.; 41,6f.; 42,17; 44,9-2o; 46,1f.5-8; 48,5.

57o. 4o,12-31; 45,9-13; 46,5-11; in nachexil.bearbeiteter Form 48,1-11.

571. Diese Worte vom Früheren und Kommenden (s.o.Anm.547) stehen bedeutsamerweise im Kontext der Auseinandersetzung Jahwes mit den Göttern der Völker und dem dabei geführten Nachweis der Einzig(artig)keit Jahwes (bes.41,23; 48, 5-7).

572. 41,4; 43,1o-13; 44,6-8; 44,24-45,7; 45,18.21f.; 46,4.9.12; 48,12.

573. Siehe dazu Westermann: Jesaja 17.22f.7off.1oo.126ff. u.ö.; Preuß: Deuterojesaja 66; Elliger: Deuterojesaja 198.

574. 4o,28 (אלהי עוֹלם einzigartig im Alten Testament, Jahwes Herrsein nicht aus spekulativem Interesse, sondern im Blick auf seine überlegene Freiheit und Macht und seine wirkmächtige Treue bezeugend [siehe Jenni: Ewigkeit 239]); 41,4.9.22f.; 51,8; 54,5.

575. 41,2.25; 45,13; 46,11; 48,14 und bes. das Kyrosorakel 44,24-45,7 in seiner für DtrJes typischen Rahmung und mit seiner expliziten Zielsetzung 45,4: למען עבדי יעקב !

576. Zu dieser Identifikation siehe vRad: TheolAT II 249; Rudolph: Hosea 227; Westermann: Jesaja 1o8; Jeremias 211f.; Elliger: Deuterojesaja 382; O.H. Steck: Deuterojesaja 287. Auffallend auch (siehe Hos 12,4-7.13f.) bei Dtr Jes das Nebeneinander von in Abraham gültig bestehender Erwählung (41,8f.; 51,2; sonst noch Jes 29,22; Ez 33,24; Mi 7,2o, jeweils exilisch-nachexilische Texte [vgl. Martin-Achard: Actualité 99ff. Clements: Abraham 35ff.

47ff.62ff. möchte das Fehlen vorexilischer Belege durch die Erklärung kompensieren, daß bei Jesaja und Micha die Abrahambundtradition infolge der engen geographischen, historischen und theologischen Beziehungen in die Zions-Davids-Tradition integriert worden sei, und da der Davidsbund die Erfüllung des Abrahambundes war, blieb letzterer kein eigenständiger Faktor mehr]) und fortbestehender Sünde Israels, beides repräsentiert im Ahnen, mit deutlicher heilsgeschichtlicher Präponderanz der göttlichen Erwählung und Treue (dazu jetzt Jeremias 2o6ff.).

577. 4o,2; 42,18-25; 47,6; 48,8ff.; 5o,1.

578. Daß der damit zusammenhängende Gedanke einer längeren Verfluchung in Israels Umwelt (so gut wie) nicht zu finden sei (so Scharbert: Bundesordnung 27; Westermann: Jesaja 16; Koch: Profeten I 68), trifft nach Albrektsons Belegen (111ff.) nicht zu.

579. 49,14ff.; 54,6ff.; siehe אהב in Bezug auf Abraham 41,8; Israel 43,4; Kyros 48,14, anknüpfend an die Verkündigung Hoseas (3,1; 9,15; 11,1.4; 14,4f.) und das Dtn (4,37; 7,8.13; 1o,15.18; 23,6).

58o. Siehe zu diesem Begründungszusammenhang von Imperativ und Heilsindikativ außer den Kommentaren z.St. Groß 43; Baltzer 89; E.Haag 2o5; Koch: däräk 3o9; Preuß: Jahweglaube 194; Stamm: Erlösen u.Vergeben 122f.

581. Siehe dazu schon 4o,1 עמי – אלהיכם, dazu die in גאל ausgedrückte enge Verbindung.

582. 4o,5 zusammengefaßt in כְּבוֹד יהוה als Manifestation seiner selbst in schöpferisch-machtvoller Gegenwart (dazu Stuhlmueller 95ff.).

583. 45,14.18ff.; 49,22ff.; 55,4f., teils (im Gegensatz zu den Gottesknechtsliedern) mit stark nationalistischen Zügen. Zur umstrittenen Verhältnisbestimmung von Universalismus und Nationalismus bei DtrJes vgl. das Referat einiger Lösungen bei Hollenberg 22f. (seine eigene Lösung: Verständnis von "Nationen, Küsten, Enden der Erde" als "holistic category"[25], die die fremden Völker ebenso umschließt wie die in ihnen aufgehenden, ihre jüdische Identität aufgebenden "crypto-Israelites" [26]).

584. Zu allen Einzelheiten siehe die Kommentare und TheolAT und die dort sowie jüngst bei Preuß: Deuterojesaja 117f. reichlich genannte Literatur!

585. 41,8f.; 42,19; 43,1o; 44,1f.21.26; 45,4; 48,2o; 5o,1o; 54,17; unsicher in der Deutung auf das Volk oder ein Individuum 42,5-7(-9) und 49,7; dazu die für die Kollektivdeutung der Gottesknechtslieder bedeutsame Interpolation 49,3.

586. Ausnahme allenfalls 42,1.3f. (יוציא משפט ל), die in eine solche Richtung weisen könnte.

587. Siehe dazu Scharbert: Heilsmittler 188, Universae cognationes 13; auch Preuß, Wolff, Martin-Achard (siehe nächste Anm.).

588. So gegen Befürworter einer aktiven Mission (Weiser: Glaube u.Geschichte 113 + A66.67; Volz 154.158.168f. u.ö.; Vriezen: Theologie 33f. u.ö., Erwählung 66f., auch 71 A1; Rowley 185; offenbar auch Lauha 257ff.) u.a. vRad: TheolAT II 259; Westermann: Jesaja 8o; Preuß: Jahweglaube 22, Deuterojesaja 29f.; Lindblom: Prophecy 267 A82. 428; Schreiner: Berufung 1o3ff.; Reventlow: Heil Israels 13off. mit Davidson; Hahn 12ff.; Wolff: Israel u.d.Völker 1ff.; Zimmerli: Offenbarung 25; Martin-Achard: Israël 13ff.; siehe auch Wildberger: Erwählen 291f.- S.H.Blank 143ff. möchte das passive mit dem aktiven Moment verbinden. Zur Auseinandersetzung mit den Leugnern einer universalistischen missionarischen Tendenz bei DtrJes (u.a. deBoer 84ff.) siehe Lindblom: Prophecy 4ooff., bes.427f.

589. Es ist daher schwerlich zutreffend, wenn Lauha 257.259f. (ähnlich schon Fohrer: Jesaja III 49) in dem universalistischen Missionsgedanken, der als "epochemachender theologischer Aspekt" erscheint, den Zerbruch aller bisherigen

religiösen Vorstellungen über Israels Verhältnis zu Jahwe und zu den Völkern sieht.

59o. Bei Amos (9,12 in seiner Echtheit umstritten) und Hosea ist die Wende offenbar auf Israel beschränkt.

591. Siehe Martin-Achard: Israël 69; Schreiner: Berufung 94ff. Insgesamt zum Thema Mission im Alten Testament noch Hempel: Wurzeln 244ff.

592. In dieser Tradition stehen weiterhin Jes 19,19-25 (tiefer als in der hellenistischen Kultur [so Kaiser: Jesaja II 9o] wurzelt diese Tradition in Israels Gottesbild [so Martin-Achard: Israël 42ff.]);Sach 8,13.23; Ps 47, 9f.; 67; 96,1-6; 87,4; mit auch bei DtrJes erkennbaren nationalistischen Zügen Jes 6o,5ff. Am weitesten auf diesem Weg kommt Jes 66,19f.

593. 4o,27; 41,1o; 46,12; 49,14-16; 5o,4; 51,7.

594. Siehe dazu das zur Anzeige der Totalität für DtrJes typische יחדו. 4o,5; 41,1.19f.23; 43,9.17; 45,16.2of.; 46,2; 48,13; 52,8f.

595. Siehe bes. 45,23-25; 48,9.11 (dreimal "um meinet-" bzw. "um meines Namens willen"); auch die Betonung durch das Suffix der 1.pers.sing. in 4o,1 (עמי); 45,13 (עירי); 46,13 (תפארתי) und 4o,5; 42,8; 43,7.21.25; 44,23; 55,13.

596. 4o,9-11; 42,1o-13; 44,23; 45,8; 48,2of.; 49,13; 52,9f. Im Grunde ist die gesamte Verkündigung DtrJes von ihrer Sprache und den aufgenommenen Traditionen her ein einziges Gotteslob; beispielhaft zeigt das 4o,12-31, wo die beiden Hauptelemente der dtrjes Botschaft vereint sind: Gottes Schöpfermacht und sein Herrsein über die Geschichte.

597. Siehe dazu vRad: TheolAT II 1o8ff.182ff.; Zimmerli: Verheißung u.Erfüllung 81ff.; Wolff: Geschichtsverständnis 319ff.; Fohrer: Prophetie 273ff.; Eichrodt: TheolAT I 225ff., bes.256ff.; North: Interpretation 4off.; Berkhof 41ff.; für die Propheten des 8.Jahrhunderts ausführlich (im Gefolge Fohrers) Vollmer: Rückblicke.

598. So W.H.Schmidt in seinem gleichbetitelten Aufsatz im Anschluß an Wolff u.a. (siehe auch Zukunftsgewißheit 18 +Alo. 63ff.); auch Porteous 34ff. und implizit wiederholt Vollmer: Rückblicke. Diese Grundgewißheit mit dem Rückgriff auf die Vorgeschichte der Schriftprophetie (Elia, Micha ben Jimla) begründen oder als Resultat innerer Entwicklung erklären zu wollen, ohne in diese traditionsgeschichtliche und biographische Linie das unableitbare, gegen alle Angriffe und Anfechtungen letzte Rechtfertigung und Gewißheit vermittelnde Element der persönlichen Berufung konstitutiv mit einzubeziehen (was bei W.H.Schmidt nicht deutlich genug wird), greift freilich zu kurz; ebensowenig darf man bei der Bestimmung des Verhältnisses dieser Grundgewißheit zur prophetischen Heilsbotschaft abstrahieren vom göttlichen Subjekt des Heils- und Unheilswirkens und dem Ort solchen Wirkens im Zusammenhang des göttlichen "Plans". Die trotz aller Diskontinuitäten doch bestehende letzte Einheit von Unheils- und Heilsverkündigung ist begründet in ihrem gemeinsamen göttlichen Autor und dem Ziel seines Werks.

599. Was Elliger: Deuterojesaja 192.196 im Blick auf הגיד gesagt hat, gilt unabhängig von diesem Verb für die Schriftprophetie allgemein: Sie kündigt an und deutet das Zeitgeschehen, indem sie Linien auszieht in Vergangenheit und Zukunft. Siehe zur kerygmatisch-pädagogischen Seite dieses Vorgangs auch Sauter 2o9.

6oo. Deuterojesaja 28off.; insgesamt für die Schriftprophetie jetzt auch Koch: Profeten I 9.

6o1. Siehe z.B. ihren Umgang mit den Heilstraditionen Israels!

6o2. So mit Abstufungen für die einzelnen Vertreter E.Jacob: Théologie 15o;m.R. dagegen Ringgren: Religion 236; Herrmann: Zeit 53; Hermisson: Weisheit 149; Vollmer: Rückblicke 19.65.7o.2o1.

6o3. So allgemein für alttestamentliche Zeugnisse Cullmann: Heil 72 (gegen anderslautende, plerophore Urteile); Gunneweg: Verstehen 17off.

6o4. Geschichtsverständnis 333; ähnlich Vollmer: Rückblicke 2o5. Berkhof 49 möchte dagegen in der Geschichte das "zentrale Thema" sehen, insofern "Gott in seinem Verhalten zu Israel und zur Welt" darin verkündet werde. Wenn Hesse (Abschied 27) behauptet, daß es den Unheilspropheten "überhaupt nicht um jenen kontinuierlichen Geschehenszusammenhang (ging), den wir 'Geschichte' nennen; es ging ihnen um das Hier und Heute, um die Ausweglosigkeit der Gegenwart und die Drohung der nahen Zukunft Gottes", so ist dem, abgesehen von der Problematik des vorausgesetzten Geschichtsbegriffs, generell zuzustimmen. Allerdings muß hinzugefügt werden, daß sich ihre Verkündigung im Hier und Heute nicht artikulieren und verständlich machen konnte ohne die Perspektive von Gottes Handeln und Wegen mit Israel in der Vergangenheit; ohne diese Perspektive wäre auch die Heilszukunft nicht faßbar. Die Vergangenheit mit ihren Traditionen muß man verstehen, wenn man Gegenwart und Zukunft verstehen will (vgl. die in ähnliche Richtung gehende Kritik von Rendtorff: Geschichte 639f. an Zimmerli).

6o5. Gegen vRad: TheolAT II 421 A12 (ähnlich auch Koch: Sühne 222); gerade die von ihm stark betonte neue Heilssetzung Jahwes setzt ja nach dem prophetischen Zeugnis den Rest voraus, und sie ist das Werk göttlicher Treue auch über das Gericht hinaus, wie vRad: TheolAT II 191 (auch unsere Anm.549) selbst sagt.

6o6. Frör 99.

6o7. Wolff: Geschichtsverständnis 326; siehe auch Elliger:"Auch - menschlich geredet - Unglückszeiten sind - von Gott her gesehen - Phasen seiner Heilsgeschichte" (Deuterojesaja 3o4).

6o8. Die Feststellung Hesses (Abschied 26), bei den Unheilspropheten werde unter dem Drohwort "das Heilswort... erstickt oder zu einem mit der Drohung logisch nicht zu vereinbarenden Ausnahmewort degradiert", sollte nicht zur Degradierung der Heilsverkündigung quasi als eines Fremdkörpers der Schriftprophetie führen. Warum haben die Unheilspropheten überhaupt Heil verkündet? Warum ist bei keinem von ihnen das bedingungslose Nein das letzte Wort (so m.R. Zimmerli: Verheißung u.Erfüllung 84, Proclamation 7o.97ff.; Preuß: Jahweglaube 154ff.; Jepsen: Eschatologie 657.659)? Die Logik, die hier waltet, ist die Logik der Liebe und Treue Gottes - über alle Vergeltung hinaus. Die Logik auch der Heilsgewißheit bemißt sich an der Logik der Gottesgewißheit der Propheten!

6o9. Diesen Prozeß hat vRad in TheolAT II umfassend, jedoch nicht ohne Einseitigkeiten, dargestellt.

61o. vRad: TheolAT II 191. Wenn man die theologischen Komponenten der Geschichte im Auge behält, wird man E.Jacobs Urteil zustimmen können: "Man kann sich kaum eine größere Ehrfurcht vor der Geschichte denken als eine solche Geisteshaltung, die das Kommende nur im Lichte des Geschehenen deutet" (Grundfragen 39).

611. Im Blick auf Begründung und Ausgestaltung des Heilshandelns Jahwes, wie es die Propheten verkünden, wird man bei all ihrer notwendigen Traditionsgebundenheit nicht als entscheidenden Differenzpunkt zum neutestamentlichen Kerygma anführen dürfen, daß dieses Heil "letztlich in irgendeinem (!) Sinne ableitbar" ist und "insofern einen Komplementärbegriff zum Unheil darstellt" (Hesse: Abschied 66). Ist denn die Neuschöpfung bei Jeremia und Ezechiel kein *Wunder* der Treue Jahwes? Ist die Zuwendung Jahwes zu Israel in Hos 11, 8f. nicht unableitbar? Ist das stellvertretende Leiden des Gottesknechts (Jes 53) nicht einmalig? Will nicht das אולי in Am 5,15; Zeph 2,3 die Freiheit göttlicher Zuwendung betonen?

612. In Anlehnung an 1Sam 2,6 und Dtn 32,29 als Inbegriff göttlichen Handelns im

Alten Testament Zimmerli: Verheißung u.Erfüllung 85, auch Gesetz u. Propheten lol, Offenbarung 28f., Proclamation 72ff.97f., Wahrheit 12f.; zustimmend Wolff: Hermeneutik 152 +A35, auch Preuß: Jahweglaube 84.168; weiterhin Vriezen: Theologie 2o5f.; W.H.Schmidt: Grundgewißheit 649; Westermann: Bemerkungen 111; Philipp: Absolutheit 224. Der hier anvisierte Sachverhalt wird auch an einem Detail deutlich: am theologischen Gebrauch von קוה pi. Im völligen Gegensatz zum nichttheologischen Gebrauch fehlt hier das Erhoffte als Objekt. Hoffnung richtet sich (stets positiv) auf Jahwe (siehe Wolff: Anthropologie 224f.; Westermann: Hoffen 628f.).

613. So m.R.Rudolph: Jeremia 144f.; Albrektson 121; Frör 22off.; vRad: TheolAT II 311ff.; Barr: Alt u.Neu 114ff.; Elliger: Deuterojesaja 192.196; Hesse: Buch 83f.; S.H.Blank 58; Wildberger: Jesaja I 434f.u.ö.; siehe auch Sauter 155.212.

614. Siehe dazu in vorsichtiger Akzentverschiebung gegenüber Zimmerlis Position Moltmann: Theologie lo2ff. In ähnlicher Richtung verlaufen auch die korrigierenden Anmerkungen von Mauser 7f.(sehr ernst zu nehmende Bedenken auch bei vanRuler 44),der die von Zimmerli klar herausgearbeitete Verheißungsstruktur der alttestamentlichen Zeugnisse unterstreicht, diese Verheißungen aber bei aller Vielfalt der inhaltlichen Bestimmungen als Verheißung der Inkarnation Gottes in Jesus von Nazareth verstehen und daher zeigen möchte, daß Gottes Offenbarung in der Geschichte Jesu (Wort, Werk, Leiden) die Vollendung der in seinen alttestamentlichen Boten erwiesenen "Neigung Gottes zur Menschwerdung" (16), der Anthropomorphie und -pathie Gottes und der Theomorphie des Menschen ist. Weit über alttestamentliche Einzelzitate oder -prädikate göttlichen Handelns hinaus wäre damit eine Elementarstruktur alt- und neutestamentlichen Gottes- und Menschenbildes gefunden. Von diesen Überlegungen her erscheint auch, zumindest auf das Alte Testament bezogen, Baumgärtels Unterscheidung zwischen Weissagung und Verheißung (Verheißung 33ff.) künstlich, da die Verheißung nie ohne fordernde, erinnernde oder weissagende Konkretion ist. Der sich zusagende Gott definiert sich selbst durch seine geschichtlichen Taten, weshalb von ihm auch nur in diesem Bezug recht gesprochen werden kann. Auch ist nicht zwischen dem Menschenwort der Weissagung und dem Gotteswort der Verheißung zu trennen; Gott weissagt und verheißt stets durch Menschenwort. Die vorherrschende Betonung des Verheißungs*guts* bei Baumgärtel blendet die mit der Verheißung verbundene Zeit- und Sachstruktur ungebührlich ab.

615. Siehe Hentschke 5off.; Westermann: Grundformen 69; Preuß: Jahweglaube 195; W.H.Schmidt: Grundgewißheit 647, auch Zukunftsgewißheit 89.

616. Diesen Charakter des Geschichtsdenkens hat z.B. Childs 89 im Blick auf die Verwendung von זכר : mit Gott (31ff.) wie auch mit dem Menschen bzw. Israel (45ff.) als Subjekt, unterstrichen.

617. Siehe so u.a. Wolff: Geschichtsverständnis 321ff., zustimmend Moltmann: Theologie 12o; Sauter 199; Vollmer: Rückblicke 47 A166 (siehe auch 17.46f. 142ff.188f.2o2ff.); weiterhin vRad: TheolAT II 89ff.135f., Geheimnis 95ff.; Eichrodt: Offenbarung 323; Wildberger: Geschichte lo3.lo8; Kaiser: Jesaja I 75.lo7 u.ö.; Preuß: Jahweglaube 87; Zimmerli: Offenbarung 28f.; E.Jacob: Hosea 289; H.-P.Müller: Imperativ 557ff., Mythos u.Transzendenz lo8f.; Muilenburg: Time 239ff.; Scharbert: Heilsgeschichte lo79; DeVries 281f.; Wendland 14; vertiefend Loen lloff.; Müller-Fahrenholz 222f. und neuestens Westermann: TheolAT (bes.Teil I und Gesamtaufriß des Werks!). Doch siehe auch die theologisch notwendigen Einschränkungen von Vriezen: Theologie lo9f. Die Differenzierungen von Hempel: AT u.Geschichte 14ff. (anthropo- und theozentrische Geschichtsbetrachtung unterschieden) sind nicht sachgemäß (kritisch dagegen schon Weiser: Glaube u.Geschichte 14of.).

618. Auf Grund der unterschiedlichen Konkretionen der prophetischen Verkündigung mag man von der Realisierung der unwidersprochenen Gottesherrschaft und vollen Gottesgemeinschaft sprechen (Fohrer), von der Erfüllung des in der Bundesformel umschriebenen Verhältnisses (Smend), von der Erfüllung des 1.Gebots (W.H.Schmidt) oder von der Königsherrschaft Gottes (North: History 61o; H.W.Robinson: Inspiration 131; Bright: Faith 4.11; siehe ähnlich Vriezen: Theologie 88.196.3o2f.321; Eichrodt: TheolAT I 2, Offenbarung 325f.; E.Jacob: Grundfragen 12).

619. Wolff: Geschichtsverständnis 334f. (Zitat 335); dazu auch Pannenberg: Heilsgeschehen 73ff.

62o. Rust zufolge (12) hat dieser Gedanke im Alten Testament seine Wurzeln; vor allem Pannenberg hat sich in mehreren Beiträgen (Heilsgeschehen 68ff., weiterführend Weltgeschichte 352ff., Einheit 478ff., Gott d.Geschichte 8o), freilich über das biblische Maß weit hinausgehend, damit beschäftigt.

621. Gegenüber einer Auffassung, die das von den Propheten verheißene Heil als Ziel göttlichen Handelns innerhalb einer linearen, final-teleologisch ausgerichteten Zeitstruktur versteht und für die beispielhaft Preuß: Jahweglaube 73 und Moltmann: Theologie 33 genannt werden, möchte Jaeschke den Repristinations- und Restaurationsgedanken "in seiner ganzen Wucht" ins Zentrum des prophetisch-eschatologischen Denkens stellen (12o A94). In Verbindung mit seinem Verständnis von Heilsgeschichte (s.u.Anm.899) sieht er Gottes erwartetes Heilshandeln als "nicht völlig neuartig" (was im Blick auf die terminologische und sachlich-strukturelle Anknüpfung der Propheten an alte Heilstraditionen zutrifft), sondern (was im Blick auf die Betonung des qualitativ Neuen, Umgestaltenden und Definitiven zu kurz greift) als "Wiederaufrichtung verlorenen Heils" (117, siehe auch 119f.122.136. 14of.145f.148 u.ö.), das durch den Ungehorsam Israels verloren gegangen war. Jaeschke spricht hier von eschatologischer Anaklasis (verlorenes Heil nur durch das Gericht hindurch wiederherstellbar) im Unterschied zur unmittelbaren Anaklasis (verlorenes Heil durch Kult und Politik wiederherstellbar), die er in der dtn/dtr Paränese findet (14off.), und kommt damit dem zyklischen Zeit- und Geschichtsverständnis nahe, freilich betontermaßen mit dem Unterschied gegenüber der altorientalischen Umwelt, daß es nicht um die Wiederkehr der mythischen Urzeit, sondern um die Restitution konstitutiver geschichtlicher Ereignisse geht (12o) und obwohl er diese Kategorie ablehnt (119 mit Begründung). So gerät er auch seinerseits in die Gefahr der Verabsolutierung *eines* Aspekts der alttestamentlichen Zeiterfahrung, weil er zwar beiläufig vom überbietend Neuen des erwarteten Heilshandelns Jahwes redet (118), dieses aber hinter der Restitution der alten Ordnung zurücksteht und so die Dialektik von altem und neuem Heilshandeln Jahwes als die Dialektik von Neuschöpfung und Treue nicht genügend gewürdigt wird. Das verheißene Neue geht deshalb über die Restitution vergangenen Heils hinaus, ist deshalb auch mehr als ein Zurücktauchen Israels in "den durch eigene Schuld zerstörten Erfüllungszustand" (136), weil es auf die Überwindung der Ursache des *alle* Heilsgeschichte mitprägenden Ungehorsams aus ist, so daß Gottes Heilssetzung durch menschliche Schuld nicht mehr angetastet werden kann. Gerade wo Schuld in ihrer wahren Tiefe erfaßt wurde (bes.Hosea, Jeremia, Ezechiel), steht die Neuschöpfung des Menschen und seines Gottesverhältnisses vor aller Erneuerung der politisch-materiellen Ordnung. Weiterhin ist es für biblisch begründetes heilsgeschichtliches Denken nicht die notwendige Konsequenz aus der berechtigten Kritik an der Hypostasierung der Geschichte (z.B. durch Pannenberg und seinen Kreis), nun Geschichte exklusiv anthropozentrisch und hamartiologisch zu definieren und so als ihr Ziel allein die Katastrophe anzusehen (128); eine Alternative von Ziel des Wollens und Han-

delns Gottes und Ziel der Geschichte gibt es so nicht. Schließlich zeigt auch die prophetische Heilsverkündigung (dazu auch Anm.3o6), daß die Verheißung nicht nur rückwärtsgewandt zur Vergewisserung und Legitimation der Gegenwart dient, sondern neue, reale Zukunft von Gott her eröffnet und so die Gegenwart gerade in Frage stellt!

622. Zimmerli: Bedeutung 71.

623. Siehe Hesse: Abschied 17ff.25ff.31 (angemessener Wertung 283f. und schon Verstockungsproblem 96), ähnlich Hempel: AT u.Geschichte 17ff.; Fohrer: Prophetie 276.289, Geschichte 277ff., Grundstrukturen 147f.; Hamp 138; von der Geschichte Israels als "Heils-Unheilsgeschichte" sprach Baumgärtel (Verheißung 31.58.62 u.ö., Dissensus 3o9, Geschehen 19.21).

624. So Fohrer (in seinen Spuren Vollmer: Rückblicke); dieser Terminus vermag aber nicht hinreichend Begründung und Ziel dieser Geschichte wiederzugeben, von denen doch gerade Fohrer so viel (im Spannungsverhältnis von Gottesherrschaft und -gemeinschaft) zu sagen weiß (auch gegen Eichrodt: TheolAT I 256; Marsh: Time 259, der in Dtn 3o,19 das [prophetische] Geschichtsverständnis gültig ausgedrückt sieht).

625. Prophetie 276.

626. Geschichte 274 mit Verweis auf Ez 18,23.

627. Siehe dazu Cullmann: Heil 6o.68 A2 (zu Fohrer).1o5ff.142.239.242f.299, Heilsplan 732; Scharbert: Geschichtsschreibung 69; Berkhof 43; J.Blank 124; Weth 24o; Flückiger 39f.; K.Barth: KD III/1 212ff.: wesenhaft und eigentlich Heilsgeschichte, weil Gottes Erbarmen und Segen der Grund sind;nur beiläufig Unheilsgeschichte. Siehe auch vRad: Schöpfungsglaube 136, TheolAT I 15o allgemein zum Jahweglauben.

628. Die prophetische Kennzeichnung der Sünde Israels steht der in J gegebenen in nichts nach. In *dieser* Hinsicht ist Israel "dem Menschen" (J-Urgeschichte) gleich - und *dennoch* in einzigartiger Weise Gottes Volk! Man kann schwerlich übersehen, daß Paulus diese Dialektik in seiner Behandlung des "Israel-Problems" (Röm 9-11) präzise aufnimmt und so auf dem Boden seiner Rechtfertigungsbotschaft Israels geschichtlich unüberholbares περισσόν festhält.

629. Abschied 28.

63o. 1-11o.

631. ÜStud 27ff. Zur sehr unterschiedlichen Quellenlage, Intention und Theologie dieses Einzelmaterials, bes. der Aufstiegs- und Thronfolgegeschichte, kann angesichts der äußerst differenzierten und kontroversen Diskussion, wie sie sich jüngst wieder in den umfassenden Bearbeitungen von Kegler und Crüsemann 128ff.18off. darstellt, hier nicht explizit Stellung genommen werden.

632. ÜStud 3ff.

633. Diese Annahme u.a. schon bei Hempel: Geschichten u.Geschichte 215ff.; Jepsen: Quellen 76ff.; Vriezen: Erwählung 1o2 A1; Wolff: DtrGW 32o.

634. Gesetz 494ff.: planvolle nomistische Redaktion (DtrN) des DtrG für Jos 1, 7-9; 13,1bβ-6; 23; Ri 1-2,9.17.2of.23 nachgewiesen, die aus der Deutung der Gegenwart heraus zu einem Verhalten aufruft, das Gottes Willen (=Gesetz) gemäß ist.

635. Annahme von 3 Hauptredaktoren DtrG (bzw.DtrH gemäß Dietrichs Vorschlag [David 48 A11], befolgt u.a. von Smend: Entstehung 115ff.), DtrP und DtrN; dazu Vorstufen von DtrG und möglicherweise auch Nachbearbeitungen (vgl. etwa zu 1Kön 8,14ff. [Prophetie 74 A39]),Prophetie 145 A148. Siehe jetzt auch Würthwein: Könige 95ff. zu 1Kön 8; spätvorexilische Vorstufen der dtr Redaktion des DtrGW nahm auch Nicholson 114.123 an .

636. Nachweis eines königsfreundlichen DtrG und eines grundsätzlich antimonarchisch eingestellten DtrN (vgl. die Ergebnisse: Königtum 115ff.).

637. Versucht Herausarbeitung von 3 verschiedenen Davidsbildern gemäß den 3 dtr Redaktionen DtrG, DtrP und DtrN (Ergebnisse: Dynastie 127ff.). Freilich wird noch eingehend diskutiert werden müssen, ob die von Smend und seinen Schülern Dietrich und Veijola durchgeführten Differenzierungen in verschiedene dtr Redaktionen nicht wieder die Gefahr heraufbeschwören, einerseits die Unterteilungen (siehe Smend: Entstehung 115: DtrN^{I} usw.) zu übertreiben, andererseits literarische und redaktionsgeschichtliche Beobachtungen zu stark zu systematisieren und generalisieren (vgl. dazu das krasse Uretil von Crüsemann 129 A5 über Veijola) und ob gewisse pandtr Tendenzen samt ihren historischen Implikationen angemessen sind (zu vergleichbaren Tendenzen im Bereich des Pentateuch siehe z.B. H.H.Schmid und R.Rendtorff (s.o.Anm.269). Zum Stand der Diskussion Smend: Entstehung 111ff.; W.H.Schmidt: Einführung 136ff. und Kaiser: Einleitung 154ff.
638. Nicht, wie Noth (ÜStud 5 A2. 54f.59f.) im Gefolge Wellhausens annahm, insgesamt dtr, sondern ältere Quelle stellenweise dtr bearbeitet (so Seebaß: Traditionsgeschichte 288ff., Vorgeschichte 169ff.; Stoebe: Samuel 234ff.; Crüsemann 6o.62ff.; Veijola: Königtum 83ff.[DtrN]).
639. Vgl. auch das Urteil von Carlson: Davids 3o und Smend: Entstehung 124.
64o. Siehe z.B. außer der gemeinsamen dtr Grundhaltung (Dietrich: Prophetie 146) die Gemeinsamkeiten in der geschichtstheologischen Perspektive und dem Grundschema Verheißung-Erfüllung (Prophetie 74 A39. 1o7-1o9), das Thema Umkehr und die Forderung unbedingten Gehorsams gegen Jahwes Willen (Prophetie 42f.141f.146), die sich auf Sprache, formale Monotonie und inhaltliche Linie beziehenden Beeinflussungen des DtrP durch DtrG (Prophetie 1o5f.).
641. Dietrich: Prophetie 146. Ähnliche Verwandtschaften sieht Veijola bei den Davidsbildern von DtrG (Dynastie 127ff.) und DtrN (Dynastie 141f.) etwa im Blick auf die David beigelegten Titel, die Idealisierung des Davidsbildes und die damit verbundene Hoffnung im Exil.
642. Wildberger: Erwählen 281.286.
643. In Präzisierung des namenlosen Ortes im Dtn, den Jahwe als Wohnort seines Namens erwählt hat (Dtn 12,5.11.14.18.21.26; 14,23-25; 15,2o; 16,2.6f. 1of.15f.; 17,8.1o; 18,6; 26,2; 31,11), 1Kön 8,16.44.48; 11,13.32.36; 14, 21; 2Kön 21,7 (ewig!); 23,27. Grund der Erwählung Jerusalems: Jahwes Begehren (Ps 68,17 חמד ; 132,13f. אוה), d.h. seine freie Zuneigung und Wahl.
644. Wildberger: Erwählen 289, auch Neuinterpretation 316; vgl. ähnlich die Vermeidung des Terminus בחר bei den vorexilischen Propheten, wohl um der damit verbundenen kultisch-religiösen Sicherheit willen (erstmals wieder Ez 2o,5).
645. Siehe den typisch dtn/dtr Separationsterminus הבדיל .
646. Zur Verbindung von עם und נחלה siehe auch Dtn 4,2o; 9,26.29.
647. 1Kön 11,(13?, doch siehe v36: בחר auf Jerusalem bezogen)34; 8,16, anknüpfend an 1Sam 16,1-13; 2Sam 6,21; 16,18; vgl. Ps 89,4.2o (בחיר bzw. בחור).
648. Anknüpfend an alte Saulüberlieferung (1Sam 9,16; 1o,1), erscheint der Titel im Fortgang des DtrGW nurmehr in dtr Stücken (so Carlson: David 52ff., dāwîḏ 172; Veijola: Dynastie 52.65.129 [Belege auf 3 dtr Redaktionen verteilt]): 1Sam 13,14; 25,3o; 2Sam 5,2; 6,21; 7,8 (jeweils David); 1Kön 1,35 (Salomo); 1Kön 14,7 (Jerobeam I); 16,2 (Baesa); 2Kön 2o,5 (Hiskia) - betont als dtr Synonym zu מלך mit denselben dynastischen Obertönen, bes. betonend die sich aus dem Verhältnis Jahwe-König ergebende religiöse Komponente.
649. Sieht man die parallelen Motive zu Erwählung (2Sam 7,8b), Beistand (v9a) und Namensverherrlichung (v9b) bei Amos und in J, dann ist der traditionsgeschichtliche Bezug zum sakralen Königtum oder zur ägyptischen Königsnovelle (so Carlson: David 113f.) zu einseitig.

65o. Zur Parallelität von בחיר und עבד siehe Ps 89,4; 1o5,6; Jes 45,4; 65,9.
651. So m.R.Rendtorff: Erwählung 12; Wildberger: Neuinterpretation 3o9.
652. Dtn 4,4o; 5,16.33; 6,18; 12,25.28; 19,13; 22,7; 28,1f. → 13f. u.ö. (dazu Brueggemann: Kerygma 389f.).
653. Carlson sieht die ganze Davidserzählung in 2Sam nach diesem Schema angelegt (vgl. David 7 [Inhaltsverzeichnis]: "David under the Blessing (ברכה)" 2Sam 2-7; "David under the Curse (קללה)" 2Sam 9-24 (vgl. ebenso dāwīḏ 171.173f.). M.R. bemängelt Veijola: Dynastie 13 das Fehlen einer sorgfältigen literarkritischen Analyse bei Carlson.
654. Siehe vRad: TheolAT I 317; Perlitt 19.
655. Alle ohne Ausnahme sind "in der Sünde Jerobeams gewandelt" und haben damit Israel verführt (1Kön 15,26.34; 16,19.25f.3o; 22,53; 2Kön 3,2f.;1o,29.31; 13, 2; 14,24; 15,9.18.24.28; 17,2). In dem dtr Rückblick 2Kön 17,7ff. steht der Verstoß gegen das 1.Gebot obenan.
656. Siehe Carlson: David 124ff. mit detaillierten Belegen und Literaturangaben; vgl. auch Clements: Abraham 65f.
657. Angesichts der Thematik gerechter, wenn auch geduldiger Vergeltung erscheint die Rede vom spontan reagierenden Gott (so Kraus: Gesetz 424) unangebracht.
658. Meist ein Tun, das, im Gegensatz zu dem Davids, gekennzeichnet ist durch fehlendes שלם עם יהוה (1Kön 8,61; 11,4; 15,3.14), d.h. durch mangelnde Übereinstimmung mit dem im (dtn) Gesetz geäußerten Willen Gottes.
659. 1Kön 15,26.34; 16,13.19.26; 21,22; 2Kön 3,3; 1o,29.31; 13,2; 14,24 u.ö.
66o. Infrage steht damit eine gewisse Akzentuierung des Leitthemas "Gesetz und Geschichte" (dazu Kraus: Gesetz 415ff.; zu diesem Thema im Dtn auch Koch: däräk 3o9f.).
661. vRad: Wort Gottes 197ff., Geschichtstheologie 192ff., Geschichtsschreibung 183ff., TheolAT I 352f.; Noth: ÜStud 79f.;Nicholson 115ff.; Zimmerli: Verheißung u.Erfüllung 77ff.; Dietrich: Prophetie 1o7ff. (bes. im Zusammenhang der DtrP-Stücke).
662. Am 3,7; Jer 1,12; 23,29; Ez 12,25.28; Jes 4o,8; 55,8ff.
663. Jos 1,2f.6; 21,43-45; 23,5.1o.14; 1Kön 8,53.56; siehe auch 1Kön 8,2o.24ff. (zur Zuordnung der Stellen aus 1Kön 8 zu DtrN siehe Dietrich: Prophetie 74 A39).
664. Gelegentlich (Dtn 11,7; Jos 24,31; Ri 2,7.1o) wird die Summe des Wirkens Jahwes durch die Geschichte Israels hindurch als מעשׂה Jahwes bezeichnet. Damit ist, jenseits des Terminologischen, eine fundamentale gesamtbiblische Überzeugung erfaßt (siehe vRad: Werk Jahwes 237f.).
665. עבדי יהוה ist die dtr Kennzeichnung der vorexilischen Propheten (1Kön 14, 18; 15,29; 18,36; 2Kön 9,7.36; 1o,1o; 14,25; 17,13.23; 21,1o; 24,2 [Dietrich: Prophetie z.d.St.: alle DtrP; Veijola: Dynastie 138.141: DtrP bis auf 2Kön 1o,1o und 17,13 - DtrN -]); vgl. Westermann: Knecht 193 und zum Thema "Prophetie und Geschichte" den gleichbetitelten Aufsatz von Bernhardt; zu DtrP in 1/2Sam jetzt Bickert 9ff.
666. Zur damit ins Blickfeld gerückten Frage nach dem Entstehungsort des DtrGW (Palästina [exakter noch: Mizpa] oder Babylon?) und seinen primären Adressaten siehe kurz Smend: Entstehung 124f.; Kaiser: Einleitung 157.
667. ÜStud 1oo.1o7ff.15of.; siehe auch Plöger: Reden 53f.; Thiel 164f. A79; Hesse: Abschied 28; Würthwein: Reform 41o (dtr Anliegen von 2Kön 23,1-3 her: Volk bleibt trotz der Katastrophe unter Jahwes verpflichtendem Gebot); W.H. Schmidt: Einführung 145f. (1Kön 8,46ff.; Dtn 4,29ff.; 3o,1ff. Ergänzungen zum DtrGW).
668. Wolff: DtrGW 3o9ff.; Clements: Abraham 67ff.; Kellermann 81ff.; vRad: Theol AT I 358; Brueggemann: Kerygma 388f.; Janssen 74ff.82ff.; Soggin: Geschichtsauslegung 14f.; Carlson: David 25f., bes.263ff.; Ackroyd: Israel 145, Exile

78ff.; Smend: Entstehung 122f.; Pohlmann 1o6f.; Wildberger: Neuinterpretation 316ff.

669. Noth: ÜStud (Vorwort) sieht in ihm "das in der Menschengeschichte, soweit uns bekannt, älteste und im alten Orient einzige Denkmal wirklicher Geschichtsschreibung" (s.o.Anm.281).
67o. Noth: ÜStud 1o8; ähnlich Wolff: DtrGW 323 (trotz 31of.).
671. So im Gefolge von Horst: Doxologien 162ff. viele, z.B. vRad: TheolAT I 354f.368ff., Gerichtsdoxologie 245ff.; Wolff: DtrGW 31o, Joel-Amos 254. Zimmerli: AT i.d.Verkündigung 73 spricht von der "große(n) Generalbeichte".
672. Siehe etwa Kraus: Gesetz 426f.; Jepsen: Quellen 112f.; Janssen 74ff.122.
673. DtrGW 311ff., auch Interpretation 34off.
674. Groß 44f.; Lohfink: Bilanz 2o6f.; Koch: Sühne 234 A27; Wildberger: Erwählen 289.292; Preuß: Jahweglaube 91.157.193 u.ö.; vRad: TheolAT I 358f., Deuteronomium 37.131, siehe aber auch schon Wort Gottes 198 und Geschichtsschreibung 183; H.-P.Müller: Ursprünge 61; Soggin: Geschichtsauslegung 15ff.; Reventlow: Rechtfertigung I 65f., II 45; Kühlewein 92f. (ergänzende Intention: warnendes, abschreckendes Beispiel, Begründung des Vertrauens auf Jahwes rettendes Eingreifen); Carlson: David 27.238 A2.253, weitergehend dāwîḏ 174f. (Komposition der Thronfolgegeschichte: Unheil [c.15-2o; 21,1-14; 24] auf Grund des Ehebruchs [c.1o-12] und Gebet und Opfer Davids [24,18ff.] geben einen typologischen Hinweis auf die Errettung der Exilsgeneration durch Sündenbekenntnis, Umkehr, Gebet); Brueggemann: Kerygma 387ff. (Motivierung des Umkehrrufs durch Betonung des טוב -Seins und -Handelns Jahwes im Sinn des ברית -Gemäßen in Erwählung und Nathanverheißung); Westermann: TheolAT 185.187 (ergänzend: Erwartung neuer Zuwendung Jahwes); ablehnend in Bezug auf den Grundbestand des DtrGW O.H.Steck: Geschick 138f. A2. 141ff. (nur Gerichtsdoxologie), siehe auch Diepold 147ff. u.o.Anm.667.
675. Dtn 4,3o; 23,15; 3o,2.8.1o; 1Sam 7,3; 1Kön 8,33.35.47f.; 9,6; 2Kön 23,25 u.ö.
676. Vgl. Wolff: Umkehr 13off.
677. צעק schließt nach 1Sam 13,1o Schuldbekenntnis und Versprechen treuen Dienstes ein.
678. Zu diesem Schema Abfall - Jahwes Zorn - Umkehr - Rettung vgl. das dtr Programm des Ri-Buches, die Rahmenstücke der Rettererzählungen und die dtr Zusammenfassung der Ri-Zeit in 1Sam 12,8-11.
679. Im Blick auf "die Deuteronomisten" geht nach der Analyse von Dietrich das Urteil von Albertz: Schreien 574 zu weit, daß der "Zusammenhang von Klage und Erhörung das einzige Kontinuum in der vom Abfall Israels bedrohten Geschichte" ist.
68o. Auch wenn der Terminus שׁוב fehlt, ist das Umkehrmotiv hier präsent.
681. Vgl. auch 1Kön 8,33.35 im Fall von Feindesnot und Dürre.
682. Siehe Janssen 76.
683. Siehe dazu die Reflexion über die Gründe des Untergangs des Nordreichs 2Kön 17,7ff. (im Kern DtrN [Dietrich: Prophetie 42ff., zustimmend Veijola: Königtum 59f.]). כל־נביאים v13 als Zusammenfassung der kontinuierlich Israels Geschichte begleitenden prophetischen Wirksamkeit (zur dtr Prophetenauffassung und ihrer Wirkungsgeschichte siehe O.H.Steck: Geschick 66ff.; zu ihrer Anknüpfung an die klassische Prophetie, aber auch deren größeren Reichtum, vgl. Bernhardt: Prophetie 37ff.).
684. Vgl. 1Kön 21,27-29 (Ahab); 2Kön 1o,3o (Jehu); 2Kön 13,3-5 (Joahas); siehe auch Jahwes Hilfe angesichts des Elends Israels 2Kön 14,26f.
685. Wolff: DtrGW 315.

686. Dietrich: Prophetie 74 A39: überwiegend Erweiterung von DtrN; Noth: Könige 188f. (Vorläufern folgend): mit v44f. Zusatz zu 8,14-43; für O.H. Steck: Geschick 139 (A2 von 138) Zusatz zu Grundbestand von DtrGW; Würthwein: Könige 95f. zufolge wurde ein Grundbestand 8,14-26.28 sukzessive erweitert durch v29-53 und die folgenden Anhänge, die jedoch alle (bis auf v62-66) dtr geprägt sind.
687. Flehen und Sündenbekenntnis als Ausdruck der Anerkennung von Gottes Gericht und Hoffnung auf sein Erbarmen.
688. Zur *nicht*-eschatologischen Interpretation von באחרית הימים in 4,3o (vgl. 31,29) siehe Jenni: Danach 116f.; Preuß: Jahweglaube 175; Carlson: David 27; Seebaß: Ende 227.
689. Zur innerdtr Einordnung vgl. Wolff: DtrGW 318ff.; zustimmend vRad: Deuteronomium z.d.St.; O.H.Steck: Geschick 14o +A3-4. 141 A2.
69o. Siehe dazu Soggin: Geschichtsauslegung 15ff.
691. Wort Gottes 2oo, Geschichtsschreibung 188f., Geschichtstheologie 198ff., vorsichtiger TheolAT I 355ff.
692. DtrGW 31of.323; unsicher Scharbert: Solidarität 197.
693. Schreiner: Führung 15; Kellermann 81ff.; Herrmann: Heilserwartungen 177; Eichrodt: Heilserfahrung 114; Brueggemann: Kerygma 399f.; H.-P.Müller: Ursprünge 61; E.Jacob: Théologie 159;Kraus: Gesetz 427; deVaux 73o; Janssen 75; Preuß: Jahweglaube 91.135; Wildberger: Erwählen 286f.289.292; Zimmerli: Grundriß 24.159; Gese: Denken 143; Köhler 78f.; Soggin: Geschichtsauslegung 15; Carlson: David 263ff. (auf dem Hintergrund seiner Exegese von 2Sam 7 [97ff.]), dāwîḏ 173; Rudolph: Jeremia 282; Dietrich: Prophetie 142f. (für DtrN); Zenger: Interpretation 16ff., zustimmend Smend: Entstehung 123; Diepold 147ff.
694. Zenger: Interpretation 17.
695. Siehe dazu McCarthy: Structure; Carlson: David 265.
696. Siehe dazu auch die durch den Ehrentitel עבדי , der *im Munde Jahwes* sonst nur noch Mose zuteil wird (Jos 1,2.7, vgl. zum sonstigen Bezug des Titels עבד יהוה auf Mose und seine Verteilung auf die verschiedenen dtr Redaktionen Veijola: Dynastie 128 A7. 141 A1o1), ausgezeichnete Stellung Davids: 2Sam 3,18; 7,5.8; 1Kön 11,13.32.34.36.38; 14,8; 19,34; 2o,6 (bis auf die 3 erstgenannten [DtrG] Veijola: Dynastie 127.141 +A99 zufolge wahrscheinlich DtrN); als Bezeichnung Davids im Munde Salomos auch 1Kön 3,6; 8,24-26 (66); siehe in Bezug auf Josua noch Jos 24,29=Ri 2,8.
697. Zur Profanität dieses Bildes siehe Hesse: Profanität 265ff. und die jüngsten Untersuchungen von Veijola, Kegler und Crüsemann.
698. Siehe Dietrich: Prophetie 142f.; Veijola: Dynastie 141f., Königtum 119f.
699. 2Sam 7,5.8; 1Kön 2,3f.; 3,3.14; 8,17; 9,4; 11,4.6.13.32-34.36.38; 14,8; 15,3.5 (nur hier ein Schatten sichtbar durch Verweis auf 2Sam 11 [Glosse? so Scharbert: Solidarität 196 A279; Würthwein: Könige 184 A2]).11; 2Kön 8,19; 14,3; 16,2; 18,3; 19,34; 2o,6; 22,2.
7oo. Anders als bei Eli (1Sam 2,27-36 → c.22; 1Kön 2,26f.) und Saul (1Sam 13, 13ff.; 15,23 → c.31; 2Sam 4,1-8; 21,1-14).
7o1. 2Sam 7,13-16 בית נאמן עד-עולם (siehe zu בית נאמן auch 1Sam 2,35; 25,28; 1Kön 11,38, dazu 1Kön 2,24; zur Verteilung auf die dtr Redaktoren Veijola: Dynastie 23.29.37.54.56); in v28 wird dafür die אמת der Worte (3 Verheißungen) Jahwes beschworen (vgl. Ps 89,5.29f.37f.). בית נאמן als Inbegriff der חסדי דוד הנאמנים (Jes 55,3) ist garantiert von האל הנאמן (Dtn 7,9; siehe auch Jes 49,7), vgl. dazu auch כון v13.16.
Zur kompositorischen und theologischen Bedeutung und der Entstehungsgeschichte von 2Sam 7 siehe u.v.a. Schreiner: Sion 75ff.; Scharbert: Solidarität 144ff.; H.-P.Müller: Ursprünge 186f. +A44; Carlson: David 97ff., dāwîḏ 17off.;

Veijola: Dynastie 68ff.; McCarthy: Structure 131ff.mit weiterer Literatur.

7o2. Wolffs Argument (DtrGW 311; ähnlich Nicholson lo9ff.) gegen die messianische Deutung von 2Kön 25,27ff., die Erfüllung der Nathanverheißung werde im DtrGW immer dem Gehorsam gegen das Mosegesetz untergeordnet, bedarf der Differenzierung.

7o3. Nach Veijola: Dynastie 142 zu DtrN gehörig; siehe auch Ps 89,4.3o.35-38; 132,11f., ähnlich 2Kön 21,7f.

7o4. Zur Herkunft siehe Veijola: Dynastie 137f.142.

7o5. Brueggemann: Kerygma 399ff.

7o6. Dieselbe Wendung נטה לבב in Jos 24,23 mit menschlichem Subjekt!

7o7. Ähnlich Brueggemann: Kerygma 392ff.4o1f.; O.H.Steck: Geschick 14o im Gefolge von Wolff.

7o8. Vgl. 1Kön 8,42: Anspielung auf die Exodus-Tradition.

7o9. Darum ist es zweifelhaft, ob (mit Jaeschke 146) das dtr Konzept zureichend beschrieben ist durch die Formel der sich stets wiederholenden Abfolge von Verheißung, Erfüllung und Abfall,ebenso, ob mit dem Stichwort der "unmittelbaren Anaklasis" (s.o.Anm.621) auch im Blick auf die Mahnung in der Gerichtssituation des Exils auszukommen ist. Ähnliche Vorbehalte gegenüber der Auffassung Noacks (45), das dtr Schema als ewige, sich allerdings in der Geschichte als ihrem Element ausdrückende geistige Wahrheit kenne einzig das Abfall-Strafe- und Bekehrung-Erbarmen-Verhältnis der Ereignisse.

71o. S.o.Anm.645.

711. Jos 23,4.6f.12f. (1,7-9;13,1bβ-6 voraussetzend [siehe dazu Smend: Gesetz 5o1ff.]); Ri 2,3.2of.; 3,1.4.

712. Vgl. die Rettererzählungen des Ri-Buches und Assur und Babel als Vollstrekker des Verbannungs- und Zerstörungsurteils Jahwes (2Kön 17; 24f.).

713. Zur Besonderheit dieses Falls und der damit verbundenen zeitlichen Ansetzung dieses dtr Stücks siehe Würthwein: Könige 99.

714. Vriezen: Bemerkungen 385. H.-P.Müller hat behauptet (Ursprünge 6of.), daß, entgegen J mit seiner kerygmatischen Abzweckung auf seine Gegenwart (Ursprünge 35ff.5of.56f.), im DtrGW der Weg heilsgeschichtlichen Denkens in seinen negativen Konsequenzen (objektivierende Betrachtung,rationale Einfügung und damit Relativierung und Heilsberaubung irrationaler Ereignisse in eine manipulierte Ordnung, Ideologisierung und willkürliche Manipulation der Ereignisse, Verkehrung des Glaubens in Fürwahrhalten [Ursprünge 49f., auch Mythos u.Transzendenz 1o5f.]) sichtbar werde. Aber muß man wirklich so urteilen in Anbetracht der von Müller selbst unterstrichenen theologischen Eigenart und kerygmatisch-paränetischen Abzweckung des DtrGW: Gerichtsdoxologie, Ruf zur Umkehr, Möglichkeit von Hoffnung? Führt dies alles wirklich zur Vergegenständlichung der Heilsgeschichte und zu den damit angeblich verbundenen Konsequenzen der Entleerung, Verrechenbarkeit und Heilloswerdung? Fraglich ist, ob es den von Müller ins Auge gefaßten Perversionsprozeß im Alten und Neuen Testament überhaupt gibt. Wird der Weg Israels durch die Zeit je anders als im Blick auf sein Woraufhin vergegenwärtigt? Wird auf die Vergangenheit je anders zurückgegriffen als zum Zweck der Mahnung, Tröstung, Gewißmachung, gegenwärtigen Auseinandersetzung usw.? (zutreffend Östborn 74; F.Schütz 11o; gegen Stecks Bedenken gegen heilsgeschichtliches Denken [Idee 53, Meditation 325]).

715. Daß für das DtrGW wie für J und die Propheten Israels Existenz von seinem Gehorsam gegenüber Jahwe abhängt (so Burrows 118), ist freilich zu undifferenziert.

716. Siehe so außer gelegentlichen Bemerkungen von H.W.Robinson: Inspiration 148;

Jenni: Time 645, Tag 722; Lohfink: Freiheit 85ff.; DeVries 31; auch Barr: Alt u.Neu 67f., Story 12ff. den detaillierten Einzelnachweis in den Arbeiten von Cancik, Albrektson, Morenz, Brunner und E.Otto.

717. Wilch 2-19; Barr: Words 17off. u.ö.; zuletzt DeVries 31-39 haben darüber einen Überblick gegeben.

718. 37.335f.; ähnlich auch Petitjean 395ff. Siehe insgesamt auch Barrs Absage an alle Versuche, einseitig vom Verständnis einzelner Wörter aus auf eine (oft in strengen Alternativen gefaßte) alttestamentliche Zeit-Systematik zu schließen (Words 19.46.84.115.137f.141ff.154.16o).

719. Vgl. mit ähnlichem Vorbehalt Gese: Denken 128.

72o. Siehe Philipp: Absolutheit 215: "Geschichte ist Geschehenszusammenhang in der Zeit"; auch R.Niebuhr 55: "Das Drama der Geschichte spielt auf dem Schauplatz der Zeit"; ähnlich Schieder: Geschichte 75.

721. Siehe dazu die ausführliche Würdigung dieses Werks und seiner Wirkungen auf die nachfolgende Forschung durch Barr: Words 86ff.

722. Petitjean gibt darüber einen kritischen Überblick.

723. Siehe dazu besonders die Arbeiten von Wilch, Barr, Jenni und DeVries.

724. Vgl. dazu das Literaturverzeichnis in Albrektsons Untersuchung.

725. Die alttestamentlichen Zeugnisse sind also immer über das Vorkommen einzelner Zeitbegriffe hinaus auf die in ihnen insgesamt zum Ausdruck kommende Zeit- und Geschichtsauffassung zu befragen, wodurch unsere hiesige Untersuchung stets mit den Analysen in B/V-VII verbunden bleibt (so auch Herrmann: Zeit 97; Kegler 29; Preuß: Jahweglaube 91f.), wohl wissend, daß die Bibel als ganze wie auch die einzelnen Zeugnisse keine *Lehre* von Zeit und Geschichte entfalten (mit Barr: Words 151).

726. Im THAT zu יוֹם , עד , עת , עוֹלָם (dem vorangegangen Wort 197ff.), kürzer auch der Art. "Time" im IDB; siehe auch Saebø: Tag.

727. H.W.Robinson: Inspiration lo9ff.; Marsh: Fulness, dazu die Vorarbeit Time 258ff.; Muilenburg: Time 234ff.; auch die kurzen Zusammenfassungen von Ratschow: Anmerkungen; Nandránsky; Neuenzeit 227f.; Vögtle 231f.; Boman 12of. 131ff.

728. Krecher(/Müller) 18; Speiser: Mesopotamia 38.

729. Bull 3; Morenz 78ff.

73o. Siehe Gerleman: Wort 433ff.; W.H.Schmidt: dāḇār 111ff.

731. Durch stat.-constr.-Verbindung, in präpositionellen (mit und ohne Infinitiv oder Relativsatz) und abverbiellen Wendungen oder in Form von Demonstrativpronomen, Possessivsuffixen, Adjektiven, bestimmten oder unbestimmten Zeitangaben.

732. Inhaltlich sind mit עת und יוֹם verbunden (Belege außer in den Artikeln von Jenni und bei Wilch und DeVries noch bei Robinson: Inspiration lo9ff.) - mit unterschiedlichen Gewichtungen in den einzelnen alttestamentlichen Traditionsbereichen - mehr oder weniger jenseits menschlicher Kontrolle liegende Naturereignisse (Regen,Ernte,Fruchttragen,Viehtrieb,Vogelflug,Austrocknen der wadis,Gebärzeit der Tiere, Geborenwerden,Heranwachsen,Alter und Tod des Menschen), menschliche Konventionen und Tätigkeiten (Mahlzeiten, Kriegführen), kultische und nichtkultische Termine oder Perioden, Gottestaten und von Gott gegebene menschliche Möglichkeiten sowie festgesetzte Termine eigenen Handelns (bestimmte heil- oder unheilvolle Ereignisse der Vergangenheit, Drohungen oder Verheißungen für die Zukunft, menschliche Umkehr, Gehorsam, Fürbitte).

733. Jenni: Zeit 371.

734. H.W.Robinson: Inspiration 119.

735. Muilenburg: Time 234; H.W.Robinson: Inspiration lo9; dazu Wilch 155ff.

736. W.H.Schmidt: Schöpfungsgeschichte 188.

737. Vögtle 231.
738. Siehe dazu Galling: Rätsel 1ff. (von Qoh solche Zeit unter dem Aspekt der Hinfälligkeit und der frustrierenden Wirkungen gesehen [so auch Barr: Words 1o2f.]).
739. Siehe dazu Kegler 7ff. und die Verdeutlichungen an Hand der Thronfolgegeschichte 188ff.3o9.
74o. Im Sinn von זמן (Termin,Datum) oder מועד (vereinbarter, festgesetzter Zeitpunkt).
741. 4o.
742. Vgl. bes. Jenni: Tag 717ff., Zeit 378ff.
743. Jenni: Ewigkeit 23o.
744. Mit מן , analog dem Gebrauch von קדם .
745. Mit עד oder ל , analog bis auf je eine Ausnahme עד und נצח , die häufig als Begleitworte zu עולם gebraucht werden.
746. Unterstrichen wird das durch das im selben Sinn gebrauchte דור(ו)ת (vgl. Gerleman: Generation 443ff.): zeitliche Dauer nicht abstrakt, sondern inhaltlich gefüllt als Dauer der in jedem דור Lebenden und so als Folge aneinandergereihter Generationen verstanden.
747. 18mal in den Psalmen, verwandt dem pl. von דור (42mal in den Psalmen).
748. Siehe dazu Freedman/Lundbom: dôr 188ff.
749. Vgl. W.H.Schmidt: Schöpfungsgeschichte 185ff.
75o. Dieser für alttestamentliches Denken fundamentale Gedanke ist auch für das Geschichtsverständnis von konstitutiver Bedeutung wie auch für das Verhältnis zur Natur. Jede Hypostasierung oder gar Deifizierung, aber auch jede Dämonisierung der Geschichte ist dadurch verwehrt, damit auch jeder Geschichtsbegriff, der heimlich oder offen Gottes Schöpfer- und Herrsein und damit das 1.Gebot mißachtet.
751. אלהי עולם יהוה nicht im Sinn zeitentzogener ewiger Dauer, sondern der Freiheit und Beständigkeit seiner Treue in Wort und Tat zu verstehen (vgl. Ratschow: Anmerkungen 367f.)
752. Vgl. die vor allem in den legislativen Texten des Pentateuch vorkommende Verbindung von יום und Ordinalzahl zur Angabe von Festterminen (insgesamt ca.15omal im Alten Testament).
753. Darauf hat, jenseits wortgeschichtlicher Untersuchungen, Wolff: Anthropologie 128 aufmerksam gemacht; ähnliche, aber allgemeiner gewendete Gedanken auch bei O.Weber: Treue Gottes 1o4 und Philipp: Absolutheit 228. Sauter 172: Gott verspricht "'in principio' die Zeit als beständige Gabe seiner Treue".
754. Ägyptische Analogien bei Morenz 79.
755. Siehe u.a. Speiser: Idea 2o1; Maisler 82; Lohfink: Freiheit 85ff.; Petitjean 396f.; Albrektson 14; Moltmann: Theologie 85; Pannenberg: Heilsgeschehen 46; Herrmann: Zeit 85ff.
756. Das haben betont und in eigenen Beiträgen berücksichtigt Speiser: Idea 2o3-2o5 (für Mesopotamien). 2o5-2o7 (für Ägypten), ebenso Mesopotamia 38.4off. 48 und Geschichtswissenschaft 217; Wilson und Jacobson, in: Frankfort: Frühlicht 37.137f.u.ö.; Frankfort selbst (Frühlicht 243ff.); vgl. auch Cancik: Grundzüge 8 u.ö.; Kegler 1 und insbesondere das eindrucksvolle Werk von Brandon: History, Time and Deity (1965).
757. Siehe für das Alte Testament einen ähnlichen Versuch von Wolff (Anthropologie 127[ff.]): "Der alttestamentliche Zeitbegriff".
758. So Speiser: Mesopotamia 4off., Geschichtswissenschaft 216f., aufgenommen von Gese: Denken 128f.
759. Infolge der Darstellungen von Bull, E.Otto u.a.

76o. Albrektson 14 erwähnt in diesem Zusammenhang Hempel, Lindblom, Weiser und Eichrodt.
761. Siehe dazu bes. Albrektson 11ff.53ff.89f.93ff.u.ö.
762. Zum Stand der Forschung siehe Cancik: Grundzüge 5-7.
763. Wenn freilich Geschichtsschreibung als Darstellung von Vergangenem als solchem im Sinn "einer vorwiegend immanent" bezogenen Darstellung definiert wird (so Krecher[/Müller]13), wird man weder in Mesopotamien noch in Israel (überhaupt in der Antike?) Geschichtsschreibung finden. Auch A.Kammenhuber spricht von "Geschichte als solche(r)", "Geschichte an sich", aber aus dem Bezug zu Gott (bzw.Göttern) vermag sie solche Geschichte auch bei den Hethitern nicht zu lösen (146f.), so daß also Geschichte und Religion zusammenhängen.
764. Cancik: Grundzüge hat sich jüngst auf der Basis literatur- und kulturgeschichtlicher Vergleichung um die Erfassung der hethitischen und im Zusammenhang damit auch der assyrischen und israelitischen Geschichtsschreibung bemüht.
765. Gegen das Kontrastschema "zyklisch-linear" als Differenzpunkt zwischen altorientalischem (bzw. griechischem) und alttestamentlichem Zeit- und Geschichtsverständnis zuletzt wieder m.R. Jaeschke 99ff., im Blick speziell auf den griechisch-israelitischen Vergleich in Auseinandersetzung mit Boman, Marsh und Cullmann: Barr: Words 143ff., Alt u.Neu 3off. und Momigliano 4ff. mit zahlreichen Belegen.
766. Deshalb dient die Aufzählung der Großtaten der Fürsten und Könige etwa in den Bau- und Votivinschriften als Wurzel aller historischen Inschriften (so im Gefolge von Mowinckel: Fürsteninschriften 278ff., später zusammengefaßt in Studien 92ff. u.a. Gese: Denken 13of.; Noth: Geschichtsschreibung 1499; Schmökel 182; Albrektson 18ff.; Cancik: Grundzüge 47 +A16o) nicht so sehr dem Selbstruhm als vielmehr der Glorifizierung der Götter (Speiser: Mesopotamia 66f.; Albrektson 43f.; Cancik: Grundzüge 47).
767. Siehe Bergman 92ff.; Lutzmann 98ff.; Morenz 71ff.
768. Zu den Materialien siehe Bull 1ff.
769. Siehe dazu bes. Otto: Geschichtsbild 161ff.
77o. Reproduktion der göttlichen Ordnung im Sinn der Wiederholung und periodische Störungen überwindenden Erneuerung der wesentlichen, für alles Zeitdenken letztlich konstitutiven mythischen Zeit (siehe dazu Brunner 584ff.; Assmann 28ff. im weiteren sachlich Kontext von Eliade 438ff.463ff., gegen dessen Einseitigkeiten sich Brandon: History 65ff[vgl. auch Albrektson 93ff.]gewandt hat mit dem Aufweis ausgeprägten historischen Interesses bei den Ägyptern [wie Mesopotamiern] - siehe bes.67f.7of. -, ohne daß dadurch jedoch der prägende Bezugsrahmen des ägyptischen Denkens wirklich betroffen wäre. Denn auch die *Annalen* bezeugen in ihrer Konzentration auf typische königliche Ritualhandlungen [Regierungsantritte, Feste, Opfer, Bautätigkeit, Grenzsicherung, Kriege, rituelle Jagden etc.] kein wirklich historisches Interesse, sondern bieten die Summierung typischer, einander wiederholender Regierungsperioden [so Hornung 19ff.; Wildung: Geschichtsbild 562f.; vBeckerath 566]; durch solche Summierung, nicht durch den linearen zeitlichen Fortgang und eine mehrere Regierungszyklen übergreifende Entwicklung wird die zeitliche Tiefendimension geschaffen).
771. Auf die sich aus der Funktion des Königs ergebende Wirkung auf die Geschichtsschreibung haben Otto: Geschichtsbild 162.164ff., auch Zeitrechnung im AO 748 und Hornung 14ff. hingewiesen: Das Geschichtsbild wird geprägt von den religiös-konstitutiven Elementen einer mit jedem neuen König wiederholten, gleichbleibenden, das Chaos bannenden Ordnung königlichen Herrschaftsvoll-

zugs. Dieser mythischen Vorgabe sind die akut geforderten politischen Taten untergeordnet.

772. 14ff. mit eindrucksvollen Belegen; siehe ähnlich Otto: Zeitrechnung im AO 748ff.: "ritualisierte Geschichte".
773. Otto: Zeitvorstellungen 146.
774. Otto: Zeitvorstellungen 139ff., Zeitrechnung im AO 747ff.; Assmann 33ff. Zum Phänomen der zyklischen Zeit insgesamt Eliade 443ff.; R.Niebuhr 6off.
775. Zur Begrifflichkeit Otto: Zeitvorstellungen 135ff., zusammenfassend Zeitrechnung im AO 744, Geschichtsbild 163f.; außerdem Morenz 8off. mit Herrmann: Zeit 89ff. im Gefolge.
776. Wildung: Geschichtsauffassung 561.
777. Wildung ebda., auch Geschichtsdarstellung 565; vBeckerath 566.
778. Die Differenzierung in "lineare" und "zyklische" Zeit geht Assmann 43 zufolge auf Morenz zurück.
779. Lohfink: Freiheit 87ff. (ähnlich Brunner 585; Herrmann: Zeit 9of.) hat recht mit seinem Einspruch gegen das Pauschalurteil (auch bei Wildung: Geschichtsauffassung 56o, Geschichtsbild 563), Ägypter (wie Mesopotamier) hätten sich die Zeit nicht als einsinnig verlaufende Folge von Zuständen denken können.
78o. Für die Ramessidenzeit siehe dazu Assmann 61ff.
781. Siehe dazu bes. Morenz 8off.18o, dem Herrmann: Zeit 89ff. folgt in der Fixierung verschiedener Bezugsgefüge der Termini und dem Aufweis geschichtlicher Wandlungen und Entwicklungen; kritisch dazu Assmann 43f.
782. Morenz 61f.1o2f.; Otto: Zeitvorstellungen 141f., Geschichtsbild 176.
783. "Ein Schlag wird mit seinesgleichen vergolten: Das ist die Verzahnung allen Tuns" (Otto: Geschichtsbild 176).
784. Mit Otto: Zeitvorstellungen 141f., Zeitrechnung im AO 75of., zustimmend DeVries 344; Bull 3.2of.32f.; Gese: Denken 128; Assmann 27f.36; Speiser: Idea 2o5ff., Mesopotamia 38; Frankfort: Frühlicht 245, Kingship 9.56f. 149 u.ö.
785. Hornung 29.
786. Zur forschungsgeschichtlichen Situation siehe Krecher(/Müller) 15f.
787. Bau- und Votivinschriften, Annalen, Königslisten, Chroniken, Ominalisten, Stelentexte, Götterbriefe, astronomische Tagebücher, sog.Prophetien (dargeboten und unter historiographischem Gesichtspunkt interpretiert u.a. von Güterbrock; Krecher[/Müller] 16ff.; Speiser: Mesopotamia 45ff., kurz zusammengefaßt Geschichtswissenschaft 216ff.; Oppenheim 144ff.; Albrektson; siehe auch Gese: Denken und zu den assyrischen und babylonischen Chroniken [des 8.-3.Jh.v.Chr.] bes. Grayson).
788. So Kramer: Historiography 217f.; Lambert 7of.; Krecher(/Müller) 28ff.; DeVries 344.
789. Siehe dazu Speiser: Mesopotamia 43ff.6off., Geschichtswissenschaft 217; Finkelstein 462ff. (sieht in den Omina mit ihren historischen Nachrichten die Wurzel der mesopotamischen Historiographie); Gese: Denken 131f.; Krecher(/Müller) 18ff. mit weiterer Literatur; auch Lohfink: Freiheit 9off.
79o. Krecher(/Müller) 17f.; Lambert 67ff.
791. Siehe dazu die politisch-historische Dichtung "Fluch über Akkade" (neu edierter Text: Falkenstein 43ff.; Kramer: Curse 647ff.).
792. Güterbrock I 2.15 u.ö. sieht in den altbabylonischen Königslisten ähnliche Gedanken. Goossens 244 (mit deVaux 73o im Gefolge) spricht im Anschluß an Speiser daher von "une conception ondulatoire".
793. So Speiser: Mesopotamia 55f., auch Geschichtswissenschaft 218.

794. So Goossens 244f.; Krecher(/Müller) 17; Gese: Denken 133f.; siehe auch Frankfort: Kingship 398 A43 und Schmid: Atl Verständnis 12.

795. Zur fraglichen Stelle (Zeile 54ff.) siehe Kramer und Falkenstein in ihrer Textausgabe des "Fluch über Akkade" (auch Albrektson 25.9o und Gese: Denken 133 +A4). Fraglich ist die *Begründung* für Inannas Auszug aus ihrem Heiligtum in Akkad und ihren Kampf gegen die Stadt (Falkenstein 47 vermag keine Verfehlung Naramsins in dem nur unvollständig zu deutenden Text zu erkennen); im Fall der 7 Jahre später erfolgenden Freveltat Naramsins gegen das Enki-Heiligtum in Nippur ist dann das Begründungsschema Vergehen-Strafe evident.

796. Text bei Güterbrock I 47ff. und Grayson 145ff. (43ff.Einführung und Analyse der Quellenlage). Hier wird der Wechsel der Dynastien von der frühdynastischen Periode der sumerischen Geschichte bis kurz vor 2ooo v.Chr. als Lohn oder Strafe Marduks für rechtes oder verfehltes kultisches Verhalten an seinem Heiligtum erklärt. Siehe dazu noch Goossens 245; Speiser: Mesopotamia 59f.; Albrektson lo2f.; Krecher(/Müller) 25f.; Gese: Denken 136f.; Lohfink: Freiheit 92; Schmid: Atl Verständnis 12f.; Schmökel 186.

797. Speiser: Mesopotamia 56ff., Geschichtswissenschaft 218; Kammenhuber 137; Cancik: Grundzüge 38 sind dieser Meinung; mit Einschränkungen dagegen Gese: Denken 135f.

798. Ähnliche Beispiele für Ägypten bei Morenz 61f., für die Hethiter s.u.Anm. 8o2.8o3.

799. Kammenhuber 144.148ff.; Cancik: Wahrheit 47f.

8oo. Siehe die detaillierte Auswertung im Teil II von Grundzüge (lolff.), summarisch Wahrheit 46ff., bes. 52ff.; zu seinen Vorläufern im Anittatext (18.Jh.) und Telipinu-Erlaß (15.Jh.) siehe auch Kammenhuber 141ff.148ff. (zur religiösen Bedeutung und ahistorischen Qualität der althethitischen Texte und ihrer Verwandtschaft mit der sumerisch-babylonischen Literatur 137ff.); überblicksmäßig zur hethitischen Geschichtsschreibung auch Güterbrock II 93ff. Zu den paränetisch ausgerichteten geschichtlichen Einleitungen der Vasallenverträge zuletzt wieder McCarthy: Treaty (siehe 146f. zur Differenz zwischen hethitisch-mesopotamischem und alttestamentlichem Geschichtsverständnis).

8ol. Vgl. den Querschnitt, den Cancik: Wahrheit 71ff. bietet (u.a. Jepsen: Quellen 112ff.; Noth: Geschichtsschreibung 1498ff.; Soggin: Geschichte 725).

8o2. Text: Goetze 394ff.; auf sie verweisen u.a. Malamat 1ff.; Gese: Denken 138f.; Scharbert: Solidarität 5of.122; Albrektson lo6f.; Jepsen: Quellen 112; Hempel: AT u.Geschichte lo; Kammenhuber 147; Cancik: Wahrheit 85ff., Grundzüge 45. Auffallend sind die Komplizierungen: Der Sohn hat die Sünde des Vaters zu büßen, der Sieg der Hethiter ist Mittel für die göttliche Bestrafung der Hethiter!

8o3. Siehe bes. Cancik: Grundzüge 41ff., auch Wahrheit 65ff.76f.; Kammenhuber 153f.; Gese: Denken 139f.; Albrektson llof.

8o4. Siehe die Belege bei Albrektson 42ff.9of. u.ö.

8o5. Formal ist auch die Synthese von rhythmisch-archaischem und chronologisch-geschichtlichem Denken nicht das Besondere an Israels Zeitbewußtsein (gegen Neuenzeit 232). Zu fragen ist, worin diese Synthese ihre sachliche Begründung hat.

8o6. So m.R. Barr: Alt u.Neu 67f.; Cancik: Wahrheit 51, Grundzüge 69 A8. 23o A69; Lohfink: Freiheit 98ff.; Jenni: Time 646f.; DeVries 343ff.; allgemein auch Gadamer 1494. Kegler 383 A858 bemerkt zutreffend, daß (mit Albrektson, Cancik) die Kategorie der Offenbarung in der Geschichte nichts spezifisch Israelitisches sei und warnt deshalb vor Pauschaldifferenzierungen. Aber er unterschlägt, daß seine beiden Gewährsmänner gleichwohl Wesentliches zur Besonderheit, ja Einzigartigkeit des alttestamentlichen Geschichtsdenkens zu sagen wissen!

8o7. Muilenburg: Time 23o.

8o8. Dagegen m.R. Barr: Words 143ff.; Petitjean 392 u.ö.; Westermann: TheolAT 184f. und die Gliederung Teil I (28ff.) und Teil II (72ff.), auch Genesis 89ff.

8o9. Boman 1o9ff., jenseits der Modelle "zyklisch" oder "linear" als *Zeitrhythmus* interpretiert (114-116). Doch wie verhält sich dazu die 141. 148f. betonte (von Gott gesetzte) Zielhaftigkeit und Bestimmtheit der Geschichte?

81o. Pedersen 486ff.

811. Galling: Geschichte 171, auch Sinndeutung 311 (mit Berufung auf Tillich; zustimmend Neuhäusler 2); Marsh: Time 258f., Fulness 19ff.63ff.167ff.; ihnen zustimmend Philipp: Absolutheit 226, Geschichte 1485; siehe auch Delling 52.81.

812. Gegen Bomans Auffassung (118), dem in der Zeit lebenden Hebräer bereiteten die Zeitabstände kaum Schwierigkeiten.

813. Siehe dazu ausführlich Preuß: Jahweglaube 71ff.: "Die Geschichte als Weg mit Israel" (73: "Nomadisches Unterwegssein wird zur irdischen Pilgerfahrt; Geleit durch Jahwe wird durch Motivtransposition zur Heilsgeschichte als Führung"); gut auch Muilenburg: Time 233f. Zum Terminus דרך in Bezug auf Israels Geschichte siehe auch Koch: däräk, bes.3o7ff.

814. So Eichrodt: Heilserfahrung 113ff.; Jenni: Time 646, Zeit 38o; Wilch 169ff.; DeVries 343; Barr: Words 27ff. (dazu die Auseinandersetzung mit der These von Marsh, die Realzeit[καιρός]sei in der Bibel primär gegenüber der chronologischen Zeit[χρόνος]: Words 22ff.33ff., siehe auch 96f.1ooff.125f.). Andererseits versucht z.B. Preuß: Jahweglaube 73.82f. 94 u.ö. die kairologischen und zyklisch-rhythmischen Zeitelemente ungebührlich stark und pauschal den linearen unterzuordnen (kritisch gegenüber einer solchen Überbetonung Vetter 3 u.ö.). Gerade das von Preuß: Jahweglaube 95f. zitierte Urteil Sauters 112 über die Nichtsystematisierbarkeit des alttestamentlichen Zeitverständnisses (zu diesem schwierigen Problemkomplex siehe die Untersuchungen von Philipp: Absolutheit 215ff.343ff.) sollte an der alttestamentlichen Aspektvielfalt festhalten lassen.
Zu Sekine 66ff. ist anzumerken, daß anders denn als "innere Zeit", d.h. als von Gott, seiner Gewährung, Führung und Herrschaft in Erwählung, Segen und Gericht her erfahrene und verstandene Zeit, Zeit im Alten Testament nicht in den Blick kommt, von einer "äußeren Zeit" als solcher und ihrer chronologischen Ordnung unter Absehung von Gottes Offenbarung nicht die Rede sein kann. Aber die "innere Zeit" hat in den biblischen Zeugnissen unterschiedlich ausgeprägte Formen, die wir, mit allem Vorbehalt und modellhaft schematisierend und darum notwendigerweise verkürzend, mit den Bezeichnungen "linear, kairologisch, zyklisch" umschreiben. Diese Formen sind nicht am Subjekt an sich (so Sekine 69), sondern an der lebendigen Beziehung Gottes zum Menschen orientiert. Mißverständlich ist es auch, wenn (z.B. im Akt kultischer Vergegenwärtigung) der Kairos als Aufhebung der Zeit gedeutet wird (so Sekine 69f.; schärfer noch Hempel: AT u.Geschichte 3o in Auseinandersetzung mit Galling: Geschichte 169ff.: nicht Kontraktion der Zeiten, sondern Verschwinden der Zeit überhaupt); denn das dtn/dtr זכר steht im Zusammenhang der *Gebots*paränese, der die Vergegenwärtigung dient, und vollzieht sich Ps 48,1o zufolge in den, für das alttestamentliche Menschenbild überhaupt bestimmenden (so Seebaß: Anthropologie 52f.) Formen des Sagens, Erzählens, Kündens, Weitersagens, Belehrens, dem Hören, Annehmen und Realisieren entsprechen, bezieht also die Zeit in ihren verschiedenen Dimensio-

nen, theologisch bedeutsam, mit ein (siehe Schmitt: Passa 72f.1o2). DeVries 343ff. schließlich unterschlägt bei seinem beachtlichen Versuch einer sachlich-thematischen Zuordnung der verschiedenen Zeitaspekte, weil er den von ihm so bezeichneten quantitativen (die Zeit als Folge von einander wesenhaft entsprechenden Zeitquanten verstehenden und daher für priesterliches, auf kultische Ordnung gerichtetes Denken typischen) Aspekt zu wenig von seiner inhaltlichen Begründung und Zielsetzung her betrachtet, zu stark das kairologische Element des Gedenkens im Heute und engt den historischen (qualitativen, die Zeit als Folge von wesenhaft einzigartigen Ereignissen von revelatorischer Bedeutung verstehenden) Aspekt zu sehr auf die Einzelsituation und die darin gegebene neue Entscheidungsmöglichkeit ein, ohne den Zusammenhang dieser Ereignisse und das überindividuelle Ziel des Geschehens in den Blick zu nehmen.

815. Wenn Snaith die Verfügungsmacht Jahwes über sein Geschöpf "Zeit", erfahrbar und verstehbar in den Formen der zyklischen (176ff.), horizontalen (179ff.) und vertikalen (181f.) Zeit, angezeigt durch die hebräischen Termini נקף II, עבר und פקד (entsprechend den griechischen αἰών, χρόνος und καιρός) betont, ist es fraglich, ob man zwischen diesen Formen so differenzieren darf, daß es sich bei der zyklischen und horizontal-linearen Zeit um natürlich-menschliche Weisen, bei der vertikal-kairologischen um die göttlich-geistliche, wesentliche biblische Weise des Erfahrens und Verstehens von Zeit handelt (176).

816. Siehe dazu auch Westermann: Genesis 788.

817. Es ist daher unzutreffend, wenn Simpson 5 behauptet, von der biblischen Schöpfungslehre hänge die biblische Geschichtstheologie ab. Und da Schöpfung offenbar nur in (gemeinorientalischen) mythologischen Kategorien interpretiert werden kann, wird Geschichte zum Reflex der Überführung des Chaos in den Kosmos auf der Ebene der menschlichen Beziehungen (2.6). Für H.H.Schmid: Atl Verständnis 14ff. ist das alttestamentliche Geschichtsverständnis (wenigstens bis in die spätvorexilische Zeit) nur eine Spielart des gesamt-altorientalischen Schöpfungs- und Weltordnungsdenkens. Der Rückgriff auf Geschichtserfahrungen erfolgt im Interpretationszusammenhang solcher Grundkategorien (14ff.), von angeblich wesentlichen Anstößen für ein differenzierteres Verständnis von Geschichte bleibt wenig übrig, wenn Geschichte über den Schuld-Ergehen-Zusammenhang auf Jahwes Rechtswillen zurückbezogen und damit (!) im Horizont des Weltordnungsdenkens interpretiert und solcher Interpretation damit (!) Verbindlichkeit verschafft wird (16f.); und die sich im DtrGW zeigenden Grundstrukturen der Geschichtsbewältigung unterscheiden sich nicht von den altorientalischen (17f.). Die vorexilisch-prophetische und die dtr Interpretation der Geschichte werden Ausgangspunkt für die Zukunftsaussagen DtrJes (19), deren Thema, wie das Hauptthema des Alten Testaments überhaupt, ist, "wie die Welt zu einer umgreifenden Geordnetheit, zu Recht, Gerechtigkeit, Frieden und Heil gelangen bzw. darin bleiben könne" (21). Wieso dagegen (erst) bei J (in spätvorexilischer Zeit [18f.]) die Geschichte zum tragenden Element der israelitischen Religion werden kann, ist schwer erklärbar. Schmid verliert bei der Fülle von Parallelen und Analogien das durch die religiösen Urerfahrungen bedingte analogielose Anderssein Israels aus dem Blick, das u.a. auch für die Eigenart seines Geschichtsverständnisses prägend war (s.o.S. 111ff.) und Zeugnisse hervorgebracht hat, die nach Thema und Form im Alten Orient einzigartig sind. Von seinen Ursprüngen her denkt Israel (bes. auch im DtrGW und bei den Propheten) nicht vom Weltgesetz, sondern vom Bundesrecht her. Der vehemente Assimilations-, Umprägungs- und Abstoßungspro-

zeß, den Israel seit der Landnahme im Kampf mit dem Welt-, Gottes- und Menschenbild seiner Umwelt vollzog und in dem sich immer aufs neue das Bewußtsein der geschichtlichen, religiös-kultischen und gesellschaftlichen Fremdheit lebendig erwies, wäre banalisiert, wenn Israel lediglich das allgemein-orientalische Weltordnungsdenken in seiner geschichtlichen Situation zu verifizieren gehabt hätte (so Schmid 21). Der Ansatz Schmids ist methodisch einseitig, weil er von dem sachlich durchaus anfechtbaren Postulat eines gesamt-orientalischen Ordnungsdenkens, d.h. einem theologisch ausgeprägten Interpretationsmodell von Welt aus alle individuellen Äußerungen nur als Modifikationen solchen Denkens, aber nicht deren *eigenartige* religiöse Wurzeln sieht. Eine phänomenologische bzw. systematische Gesamtsicht (vergleichbar durchaus mit den wissenschaftsgeschichtlichen Erscheinungen des Panbabylonismus, Panägyptismus oder des Myth-and-Ritual-Pattern) erdrückt die historische Individualität.

818. KD III/1 §41, 1-2.
819. Für Brandon: Religion 165 (siehe auch History 112ff.) ist in diesem Fest der das alttestamentliche Geschichtsverständnis bestimmende Geist in typischer Weise lebendig.
82o. Unter dem Stichwort "Historisierung" läßt sich eine für Israels Gottes- und Geschichtserfahrung typische Struktur zusammenfassen (siehe Schmitt: Passa 45f.).
821. Siehe im Blick auf das Passa Schmitt: Passa 95ff.
822. M.R. betont von Maisler 82; Wright: God 28; Lohfink: Freiheit 94f.; Albrektson 115ff.; Freedman 15o; Childs 81ff.; W.H.Schmidt: Atl Glaube 84; auch Wiseman 256 und Momigliano 19f.
823. Er negiert die Differenz zwischen dem Einst und dem Jetzt, also die Geschichte, die ja gerade das Unheil ist, weil sie den heilvollen Urzustand bedroht.
824. E.Jacob: Grundfragen 37 A9 spricht m.R. von "einer der wichtigsten hebräischen Denkstrukturen".
825. Siehe dazu Childs 74ff.81ff.; Schmitt: Passa 7off.
826. Ähnlich Albrektson 116f. in Auseinandersetzung mit Gyllenberg: Kultus 72ff.; vgl. dazu auch Schmitt: Passa 97ff.
827. DeVries 347f.
828. Schmitt: Passa 79ff.
829. In diesem Sinne mag man formulieren, daß für die Zeitgenossen der Propheten die Kenntnis der "vergangenen" Ereignisse "nicht nur heilsam, sondern geradezu heilsnotwendig" ist (Galling: Sinndeutung 3o9).
83o. So Galling: Geschichte 171, Neuhäusler 2 zustimmend.
831. Vgl. dazu exemplarisch vRads Untersuchung der gegenseitigen Beeinflussung des im 1. und 2.Gebot konzentrierten alttestamentlichen Gottes- und des Weltverständnisses (Aspekte 311ff., TheolAT I 216ff.225ff., II 359ff.).
832. Siehe Frankfort: Frühlicht 246.
833. Siehe dazu bes. W.H.Schmidt: Gebot, Atl Glaube 9ff.67ff.; ferner Wolff: Jahwe u.d.Götter 397ff., Interpretation 332f.; vRad: TheolAT I 216ff.; Zimmerli: Grundriß looff.; Knierim: Gebot 23; Maag: Syr.-Palästina 597; Saebø: Name 184f.
834. Labuschagne 138f.
835. Dazu ausführlich R.Niebuhr 123f.144ff.176ff.193.
836. Siehe dazu Mauser 37ff.
837. Hehn 96ff.; W.H.Schmidt: Atl Glaube 68f.; Wildberger (s.o.Anm.563) und die Beiträge in O.Keel: Monotheismus - mit den notwendigen, sich aus der elementaren Differenz von Poly- und Monotheismus ergebenden Einschränkungen Lindblom: Prophecy 333.
838. Ob eine Vorform dieses Glaubens bereits in der Vätergott-Verehrung vorliegt,

hat A.Alt erwogen (siehe dazu W.H.Schmidt: Gebot 15f., Atl Glaube 69).

839. Siehe dazu beispielsweise W.H.Schmidt: Atl Glaube; Maag: Gottesverständnis 179ff.; Eißfeldt: Israels Religion 1ff.; auch Moltmann: Theologie 87ff.

84o. Labuschagne 135.

841. Siehe dazu ausführlich Labuschagne 132ff. Über Zeit und Ort der Entstehung des Dekalogs in seiner jetzt vorliegenden Form ist damit natürlich noch wenig gesagt (siehe u.a. Stamm: Dekalog; zuletzt McCarthy: Treaty 248f. A8).Gemäß Halbes Interpretation, derzufolge das "Privilegrecht Jahwes" (Ex 34,1o-26) die Sinaiperikope von J bestimmt und konstitutiv zum Kerygma dieses Zeugen gehört, spielt das 1.Gebot bereits im ersten bedeutenden theologischen Entwurf des Alten Testaments eine zentrale Rolle (3o2ff.), s.o.Anm.351-354.

842. Dazu bes. Labuschagne.

843. W.H.Schmidt: Gebot; Knierim: Gebot 2off.; Wolff: Jahwe u.d.Götter 418ff.

844. Gloege: Schöpfungsglaube 162. Siehe dazu auch R.Niebuhr 69f.

845. Zumindest eine sachliche, wenn nicht gar überlieferungsgeschichtliche und literarische Einheit (siehe dazu Knierim: Gebot 22f.39; W.H.Schmidt: Gebot 47ff.; Stamm: Dekalog 45f. mit Zimmerli).

846. Siehe dazu insgesamt Bernhardt: Gott u.Bild; W.H.Schmidt: Atl Glaube 74ff., Bilderverbot 2o9ff.; vRad: Geheimnis 92ff., Aspekte 311ff., Theol AT I 225ff.; Stamm: Dekalog 41ff.; Zimmerli: 2.Gebot 234ff., Bilderverbot 247ff., Grundriß 1o3ff. Zur Zusammengehörigkeit von 2.Gebot und Bezeugung der Unvergleichlichkeit Jahwes siehe Labuschagne 139ff.

847. So Frankfort: Frühlicht 253.

848. Siehe dazu Schmitt: Zelt 1o2ff.

849. Smend: Bundesformel.

85o. Fohrer: Geschichte 182f. u.ö.

851. Inspiration 1o6-159.

852. Siehe ähnlich Lindblom: Prophecy 311ff.; E.Jacob: Théologie 163ff. (im Zusammenhang von c.IV: Dieu maitre de l'histoire [148ff.]);North: Interpretation 78ff.; siehe auch Preuß: Jahweglaube 4off.71ff. Weiser: Glaube u.Geschichte 144 nennt den Erwählungsglauben "eine speziellere Form der Geschichtsdeutung".

853. Gott d.Väter 1ff.

854. Scharbert: Solidarität 24ff.76ff.263, Bundesordnung 29; Vorländer (1.Teil seiner Untersuchung, 5-167).

855. Siehe dazu Scharbert: Solidarität 65.168, auch Bundesordnung 26f.42; Lambert 72; Wright: God 25.51.55; Lindblom: Prophecy 325; Goossens 25of.; de Vaux 732; Cancik: Wahrheit 7o, Geschichtsschreibung 568; Labuschagne 149ff. (mit Bezug auf das im Alten Orient einmalige Prädikat der Unvergleichlichkeit für eine Gemeinschaft).

856. Scharbert: Bundesordnung 29.

857. Siehe dazu ausführlich Scharbert: Heilsmittler; zum Phänomen des Prophetismus in Israel und seiner Umwelt den exzellenten Beitrag von Nötscher, in weiterem Horizont auch Lindblom: Prophecy 1ff.; zum Verhältnis Mari-Israel außerdem Westermann: Grundformen 82ff. mit weiterer Literatur.

858. Siehe Albrektson 96 A99; Cancik: Geschichte 566.

859. Siehe das Urteil Graysons (1): "In the books of the Old Testament historiography reaches an unprecedented height. The clarity and beauty of style found in the ancient Hebrew narratives is unique among historical documents from the ancient Near East" - ein Urteil, das allerdings den Ermöglichungsgrund und die Notwendigkeit solcher Geschichtsschreibung nicht berührt (ähnlich wie Neuenzeits Urteil von einem zweifellos revolutionären Akt [23o]).

Siehe außerdem zur Differenz zwischen alttestamentlicher und griechisch-römischer Geschichtsschreibung Momigliano 8ff.18ff.; C.Meier, in: Koselleck u.a. 595ff.

86o. So m.R. Weiser: Glaube u.Geschichte 135f.; Pannenberg: Heilsgeschehen 22ff.; Gese: Denken 141f.; Burrows 128f.; Vriezen: Theologie 194f.; Maisler 82; Eichrodt: Heilserfahrung 1o4; Preuß: Jahweglaube 4of.49.76f. 2o4ff. (weitere dort 2o9 A14); Lindblom: Prophecy 325, Eigenart 133ff.; Alt: Deutung 13o; Rendtorff: Überlieferung 91f.; Wright: God 38ff.; Vögtle 226; Hamp 134.137f.; Cancik: Grundzüge 15f.19; deVaux 729f.732; Barr: Story 14 (mit Lambert); siehe auch Wiseman 257; Koselleck: Geschichte 217; Hesse: Abschied 17ff.
Um den Unterschied zu den mesopotamischen Geschichtszeugnissen deutlich zu machen,spricht Speiser: Idea 2o1 davon, daß die Bibel "essentially a *philosophy* of history" bietet (ähnlich Brandon: Religion 165, im Blick auf J siehe auch History 1o7.121.129.135f. u.ö.; Guthrie 33; siehe auch den Titel des Beitrags von Curtis!); Bright: Faith 4 spricht von "theology of history" (ähnlich Keller 125f.137), Weiser: Glaube u.Geschichte 116ff. von "Ideologie der Geschichte". Diese Kennzeichnungen sind indes mit Reserve zu betrachten, weil sie eine thematische Eigenständigkeit und Systematik des Geschichtsdenkens vortäuschen könnten, die dem Alten Testament nicht gerecht wird, ja sogar einer Hypostasierung der Geschichte Vorschub leisten könnten (kritisch siehe auch Goossens 242 und Rust 15.7off.).

861. Gottesverständnis 169ff., Malkût 133ff., Hirte 2ff., Syr.-Palästina 555f.

862. Abschied 58, Profanität 264f.

863. Noth: Geschichte Israels 11.

864. Solche Erfassung des Wesens (nicht der Offenbarungsqualität und der existentiellen Wahrheit!) ist nur möglich in der Einheit von religionsgeschichtlicher und theologischer Arbeit (zu dieser Problematik siehe die Diskussion zwischen Eißfeldt: Religionsgeschichte 1ff. und Eichrodt: Bedeutung 83ff.; dazu auch Vriezen: Theologie 94ff. und im Blick auf seine Auseinandersetzung mit vRad: TheolAT I Hesse: Kerygma 17ff. [auch Baumgärtel: Dissensus 31off.]).

865. Im Anschluß an Noth bzw. sachlich mit ihm übereinstimmend u.a. Eichrodt: TheolAT II/III Xff.; Moscati 114.119f.; Porteous 28.59f.; North: Second Isaiah 27; Wildberger: Bibl.Theologie 77ff.; Maag: Hirte 2; Stamm: Dekalog 63f.; vRad: TheolAT I 227f., Geheimnis 92ff.; Goossens 25of.; Saebø : Name 184f.; Wolff: Hermeneutik 147ff.; W.H.Schmidt: Gebot 12.14.5off.u.ö., Atl Glaube 9f.; Herrmann: Zeit 58.85.1o2; insgesamt auch Labuschagne.

866. Religion 161ff.

867. Religion 171ff., auch Verstehen 184.

868. Baumgärtel: Dissensus 311 A11, auch Problem 128; freilich gilt solche Bedingtheit in gleichem Maße für die neutestamentlichen Zeugnisse, so daß hier kein Differenzpunkt zwischen Altem und Neuem Testament gesehen werden kann.

869. Verheißung, auch Dissensus 311ff., Problem 115.118.124ff.

87o. Dissensus 312.

871. Wertung 281, siehe auch Gebot u.Gesetz 121f., Kerygma 2off.

872. Wertung 282.

873. Hesse: Kerygma 22f.

874. Hesse faßt diese, sachlich unscharf, in dem Urteil zusammen, unser Verhältnis zum Alten Testament sei (komparativisch!) ein gebrocheneres als zum Neuen Testament (Kerygma 2off. wiederholt).

875. Eigenart 135f.

876. Verheißung, Problem 131ff.
877. Problem 133.
878. Problem 131.
879. Daß auch in Ägypten und Mesopotamien Götter vereinzelt im Schema von Verheißung und Erfüllung handeln (siehe Morenz 71ff.; Albrektson 63f.), relativiert Israels sich in immer neuen Entwürfen äußernde und eine lange Kette von Generationen umgreifende Geschichtsschau nicht, die Analogien reduzieren sich im Blick auf ihren unterschiedlichen Sitz im Kontext der jeweiligen Religion und die Dimensionen ihres jeweiligen Interesses an der Geschichte auf das Formale (siehe dazu Elliger: Deuterojesaja 195f.; auch die Kritik von Wiseman 256f. und vRad: Weisheit 368 A3 an Albrektson; diese Kritik trifft auch Gunneweg: Religion 163.166). Auch ist es trotz formaler Analogien hinsichtlich langer Zeitperspektiven für das Geschichtsverständnis ein erheblicher Unterschied, ob eine Urgeschichte die Ätiologie für die Weltmachtstellung Babels (so Enuma ēliš) oder die Ätiologie eines Volkes darstellt, das zum Heil aller Völker erwählt und bestimmt ist. Gleiche Phänomene bekommen auch hier erst durch ihre Einfügung in ihren jeweiligen historischen und geistigen Bezugsrahmen ihre Aussagekraft und unterschiedlichen Stellenwert.
88o. So auch Cancik: Geschichte 566; (Krecher/)Müller 33; McCarthy: Treaty 146f.; auch Cullmann: Heil 7f., Relevance 1o und Heller 4. Allerdings darf man diese *inhaltlich* zu bestimmende Kategorie nicht einfach identifizieren mit einem verabsolutierten Modell linear-teleologischer Zeit- und Geschichtsauffassung. Dieses Modell als solches ist ebensowenig spezifisch biblisch wie ein verabsolutiertes kairologisches (so m.R. wie gegen Dinkler: Christianity 323ff. auch Geschichte 1481[doch beachte die Ergänzung Geschichte 1481, Christianity 328f.], so auch gegen Cullmann die Ausführungen Philipps [Absolutheit 218.226]) und kann die Gefahren heilsgeschichtlicher Theologie des 19.Jahrhunderts nicht wirklich bannen.Die theologische Fixierung auf dieses lineare Modell würde zur "christliche(n) Geschichtsphilosophie" führen (so Bultmann: Heilsgeschichte 362.365 kritisch zu Cullmann), wie die Fixierung auf das kairologische Modell dem Gegenvorwurf christlicher Existenzphilosophie (so Cullmann: Heil 1ff gegenüber Bultmann und seinen Schülern) ausgesetzt wäre. Der erstere Vorwurf ist kaum schon damit zu entkräften, daß das lineare Zeitverständnis durch ein wellenliniges (so Cullmann: Heil 1o6f., Relevance 11) ersetzt wird.
881. Unter dem Aspekt der theologisch bestimmenden Strukturen sieht wohl auch P. Schütz Geschichte in den biblischen Zeugnissen erfaßt: "Die Bibel kennt keine andere Geschichte als Geschichte, die durch Prophetie auf das Heilsgefüge hin dechiffriert wird", Prophetie ist also "Geschichtsdechiffrierung" (417).
882. Ott 188f. hat solche Vorwürfe aufgezählt, und Weth 11 hat sie in seiner Kritik der heilsgeschichtlichen Theologie des 19.Jahrhunderts in dem Vorwurf einer Zuschauer-Theologie zusammengefaßt, einer "Flucht aus der existentiellen Betroffenheit in die vergegenständlichende Ruhe stolzer gedanklicher Bewältigung der Geheimnisse Gottes".
883. Zuletzt wieder betont von Zenger: Mitte 12f.; Herrmann: Zeit 43f.u.ö. Vriezen hat versucht, diese Zusammenhänge in der Thematik "Der Charakter der alttestamentlichen Gotteserkenntnis als(!) Gemeinschaftsverhältnis zwischen dem heiligen Gott und dem Menschen" (Theologie 1o4) zu erfassen.
884. So mit K.Barth: KD IV/1 59; ausführlich Mildenberger 26ff.78.81f.1o7ff. (er möchte darum im Anschluß an H.Diem lieber als von Heils- von "Verkündigungsgeschichte" sprechen, weil Gottes Taten von Anbeginn an auf Vergegenwärtigung abzielen).
885. K.G.Steck: Idee 53; siehe auch Wittram: Interesse 16, zustimmend O.Weber:

Dogmatik II lo6.lo8, doch um den Aspekt der Lebensgeschichte ergänzend (lo8ff.).

886. Siehe Faber 34.

887. Siehe dazu bes. Vriezen: Theologie 14f.23f.31f.82ff.lo8.112f.u.ö.; auch Mildenberger 34ff.; Cullmann: Heil 74f.u.ö., Geschichtsschreibung 15o2; Plöger: Geschichte 1474. Wenn H.-P.Müller (Ursprünge 49, Mythos u.Transzendenz 97ff.) die heilsgeschichtlichen Konzeptionen der großen alttestamentlichen Geschichtswerke als Objektivationen des je und dann erfolgten, endgültigen und absolut beanspruchenden Eingreifens Gottes bezeichnet (angemessener Ursprünge 33: "grundsätzlich[es]" Eingreifen), ist damit an sich noch kein theologisches Urteil über solche unvermeidbare Vergegenständlichung gesprochen (wie Müller selbst im Blick auf J zu Recht, im Blick auf das DtrGW m.E. zu Unrecht betont [s.o.Anm.714]). Denn wenn Einzelereignisse über den Abstand der Zeiten und die Situation der ursprünglichen Betroffenheit hinweg tradiert werden, ist solche Vergegenständlichung nicht zu vermeiden; dies gilt in ungleich höherem Maße, wenn solche Einzelereignisse im Zuge langer Wachstums- und Umgestaltungsprozesse (siehe z.B. die Väter- und Landnahmetraditionen) in Erzählungskränzen und schließlich in großen, theologisch gestalteten Konzeptionen aufgehen. Nicht auf die hier ebenfalls unvermeidliche lineare Zeitstruktur kommt es theologisch im Blick auf die Legitimität solcher Kompositionen an, sondern auf ihre kerygmatische Intention, der das Traditionsgut dienstbar gemacht wird (dieses wesentliche Moment übergeht Gunneweg: Verstehen 181f.). In diesem Rahmen ist auch die Heilsgeschichte *eine* Art verbaler Vergegenwärtigung, die Müller streng genommen für die ausschließliche biblische Art hält (Ursprünge 33ff.38). Daß solche Vergegenwärtigung (nicht von Fakten, sondern darin geschehener gnädiger oder richtender Zuwendungen Gottes) um ihrer notwendigen Anschaulichkeit willen in gewissen Grenzen auch die vergangenen Ereignisse in ihrer Gegenständlichkeit und geschichtlichen Kontingenz festhalten muß, hat Müller m.R. betont (Ursprünge 37).

888. Das gibt der Heilsgeschichte ihre "Doppelseitigkeit" (Jepsen: Wissenschaft 248; dazu auch K.Barth: KD I/1 344f., III/1 84ff.; O.Weber: Dogmatik II 113ff.): die zur geschichtlich-kreatürlichen Realität gehörende ganz konkrete Erscheinungsweise und die von Gott durch Geist und Wort erschlossene Offenbarungsqualität, die zum Glauben ruft und Erkenntnis des Glaubens ermöglicht.

889. In Anknüpfung an K.Barth: KD IV/1 16.32 Kraus: Bibl.Theologie 36off. und bes. Mildenberger.

89o. Mildenberger 113 "in sich ziehende, bestimmende, begründende, fordernde, begnadende Geschichte".

891. Rust 68: "Thus the knowledge of the true meaning of history is existential", siehe auch Ott 189.

892. Siehe u.a. Weiser: Glaube u.Geschichte 135ff., Jeremia I XXXI; Östborn 46f. 51 u.ö.; Lindblom: Prophecy 322; H.W.Robinson: Inspiration 124ff.; Hentschke 54; Hamp 137.139; Fohrer: Prophetie 285; Reventlow: Rechtfertigung II 59f. u.ö.; Vriezen: Theologie 194ff.; Mildenberger 37f. (mit vRad); siehe auch North: Interpretation 15o; Plöger: Geschichte 1473; Müller-Fahrenholz spricht gar von "Heilsgeschichte als Thema der Doxologie" (232).

893. Dazu Wolff: Interpretation 325ff.

894. "Nicht der Mensch und die Befriedigung der Bedürfnisse seines Lebens steht im Fluchtpunkt dieser Heilsgeschichte, sondern Gott und die Erkenntnis seines Wegs durch die Geschichte, auf dem er durch gnädige Führungen und gerechtes Gericht sein Heil verwirklicht" (Weiser: Psalmen II 323).

895. Von dieser kerygmatischen Tendenz aus und der dadurch jeweils bedingten

(unterschiedlichen) Auswahl geschichtlicher Traditionen ist Gunneweg: Verstehen 17off. zuzustimmen, daß den alttestamentlichen Autoren nicht am Kontinuum bzw. am Ablauf als solchem gelegen war, daß folglich die Zeitlinie keinen Eigenwert, sondern nur dienende Funktion hatte. Freilich wird diese Erkenntnis nur dann gegen Heilsgeschichte sprechen können, wenn man Heilsgeschichte unabhängig von den biblischen Zeugnissen definiert.

896. Heilsratschluß 19off.; siehe auch R.Niebuhr 132ff.; Jenni: Time 646f.; Weiser: Psalmen I 197; Loen 111.

897. Heil 141, ähnlich 241: "Prinzip der Erwählung... die heilsgeschichtliche Grundlage der ganzen biblischen Geschichte des Alten Testaments", das Hauptmotiv (122.135), die Konstante (74.82f.1o4ff.), der Kern (74) der Heilsgeschichte. Man wird Cullmann nicht gerecht, wenn man, wie etwa Jaeschke 84ff., diesen thematisch zentralen Gedanken nicht berücksichtigt. Zur Bedeutung des Erwählungsgedankens für das Geschichtsverständnis Israels siehe u.a. die בחר -Artikel von Wildberger (im THAT) und Seebaß (im ThWAT); Vriezen: Erwählung; Preuß: Jahweglaube 4off.; Lindblom: Prophecy 311ff.; Smend: Bundesformel, Tradition 6off.

898. Loen 12o; siehe auch Gloege: Sinn 38 und, das Thema nach einer anderen Seite hin variierend (von Röm 4,14 her) Gaugler I 1o1: "'Heilsgeschichte', *Gottes* Geschichte *unter* der *Welt*geschichte, (ist) der Ausdruck dafür,... dass Gott mit dem Menschen nie zum Ziele käme, wenn Er sich auf den Menschen verlassen müsste".

899. Ratschow: Anmerkungen 367. - Im Gegensatz zum hier entwickelten Verständnis von Heilsgeschichte möchte sie Jaeschke 1o7ff., angeblich mit vRad, *beschränken* "auf einen fest umrissenen Zeitraum der Geschichte Israels" (11o), nämlich die Zeit bis zur Landnahme (1o9ff.). Heilsgeschichte kann demzufolge "nur abgeschlossene, zeitlich distanzierte Geschichte sein" (111) im Unterschied zur fortlaufenden, der Unheils-Geschichte (92 A186. 114f.133ff.). Solch ein Konzept von Heilsgeschichte im Sinn "einer gottgewirkten Urgeschichte" (114), für die Erfüllung, Abgeschlossenheit konstitutiv ist (115. 14o), schließt jede weitere (Heils-)Geschichte aus, ist darum notwendig anaklitisch (142, s.o.Anm.621). Auf vRad kann sich Jaeschke dabei freilich schwerlich berufen; denn gemäß Geschichtstheologie 2o4, Geschichtsschreibung 189f. und Auslegung 28o wird im *DtrGW* in "geradezu klassischer -", in "beispielhaft gültiger Weise" gezeigt, was Heilsgeschichte im Alten Testament ist; weder Hexateuch 11ff. noch TheolAT I 135ff.3o9, II 441ff. gibt einen Hinweis auf die prinzipielle, definitive Beschränkung von Heilsgeschichte im Sinne Jaeschkes. TheolAT I 317 heißt es zum Abschluß der Hexateuch-Heilsgeschichte lediglich, daß ein weiterer Anstoß zur Heilsgeschichte hier "außerhalb des Blickfeldes" liege, TheolAT II 3o9f. zufolge stehen die Propheten in heilsgeschichtlichem Kontext. Zur Sache selbst ist anzumerken, daß sich Heils- und Unheilsgeschichte im Blick auf die konstitutiven Faktoren des jahwistischen Konzepts nicht so wie bei Jaeschke trennen lassen, daß diese Faktoren auch im DtrGW und bei den Propheten je nach für sie erforderlicher Gewichtung und Intention vorhanden sind, daß die Bedeutung von Zions- und Davidstradition im DtrGW und bei einigen Propheten den angeblich definitiven Abschluß der Heilsgeschichte mit der Landnahme nicht rechtfertigt, daß die von Jaeschke so exklusiv betonte anaklitische Struktur heilsgeschichtlichen Denkens zumindest die Heilsverkündigung der klassischen Prophetie verkürzt, daß im Rahmen des DtrGW Jos 21,45 und 23,14 nicht das Ende der Heilsgeschichte, wohl aber die Gültigkeit des göttlichen Wortes anzeigen sollen; merkwürdigerweise unterscheidet Jaeschke im Blick auf das DtrGW die Geschichte bis zum Exil "von eigentlicher (!?) Heilsgeschichte" (112).

Im Blick auf dies alles wird deutlich, daß über J hinaus, dem Jaeschke keine Zukunftsperspektive zubilligt (134 +A157), die Geschichte Gottes zum Heil der Menschen fortschreitet, weil das Bösesein des menschlichen Planens und Tuns noch nicht überwunden und damit der anthropologische Anlaß für die Heilsgeschichte noch nicht beseitigt ist. Erst mit der Neuschöpfung, die viel mehr ist als ein Zurücktauchen in die Vergangenheit vor der Landnahme (136), kommt Heilsgeschichte an ihr, d.h. an Gottes Ziel.

9oo. Schnackenburg: Heilsgeschichte 148, siehe auch Theologie 3o.9o; Wendland 7.82 (für das Neue Testament) und das Urteil Weisers: Religion 78.

9o1. So Hesse: Abschied 31.

9o2. Siehe dazu Käsemann: Römer looff. und die fundamentaltheologischen Reflexionen von K.Barth: Fides quaerens intellectum und H.J.Iwand: Glauben und Wissen.

9o3. Bei der Auslegung alt- wie neutestamentlicher Zeugnisse wird dieser Terminus häufig verwendet (siehe u.a. Eichrodt: Weissagung, Heilserfahrung lo3f.117ff.; Fichtner: Jahves Plan 16; Cullmann: Heil 56ff.lo4ff.225ff. u.ö., Heilsplan 731f., Relevance 11; Goppelt: Heilsgeschichte 231f., Apokalyptik 248.25o.252.266f.u.ö.; Bring 133.137 u.ö. in der Auslegung von Gal 3f.; zu Röm 9-11 wiederholt O.Michel 221ff.; Gaugler II; Käsemann: Römer 259.266f., auch Meditation 169).

9o4. Cullmanns wiederholte, im Rahmen einer heilsgeschichtlichen Systematik und bei der starken Betonung des linearen Zeitverständnisses fast unvermeidliche Rede von einer "geschichtliche(n) Entfaltung eines göttlichen Plans" (Heil 227.24o u.ö.) kommt solchem Mißverständnis nahe.

9o5. Gloeges eindringliche Analyse der Geschichte des Heilsplan-Denkens und seiner vielfältigen dogmen- und philosophiegeschichtlichen Verwendung (Heilsplan 12ff.16ff.; vgl. ergänzend die Kritik von Müller-Fahrenholz an den heilsgeschichtlichen Konzeptionen der Ökumenischen Bewegung von 1948-1968 [bes. 2o1ff.]) läßt wohl vor dem theologischen Gebrauch dieses Begriffs zurückschrecken. Dennoch wird auch hier zu gelten haben: abusus non tollit usum. Um eine Verwandlung des Kerygmas in Dogma und der Eschatologie in Geschichtstheologie muß es dabei nicht gehen, so daß an die Stelle der ἀκοὴ πίστεως die γνῶσις, der existentiellen Begegnung die intellektuelle Betrachtung, der Bekundung des Kommens Gottes eine Deutung der Welt in ihrem gültigen Bestand treten müßte. Für den Glauben, der quaerens intellectum ist, muß dies alles nicht in exklusiver Alternative zueinander stehen. Denn der ἀκοὴ πίστεως ist auch eine bestimmte γνῶσις πίστεως eigen, das Wort wird, da es Wort vom geschichtlichen Handeln Gottes ist, verstehbar nur im Zusammenhang seiner Vor- und Nachworte, die bezeugten Ereignisse werden verstehbar nur im Kontext ihrer Vor- und Nachgeschichte. Eine Geschichtsphilosophie oder -theologie mit ihren unvermeidlichen Schematisierungen ergibt sich aus alledem nicht mit innerer Zwangsläufigkeit, wie Gloege: Heilsratschluß 19off. je ausgeführt hat.

9o6. Idee 3.

9o7. Zu Recht tadelt jüngst Jaeschke 147f.2o9 die Übertragung von Prädikaten des göttlichen Handelns auf die Geschichte und so deren Hypostasierung im Sinn eines eigene Identität gewinnenden Zusammenhangs bei Pannenberg (siehe dazu auch Zimmerli: Offenbarung 15ff. in Auseinandersetzung mit Rendtorff und O.Webers Bestreitung einer Hypostasie der Geschichte [Treue Gottes lo9ff.].Wesentliches zum Thema der Hypostasierung und Metaphysizierung von Zeit und Geschichte ist auch bei Philipp: Absolutheit 215ff., Geschichte 1483ff. zu lesen). Geschichte ist nicht im Sinn immanenter Gesetzlichkeit und Wesenheit final, teleologisch, einheitlich, kontinuierlich, sinnvoll, ja überhaupt nicht Subjekt, sondern Raum und Medium göttlichen Handelns. Nur in diesem Sinn haben die ihr beigelegten Prädikate ihr Recht. Unzutreffend ist freilich Jaeschkes Behauptung (1o7ff.116ff. 145f., s.o.Anm.899), die besondere Art des göttlichen Handelns, das gemäß den alttestamentlichen Zeugnissen auf Retrospektive und auf Restitution vergangenen Heils ausgerichtet sei, zerstöre notwendigerweise die Erfahrung von Geschichte.

9o8. Klein: Fragwürdigkeit 129 (kursiv), auch 144.
9o9. Klein: Fragwürdigkeit 131, auch Römer 148.
91o. Klein: Fragwürdigkeit 14o.
911. Hesse: Abschied 66f., dazu Kleins Aufsätze "Römer 4 und die Idee der Heilsgeschichte" und "Individualgeschichte und Weltgeschichte bei Paulus".
912. Zu den Problemen der Verhältnisbestimmung von Altem und Neuem Testament und zur Vielzahl bisher vorgelegter Lösungsversuche siehe insgesamt den Überblick von D.L.Baker!
913. Klein: Fragwürdigkeit 98.
914. Klein: Fragwürdigkeit 143.
915. Klein: Fragwürdigkeit 141, siehe auch unsere Anm.81.
916. Klein: Fragwürdigkeit 141, auch Römer 164, Individualgeschichte 221.
917. Klein: Römer 149, auch Individualgeschichte 2o8.
918. Römer 158, ähnlich 164 und Individualgeschichte 194.2o3ff.216.218ff.
919. Siehe Buch 78: Verheißung tragender Grund der Erwählung.
92o. Profanität 287ff., die Konsequenzen aus 281ff. ziehend.
921. S.o.Anm.99-1o1. Davon, daß Israels Erwählung schon für alttestamentliche Zeugen (siehe B/V-VII), bei allen auch hier vernehmbaren partikularistischen Äußerungen,Heilsbedeutung für die Völker hat, sagt Hesse in diesem Zusammenhang (Profanität 287) nichts und rückt damit die alttestamentlichen Zeugnisse auch hier in eine schiefe Front zu den neutestamentlichen. Wie gerade Röm 9-11 kräftig unterstreicht, ist Israel durch seine Erwählung bleibend in Gottes Heilsökonomie bevorzugt (m.R.Vriezen: Erwählung 33f.).
922. Verheißung, Problem 131ff.
923. Buch 67ff.
924. Gegen Buch 94ff.112.128.142.146. Hesse wollte früher (Buch 43f.) "Heilsgeschichte" ersetzen durch das begrifflich angemessenere " ἐπαγγελία ", in dem die zeitliche Struktur, die Testamente übergreifend, zum Ausdruck kommt, außerdem auch die im Alten und Neuen Testament bezeugten Gottestaten und die dadurch bestimmte alt- und neutestamentliche Frömmigkeit in engem inhaltlichem und strukturellem Zusammenhang stehen. Auch solchen Überlegungen scheint durch Hesses jüngste Darbietungen der Boden entzogen zu sein.
925. Anders Buch 68ff.94ff.
926. Siehe z.B. Gebot u.Gesetz 12off.
927. Siehe Abschied 64, dazu unsere Anm.81.
928. Siehe Abschied 45, bes. Profanität 289f.
929. Pannenberg u.AT 199.
93o. Wertung 287 A21.
931. Wertung 273, siehe auch Buch 18ff., im Gefolge von Baumgärtel: Verheißung 36ff., Problem 114.116ff.
932. Dazu Hesse: Buch 67ff.98ff., schon Gebot u.Gesetz 121f., im Gefolge von Baumgärtel: Verheißung, Problem 13off.
933. So schon Buch 39. Läßt sich dieses Urteil schon theologisch nicht rechtfertigen, so widerraten auch die vielfältigen praktischen Gefahren seine Be-

folgung (siehe dazu Wolff: Hermeneutik 173ff.; Wildberger: Bibl.Theologie 83f.87f.; Lindblom: Eigenart 137; bes. Wright: God 15ff.).

934. Merkwürdig allerdings in diesem Zusammenhang die Einschränkung, daß "diese politische Verfaßtheit nicht das Wesen des vorexilischen Israel aus(-macht)" (Profanität 288). Worin besteht dann dieses Wesen? Und darf sich unter dieser Bedingung die Argumentation so ausschließlich auf das beziehen, was zwar "unabdingbar"dazu gehört,aber eben nicht mit ihm identisch ist? Die prophetischen Heilsverheißungen beschränken sich ja keineswegs auf politische Gegebenheiten, und auch die Gerichtsworte der Propheten dringen tief durch politische Vergehen hindurch.

935. S.o.Anm.2.

936. Siehe dazu die scharfe Ablehnung durch Eichrodt: Bund 45ff.

937. Siehe dazu Klappert u.a.: Stellungnahmen; Klappert/Starck und die in "Christen und Juden" zusammengestellten Beiträge der Schwerpunkt-Tagung der Landessynode der Ev.Landeskirche in Baden (1o./11.Nov.198o).

938. S.o.Anm.62.

939. Abschied 8ff.

94o. Abschied 14.

941. Abschied 12.

942. Abschied 13.

943. Gegen Hesse: Abschied 66.

944. Abschied 14f.

945. Alle Zitate Abschied 14.

946. Beide Zitate Abschied 15; so schon Buch 73ff., im Gefolge von Baumgärtel: Verheißung 19.24.26.49ff.u.ö., Problem 126f., Geschehen 21f.

947. Retten 992ff.

948. Vgl. zur alttestamentlich-jüdischen Vorgeschichte und neutestamentlichen Verwendung Kasch 999ff.

949. Dazu Foerster: Friede 41off.

95o. Das hat Käsemann: Gottesgerechtigkeit 183f. stark betont,und Klein: Gottes Gerechtigkeit 235 hat diese Betonung als bleibendes Verdienst gewürdigt!

951. Zimmerli: Gesetz 264.

952. Siehe dazu Käsemann: Wunder 1837; auch Lohse 13; van Leeuwen 75f.; Stuhlmacher 242 A2 (von 24o); in der Diskussion mit Baumgärtel Eichrodt: Exegese 221; zu Paulus K.-A.Bauer 183ff.; gegenüber gängigen Unterscheidungsversuchen zwischen den Testamenten (völkisch-materiell-diesseitig oder individuell-geistig-jenseitig u.dgl.) kritisch auch vRad: TheolAT I 227; Zimmerli: 2.Gebot 244f., Weltlichkeit 147f.; Wolff: Hermeneutik 153ff.; Miskotte: Götter 115ff.137; nachdrücklich gegen eine pauschale Identifizierung der Fremdheit der alttestamentlichen Religion mit ihrer Diesseitigkeit und Materialität Gunneweg: Verstehen 141f.; gegenüber van Rulers Charakterisierungen (32 u.ö.) siehe Vriezen: Theokratie 198f. Theologisch anfechtbar, sofern die leiblich-gesellschaftliche Seite zur *Bedingung* von Heil gemacht sein sollte, das Urteil Pannenbergs (Weltgeschichte 355): "Der einzelne kann seinen Frieden, seine Ganzheit nicht gewinnen ohne den gesellschaftlichen Frieden"; siehe dazu Röm 5,1!

953. Weissagung 28ff., von Hesse: Abschied 45, Profanität 289f. voll unterstrichen. Im Ergebnis verwandt Baumgärtels Position, für den alle geschichtlichen Konkretionen der Grundverheißung in Weissagungen für uns theologisch bedeutungslos, ja an sich schon verobjektivierende Verfälschungen der Verheißung sind.

954. Weissagung 5o.

955. Weissagung 5off.

956. So schon Bedeutung 321f., zuletzt 2Kor 91. Daß man sich dafür nicht ohne wei-

teres auf Luther berufen kann, wie es Bultmann: Bedeutung 319 tut, belegt H.Bornkamm 69ff.; und auch das Verhältnis des Paulus zum Alten Testament läßt sich, wie Röm 9-11 im Vergleich mit Röm 4 und Gal 3f. zeigt, nicht ausschließlich auf dieses Modell fixieren.

957. Siehe u.v.a. vRad: TheolAT II 432 +A26, Geheimnis loo; Cullmann: Heil lo5; Barr: Alt u.Neu 156f.; Geyer 217ff.; M.Barth: Volk Gottes 9o; Pannenberg: Heilsgeschehen 32; Herrmann: Zeit 121; ausführlicher Westermann: Bemerkungen lo5ff.; Zimmerli: Weltlichkeit 143ff., Verheißung u.Erfüllung 96ff. Im krassen Gegensatz zu Bultmann hatte van Ruler (bes.69ff., dazu die gehaltvolle Rezension von Vriezen: Theokratie, bes.199ff.) gerade in der Betonung der Diesseitigkeit, der Treue zur Erde und ihrer Heiligung, in dem prallen Realismus den theologisch höchst positiven Überschuß, den "*Mehrwert*" des Alten Testaments gegenüber dem Neuen gesehen (82).

958. 14f.

959. Zu dieser Differenzierung siehe Sanders 373ff.; Vielhauer 55.

96o. Vielhauer 54f.

961. Wie steht es damit, daß von Christus her ἐπαγγελία, πίστις , τέκνα / σπέρμα Ἀβραάμ schon im Alten Testament vorhanden sein "müssen" (Dietzfelbinger 36)?

962. M.R.vRad: TheolAT II 351f. mit Berufung auf Ratschow: Glaube 7o; auch Eichholz: Verkündigung 14ff.; Miskotte: Götter 168ff.;Moule 3ol; Barr: Alt u.Neu 131 u.ö.

963. Siehe van Ruler 78: Frage der Sprache ist mehr als eine technische Frage. Sie "berührt unmittelbar das Leben und die Wahrheit".

964. Zum letzteren sei auf das ausgezeichnete Werk von U.Mauser: Gottesbild und Menschwerdung (1971) hingewiesen.

965.Ausnahmen in jüngerer Zeit bes. Reventlow: Rechtfertigung I 3o-76, Rechtfertigung II 9-lo2 (Verhältnis beider Beiträge zueinander: I 31-37 = II 9-14; I 37-57 = II 15-36; I 57-69 = II 37-48; I 69-76 in II 66-lo2 breiter ausgearbeitet; II 48-66 neu gegenüber I), der das im entsprechenden alttestamentlichen Bereich bedeutsame Text- und Literaturmaterial aufgearbeitet hat; für den Bereich der systematischen Theologie die beiden zeitlich und sachlich zusammengehörenden Artikel von Gloege: Gnade 7ff., Rechtfertigungslehre 34ff.

966. Siehe dazu ausführlich u.a. Pedersen 336ff.; Quell(/Schrenk) 176ff.; Becker 13ff.; Stuhlmacher 113ff. (Forschungsgeschichte zur Wurzel צדק 46ff.); Kertelge 15ff. (Forschungsgeschichte 6ff.); vRad: TheolAT I 382ff.; Schmid: Gerechtigkeit; Koch: Heilvoll 5o7ff.; Wilckens: Römer 212ff.; Eichrodt: TheolAT I 155ff.

967. Rechtfertigung 471f., später wieder Heilvoll 52o.53o.

968. Gnade 24.

969. Rechtfertigung I 61 = II 41, ähnlich I 74: das "Prinzip Rechtfertigung" lasse sich als "geheimer Generalnenner" in weiten Teilen des Alten Testaments nachweisen.

97o. Rechtfertigung I 3o = II 9.

971. Siehe z.B. die Ausführungen Rechtfertigung I 69ff., II 73ff.

972. Siehe dazu bes. Mauser!

973. Von diesem Interesse sind geleitet die für die Forschung grundlegende Arbeit von H.Cremer und spätere Untersuchungen, z.B. Hesse: Wurzeln lo3f., Gebot u. Gesetz 119f. (Analogien zwischen dem alttestamentlichen Gesetz in seinem ursprünglichen Verständnis und dem neutestamentlichen Gebot *theologisch* bedeutsam, dennoch Analogien von zwei *wesensverschiedenen* Religionen [121, siehe auch Wertung 281]!), Dogmatik 18ff. (in Auseinandersetzung mit Ratschow: Glaube 72ff.), auch Abschied 61; Gyllenberg: Rechtfertigung 9.19.29f.34.56.

63; Kuß und Lyonnet (referiert von Kertelge 12ff.); Zimmerli: Atl Prophetie 575ff.; insgesamt auch Graf Reventlow.

974. Rechtfertigung 3o A23.
975. 14; siehe eine ähnliche Reserve von Kertelge 13f. gegenüber Kuß und Lyonnet.
976. Siehe Schlier 1o4 (das Verständnis von Gottesgerechtigkeit in Röm 3,21ff. stellt "gewissermaßen einen Durchbruch zum atl.Begriff" dar); ähnlich Kuß: Römerbrief I/II 351; Gyllenberg: Rechtfertigung 3o.34.42; Käsemann: Römer 76.79; auch M.Barth: Rechtfertigung 142f., der nach Elementen und Strukturen des vom Alten Testament mitbestimmten Inhalts, nicht nach der Überlieferungsgeschichte der Inhalte fragt. Dieser Ansatz ist in Anbetracht der von Paulus betonten Zeugenfunktion des Alten Testaments für seine Rechtfertigungslehre zu begrüßen, wenn auch im Blick auf die biblizistisch-nivellierende Methode der von M.Barth dargebotenen Rechtfertigungsdramaturgie viele Fragen bleiben.
977. So im Gefolge von Cremers grundlegender Arbeit (23.34.51f.u.ö.) die meisten, z.B. Pedersen, dessen Beiträge trotz einer gewissen, sich aus seinem Ansatz bei primitivreligiösen Verhältnissen ergebenden psychologischen Engführung wertvoll bleiben; Eichrodt, vRad (s.o.Anm.966); Schreiner: Segen 11; Stuhlmacher 141; Koch: Heilvoll 515ff.; Wilckens: Römer 212f.; Horst: Recht 457, Gerechtigkeit 14o4, der mit seinem Zusatz, daß diese Grundbedeutung "die rechtheitliche, die sach- wie willensgerechte Ordnung der Dinge... und Zustände" umgreife, das von Schmid: Gerechtigkeit (siehe auch Rechtfertigung 4o4ff.) nachdrücklich in die Diskussion eingebrachte Element der Weltordnung anklingen läßt, das sich im altorientalischen Denken in den verschiedenen Lebensbereichen (Kult, Weisheit, Recht, Natur, Politik, Königtum) darstelle und das Israel begrifflich und inhaltlich von der kanaanäischen Tradition via Jerusalem (siehe dazu die Statistik bei Koch: Heilvoll 511: in Jes, Ez, Pss und Prv mehr als zwei Drittel aller Vorkommen der Wurzel צדק) übernommen, freilich von seinen genuinen Überlieferungen her (Erwählung, Bund, Führung durch Jahwe, Sünde des Menschen und Gericht Gottes) entsprechend ausgeprägt habe, so daß es zum eigenartig israelitischen Verständnis im Sinn von Gemeinschaftstreue samt dem ihr entsprechenden Verhalten kam (Gerechtigkeit 18o). Nimmt man Israels Eigenart ernst (auch darin, daß Schöpfung von der Geschichte her verstanden wird, die geschichtlichen Erfahrungen also das Primäre sind), ist die Gerechtigkeit die Macht, die primär nicht "den schöpfungsmäßigen Gerechtigkeitszusammenhang vollzieht"(Schmid: Rechtfertigung 4o7), sondern den gemeinschafts- bzw. bundesgemäßen.
978. Zur nicht überall gleich gut faßbaren Differenz von צדק (rechte Ordnung) und צדקה (der Ordnung entsprechendes und auf sie abzielendes Verhalten) siehe Schmid: Gerechtigkeit 179; Jepsen: Gerechtigkeit 8of.; zurückhaltender Koch: Heilvoll 518.523.527f.
979. M.R. betont von Reventlow: Rechtfertigung I 37 = II 15.
98o. Rechtfertigung I 61ff. = II 41ff.
981. Jahwe verheißt die Bestellung eines צמח צדיק , der מֹשפט / צדקה verwirklicht, mit Namen יהוָה צדקֵנו .
982. Vgl. zu Ezechiel und Deuterojesaja Zimmerli: Atl Prophetie 575ff.
983. Horst: Recht 456 (kursiv).
984. Gesetze 9ff.
985. TheolAT I 2o3ff., II 413ff.
986. 82.
987. Gesetz 266ff., Gesetz u.Propheten 68ff.81ff., Grundriß 39ff.; siehe auch Horst: Recht 456ff.; Jepsen: Israel 92; Reventlow: Rechtfertigung I 54 = II 32f. und unsere Anm.353 + 354.

988. Da die vorpriesterschriftliche Sinaiüberlieferung literar- und überlieferungskritisch überaus umstritten ist, sollte man sich hüten, aus solcherart Urteilen über das Fehlen der Gesetzesgabe im Urbestand der Tradition (siehe Eißfeldt: Gesetz 2o9ff., Komposition 231ff., Erzählung 12ff.; Perlitt 194.235ff.; W.H.Schmidt: Atl Glaube 44ff.; demgegenüber jüngst wieder McCarthy: Treaty 248f. A8. 262f.274) zu sichere Schlüsse zum Verhältnis von Bund und Gesetz zu ziehen.
989. Halbe hat das auf der Grundlage der J-Sinaiperikope, in deren Mitte das "Privilegrecht Jahwes" steht (Ex 34,1o-26), im Kontext von Num 22; 24; 25,1-5 bestätigt (3o2ff. zusammenfassend).
99o. vRad: TheolAT II 421f. A12 stimmt Zimmerli zu, "daß mit der Gewährung des Bundes immer auch die Bedrohung durch einen Fluch gegeben war... Erwählung und Anathema sind theologisch nicht zu trennen", meint aber (gegen Zimmerlis Einwände: Gesetz u.Propheten 99f.) an dem charismatisch Neuen der prophetischen Gebotsinterpretation festhalten zu müssen, insofern es hier (anders als Ex 32,7ff.; Num 14,11ff.) um totales, restloses Gericht und damit eine Suspendierung des Bundes gehe.
991. M.R. stark betont von Reventlow: Rechtfertigung II 65f.
992. Bultmann: Geschichte u.Eschatologie 1o6ff. hat dargelegt, daß das Menschenbild im Alten- und Neuen Testament "in den Grundzügen das gleiche ist" (1o6). Das kann es nur sein, wenn das Verhältnis Gott - Mensch und somit die Vorstellung von Gott gleich ist. Das bedeutet, daß das Alte Testament von demselben Gott in seiner Zuwendung zum Menschen redet wie das Neue. Damit wären Hesses Ausführungen (Profanität 281ff.) erneut in Zweifel zu ziehen (s.o.S.128f.).
993. Rechtfertigung I 7o, vgl. II 73ff.
994. Reventlow: Rechtfertigung I 7of., II 74.1oof.
995. Rechtfertigung I 7o.
996. Siehe Zimmerlis Beitrag!
997. Ähnlich Reventlow: Rechtfertigung I 69.73 u.ö., II 48.56ff.73ff.1oo; Schmid: Rechtfertigung 413; Ridderbos 118.
998. Zurückhaltender die 11 Ansatzpunkte, die Hesse (Wurzeln 1o3f., siehe auch Gebot u.Gesetz 119f.) aufzählt; deutlicher im Blick auf DtrJes Eichrodt: TheolAT I 16o: "Hier wird der Schutz der Gemeinschaft zur Rechtfertigung des Gottlosen" (kursiv).

Literaturverzeichnis

Aufgeführt ist im folgenden Verzeichnis nur die Literatur, die in Zitaten oder Verweisen verarbeitet worden ist.
Ist von einem Autor nur 1 Titel aufgeführt, wird in den Anmerkungen nur mit Autorenname + Seitenangabe darauf verwiesen.
Sind von demselben Autor mehrere Titel aufgeführt, so erscheint im folgenden Verzeichnis die in den Anmerkungen verwendete Titelabkürzung jeweils in Klammern hinter der vollständigen bibliographischen Angabe.
Sind Beiträge an mehreren Orten veröffentlicht (betrifft vor allem Aufsätze, die sekundär in Sammelbänden erschienen), wird hier nur die Quelle genannt, nach der zitiert wird.
Die verwendeten Abkürzungen für Zeitschriften, Kommentar- und Monographienreihen, Lexika etc. sind entnommen S.Schwertner: Theologische Realenzyklopädie. Abkürzungsverzeichnis, Berlin/New York 1976. In den wenigen Fällen, wo dort Abkürzungen fehlen, wurden folgende eigene gewählt:

BeckSR	Beck'sche Schwarze Reihe
BN	Biblische Notizen
HerTB	Herder Taschenbücher
KI	Kritische Informationen
KoTB	Kohlhammer Taschenbücher
RoR	Rote Reihe (Kreuz-Verlag)
STB	Siebenstern Taschenbücher
TuT	Texte und Thesen
VIKJKHB	Veröffentlichungen aus dem Institut Kirche und Judentum bei der Kirchlichen Hochschule Berlin

Achtemeier, E.R. : Art. "Righteousness in the OT", IDB IV, New York/Nashville 1962, 80-85
Ackroyd, P.R. : Israel under Babylon and Persia, NCB.OT IV, Oxford 1979[2] (Israel)
--- : Exile and Restoration. A Study of Hebrew Thought of the Sixth Century BC, London 1980[4] (Exile)
Albertz, R. : Weltschöpfung und Menschenschöpfung, untersucht bei Deuterojesaja, Hiob und in den Psalmen, CThM A/3, Stuttgart 1974 (Weltschöpfung)
--- : Art. צעק ṣ^cq *schreien*, THAT II, München/Zürich 1976, 568-575 (Schreien)
Albrektson, B. : History and the Gods. An Essay on the Idea of Historical Events as Divine Manifestations in the Ancient Near East and in Israel, CB.OT 1, Lund 1967
Alt, A. : Der Gott der Väter, in: ders., KS I, München 1968[4], 1-78 (Gott d.Väter)
--- : Die Deutung der Weltgeschichte im Alten Testament, ZThK 56, 1959, 129-137 (Deutung)
Althaus, P. : Die Theologie Martin Luthers, Gütersloh 1963[2]
Altmann, P. : Erwählungstheologie und Universalismus im Alten Testament, BZAW 92, Berlin 1964

Altner, G. : Schöpfungsglaube und Entwicklungsgedanke in der protestantischen Theologie zwischen Ernst Haeckel und Teilhard de Chardin, Zürich 1965 (Schöpfungsglaube)

--- : Grammatik der Schöpfung. Theologische Inhalte der Biologie, RoR 3o, Stuttgart/Berlin 1971 (Grammatik)

Amsler, S. : Amos, prophète de la onzième heure, ThZ 21, 1965, 318-328

Anacker, U./Baumgartner, H.M. : Art. "Geschichte", HPhG II, München 1973, 547-557

Anderson, B.W. : Exodus Typology in Second Isaiah, in: Israel's Prophetic Heritage. FS J.Muilenburg, New York 1962, 177-195

Assmann, J. : Zeit und Ewigkeit im alten Ägypten. Ein Beitrag zur Geschichte der Ewigkeit, AHAW.PH 1975/1, Heidelberg 1975

Bächli, O. : Amphiktyonie im Alten Testament. Forschungsgeschichtliche Studie zur Hypothese von Martin Noth, ThZ Sond.Bd. VI, Basel 1977

Baker, D.L. : Two Testaments, One Bible. A Study of some Modern Solutions to the Theological Problem of the Relationship between the Old and New Testament, Leicester 1976

Baltzer, D. : Ezechiel und Deuterojesaja. Berührungen in der Heilserwartung der beiden großen Exilspropheten, BZAW 121, Berlin/New York 1971

Barr, J. : The Interpretation of Scripture. II. The Revelation through History in the Old Testament and in Modern Theology, Interp.17, 1963, 193-2o5 (Revelation)

--- : Alt und Neu in der biblischen Überlieferung. Eine Studie zu den beiden Testamenten, München 1967 (Alt u.Neu)

--- : Biblical Words for Time, SBT I/33, London 1969[2] (Words)

--- : Story and History in Biblical Theology, JR 56, 1976, 1-17 (Story)

Barth, C. : Grundprobleme einer Theologie des Alten Testaments, EvTh 23, 1963, 342-372

Barth, K. : Fides quaerens intellectum. Anselms Beweis der Existenz Gottes im Zusammenhang seines theologischen Programms, Zürich 1958[2] (Fides)

--- : Die Kirchliche Dogmatik, I - IV/4, Zürich 1932-1967 (KD)

--- : Einführung in die evangelische Theologie, STB 11o, München/Hamburg 1968 (Einführung)

Barth, M. : Rechtfertigung. Versuch einer Auslegung paulinischer Texte im Rahmen des Alten und Neuen Testaments, AnBib 42, Rom 197o, 137-197 (Rechtfertigung)

--- : Das Volk Gottes. Juden und Christen in der Botschaft des Paulus, in: Paulus - Apostat oder Apostel?, Regensburg 1977, 45-134 (Volk Gottes)

Bauer, K.-A. : Leiblichkeit - das Ende aller Werke Gottes.Die Bedeutung der Leiblichkeit des Menschen bei Paulus, StNT 4, Gütersloh 1971

Baumgärtel, F. : Verheißung. Zur Frage des evangelischen Verständnisses des Alten Testaments, Gütersloh (1952) (Verheißung)

--- : Das alttestamentliche Geschehen als "heilsgeschichtliches" Geschehen, in: Geschichte und Altes Testament. FS A.Alt, BHTh 16, Tübingen 1953, 13-28 (Geschehen)

--- : Der Dissensus im Verständnis des Alten Testaments, EvTh 14 (NF 9),1954, 298-313 (Dissensus)

--- : Das hermeneutische Problem des Alten Testaments, in: C.Westermann (Hrg.), Probleme alttestamentlicher Hermeneutik, TB 11, München 196o, 114-139 (Problem)

Beck, H.W. : Weltformel contra Schöpfungsglaube. Theologie und empirische Wissenschaft vor einer neuen Wirklichkeitsdeutung, Zürich 1972

Becker, J. : Das Heil Gottes. Heils- und Sündenbegriffe in den Qumrantexten und im Neuen Testament, StUNT 3, Göttingen 1964

vBeckerath, J. : Art. "Geschichtsschreibung", LÄ II, Wiesbaden 1977, 566-568

Bentzen, A. : On the Ideas of "the old" and "the new" in Deutero-Isaiah, StTh 1, 1948, 183-187

Bergman (J.) : Art. דָּבָר *dāḇār*, I.1, ThWAT II, Stuttgart/Berlin/Köln/Mainz 1977, 92-98

Berkhof, H. : Der Sinn der Geschichte: Christus, Göttingen/Zürich 1962

Bernhardt, K.-H. : Gott und Bild. Ein Beitrag zur Begründung und Deutung des Bilderverbots im Alten Testament, ThA II, Berlin 1956 (Gott u.Bild)

--- : Prophetie und Geschichte, VT.S XXII (Congress Volume Uppsala 1971), 1972, 2o-46 (Prophetie)

Bewer, J.A. : The Literature of the Old Testament, New York/London 1962[3]

Bickert, R. : Die Geschichte und das Handeln Jahwes. Zur Eigenart einer deuteronomistischen Offenbarungsauffassung in den Samuelbüchern,in: Textgemäß. Aufsätze und Beiträge zur Hermeneutik des Alten Testaments. FS E.Würthwein, Göttingen 1979, 94-1o9

Blank, J. : Geschichte und Heilsgeschichte, WuW 23, 1968, 116-127

Blank, S.H. : Prophetic Faith in Isaiah, New York 1958

Böhmer, S. : Heimkehr und neuer Bund. Studien zu Jeremia 3o-31, GTA 5, Göttingen 1976

de Boer, P.A.H. : Second-Isaiah's Message, OTS XI, Leiden 1956

Boman, T. : Das hebräische Denken im Vergleich mit dem griechischen, Gütersloh 1965[4]

Bornkamm, H. : Luther und das Alte Testament, Tübingen 1948

Braaten, C.E. : History and Hermeneutics, NDTT II, London 1968

Brandon, S.G.F. : History, Time and Deity, Manchester/New York 1965 (History)

--- : Religion in Ancient History. Studies in Ideas, Men and Events, New York 1969 (Religion)

Braun, D. : Heil als Geschichte. Zu Oscar Cullmanns neuem Buch, EvTh 27, 1967, 57-76

Breit, H. : Meditation zu 1.Mose 11,1-9, CPH 3, Stuttgart 1964, 127-144

Bright, J. : Faith and Destiny. The Meaning of History in Deutero-Isaiah, Interp. 5, 1951, 3-26 (Faith)

--- : Altisrael in der neueren Geschichtsschreibung. Eine methodologische Studie, AThANT 4o, Zürich/Stuttgart 1961 (Altisrael)

Bring, R. : Der Brief des Paulus an die Galater, Berlin/Hamburg 1968

Brueggemann, W. : The Kerygma of the Deuteronomistic Historian, Interp. XXII, 1968, 387-4o2 (Kerygma)

--- : David and his Theologian, CBQ 3o, 1968, 156-181 (David)

--- : Art. "Yahwist", IDB Suppl.Vol., Nashville 1976, 971-975 (Yahwist)

Brunner, H. : Zum Zeitbegriff der Ägypter, StGen 8, 1955, 584-59o

Buber, M. : Der Glaube der Propheten, Zürich 195o

Buchheim, K. : Der historische Christus. Geschichtswissenschaftliche Überlegungen zum Neuen Testament, München 1974

Bull, L. : Ancient Egypt, in: R.C.Dentan (Ed.), The Idea of History in the Ancient Near East, New Haven/London 1955, 1-34

Bultmann, R. : Heilsgeschichte und Geschichte. Zu Oscar Cullmann, Christus und die Zeit, in: ders., Exegetica. Aufsätze zur Erforschung des NT,

Tübingen 1967, 356-368 (Heilsgeschichte)
--- : Weissagung und Erfüllung, in: C.Westermann (Hrg.), Probleme alttestamentlicher Hermeneutik, TB 11, München 196o,28-53 (Weissagung)
--- : Die Bedeutung des Alten Testaments für den christlichen Glauben, in: ders., GuV I, Tübingen 1964^{5}, 313-336 (Bedeutung)
--- : Geschichte und Eschatologie im Neuen Testament, in: ders., GuV III, Tübingen 1965^{3}, 91-lo6 (Geschichte)
--- : Geschichte und Eschatologie, Tübingen 1964^{2} (Geschichte u. Eschatologie)
--- : Der zweite Brief an die Korinther, KEK Sond.Bd., hrg.v.E.Dinkler, Göttingen 1976 (2Kor)
Burrows, M. : Ancient Israel, in: R.C.Dentan (Ed.), The Idea of History in the Ancient Near East, New Haven/London 1955, 99-132
Cancik, H. : Art. "Geschichte", BL, Einsiedeln/Zürich/Köln 1968^{2}, 565-567 (Geschichte)
--- : Art. "Geschichtsschreibung", BL, Einsiedeln/Zürich/Köln 1968^{2}, 567-574 (Geschichtsschreibung)
--- : Mythische und historische Wahrheit. Interpretationen zu Texten der hethitischen, biblischen und griechischen Historiographie, SBS 48, Stuttgart 197o (Wahrheit)
--- : Grundzüge der hethitischen und alttestamentlichen Geschichtsschreibung, ADPV, Wiesgaben 1976 (Grundzüge)
Carlson, R.A. : David, the Chosen King. A Traditio-Historical Approach to the Second Book of Samuel, Stockholm/Göteborg/Uppsala 1964 (David)
--- : Art. דָוִיד *dāwîd*, 1.-2., ThWAT II, Stuttgart/Berlin/Köln/Mainz 1977, 167-175 (dāwîd)
Childs, B.S. : Memory and Tradition in Israel, SBT 37, London 1962
Christen und Juden. Referate etc. einer Schwerpunkt-Tagung der Landessynode der Ev.Landeskirche in Baden lo.-11.Nov.198o in Bad Herrenalb
Clark, W.M. : A Legal Background to the Yahwist's Use of "Good and Evil" in Genesis 2-3, JBL 88, 1969, 266-278
Clements, R.E. : Abraham and David. Genesis XV and its Meaning for Israelite Tradition, SBT II/5, London 1967 (Abraham)
--- : Rezension von R.Rendtorff, Das überlieferungsgeschichtliche Problem des Pentateuch, JSOT 3, 1977, 46-56 (Rezension)
Coats, G.W. : Rebellion in the Wilderness. The Murmering Motif in the Wilderness Traditions of the Old Testament, Nashville/New York 1968 (Rebellion)
--- : The Yahwist as Theologian? A critical reflection, JSOT 3, 1977, 28-32 (Yahwist)
Conzelmann, H. : Fragen an Gerhard von Rad, EvTh 24, 1964, 113-125
Cremer, H. : Die paulinische Rechtfertigungslehre im Zusammenhange ihrer geschichtlichen Voraussetzungen, Gütersloh 19oo^{2}
Crüsemann, F. : Der Widerstand gegen das Königtum. Die antiköniglichen Texte des Alten Testaments und der Kampf um den frühen israelitischen Staat, WMANT 49, Neukirchen-Vluyn 1978
Cullmann, O. : Art. "Geschichtsschreibung, biblische. II. Im NT", RGG II, Tübingen 1958^{3}, 15ol-15o3 (Geschichtsschreibung)
--- : Heil als Geschichte. Heilsgeschichtliche Existenz im Neuen Testament, Tübingen 1965 (Heil)
--- : The Relevance of Redemptive History, in: Soli Deo Gloria. FS

W.C.Robinson, Richmond (Virg.), 1968, 9-22 (Relevance)
--- : Gottes Heilsplan in der Weltgeschichte. Heil in Christus als Problem für die Gegenwart, EK 7, 1974, 73o-733 (Heilsplan)
Curtis, J.B. : A suggested Interpretation of the Biblical Philosophy of History, HUCA 34, 1963, 115-123
Dantine, W. : Rechtfertigung und Gottesgerechtigkeit, VF 11/2, 1966, 68-1oo
Davidson, R. : Faith and History in the Old Testament, ET 77, 1965/66,1oo-1o4
Davies, G.H. : The Yahwistic Tradition in the Eight-Century Prophets, in: Studies in Old Testament Prophecy. FS T.H.Robinson, Edinburgh 195o, 37-51
Delling, G. : Das Zeitverständnis des Neuen Testaments, Gütersloh 194o
DeVries, S.J. : Yesterday, Today and Tomorrow. Time and History in the Old Testament, London 1975
Diebner, B. : Neue Ansätze in der Pentateuch-Forschung, DBAT 13, 1978, 2-13
Diepold, P. : Israels Land, BWANT 15 (95), Stuttgart/Berlin/Köln/Mainz 1972
Dietrich, W. : Prophetie und Geschichte. Eine redaktionsgeschichtliche Untersuchung zum deuteronomistischen Geschichtswerk, FRLANT 1o8, Göttingen 1972 (Prophetie)
--- : David in Überlieferung und Geschichte, VF 22/1, 1977, 44-64 (David)
Dietzfelbinger, C. : Paulus und das Alte Testament. Die Hermeneutik des Paulus, untersucht an seiner Deutung der Gestalt Abrahams, TEH NF 95, München 1961
Dinkler, E. : Art. "Geschichte und Geschichtsauffassung. II. Das christliche Geschichtsverständnis, II A. Neutestamentlich", RGG II, Tübingen 1958[3], 1476-1482 (Geschichte)
--- : The Idea of History in Earliest Christianity, in: ders.,Signum Crucis. Aufsätze zum NT und zur Christlichen Archäologie, Tübingen 1967, 313-35o (Christianity)
Eichholz, G. : Verkündigung und Tradition, in: ders.,Tradition und Interpretation. Studien zum NT und zur Hermeneutik, TB 29, München 1965, 11-34 (Verkündigung)
--- : Die Grenze der existentialen Interpretation. Fragen an Gerhard Ebelings Glaubensbegriff, in: ders., Tradition und Interpretation ..., 21o-226 (Grenze)
--- : Die Theologie des Paulus im Umriß, Neukirchen 1972 (Theologie)
Eichrodt, W. : Hat die alttestamentliche Theologie noch selbständige Bedeutung innerhalb der alttestamentlichen Wissenschaft?, ZAW 47 (NF 6), 1929, 83-91 (Bedeutung)
--- : Offenbarung und Geschichte im Alten Testament, ThZ 4, 1948, 321-331 (Offenbarung)
--- : Israel in der Weissagung des Alten Testaments, Zürich 1951 (Weissagung)
--- : Heilserfahrung und Zeitverständnis im Alten Testament, ThZ 12, 1956, 1o3-125 (Heilserfahrung)
--- : Ist die typologische Exegese sachgemäße Exegese?, in: C.Westermann (Hrg.), Probleme alttestamentlicher Hermeneutik, TB 11, München 196o, 2o5-226 (Exegese)
--- : Theologie des Alten Testaments, I/ II-III, Stuttgart/Göttingen 1959[6]/ 1961[4] (TheolAT I/II-III)
--- : Der Heilige in Israel. Jesaja 1-12, BAT 17,1, Stuttgart 196o (Heilige)
--- : Der Herr der Geschichte. Jesaja 13-23 und 28-39, BAT 17,2, Stuttgart 1967 (Herr d.Geschichte)

--- : "The Holy One in Your Midst". The Theology of Hosea, Interp. 15, 1961, 259-273 (Holy One)
--- : Bund und Gesetz. Erwägungen zur neueren Diskussion, in: Gottes Wort und Gottes Land. FS H.-W.Hertzberg, Göttingen 1965, 3o-49 (Bund)
--- : Der Prophet Hesekiel, I/II, ATD 22/1.2, Göttingen 1965[2]/1966 (Hesekiel I/II)
Eißfeldt, O. : Israelitisch-jüdische Religionsgeschichte und alttestamentliche Theologie, in: ders., KS I, Tübingen 1962, 1o5-114 (Religionsgeschichte)
--- : Die älteste Erzählung vom Sinaibund, in: ders., KS IV, Tübingen 1968, 12-2o (Erzählung)
--- : Die Gnadenverheißungen an David in Jes 55,1-5, in: ders., KS IV, Tübingen 1968, 44-52 (Gnadenverheißungen)
--- : Das Gesetz ist zwischeneingekommen. Ein Beitrag zur Analyse der Sinai-Erzählung, in: ders., KS IV, Tübingen 1968, 2o9-214 (Gesetz)
--- : Die Komposition der Sinai-Erzählung Ex 19-34, in: ders., KS IV, Tübingen 1968, 231-237 (Komposition)
--- : Israels Religion und die Religionen seiner Umwelt, in: ders., KS V, Tübingen 1973, 1-2o (Israels Religion)
Eliade, M. : Die Religionen und das Heilige. Elemente der Religionsgeschichte, Darmstadt 1966
Elliger, K. : Der Jakobskampf am Jabbok. Gen 32,23ff als hermeneutisches Problem, in: ders., KS zum AT, TB 32, München 1966, 141-173 (Jakobskampf)
--- : Der Begriff "Geschichte" bei Deuterojesaja, in: ders., KS zum AT..., 199-21o (Geschichte)
--- : Deuterojesaja, 1.Tbd. (Jesaja 4o,1-45,7), BK XI/1, Neukirchen-Vluyn 1978 (Deuterojesaja)
Ellis, P.F. : The Yahwist. The Bible's First Theologian, Notre Dame (Ind.)1968
Evangelischer Erwachsenenkatechismus, hrg. v. W.Jentsch, H.Jetter, M.Kießig u.H.Reller, Gütersloh 1975
Faber, K.-G. : Theorie der Geschichtswissenschaft, BeckSR 78, München 1974[3]
Falkenstein, A. (Bearb.) : Fluch über Akkade, ZA 57 (NF 23), 1965, 43-124
Farr, G. : The Concept of Grace in the Book of Hosea, ZAW 7o (NF 29), 1958, 98-1o7
Fey, R. : Amos und Jesaja. Abhängigkeit und Eigenständigkeit des Jesaja, WMANT 12, Neukirchen-Vluyn 1963
Fichtner, J. : Jahves Plan in der Botschaft des Jesaja, in: ders., Gottes Weisheit. Ges.Stud.zum AT, AzTh II/3, Stuttgart 1965, 27-44 (Jahves Plan)
--- : Die "Umkehrung" in der prophetischen Botschaft. Eine Studie zu dem Verhältnis von Schuld und Gericht in der Verkündigung Jesajas, in: ders., Gottes Weisheit..., 44-51 (Umkehrung)
Finkelstein, J.J. : Mesopotamian Historiography, PAPS 1o7, 1963, 461-472
Flückiger, F. : Heilsgeschichte und Weltgeschichte, EvTh 18 (NF 13),1958, 37-47
Foerster, W. : Art. εἰρήνη κτλ C-F., ThWNT II, Stuttgart 1935, 4o5-418 (Friede)
--- : Art. σῴζω κτλ D., ThWNT VII, Stuttgart 1964, 989-999 (Retten)
Fohrer, G. : Ezechiel. Mit einem Beitrag von K.Galling, HAT I/13, Tübingen 1955 (Ezechiel)
--- : Überlieferung und Geschichte des Exodus. Eine Analyse von Ex 1-15, BZAW 91, Berlin 1964 (Überlieferung)

--- : Das Buch Jesaja I/II/III, ZBK, Zürich/Stuttgart 1966[2]/1967[2]/1964 (Jesaja I/II/III)

--- : Umkehr und Erlösung beim Propheten Hosea, in: ders., Studien zur alttestamentlichen Prophetie (1949-1965), BZAW 99, Berlin 1967, 222-241 (Umkehr)

--- : Prophetie und Geschichte, in: ders., Studien zur alttestamentlichen Prophetie..., 265-293 (Prophetie)

--- : Einleitung in das Alte Testament, begr. v.E.Sellin, Heidelberg 1969[11] (Einleitung)

--- : Geschichte der israelitischen Religion, Berlin 1969 (Geschichte)

--- : Theologische Grundstrukturen des Alten Testaments, TBT 24, Berlin/ New York 1972 (Grundstrukturen)

Frankfort, H. : Kingship and the Gods. A Study of Ancient Near Eastern Religion as the Interpretation of Society & Nature, Chicago 1948 (Kingship)

--- : Frühlicht des Geistes. Wandlungen des Weltbildes im Alten Orient, UB 9, Stuttgart 1954 (Frühlicht)

Freedman, D.N. : History and Eschatology. The Nature of Biblical Religion and Prophetic Faith, Interp.XIV, 196o, 143-154

Freedman (D.N.)/Lundbom (J.): Art. דּוֹר *dôr* I.3-III., ThWAT II, Stuttgart/Berlin/Köln/Mainz 1977, 185-194 (dôr)

--- : Art. חָנַן *ḥānan* usw., ThWAT III, Stuttgart/Berlin/Köln/Mainz 1977ff., 23-4o (ḥānan)

Fritzsche, H.-G. : Lehrbuch der Dogmatik, Teil I: Prinzipienlehre, Göttingen 1964

Frör, K. : Biblische Hermeneutik. Zur Schriftauslegung in Predigt und Unterricht, München 1964[2]

Fuchs, E. : Christus das Ende der Geschichte, in: ders., Zur Frage nach dem historischen Jesus. Ges.Aufs. II, Tübingen 196o, 79-99

Gadamer, H.-G. : Art. "Geschichte und Geschichtsauffassung III. Geschichtsphilosophie", RGG II, Tübingen 1958[3], 1488-1496

Galling, K. : Die Geschichte als Wort Gottes bei den Propheten, ThBl 8, 1929, 169-172 (Geschichte)

--- :Biblische Sinndeutung der Geschichte, EvTh 8 (NF 3), 1948/49, 3o7-319 (Sinndeutung)

--- : Das Rätsel der Zeit im Urteil Kohelets (Koh 3,1-15), ZThK 58, 1961, 1-15 (Rätsel)

Gaugler, E. : Der Römerbrief I/II, Zürich 1958/1952

Gerleman, G. : Art. דָּבָר *dābār* Wort, THAT I, München/Zürich 1971, 433-443 (Wort)

--- : Art. דּוֹר *dôr* Generation, THAT I, München/Zürich 1971, 443-445 (Generation)

--- : Art. שׁלם *šlm* genug haben, THAT II, München/Zürich 1976, 919-935 (Genug)

Gese, H. : Lehre und Wirklichkeit in der alten Weisheit. Studien zu den Sprüchen Salomos und zu dem Buche Hiob, Tübingen 1958 (Weisheit)

--- : Geschichtliches Denken im Alten Orient und im Alten Testament, ZThK 55, 1958, 127-145 (Denken)

Geyer, H.G. : Zur Frage der Notwendigkeit des Alten Testamentes, EvTh 25, 1965, 2o7-237

Gloege, G. : Art. "Heilsratschluß", RGG III, Tübingen 1959[3], 19o-192 (Heilsratschluß)

--- : Schöpfungsglaube und Weltbild, in: Vom Herrengeheimnis der Wahrheit. FS H.Vogel, Berlin/Stuttgart 1962, 158-178 (Schöpfungsglaube)

--- : Gnade für die Welt, in: ders., Gnade für die Welt. Kritik und Krise des Luthertums, Göttingen 1964, 7-27 (Gnade)
--- : Die Rechtfertigungslehre als hermeneutische Kategorie, in: ders., Gnade für die Welt ..., 34-54 (Rechtfertigungslehre)
--- : Der Heilsplan Gottes als geschichtstheologisches Problem, in: ders., Heilsgeschehen und Welt. Theologische Traktate I, Göttingen 1965, 11-26 (Heilsplan)
--- : Vom Sinn der Weltgeschichte. Überlegungen zum Thema 'Heilsgeschehen und Weltgeschichte', in: ders., Heilsgeschehen und Welt ..., 27-52 (Sinn)
Goetze, A. : Plague Prayers of Mursilis, in: ANET, Princeton 1969[3], 394-396
Goppelt, L. : Paulus und die Heilsgeschichte. Schlußfolgerungen aus Röm.4 und 1.Kor.1o,1-13, in: ders., Christologie und Ethik. Aufs.zum NT, Göttingen 1968, 22o-233 (Heilsgeschichte)
--- : Apokalyptik und Typologie bei Paulus, in: ders., Christologie und Ethik ..., 234-267 (Apokalyptik)
--- : Art. τύπος , ThWNT VIII, Stuttgart/Berlin/Köln/Mainz 1969, 246-26o (Typos)
Goossens, G. : La philosophie de l'histoire dans l'Ancien Orient, in: J.Coppens/ A.Descamps/É.Massaux (Ed.), Sacra Pagina. Miscellanea biblica congressus internationalis Catholici de re biblica, I, Gembloux 1959, 242-252
Grayson, A.K. : Assyrian and Babylonian Chronicles, TCS V, New York 1975
Groß, H. : Umkehr als Weg zum Heil, BiKi 19,1964, 42-45
Güterbrock, H.-G. : Die historische Tradition und ihre literarische Gestaltung bei Babyloniern und Hethitern bis 12oo, ZA 42 (NF 8),1934, 1-91; ZA 44 (NF 1o), 1938, 45-145
Gunkel, H. : Genesis, Göttingen 1969[8]
Gunneweg, A.H.J. : Schuld ohne Vergebung?, EvTh 36, 1976, 2-14 (Schuld)
--- : Religion oder Offenbarung. Zum hermeneutischen Problem des Alten Testaments, ZThK 74, 1977, 151-178 (Religion)
--- : Vom Verstehen des Alten Testaments. Eine Hermeneutik, GAT 5, Göttingen 1977 (Verstehen)
Guthrie, H.H.jr. : God and History in the Old Testament, London 1961
Gyllenberg, R. : Kultus und Offenbarung, NTT 56 (FS S.Mowinckel), 1955, 72-84 (Kultus)
--- : Rechtfertigung und Altes Testament bei Paulus, Stuttgart/Berlin/Köln/Mainz 1973 (Rechtfertigung)
Haag, E. : Gott als Schöpfer und Erlöser in der Prophetie des Deuterojesaja, TThZ 85, 1976, 193-213
Haag, H. : Die biblische Schöpfungsgeschichte heute, in: H.Haag/A.Haas/J.Hürzeler, Evolution und Bibel, HerTB 249, Freiburg/Basel/Wien 1966, 9-52
Habets, G. : Eschatologie - Eschatologisches, in: Bausteine biblischer Theologie. FS G.J.Botterweck, BBB 5o, Köln/Bonn 1977, 351-369
Hager, F.P./Scholtz, G. : Art. "Geschichte, Historie", HWP 3, Darmstadt 1974, 344-398
Hahn, F. : Das Verständnis der Mission im Neuen Testament, WMANT 13, Neukirchen-Vluyn 1963
Halbe, J. : Das Privilegrecht Jahwes Ex 34,1o-26, FRLANT 114, Göttingen 1975
Hamp, V. : Geschichtsschreibung im Alten Testament, in: Speculum Historiale. FS J.Spörl, Freiburg/München 1965, 134-142
Hasel, G.F. : The Problem of the Center in the OT Theology Debate, ZAW 86, 1974, 65-82

Hehn, J. : Die biblische und die babylonische Gottesidee, Leipzig 1913
Heiler, F. : Erscheinungsformen und Wesen der Religion, RM 1, Stuttgart 1961
Helfmeyer, F.J. : Segen und Erwählung, BZ NF 18, 1974, 2o8-223
Heller, J. : Die Etappen der alttestamentlichen Heilsgeschichte, in: Oikonomia. Heilsgeschichte als Thema der Theologie. FS O.Cullmann, Hamburg-Bergstedt 1967, 3-1o
Hempel, J. : Altes Testament und Geschichte, SASW 27, Gütersloh 193o (AT u.Geschichte)
--- : Die Wurzeln des Missionswillens im Glauben des AT, ZAW 66 (NF 25), 1954, 244-272 (Wurzeln)
--- : Geschichten und Geschichte im Alten Testament bis zur persischen Zeit, Gütersloh 1964 (Geschichten u.Geschichte)
Hengel, M. : Zur urchristlichen Geschichtsschreibung, Stuttgart 1979
Henry, M.-L. : Jahwist und Priesterschrift. Zwei Glaubenszeugnisse des Alten Testaments, AzTh 3, Stuttgart 196o (Jahwist)
--- : Phänomene religiöser Lebensbewegungen in der jahwistischen und priesterlichen Überlieferung, ThLZ 85,196o, 145-148 (Phänomene)
Hentschke, R. : Gesetz und Eschatologie in der Verkündigung der Propheten, ZEE 4, 196o, 46-56
Hermisson, H.-J. : Weisheit und Geschichte, in: Probleme biblischer Theologie. FS G.vRad, München 1971, 136-154 (Weisheit)
--- : Zukunftserwartung und Gegenwartskritik in der Verkündigung Jesajas, EvTh 33, 1973, 54-77 (Zukunftserwartung)
Herrmann, S. : Die prophetischen Heilserwartungen im Alten Testament. Ursprung und Gestaltwandel, BWANT V/(85) 5, Stuttgart 1965 (Heilserwartungen)
--- : Israels Aufenthalt in Ägypten, SBS 4o, Stuttgart 197o (Aufenthalt)
--- : Das prophetische Wort, für die Gegenwart interpretiert, EvTh 31 (NF 26), 1971, 65o-664 (Wort)
--- : Geschichte Israels in alttestamentlicher Zeit, München 198o² (Geschichte Israels)
--- : Zeit und Geschichte, KoTB 1oo2, Stuttgart/Berlin/Köln/Mainz 1977 (Zeit)
Hesse, F. : Alttestamentliche Wurzeln der paulinischen Rechtfertigungslehre?, ELKZ 5, 1951, 1o2-1o4 (Wurzeln)
--- : Das Verstockungsproblem im Alten Testament. Eine frömmigkeitsgeschichtliche Untersuchung, BZAW 74, Berlin 1955 (Verstockungsproblem)
--- : Die Erforschung der Geschichte Israels als theologische Aufgabe, KuD 4, 1958, 1-19 (Erforschung)
--- : "Gebot und Gesetz" und das Alte Testament, ELKZ 13, 1959, 117-124 (Gebot u. Gesetz)
--- : Zur Frage der Wertung und der Geltung alttestamentlicher Texte, in: C.Westermann (Hrg.), Probleme alttestamentlicher Hermeneutik, TB 11, München 196o, 266-294 (Wertung)
--- : Kerygma oder geschichtliche Wirklichkeit? Kritische Fragen an Gerhard von Rads "Theologie des Alten Testaments, I.Teil", ZThK 57, 196o, 17-26 (Kerygma)
--- : Das Alte Testament in der gegenwärtigen Dogmatik, NZSTh 2, 196o, 1-44 (Dogmatik)
--- : Wolfhart Pannenberg und das Alte Testament, NZSTh 7, 1965, 174-199 (Pannenberg u.AT)
--- : Das Alte Testament als Buch der Kirche, Gütersloh 1966 (Buch)

--- : Bewährt sich eine "Theologie der Heilstatsachen" am Alten Testament? Zum Verhältnis von Faktum und Deutung, ZAW 81, 1969, 1-18 (Heilstatsachen)

--- : Abschied von der Heilsgeschichte, ThSt 1o8, Zürich 1971 (Abschied)

--- : Zur Profanität der Geschichte Israels, ZThK 71, 1974, 262-29o (Profanität)

Heuß, A. : Geschichte als System? in: E.Jäckel/E.Weymar (Hrg.), Die Funktion der Geschichte in unserer Zeit, Stuttgart 1975, 26-4o

Hoffmann, H.W. : Die Intention der Verkündigung Jesajas, BZAW 136, Berlin/New York 1974

Holladay, W.L. : The Root šûbh in the Old Testament. With particular reference to its usages in covenantal contexts, Leiden 1958

Hollenberg, D.E. : Nationalism and "the Nations" in Isaiah XL-LV, VT 19, 1969, 23-36

Hornung, E. : Geschichte als Fest, Darmstadt 1966

Horst, F. : Art. "Gerechtigkeit Gottes II. Im AT und Judentum", RGG II, Tübingen 1958^{3}, 14o3-14o6 (Gerechtigkeit)

--- : Die Doxologien im Amosbuch, in: ders., Gottes Recht. Ges.Stud. zum Recht im AT, TB 12, München 1961, 155-166 (Doxologien)

--- : Recht und Religion im Bereich des Alten Testaments, in: ders., Gottes Recht ..., 26o-291 (Recht u.Religion)

--- : Art. "Recht I. Im AT und NT", EKL III, Göttingen 1962^{2}, 456-46o (Recht)

Hübner, K. : Erkenntnistheoretische Fragen der Geschichtswissenschaft, in: E.Jäckel/E.Weymar (Hrg.), Die Funktion der Geschichte in unserer Zeit, Stuttgart 1975, 41-58

Israel und die Kirche.Eine Studie, im Auftrag der Generalsynode der Niederländischen Reformierten Kirche zusammengestellt von dem Rat für das Verhältnis zwischen Kirche und Israel, Zürich 1961

Iwand, H.J. : Glauben und Wissen. Nachgelassene Werke Bd. I, hrg.v.H.Gollwitzer, München 1962

Jacob, E. : Théologie de l'Ancien Testament, Neuchâtel/Paris 1955 (Théologie)

--- : Abraham et sa signification pour la foi chrétienne, RHPhR 42, 1962, 148-156 (Abraham)

--- : Der Prophet Hosea und die Geschichte, EvTh 24, 1964, 281-29o (Hosea)

--- : Grundfragen alttestamentlicher Theologie, Stuttgart/Berlin/Köln/Mainz 197o (Grundfragen)

Jaeschke, W. : Die Suche nach den eschatologischen Wurzeln der Geschichtsphilosophie. Eine historische Kritik der Säkularisierungsthese, BEvTh 76, München 1976

Janssen, E. : Juda in der Exilszeit. Ein Beitrag zur Frage der Entstehung des Judentums, FRLANT 69 (NF 51), Göttingen 1956

Jenni, E. : Das Wort עולם im Alten Testament, ZAW 64, 1952, 197-248; 65, 1953, 1-35 (Wort)

--- : Art. "Time", IDB IV, New York/Nashville 1962, 642-649 (Time)

--- : Art. אהב *ʾhb* lieben, THAT I, München/Zürich 1971, 6o-73 (Lieben)

--- : Art. יוֹם *jôm* Tag, THAT I, München/Zürich 1971, 7o7-726 (Tag)

--- : Art. אחר *ʾḥr* danach, THAT I, München/Zürich 1971, 11o-118 (Danach)

--- : Art. עד *ʿad* immer, THAT II, München/Zürich 1976, 2o7-2o9 (Immer)

--- : Art. עוֹלָם *ʿôlām* Ewigkeit, THAT II, München/Zürich 1976, 228-243 (Ewigkeit)

--- : Art. עֵת *ʿēt* Zeit, THAT II, München/Zürich 1976, 37o-385 (Zeit)

Jepsen, A. : Die Quellen des Königsbuches, Halle/S. 1953 (Quellen)
--- : Wissenschaft vom Alten Testament, in: C.Westermann (Hrg.), Probleme alttestamentlicher Hermeneutik, TB 11, München 1960, 227-265 (Wissenschaft)
--- : Art. "Eschatologie II. Im AT", RGG II, Tübingen 1958[3], 655-662 (Eschatologie)
--- : צדק und צדקה im Alten Testament, in: Gottes Wort und Gottes Land. FS H.-W.Hertzberg, Göttingen 1965, 78-89 (Gerechtigkeit)
--- : Israel und das Gesetz, ThLZ 93, 1968, 85-94 (Israel)
--- : Art. אָמַן usw., ThWAT I, Stuttgart/Berlin/Köln/Mainz 1973, 313-348 (Fest)
Jeremias, C. : Die Erzväter in der Verkündigung der Propheten, in: Beiträge zur Alttestamentlichen Theologie. FS W.Zimmerli, Göttingen 1977, 206-222
Joest, W. : Fundamentaltheologie. Theologische Grundlagen- und Methodenprobleme, ThW 11, Stuttgart/Berlin/Köln/Mainz 1974
Jolles, A. : Einfache Formen. Legende, Sage, Mythe, Rätsel, Spruch, Kasus, Memorabile, Märchen, Witz, Darmstadt 1969[4]
Jordan, P. : Schöpfung und Geheimnis, Oldenburg/Hamburg 1970 (Schöpfung)
--- : Der Naturwissenschaftler vor der religiösen Frage. Abbruch einer Mauer, Oldenburg/Hamburg 1972[6] (Naturwissenschaftler)
--- : Wie frei sind wir? Naturgesetz und Zufall, TuT 18, Osnabrück 1972[2] (Zufall)
Junker, H. : Segen als heilsgeschichtliches Motivwort im Alten Testament, in: J.Coppens/A.Descamps/É.Massaux (Ed.), Sacra Pagina. Miscellanea biblica congressus internationalis Catholici de re biblica, I, Gembloux 1959, 548-558 (Segen)
--- : Aufbau und theologischer Hauptinhalt des Buches Genesis, BiKi 17, 1962, 70-78 (Aufbau)
Junker, D./Reisinger, P. : Was kann Objektivität in der Geschichtswissenschaft heißen, und wie ist sie möglich?, in: T.Schieder (Hrg.), Methodenprobleme der Geschichtswissenschaft, HZ.B 3 (NF), München 1974, 1-46
Käsemann, E. : Meditation zu Epheser 2,17-22, GPM 12, 1957/58, 166-169 (Meditation)
--- : Gottesgerechtigkeit bei Paulus, in: ders., Exeget.Versuche u.Besinnungen II, Göttingen 1964, 181-193 (Gottesgerechtigkeit)
--- : Art. "Wunder IV. Im NT", RGG VI, Tübingen 1962[3], 1835-1837 (Wunder)
--- : Rechtfertigung und Heilsgeschichte im Römerbrief, in: ders., Paulinische Perspektiven, Tübingen 1969, 108-139 (Rechtfertigung)
--- : Der Glaube Abrahams in Röm 4, in: ders., Paulinische Perspektiven..., 140-177 (Glaube Abrahams)
--- : An die Römer, HNT 8a, Tübingen 1973 (Römer)
Kahmann, J. : Die Heilszukunft in ihrer Beziehung zur Heilsgeschichte nach Isaias 40-55, Bib.32, 1951, 65-89. 141-172
Kaiser, O. : Der Prophet Jesaja. Kapitel 1-12, ATD 17, Göttingen 1963[2] (Jesaja I)
--- : Der Prophet Jesaja. Kapitel 13-39, ATD 18, Göttingen 1973 (Jesaja II)
--- : Von der Gegenwartsbedeutung des Alten Testaments, in: A.H.J.Gunneweg u.a., Der Gott, der mitgeht. Alttestamentliche Predigten, Gütersloh 1972, 9-34 (Gegenwartsbedeutung)
--- : Einleitung in das Alte Testament. Eine Einführung in ihre Ergebnisse und Probleme, Gütersloh 1978[4] (Einleitung)

Kammenhuber, A. : Die hethitische Geschichtsschreibung, Saec.9, 1958, 136-155
Kasch (W) : Art. ῥύομαι , ThWNT VI, Stuttgart 1959, 999-1oo4
Keel, O. (Hrg.) : Monotheismus im Alten Israel und seiner Umwelt, BiBe 14, Fribourg 198o
Keel, O./Küchler, M. : Synoptische Texte aus der Genesis, II, BiBe 8,2, Fribourg 1971
Kegler, J. : Politisches Geschehen und theologisches Verstehen. Zum Geschichtsverständnis in der frühen israelitischen Königszeit, CThM A/8, Stuttgart 1977
Keller, C.-A. : L'Ancien Testament et la théologie de l'histoire, RThPh 3/13, Lausanne 1963, 124- 137
Keller, C.A./Wehmeier, G.: Art. ברך *brk* pi. segnen, THAT I, München/Zürich 1971, 353-376
Kellermann, U. : Messias und Gesetz. Grundlinien einer alttestamentlichen Heilserwartung. Eine traditionsgeschichtliche Einführung, BSt 61, Neukirchen-Vluyn 1971
Kertelge, K. : "Rechtfertigung" bei Paulus. Studien zur Struktur und zum Bedeutungsgehalt des paulinischen Rechtfertigungsbegriffs, NTA NF 3, Münster 1967
Kilian, R. : Die vorpriesterlichenAbrahamsüberlieferungen literarkritisch und traditionsgeschichtlich untersucht, BBB 24, Bonn 1966 (Abrahamsüberlieferungen)
--- : Der Verstockungsauftrag Jesajas, in: Bausteine Biblischer Theologie. FS G.J.Botterweck, BBB 5o, Köln/Bonn 1977, 2o9-225 (Verstockungsauftrag)
Klappert, B.: Diskussion um Kreuz und Auferstehung. Zur gegenwärtigen Auseinandersetzung in Theologie und Gemeinde, hrg. v.B.Klappert, Wuppertal 1968[3] (Diskussion)
--- : Die Auferweckung des Gekreuzigten. Der Ansatz der Christologie Karl Barths im Zusammenhang der Christologie der Gegenwart, Neukirchen-Vluyn 1971 (Auferweckung)
Klappert, B. /Starck, H. (Hrg.) : Umkehr und Erneuerung. Erläuterungen zum Synodalbeschluß der Rheinischen Landessynode 198o "Zur Erneuerung des Verhältnisses von Christen und Juden", Neukirchen-Vluyn 198o
Klappert (B) u.a. : Kritische Stellungnahmen zu einem Bonner Theologen-Papier über das Verhältnis von Christen und Juden, epd-Dokumentation Nr.42/8o, Frankfurt 198o
Klein, G. : Offenbarung als Geschichte? Marginalien zu einem theologischen Programm, MPTh 51, 1962, 65-88 (Offenbarung)
--- : Theologie des Wortes Gottes und die Hypothese der Universalgeschichte. Zur Auseinandersetzung mit Wolfhart Pannenberg, BEvTh 37, München 1964 (Hypothese)
--- : Römer 4 und dieIdee der Heilsgeschichte, in: ders., Rekonstruktion und Interpretation. Ges.Aufs.zum NT, BEvTh 5o, München 1969, 145-169 (Römer)
--- : Exegetische Probleme in Römer 3,21-4,25, in: ders., Rekonstruktion und Interpretation..., 17o-177(179) (Exeget.Probleme)
--- : Individualgeschichte und Weltgeschichte bei Paulus. Eine Interpretation ihres Verhältnisses im Galaterbrief, in: ders., Rekonstruktion und Interpretation..., 18o-221(224) (Individualgeschichte)
--- : Gottes Gerechtigkeit als Thema der neuesten Paulus-Forschung, in: ders., Rekonstruktion und Interpretation..., 225-236 (Gottes Gerechtigkeit)

--- : Die Fragwürdigkeit der Idee der Heilsgeschichte, in: Spricht Gott in der Geschichte?, Freiburg 1972, 95-153 (Fragwürdigkeit)

--- : Brisanz der Rechtfertigung. Rezension von E.Käsemann, An die Römer. 1973, EK 7, 1974, 244f. (Brisanz)

--- : Präliminarien zum Thema "Paulus und die Juden", in: Rechtfertigung. FS E.Käsemann, Tübingen/Göttingen 1976, 229-243 (Präliminarien)

Knierim, R. : Das erste Gebot, ZAW 77 (NF 36), 1965, 2o-39 (Gebot)

--- : Offenbarung im Alten Testament, in: Probleme biblischer Theologie. FS G.vRad, München 1971, 2o6-235 (Offenbarung)

Koch, K. : Art. "Rechtfertigung I. Im AT", EKL III, Göttingen 1962[2], 471f. (Rechtfertigung)

--- : Gibt es ein Vergeltungsdogma im Alten Testament?, ZThK 52, 1955, 1-42 (Vergeltungsdogma)

--- : Die Hebräer vom Auszug aus Ägypten bis zum Großreich Davids, VT 19, 1969, 37-81 (Hebräer)

--- : Sühne und Sündenvergebung um die Wende von der exilischen zur nachexilischen Zeit, EvTh 26, 1966, 217-239 (Sühne)

--- : Art. צדק *ṣdq* gemeinschaftstreu/heilvoll sein, THAT II, München/Zürich 1976, 5o7-53o (Heilvoll)

--- : Art. דֶּרֶךְ *däräk*, III-X, ThWAT II, Stuttgart/Berlin/Köln/Mainz 1977, 294-312 (däräk)

--- : Die Profeten, Bd.I: Assyrische Zeit, Bd.II: Babylonisch-persische Zeit, UB 28o/281, Stuttgart/Berlin/Köln/Mainz 1978/198o (Profeten I/II)

Köhler, L. : Theologie des Alten Testaments, Tübingen 1966[4]

Koselleck, R. : Geschichte, Geschichten und formale Zeitstrukturen, in: R.Koselleck/W.-D.Stempel (Hrg.), Geschichte-Ereignis und Erzählung, München 1973, 211-222 (Geschichte)

--- : Über die Theoriebedürftigkeit der Geschichtswissenschaft, in: W.Conze (Hrg.), Theorie der Geschichtswissenschaft und Praxis des Geschichtsunterrichts, Stuttgart 1972, lo-28 (Theoriebedürftigkeit)

Koselleck, R. u.a. : Art. "Geschichte, Historie", GGB II, Stuttgart 1975, 593-717

Kramer, S.N. : Sumerian Historiography, IEJ 3, 1953, 217-232 (Historiography)

--- : The Curse of Agade, in: ANET, Princeton 1969[3], 646-651 (Curse)

Kraus, H.-J. : Gesetz und Geschichte. Zum Geschichtsbild des Deuteronomisten, EvTh 11, 1951/52, 415-428 (Gesetz)

--- : Das Problem der Heilsgeschichte in der "Kirchlichen Dogmatik", in: Antwort. FS K.Barth, Zürich 1956, 69-83 (Problem)

--- : Geschichte als Erziehung. Biblisch-theologische Perspektiven, in: Probleme biblischer Theologie. FS G.vRad, München 1971, 258-274 (Geschichte)

--- : Die Biblische Theologie. Ihre Geschichte und Problematik, Neukirchen-Vluyn 1976 (Bibl.Theologie)

Krecher, J./Müller, H.-P. : Vergangenheitsinteresse in Mesopotamien und Israel, Saec.XXVI, 1975, 13-44

Kreck, W. : Die Wirklichkeit des Wortes Gottes, TEH (NF) 134, München 1966 (Wirklichkeit)

--- : Grundfragen der Dogmatik, EETh 3, München 197o (Dogmatik)

Kühlewein, J. : Geschichte in den Psalmen, CThM A/2, Stuttgart 1973

Kümmel, W.G. : 'Individualgeschichte' und 'Weltgeschichte' in Gal. 2:15-21, in: Christ and Spirit in the New Testament. FS C.F.D.Moule, Cambridge 1973, 157-173 (Individualgeschichte)

--- : Die Botschaft des Römerbriefs, ThLZ 99, 1974, 481-488 (Botschaft)

--- : Heilsgeschichte im Neuen Testament?, in: Neues Testament und Kirche. FS R.Schnackenburg, Freiburg/Basel/Wien 1974, 434-457 (Heilsgeschichte)

Kuß, O. : Der Römerbrief, I/II und III, Regensburg 1959/1978 (Römerbrief I/II u.III)

--- : Paulus. Die Rolle des Apostels in der theologischen Entwicklung der Urkirche, Auslegung und Verkündigung III, Regensburg 1976[2] (Paulus)

Labuschagne, C.J. : The Incomparability of Yahweh in the Old Testament, POS V, Leiden 1966

Lambert, W.G. : Destiny and Divine Intervention in Babylon and Israel, in: The Witness of Tradition, OTS 17, 1972, 65-72

Langlamet, F. : Rezension von R.Rendtorff, Das überlieferungsgeschichtliche Problem des Pentateuch, RB 84, 1977, 6o9-622

Lauha, A. : "Der Bund des Volkes". Ein Aspekt der deuterojesajanischen Missionstheologie, in: Beiträge zur Alttestamentlichen Theologie. FS W.Zimmerli, Göttingen 1977, 257-261

vanLeeuwen, A.T. : Christentum in der Weltgeschichte. Das Heil und die Säkularisation, Stuttgart/Berlin 1966

Lindblom, J. : Zur Frage der Eigenart der alttestamentlichen Religion, in: Werden und Wesen des Alten Testaments, BZAW 66, Berlin 1936, 128-137 (Eigenart)

--- : Prophecy in Ancient Israel, Philadelphia 1962 (Prophecy)

Loen, A.E. : Säkularisation. Von der wahren Voraussetzung und angeblichen Gottlosigkeit der Wissenschaft, München 1965

Löwith, K. : Weltgeschichte und Heilsgeschehen. Die theologischen Voraussetzungen der Geschichtsphilosophie, UB 2, Stuttgart 1961[4]

Lohff, W. : Art. "Heil, Heilsgeschichte, Heilstatsache", HWP 3, Darmstadt 1974, 1o31-1o33

Lohfink, N. : Freiheit und Wiederholung. Zum Geschichtsverständnis des Alten Testaments, in: Die religiöse und theologische Bedeutung des Alten Testaments, SBKAB 33, Würzburg (1965), 79-1o3 (Freiheit)

--- : Die Landverheißung als Eid. Eine Studie zu Gn 15, SBS 28, Stuttgart 1967 (Landverheißung)

--- : Bilanz nach der Katastrophe. Das deuteronomistische Geschichtswerk, in: J.Schreiner (Hrg.), Wort und Botschaft, Würzburg 1967, 196-2o8 (Bilanz)

Lohse, E. : Deus dixit. Wort Gottes im Zeugnis des Alten und Neuen Testaments, in: ders., Die Einheit des Neuen Testaments. Exeget.Studien zur Theologie des NT, Göttingen 1973[2], 9-28

Lutzmann (H.) : Art. דָּבָר *dāḇār*, I.2, ThWAT II, Stuttgart/Berlin/Köln/Mainz 1977, 98-1o1

Luz, U. : Das Geschichtsverständnis des Paulus, BEvTh 49, München 1968

Maag, V. : Der Hirte Israels. Eine Skizze von Wesen und Bedeutung der Väterreligion, SThU 28, 1958, 2-28 (Hirte)

--- : Malkût Jhwh, VT.S VII, 196o (Congress Volume Oxford 1959), 129-153 (Malkût)

--- : Syrien-Palästina, in: H.Schmökel (Hrg.), Kulturgeschichte des Alten Orient, Stuttgart 1961, 447-6o4 (Syr.-Palästina)

--- : Das Gottesverständnis des Alten Testaments, NedThT 21, 1966/67, 161-2o7 (Gottesverständnis)

McCarthy, D.J. : II Samuel 7 and the Structure of the Deuteronomic History, JBL 84, 1965, 131-138 (Structure)

--- : Treaty and Covenant. A Study in Form in the Ancient Oriental Documents and in the Old Testament, AnBib 21 A, Rom 1978[2] (Treaty)
McKane, W. : Rezension von R.Rendtorff, Das überlieferungsgeschichtliche Problem des Pentateuch, VT 28, 1978, 371-382
McKenzie, R.A.F. : Faith and History in the Old Testament, Minneapolis 1963
Maier, F.G. : Der Gesetzesbegriff in den historischen Wissenschaften, StGen 19, 1966, 657-667
Maisler, B. : Ancient Israelite Historiography, IEJ 2, 1952, 82-88
Malamat, A. : Doctrines of Causality in Hittite and Biblical Historiography: a Parallel, VT 5, 1955, 1-12
Marsh, J. : Art. "Time, Season", ThWBB, London 195o, 258-267 (Time)
--- : The Fulness of Time, London 1952 (Fulness)
Martin-Achard, R. : Israël et les nations. La perspective missionnaire de l' Ancien Testament, CTh 42, Neuchâtel/Paris 1959 (Israël)
--- : Actualité d'Abraham, BT(N), Neuchâtel 1969 (Actualité)
Mauser, U. : Gottesbild und Menschwerdung. Eine Untersuchung zur Einheit des Alten und Neuen Testaments, BHTh 43, Tübingen 1971
Michel, D. : Das Rätsel Deuterojesaja, ThViat 13,1977, 115-132
Michel, O. : Der Brief an die Römer, KEK IV, Göttingen 1963[12]
Mildenberger, F. : Gottes Tat im Wort. Erwägungen zur alttestamentlichen Hermeneutik als Frage nach der Einheit der Testamente, Gütersloh 1964
Miskotte, K.H. : Der Weg des Gebets, München 1964 (Weg)
--- : Wenn die Götter schweigen. Vom Sinn des Alten Testaments, München 1966 (Götter)
Moltmann, J. : Exegese und Eschatologie der Geschichte, EvTh 22 (NF 17), 1962, 31-66 (Exegese)
--- : Theologie der Hoffnung. Untersuchungen zur Begründung und zu den Konsequenzen einer christlichen Eschatologie, BEvTh 38, München 1964 (Theologie)
Momigliano, A. : Time in Ancient Historiography, in: History and the Concept of Time, HTh.S 6, 1966, 1-23
Morenz, S. : Ägyptische Religion, RM 8, Stuttgart 1977[2]
Moscati, S. : Die altsemitischen Kulturen, UB 3, Stuttgart 1961
Moule, C.F.D. : Fulfilment-Words in the New Testament: Use and Abuse, NTS 14, 1967/68, 293-32o
Mowinckel, S. : Die vorderasiatischen Königs- und Fürsteninschriften. Eine stilistische Studie, in: ΕΥΧΑΡΙΣΤΗΡΙΟΝ . FS H.Gunkel, FRLANT 36 (NF 19)/1-2, Göttingen 1923, 278-322 (Fürsteninschriften)
--- : Israelite Historiography, ASTI II, 1963, 4-26 (Historiography)
--- : Studien zu dem Buche Ezra-Nehemia, II. Die Nehemia-Denkschrift, SNVAO.HF (NS) 5,Oslo 1964 (Studien)
Müller, C. : Gottes Gerechtigkeit und Gottes Volk. Eine Untersuchung zu Römer 9-11, FRLANT 86, Göttingen 1964
Müller, H.-P. : Imperativ und Verheißung im Alten Testament. Drei Beispiele, EvTh 28, 1968, 557-571 (Imperativ)
--- : Ursprünge und Strukturen alttestamentlicher Eschatologie, BZAW 1o9, Berlin 1969 (Ursprünge)
--- : Zur Funktion des Mythischen in der Prophetie des Jesaja, Kairos NF 13, 1971, 266-281 (Funktion)
--- : Mythos und Transzendenz. Paradigmen aus dem Alten Testament, EvTh 32, 1972, 97-118 (Mythos u.Transzendenz)

--- : Mythos-Tradition-Revolution. Phänomenologische Untersuchungen zum Alten Testament, Neukirchen-Vluyn 1973 (Mythos-Tradition)

--- : Glauben und Bleiben. Zur Denkschrift Jesajas Kapitel VI 1 - VIII 18, VT.S 26, Leiden 1974, 25-54 (Glauben)

Müller, K.H. : Geschichte, Heilsgeschichte und Gesetz, in: J.Maier/J.Schreiner (Hrg.), Literatur und Religion des Frühjudentums, Würzburg/ Gütersloh 1973, 73-1o5

Müller, W.E. : Die Vorstellung vom Rest im Alten Testament, für die Neuaufl. durchges., überarb., mit Ergänz. und einem Nachtr.vers.von H.D.Preuß, Neukirchen-Vluyn 1973

Müller-Fahrenholz, G. : Heilsgeschichte zwischen Ideologie und Prophetie. Profile und Kritik heilsgeschichtlicher Theorien in der Ökumenischen Bewegung zwischen 1948 und 1968, ÖF II/4, Freiburg/Basel/ Wien 1974

Muilenburg, J. : The Biblical View of Time, HThR 54, 1961, 225-252 (Time)

--- : Abraham and the Nations. Blessing and World History, Interp. XIX, 1965, 387-398 (Abraham)

Nandrásky, K. : Zum Begriff "Zeit", CV V, 1962, 229-233

Neuenzeit, P. : "Als die Fülle der Zeit gekommen war..." (Gal 4,4). Gedanken zum biblischen Zeitverständnis, BiLe 4, 1963, 223-239

Neuhäusler, E. : Der entscheidende Augenblick im Zeugnis des Neuen Testaments ("Jetzt", "Heute"), BiLe 13, 1972, 1-16

Nicholson, E.W. : Deuteronomy and Tradition, Oxford 1967

Niebuhr, R. : Glaube und Geschichte (Faith and History). Eine Auseinandersetzung zwischen christlichen und modernen Geschichtsanschauungen, München 1951

Niebuhr, R.R. :Auferstehung und geschichtliches Denken, Gütersloh 196o

Noack, B. : Spätjudentum und Heilsgeschichte, Stuttgart/Berlin/Köln/Mainz 1971

Nötscher, F. : Prophetie im Umkreis des alten Israel, BZ NF 1o, 1966, 161-197

North, C.R. : The "Former Things" and the "New Things" in Deutero-Isaiah, in: Studies in Old Testament Prophecy. FS T.H.Robinson, Edinburgh 195o, 111-126 (Former Things)

--- : The Old Testament Interpretation of History, London 1953 (Interpretation)

--- : Art. "History", IDB II, New York/Nashville 1962, 6o7-612 (History)

--- : The Second Isaiah, Oxford 1964 (Second Isaiah)

Noth, M. : Überlieferungsgeschichte des Pentateuch, Stuttgart 1948[2] (ÜPent)

--- : Überlieferungsgeschichtliche Studien, I: Die sammelnden und bearbeitenden Geschichtswerke im Alten Testament, Darmstadt 1963 (ÜStud)

--- : Die Gesetze im Pentateuch. Ihre Voraussetzungen und ihr Sinn, in: ders., Ges.Studien zum AT, TB 6, München 196o[2], 9-141 (Gesetze)

--- : Art. "Geschichtsschreibung, *biblische*. I. Im AT", RGG II, Tübingen 1958[3], 1498-15o1 (Geschichtsschreibung)

--- : Geschichte Israels, Göttingen 1959[4] (Geschichte Israels)

--- : Könige, BK IX/1, Neukirchen-Vluyn 1968 (Könige)

Östborn, G. : Yahweh's Words and Deeds. A Preliminary Study into the Old Testament Presentation of History, UUA 1951:7, Uppsala/Wiesbaden 1951

Oppenheim, A.L. : Ancient Mesopotamia, Chicago/London 1965[2]

Ott, H. : Art. "Heilsgeschichte", RGG III, Tübingen 1959[3], 187-189

Otto, E. : Altägyptische Zeitvorstellungen und Zeitbegriffe, WG 14, 1954, 135-148 (Zeitvorstellungen)

--- : Zeitvorstellungen und Zeitrechnung im Alten Orient, StGen 19, 1966, 743-751 (Zeitrechnung im AO)

--- : Geschichtsbild und Geschichtsschreibung in Ägypten, WO III, 1964/66, 161-176 (Geschichtsbild)
Otto, E. : Stehen wir vor einem Umbruch in der Pentateuchkritik?, VF 22/1,1977, 82-97
Pannenberg, W. : Heilsgeschehen und Geschichte, in: ders., Grundfragen Systematischer Theologie. Ges.Aufsätze, Göttingen 1967, 22-78 (Heilsgeschehen)
--- : Kerygma und Geschichte, in: ders., Grundfragen Systematischer Theologie..., 79-9o (Kerygma)
--- : Dogmatische Thesen zur Lehre von der Offenbarung, in: ders. (Hrg.), Offenbarung als Geschichte, KuD.B 1, Göttingen 1965³, 1-114 (Thesen)
--- : Einführung und Nachwort zur zweiten Auflage, in: ders. (Hrg.), Offenbarung als Geschichte..., 7-2o. 132-148 (Einführung, Nachwort)
--- : Weltgeschichte und Heilsgeschichte, in: Probleme biblischer Theologie. FS G.vRad, München 1971, 349-366 (Weltgeschichte)
--- : Erfordert die Einheit der Geschichte ein Subjekt?, in: R.Koselleck/W.-D.Stempel (Hrg.), Geschichte-Ereignis und Erzählung, München 1973, 478-49o (Einheit)
--- : Rezension von "Spricht Gott in der Geschichte?" 1972, ThRv 7o, 1974, 4of. (Rezension)
--- : Der Gott der Geschichte. Der trinitarische Gott und die Wahrheit der Geschichte, KuD 23, 1977, 76-92 (Gott d.Geschichte)
Pedersen, J. : Israel. Its Life and Culture, I-II, London/Copenhagen 1926
Perlitt, L. : Bundestheologie im Alten Testament, WMANT 36, Neukirchen-Vluyn 1969
Petitjean, A. : Les conceptions vétérotestamentaires du temps. Acquisitions, crises et programme de la recherche, RHPhR LVI, 1976,383-4oo
Philipp, W. : Art. "Geschichte und Geschichtsauffassung. II.C. Dogmatisch",RGG II, Tübingen 1958³, 1483-1488 (Geschichte)
--- : Die Absolutheit des Christentums und die Summe der Anthropologie, Heidelberg 1959 (Absolutheit)
Plöger, O. : Art. "Geschichte und Geschichtsauffassung. I.Im AT", RGG II, Tübingen 1958³, 1473-1476 (Geschichte)
--- : Reden und Gebete im deuteronomistischen und chronistischen Geschichtswerk, in: ders., Aus der Spätzeit des Alten Testaments. Studien, Göttingen 1971, 5o-66 (Reden u.Gebete)
Pohlmann, K.-F. : Erwägungen zum Schlußkapitel des deuteronomistischen Geschichtswerkes, in: Textgemäß. Aufsätze und Beiträge zur Hermeneutik des Alten Testaments.FS E.Würthwein, Göttingen 1979,94-1o9
Porteous, N.W. : Old Testament and History, ASTI VIII, 1972, 21-77
Preuß, H.D. : Das Alte Testament in der Verkündigung der Kirche, DtPfrBl 68,1968, 73-79 (Verkündigung)
--- : Jahweglaube und Zukunftserwartung, BWANT 7 (87), Stuttgart/Berlin/Köln/Mainz 1968 (Jahweglaube)
--- : Deuterojesaja. Eine Einführung in seine Botschaft, Neukirchen-Vluyn 1976 (Deuterojesaja)
Quell (G.)/Schrenk (G.) : Art. δίκη , δίκαιος, δικαιοσύνη , ThWNT II, Stuttgart 1935, 176-229
vRad, G. : Der Heilige Krieg im alten Israel, Zürich 1951 (Hl.Krieg)
--- : Das formgeschichtliche Problem des Hexateuch, in: ders.: Ges.Studien zum AT (I), TB 8, München 1965³, 9-86 (Hexateuch)
--- : Das theologische Problem des alttestamentlichen Schöpfungsglaubens, in: ders., Ges.Studien zum AT (I)..., 136-147 (Schöpfungsglaube)

--- : Die deuteronomistische Geschichtstheologie in den Königsbüchern, in: ders., Ges.Studien zum AT (I)..., 189-2o4 (Geschichtstheologie)

--- : Aspekte alttestamentlichen Weltverständnisses, in: ders., Ges.Studien zum AT (I)..., 311-331 (Aspekte)

--- : Antwort auf Conzelmanns Fragen, EvTh 24, 1964, 388-394 (Antwort)

--- : Das erste Buch Mose. Genesis, ATD 2/4, Göttingen 1972[9] (Genesis)

--- : Das fünfte Buch Mose. Deuteronomium, ATD 8, Göttingen 1964 (Deuteronomium)

--- : Theologie des Alten Testaments, I/II, EETh 1, München 1966[5]/1965[4] (TheolAT I/II)

--- : Das Werk Jahwes, in: ders., Ges.Studien zum AT II (hrg.v.R.Smend), TB 48, München 1973, 236-244 (Werk Jahwes)

--- : Gerichtsdoxologie, in: ders., Ges.Studien zum AT II..., 245-254 (Gerichtsdoxologie)

--- : Typologische Auslegung des Alten Testaments, in: ders., Ges.Studien zum AT II..., 272-288 (Auslegung)

--- : Offene Fragen im Umkreis einer Theologie des Alten Testaments, in: ders., Ges.Studien zum AT II..., 289-312 (Fragen)

--- : Das Geheimnis des alttestamentlichen Israel, in: ders., Gottes Wirken in Israel. Vorträge zum Alten Testament (hrg.v.O.H.Steck), Neukirchen-Vluyn 1974, 91-1o7 (Geheimnis)

--- : Theologische Geschichtsschreibung im Alten Testament, in: ders., Gottes Wirken in Israel..., 175-19o (Geschichtsschreibung)

--- : Das Wort Gottes und die Geschichte im Alten Testament, in: ders., Gottes Wirken in Israel..., 191-212 (Wort Gottes)

--- : Weisheit in Israel, Neukirchen-Vluyn 1976 (Weisheit)

Ratschow, C.H. : Anmerkungen zur theologischen Auffassung des Zeitproblems, ZThK 51, 1954, 36o-387 (Anmerkungen)

--- : Der angefochtene Glaube. Anfangs- und Grundprobleme der Dogmatik, Gütersloh 1967[3] (Glaube)

Rendtorff, R. : Hermeneutik des Alten Testaments als Frage nach der Geschichte, ZThK 57, 196o, 27-4o (Hermeneutik)

--- : Genesis 8,21 und die Urgeschichte des Jahwisten, KuD 7, 1961, 69-78 (Urgeschichte)

--- : Geschichte und Überlieferung, in: Studien zur Theologie der alttestamentlichen Überlieferungen. FS G.vRad, Neukirchen 1961, 81-94 (Überlieferung)

--- : Geschichte und Wort im Alten Testament, EvTh 22 (NF 17), 1962, 621-649 (Geschichte)

--- : Die Offenbarungsvorstellungen im Alten Israel, in: W.Pannenberg (Hrg.), Offenbarung als Geschichte, KuD.B 1, Göttingen 1965[3], 21-41 (Offenbarungsvorstellungen)

--- : Der "Jahwist" als Theologe? Zum Dilemma der Pentateuchkritik, VT.S 28 (Edinburgh Congress Volume 1974), 1975, 158-166 (Theologe)

(engl.Übersetzung: The "Yahwist" as Theologian? The Dilemma of Pentateuchal Criticism, JSOT 3, 1977, 2-1o [Yahwist])

--- : Erwählung und Thora, in: Treue zur Tora. FS G.Harder, VIKJKHB 3, Berlin 1977, 9-12 (Erwählung)

--- : Geschichtliches und weisheitliches Denken im Alten Testament, in: Beiträge zur Alttestamentlichen Theologie. FS W.Zimmerli, Göttingen 1977, 344-353 (Denken)

--- : Das überlieferungsgeschichtliche Problem des Pentateuch, BZAW 147, Berlin/New York 1977 (Problem)

Reventlow, H.Graf v. : Grundfragen der alttestamentlichen Theologie im Lichte der neueren deutschen Forschung, ThZ 17, 1961, 81-98 (Grundfragen)

--- : Das Amt des Propheten bei Amos, FRLANT 8o, Göttingen 1962 (Amt)

--- : Rechtfertigung - ein Verständnisprinzip für das Alte Testament?, in: W.Lohff/C.Walther (Hrg.), Rechtfertigung im neuzeitlichen Lebenszusammenhang, Gütersloh 1974, 3o-76 (Rechtfertigung I)

--- : Rechtfertigung im Horizont des Alten Testaments, BEvTh 58, München 1971 (Rechtfertigung II)

--- : Heil Israels - Heil der Welt. Vom zwiefachen Gotteshandeln nach dem Alten Testament, in: Kirche und Gemeinde. FS H.Thimme, Witten 1974, 127-14o (Heil Israels)

--- : Basic Problems in Old Testament Theology, JSOT 11, 1979, 2-22 (Problems)

Reumann, J. : οἰκονομία -Terms in Paul in comparison with Lucan *Heilsgeschichte*, NTS 13, 1966/67, 147-167

Richter, W. : Urgeschichte und Hoftheologie, BZ NF 1o, 1966, 96-1o5

Ridderbos, H.N. : Paulus. Ein Entwurf seiner Theologie, Wuppertal 197o

Ringgren, H. : Israelitische Religion, RM 26, Stuttgart 1963 (Religion)

--- : Art. גָּאַל etc., ThWAT I, Stuttgart/Berlin/Köln/Mainz 1973, 884-89o (Erlösen)

Robinson, H.W. : The Hebrew Concept of Corporate Personality, in: Werden und Wesen des Alten Testaments, BZAW 66, Berlin 1936, 49-62 (Conception)

--- : Inspiration and Revelation in the Old Testament, Oxford 1946 (Inspiration)

Robinson, J.M. : Heilsgeschichte und Lichtungsgeschichte, EvTh 22, 1962, 113-141

Rohland, E. : Meditation zu 1.Mose 11,1-9, in: G.Eichholz/A.Falkenroth (Hrg.), Hören und Fragen. Eine Predigthilfe, Bd.5, Wuppertal-Barmen 1967, 314-323

Rowley, H.H. : The Faith of Israel. Aspects of Old Testament Thought, London 1956

Rudolph, W. : Jeremia, HAT I/12, Tübingen 1968[3] (Jeremia)

--- : Hosea, KAT XIII/1, Gütersloh 1966 (Hosea)

--- : Joel-Amos-Obadja-Jona, KAT XIII/2, Gütersloh 1971 (Joel-Jona)

--- : Micha-Nahum-Habakuk-Zephanja, KAT XIII/3, Gütersloh 1975 (Mi-Zeph)

van Ruler, A.A. : Die christliche Kirche und das Alte Testament, BEvTh 23, München 1955

Ruppert, L. : Der Jahwist - Künder der Heilsgeschichte, in: L.Schreiner (Hrg.), Wort und Botschaft, Würzburg 1967, 88-1o7 (Jahwist)

--- : Art. יָעַץ *jāʿaṣ* , ThWAT III, Stuttgart/Berlin/Köln/Mainz 1977ff., 718-751 (Raten)

Ruprecht, E. :Die Religion der Väter. Hauptlinien der Forschungsgeschichte, DBAT 11, 1976, 2-29 (Religion)

--- : Vorgegebene Tradition und theologische Gestaltung in Genesis XII 1-3, VT 29, 1979, 171-188 (Tradition)

--- : Der traditionsgeschichtliche Hintergrund der einzelnen Elemente von Genesis XII 2-3, VT 29, 1979, 444-464 (Hintergrund)

Rust, E.C. : Towards a Theological Understanding of History, New York 1963

Saebø, M. : "Kein anderer Name". Sieben Thesen zur christologischen Ausschließlichkeitsforderung aus dem Horizont des alttestamentlichen Gottesglaubens, KuD 22, 1976, 181-19o (Name)

--- : Art. יוֹם *jôm*. II-VI, ThWAT III, Stuttgart/Berlin/Köln/Mainz 1977ff., 566-586 (Tag)

Sanders, J.A. : Torah and Christ, Interp.29, 1975, 372-39o

Sauer, G. : Die Umkehrforderung in der Verkündigung Jesajas, in: Wort-Gebot-Glaube. FS W.Eichrodt, AThANT 59, Zürich 197o, 277-295

Sauter, G. :Zukunft und Verheißung. Das Problem der Zukunft in der gegenwärtigen theologischen und philosophischen Diskussion, Zürich/Stuttgart 1965

Schaff, A. : Der Streit um die Objektivität der historischen Erkenntnis, in: F.Engel-Janosi/G.Klingenstein/H.Lutz (Hrg.), Denken über Geschichte, WBGN 1, München 1974, 69-81

Scharbert, J. : Solidarität in Segen und Fluch im Alten Testament und in seiner Umwelt, BBB 14, Bonn 1958 (Solidarität)

--- : Israelitische Geschichtsschreibung im Buche Genesis, BiKi 17, 1962, 66-69 (Geschichtsschreibung)

--- : Heilsmittler im Alten Testament und im Alten Orient, QD 23/24, Freiburg/Basel/Wien 1964 (Heilsmittler)

--- : Die Propheten Israels bis 7oo v.Chr., Köln 1965 (Propheten)

--- : Die alttestamentliche Bundesordnung in ihrer altorientalischen Umwelt, in: Die religiöse und theologische Bedeutung des Alten Testaments, SBKAB 33, Würzburg (1965), 13-46 (Bundesordnung)

--- : Heilsgeschichte und Heilsordnung des Alten Testaments, in: MySal II, Einsiedeln/Zürich/Köln 1967, 1o76-1142 (Heilsgeschichte)

--- : Prolegomena eines Alttestamentlers zur Erbsündenlehre, QD 37, Freiburg/Basel/Wien 1968 (Prolegomena)

--- : Art. ברך בְּרָכָה, ThWAT I, Stuttgart/Berlin/Köln/Mainz 1973, 8o8-841 (Segnen)

--- : "In te benedicentur universae cognationes terrae" (Gen 12,3), in: Ortskirche-Weltkirche. FS J.Kardinal Döpfner, Würzburg 1973, 1-14 (Universae cognationes)

--- : Patriarchentradition und Patriarchenreligion, VF 19/2, 1974, 2-22 (Patriarchentradition)

Schieder, T. : Der Typos in der Geschichtswissenschaft, StGen 5, 1952, 228-234 (Typos)

--- : Geschichte als Wissenschaft, München/Wien 1968^{2} (Geschichte)

Schlatter, A. : Gottes Gerechtigkeit. Ein Kommentar zum Römerbrief, Stuttgart 1952^{2}

Schlier, H. : Der Römerbrief, HThK VI, Freiburg/Basel/Wien 1977

Schmid, H.H. : Gerechtigkeit als Weltordnung. Hintergrund und Geschichte des alttestamentlichen Gerechtigkeitsbegriffes, BHTh 4o, Tübingen 1968 (Gerechtigkeit)

--- : Rechtfertigung als Schöpfungsgeschehen. Notizen zur alttestamentlichen Vorgeschichte eines neutestamentlichen Themas, in: Rechtfertigung. FS E.Käsemann, Tübingen/Göttingen 1976, 4o3-414 (Rechtfertigung)

--- : Das alttestamentliche Verständnis von Geschichte in seinem Verhältnis zum gemeinorientalischen Denken, WuD NF 13, 1975, 9-21 (Atl Verständnis)

--- : Der sogenannte Jahwist. Beobachtungen und Fragen zur Pentateuchforschung, Zürich 1976 (Jahwist)

--- : In Search of New Approaches in Pentateuchal Research, JSOT 3, 1977, 33-42 (Approaches)

Schmidt, J.M. : Gedanken zum Verstockungsauftrag Jesajas (Js.VI), VT 21, 1971, 68-9o

Schmidt, L. : Israel ein Segen für die Völker? Das Ziel des jahwistischen Werkes - eine Auseinandersetzung mit H.W.Wolff, ThViat 12, 1975, 135-151 (Segen)

--- : "De Deo". Studien zur Literarkritik und Theologie des Buches Jona, des Gesprächs zwischen Abraham und Jahwe in Gen 18 22 ff. und von Hi 1, BZAW 143, Berlin/New York 1976 (De Deo)

--- : Überlegungen zum Jahwisten, EvTh 37, 1977, 23o-247 (Überlegungen)

Schmidt, W.H. : Die Schöpfungsgeschichte der Priesterschrift. Zur Überlieferungsgeschichte von Genesis 1_{1}-2_{4a} und 2_{4b}-3_{24}, WMANT 17, Neukirchen-Vluyn 1967[2] (Schöpfungsgeschichte)

--- : Bilderverbot und Gottebenbildlichkeit. Exegetische Notizen zur Selbstmanipulation des Menschen, WuW 23, 1968, 2o9-216 (Bilderverbot)

--- : Das erste Gebot. Seine Bedeutung für das Alte Testament, TEH 165, München 1969 (Gebot)

--- : Die prophetische "Grundgewißheit". Erwägungen zur Einheit prophetischer Verkündigung, EvTh 31, 1971, 63o-65o (Grundgewißheit)

--- : Zukunftsgewißheit und Gegenwartskritik. Grundzüge prophetischer Verkündigung, BSt 64, Neukirchen-Vluyn 1973 (Zukunftsgewißheit)

--- : Alttestamentlicher Glaube in seiner Geschichte, NStB 6, Neukirchen-Vluyn 1975[2] (Atl Glaube)

--- : Art. דָּבָר *dāḇār* II.-V., ThWAT II, Stuttgart/Berlin/Köln/Mainz 1977, 1o1-133 (dāḇār)

--- : Die Einheit der Verkündigung Jesajas. Versuch einer Zusammenschau, EvTh 37, 1977, 26o-272 (Einheit)

--- : Einführung in das Alte Testament, Berlin/New York 1979 (Einführung)

--- : Ein Theologe in salomonischer Zeit? Plädoyer für den Jahwisten, BZ (NF) 25, 1981, 82-1o2 (Theologe)

Schmitt, R. : Zelt und Lade als Thema alttestamentlicher Wissenschaft. Eine kritische forschungsgeschichtliche Darstellung, Gütersloh 1972 (Zelt)

--- : Exodus und Passa. Ihr Zusammenhang im Alten Testament, OBO 7, Fribourg/Göttingen 1982[2] (Passa)

Schmökel, H. : Mesopotamien, in: ders.(Hrg.), Kulturgeschichte des Alten Orient, Stuttgart 1961, 1-31o

Schnackenburg, R. : Art. "Heilsgeschichte I. Die biblische H.", LThK V, Freiburg 196o[2], 148-153 (Heilsgeschichte)

--- : Neutestamentliche Theologie. Der Stand der Forschung, BiH I, München 1963 (Theologie)

Schottroff, W. : Art. זכר *zkr* gedenken, THAT I, München/Zürich 1971, 5o7-518

Schreiner, J. : Führung - Thema der Heilsgeschichte im Alten Testament, BZ NF 5, 1961, 2-18 (Führung)

--- : Segen für die Völker in der Verheißung an die Väter, BZ NF 6, 1962, 1-31 (Segen)

--- : Sion - Jerusalem Jahwes Königssitz. Theologie der Heiligen Stadt im Alten Testament, StANT VII, München 1963 (Sion)

--- : Berufung und Erwählung Israels zum Heil der Völker, BiLe 9, 1968, 94-114 (Berufung)

Schrenk, G. : Die Geschichtsanschauung des Paulus auf dem Hintergrund seines Zeitalters, in: ders., Studien zu Paulus, Zürich 1954, 49-8o

Schütz, F. : Anmerkungen zu einer Theologie der Heilsgeschichte, NZSTh 12, 197o, lo3-113

Schütz, P. : Das Mysterium der Geschichte. Von der Anwesenheit des Heilenden in der Zeit, Ges.Werke II, Hamburg (1963)1975

Schulte, H. : Die Entstehung der Geschichtsschreibung im Alten Israel, BZAW 128, Berlin 1972

Seebaß, H. : Traditionsgeschichte von I Sam 8, lo17ff. und 12, ZAW 77, 1965, 286-296 (Traditionsgeschichte)

--- : Der Erzvater Israel und die Einführung der Jahweverehrung in Kanaan, BZAW 98, Berlin 1966 (Erzvater)

--- : Die Vorgeschichte der Königserhebung Sauls, ZAW 79, 1967, 155-171 (Vorgeschichte)

--- : Art. אַחֲרִית , ThWAT I, Stuttgart/Berlin/Köln/Mainz 1973, 224-228 (Ende)

--- : Art. בָּרַךְ , II-III, ThWAT I, Stuttgart/Berlin/Köln/Mainz 1973, 593-6o8 (Segnen)

--- : Biblische Hermeneutik, UB 199, Stuttgart/Berlin/Köln/Mainz 1974 (Hermeneutik)

--- : Über den Beitrag des Alten Testaments zu einer theologischen Anthropologie, KuD 22, 1976, 41-63 (Anthropologie)

--- : Zur geistigen Welt des sog.Jahwisten, BN 4, 1977, 39-47 (Geistige Welt)

--- : Zur Ermöglichung biblischer Theologie. Fragen an *G.Klein* zur "zentralen urchristlichen Konstruktion des Glaubens", EvTh 37, 1977, 591-6oo (Ermöglichung)

Seeligmann, I.L. : Menschliches Heldentum und göttliche Hilfe. Die doppelte Kausalität im alttestamentlichen Geschichtsdenken, ThZ 19, 1963, 385-411

Sekine, M. : Erwägungen zur hebräischen Zeitauffassung, VT.S IX, Leiden 1963, 66-82

van Seters, J. : The Yahwist as Theologian? A Response, JSOT 3, 1977, 15-2o

Simpson, C.A. : An Inquiry into the Biblical Theology of History, JThS NS XII, 1961, 1-13

Smend, R. : Die Bundesformel, ThSt 68, Zürich 1963 (Bundesformel)

--- : Das Nein des Amos, EvTh 23, 1963, 4o4-423 (Nein)

--- : Jahwekrieg und Stämmebund. Erwägungen zur ältesten Geschichte Israels, FRLANT 84, Göttingen 1966[2] (Jahwekrieg)

--- : Zur Geschichte von האמין , in: Hebräische Wortforschung. FS W.Baumgartner, VT.S 16, Leiden 1967, 284-29o (Geschichte)

--- : Elemente alttestamentlichen Geschichtsdenkens, ThSt 95, Zürich 1968 (Elemente)

--- : Die Mitte des Alten Testaments, ThSt lol, Zürich 197o (Mitte)

--- : Das Gesetz und die Völker. Ein Beitrag zur deuteronomistischen Redaktionsgeschichte, in: Probleme biblischer Theologie. FS G.vRad, München 1971, 494-5o9 (Gesetz)

--- : Tradition and History. A Complex Relation, in: D.A.Knight (Ed.), Tradition and Theology in the Old Testament, Philadelphia 1977, 49-68 (Tradition)

--- : Die Entstehung des Alten Testaments, ThW 1, Stuttgart/Berlin/Köln/Mainz 1978 (Entstehung)

Snaith, N.H. : Time in the Old Testament, in: Promise and Fulfilment. FS S.H. Hooke, Edinburgh 1963, 175-186

vSoden, W. : Verschlüsselte Kritik an Salomo in der Urgeschichte des Jahwisten?, WO VII, 1973/74, 228-24o

Soggin, J.A. : Alttestamentliche Glaubenszeugnisse und Geschichtliche Wirklichkeit, ThZ 17, 1961, 385-398 (Glaubenszeugnisse)
--- : Geschichte, Historie und Heilsgeschichte im Alten Testament. Ein Beitrag zur heutigen theologisch-hermeneutischen Diskussion,ThLZ 89, 1964, 721-736 (Geschichte)
--- : Deuteronomistische Geschichtsauslegung während des babylonischen Exils, in: Oikonomia. Heilsgeschichte als Thema der Theologie. FS O.Cullmann, Hamburg-Bergstedt 1967, 11-17 (Geschichtsauslegung)
--- : God and History in Biblical Thought, in: ders., Old Testament and Oriental Studies, BibOr 29, Rom 1975, 59-66 (God and History)
--- : Art. שוב šūb zurückkehren, THAT II, München/Zürich 1976, 884-891 (Zurückkehren)
Speiser, E.A. : Ancient Mesopotamia, in: R.C.Dentan (Ed.), The Idea of History in the Ancient Near East, New Haven/London 1955, 35-76 (Mesopotamia)
--- : The Biblical Idea of History in its Common Near Eastern Setting, IEJ 7, 1957, 2o1-216 (Idea)
--- : Genesis, AncB 1, Garden City/New York 1964[2] (Genesis)
--- : Art. "Geschichtswissenschaft", RLA III, Berlin/New York 1971, 216-22o (Geschichtswissenschaft)
Stähli, H.-P. : Art. יעץ j'ṣ raten, THAT I, München/Zürich 1971, 748-753
Stamm, J.J. : Erlösen und Vergeben im Alten Testament. Eine begriffsgeschichtliche Untersuchung, Bern o.J. (Erlösen u.Vergeben)
--- : Der Dekalog im Lichte der neueren Forschung, Bern/Stuttgart 1962[2] (Dekalog)
--- : Art. גאל g'l erlösen, THAT I, München/Zürich 1971, 383-394 (Erlösen)
Stammler, G. : Ein geschichtliches Ereignis - was ist das? Überlegungen zu einigen Grundbegriffen der Geschichtsphilosophie und -theologie, KuD 15, 1969, 136-181. 183-192
Staudinger, H. : Geschichte als Anthropologie, in: W.Oelmüller (Hrg.), Wozu noch Geschichte?, KI 53, München 1977, 34-52
Steck, K.G. : Die Idee der Heilsgeschichte. Hofmann-Schlatter-Cullmann, ThSt 56, Zürich 1959 (Idee)
--- : Art. "Heilsgeschichte", EKL II, Göttingen 1962[2], 87-89 (Heilsgeschichte)
--- : Meditation zu Epheser 2,19-22, in: G.Eichholz (Hrg.), Herr, tue meine Lippen auf, Bd. 4, Wuppertal-Barmen 1963[4], 324-334 (Meditation)
Steck, O.H. : Israel und das gewaltsame Geschick der Propheten. Untersuchungen zur Überlieferung des deuteronomistischen Geschichtsbildes im Alten Testament, Spätjudentum und Urchristentum, WMANT 23, Neukirchen-Vluyn 1967 (Geschick)
--- : Deuterojesaja als theologischer Denker, KuD 15, 1969, 28o-293 (Deuterojesaja)
--- : Genesis 12,1-3 und die Urgeschichte des Jahwisten, in: Probleme biblischer Theologie. FS G.vRad, München 1971, 525-554 (Genesis)
--- : Bemerkungen zu Jesaja 6, BZ NF 16, 1972, 188-2o6 (Bemerkungen)
--- : Rettung und Verstockung. Exegetische Bemerkungen zu Jesaja 7,3-9, EvTh 33, 1973, 77-9o (Rettung)
Stoebe, H.J. : Gut und Böse in der Jahwistischen Quelle des Pentateuch, ZAW 65 (NF 24), 1953, 188-2o4 (Gut u.Böse)

--- : Der heilsgeschichtliche Bezug der Jabbok-Perikope, EvTh 14 (NF 9), 1954, 466-474 (Bezug)

--- : Das erste Buch Samuel, KAT VIII/1, Gütersloh 1972 (Samuel)

--- : Art. חֶסֶד *ḥäsäd* Güte, THAT I, München/Zürich 1971, 6oo-621 (Güte)

--- : Art. רחם *rḥm* pi. sich erbarmen, THAT II, München/Zürich 1976, 761-768 (Erbarmen)

Stuhlmacher, P. : Gerechtigkeit Gottes bei Paulus, FRLANT 87, Göttingen 1966[2]

Stuhlmueller, C. : Creative Redemption in Deutero-Isaiah, AnBib 43, Rom 197o

Süßmann, G. : Art. "Naturwissenschaft III. Naturwissenschaft und Christentum", RGG IV, Tübingen 196o[3], 1377-1382

Taubes, J. : Geschichtsphilosophie und Historik. Bemerkungen zu Kosellecks Programm einer neuen Historik, in: R.Koselleck/W.-D.Stempel (Hrg.), Geschichte- Ereignis und Erzählung, München 1973, 49o-499

Thiel, W. : Die deuteronomistische Redaktion von Jeremia 1-25, WMANT 41, Neukirchen-Vluyn 1973

Thompson, T.L. : The Historicity of the Patriarchal Narratives. The Quest for the Historical Abraham, BZAW 133, Berlin/New York 1974

Troeltsch, E. : Ueber historische und dogmatische Methode in der Theologie, in: ders., Zur religiösen Lage, Religionsphilosophie und Ethik. Ges.Schriften II, Tübingen 1913, 729-753

deVaux, R. : Anwesenheit und Abwesenheit Gottes in der Geschichte nach dem Alten Testament, Conc(D) 5, 1969, 729-735

Veijola, T. : Die ewige Dynastie. David und die Entstehung seiner Dynastie nach der deuteronomistischen Darstellung, STAT B/193, Helsinki 1975 (Dynastie)

--- : Das Königtum in der Beurteilung der deuteronomistischen Historiographie. Eine redaktionsgeschichtliche Untersuchung, STAT B/198, Helsinki 1977 (Königtum)

Vetter, D. : Jahwes Mit-Sein - ein Ausdruck des Segens, AzTh I/45, Stuttgart 1971

Vielhauer, P.: Paulus und das Alte Testament, in: Studien zur Geschichte und Theologie der Reformation. FS E.Bizer, Neukirchen 1969, 33-62

Vierhaus, R. : Was ist Geschichte?, in: G.Alföldy/F.Seibt/A.Timm (Hrg.), Probleme der Geschichtswissenschaft, Düsseldorf 1973, 7-19

Vögtle, A. : Zeit und Zeitüberlegenheit in biblischer Sicht, in: J.B.Metz (Hrg.), Weltverständnis im Glauben, Mainz 1965, 224-253

Vollmer, J. : Geschichtliche Rückblicke und Motive in der Prophetie des Amos, Hosea und Jesaja, BZAW 119, Berlin/New York 1971 (Rückblicke)

--- : Art. עשׂה *ʿśh* machen, tun, THAT II, München/Zürich 1976, 359-37o (Tun I)

--- : Art. פעל *pʿl* machen, tun, THAT II, München/Zürich 1976, 461-466 (Tun II)

Volz, P. : Der Prophet Jeremia, KAT X, Leipzig 1928[2]

Vorländer, H. : Mein Gott. Die Vorstellungen vom persönlichen Gott im Alten Orient und im Alten Testament, AOAT 23, Neukirchen-Vluyn 1975

Vriezen, T.C. : Die Erwählung Israels nach dem Alten Testament, AThANT, Zürich 1953 (Erwählung)

--- : Theologie des Alten Testaments in Grundzügen, Wageningen/Neukirchen (1957) (Theologie)

--- : Theokratie und Soteriologie. Zu A.A.van Rulers Schrift: Die christlichen Kirchen und das Alte Testament, in: C.Westermann (Hrg.), Probleme alttestamentlicher Hermeneutik, TB 11, München 196o, 192-2o4 (Theokratie)

--- : Essentials of the Theology of Isaiah, in: Israel's Prophetic Heritage. FS J.Muilenburg, New York 1962, 128-146 (Essentials)

--- : Bemerkungen zu Genesis 12:1-7, in: Symbolae Biblicae et Mesopotamicae. FS F.M.T.de Liagre Böhl, SFSMD 4, Leiden 1973, 38o-392 (Bemerkungen)

Wagner, F. : Analogie als Methode geschichtlichen Verstehens, StGen 8, 1955, 7o3-712

Wallis (G.) : Art. אָהַב usw.II-IV, ThWAT I, Stuttgart/Berlin/Köln/Mainz 1973, lo8-128

Weber, O. : Grundlagen der Dogmatik, I/II, Neukirchen/Moers 1959^2/1962 (Dogmatik)

--- : Die Treue Gottes und die Kontinuität der menschlichen Existenz, in: ders., Ges.Aufsätze I, Neukirchen 1967, 99-112 (Treue Gottes)

Weidmann, H. : Die Patriarchen und ihre Religion im Licht der Forschung seit Julius Wellhausen, FRLANT 94, Göttingen 1968

Weimar, P./Zenger, E. : Exodus. Geschichten und Geschichte der Befreiung Israels, SBS 75, Stuttgart 1979^2

Weippert, M. : Fragen des israelitischen Geschichtsbewusstseins, VT 23, 1973, 415-442

Weiser, A. : Glaube und Geschichte im Alten Testament, in: ders., Glaube und Geschichte im Alten Testament und andere ausgewählte Schriften, Göttingen 1961, 99-182 (Glaube u.Geschichte)

--- : Religion und Sittlichkeit der Genesis, in: ders., Glaube und Geschichte..., 5o-98 (Religion)

--- : Das Buch Jeremia, I/II, ATD 2o/21, Göttingen 1966^5/1966^4 (Jeremia I/II)

--- : Die Psalmen, I/II, ATD 14/15, Göttingen 1966^7 (Psalmen I/II)

--- : Das Buch der zwölf Kleinen Propheten, I, ATD 24, Göttingen 1967^5 (Hos-Mi)

vWeizsäcker, C.F. : Die Tragweite der Wissenschaft, 1: Schöpfung und Weltentstehung, Stuttgart 1964 (Tragweite)

--- : Säkularisierung und Naturwissenschaft, in: ders.,Zum Weltbild der Physik, Stuttgart 1976^{12}, 258-265 (Säkularisierung)

Wellhausen, J. : Die Kleinen Propheten, Berlin 1963^4

Wendland, H.-D. : Geschichtsanschauung und Geschichtsbewußtsein im Neuen Testament, Göttingen 1938

Westermann, C. : Zur Auslegung des Alten Testaments, in: ders.(Hrg.), Probleme alttestamentlicher Hermeneutik, TB 11, München 196o, 18-27 (Auslegung)

--- : Bemerkungen zu den Thesen Bultmanns und Baumgärtels, in: ders. (Hrg.), Probleme alttestamentlicher Hermeneutik..., lo2-113 (Bemerkungen)

--- : Arten der Erzählung in der Genesis, in: ders., Forschung am AT. Ges.Studien, TB 24, München 1964, 9-91 (Arten)

--- :Sprache und Struktur der Prophetie Deuterojesajas, in: ders., Forschung am AT..., 92-17o (Sprache)

--- : Das Buch Jesaja. Kapitel 4o-66, ATD 19, Göttingen 1966 (Jesaja)

--- : Grundformen prophetischer Rede, BEvTh 31, München 1968^3 (Grundformen)

--- : Predigt des Urgeschehens, in: CPH VI, Stuttgart 1971, 11-27 (Predigt)

--- : Genesis 1-11, EdF 7, Darmstadt 1972 (Gen 1-11)
--- : Genesis 12-5o, EdF 48, Darmstadt 1975 (Gen 12-5o)
--- : Genesis, 1.Tbd. (Genesis 1-11), BK I/1, Neukirchen-Vluyn 1974 (Genesis)
--- : Genesis, 2.Tbd. (Genesis 12-36), BK I/2, Neukirchen-Vluyn 1981 (Genesis II)
--- : Art. עֶבֶד *ʿäbäd* Knecht, THAT II, München/Zürich 1976, 182-2oo (Knecht)
--- : Art. קוה *qwh* pi. hoffen, THAT II, München/Zürich 1976, 619-629 (Hoffen)
--- : Theologie des Alten Testaments in Grundzügen, GAT 6, Göttingen 1978 (TheolAT)
Weth, G. : Die Heilsgeschichte. Ihr universeller und ihr individueller Sinn in der Offenbarungsgeschichtlichen Theologie des 19.Jahrhunderts, FGLP IV/2, München 1931
Wilch, J.R. :Time and Event, Leiden 1969
Wilckens, U. : Die Rechtfertigung Abrahams nach Römer 4, in: Studien zur Theologie der alttestamentlichen Überlieferungen. FS G.vRad, Neukirchen 1961, 111-127 (Rechtfertigung)
--- : Zu Römer 3,21-4,25. Antwort an G.Klein, EvTh 24, 1964, 586-61o (Antwort)
--- : Der Brief an die Römer, 1.Tbd. (Röm 1-5), EKK VI/1, Zürich/Einsiedeln/Köln/Neukirchen-Vluyn 1978 (Römer)
Wildberger, H. : Auf dem Wege zu einer biblischen Theologie. Erwägungen zur Hermeneutik des Alten Testamentes, EvTh 19 (NF 14), 1959, 7o-9o (Bibl.Theologie)
--- : Jesajas Verständnis der Geschichte, VT.S IX, Leiden 1963, 83-117 (Geschichte)
--- : "Glauben". Erwägungen zu האמין , in: Hebräische Wortforschung. FS W.Baumgartner, VT.S 16, Leiden 1967, 372-386 (Glauben)
--- : Die Neuinterpretation des Erwählungsglaubens Israels in der Krise der Exilszeit, in: Wort-Gebot-Glaube. FS W.Eichrodt, AThANT 59, Zürich 197o, 3o7-324 (Neuinterpretation)
--- : Art. אמן *ʾmn* fest, sicher, THAT I, München/Zürich 1971, 177-2o9 (Fest)
--- : Art. בחר *bḥr* erwählen, THAT I, München/Zürich 1971, 275-3oo (Erwählen)
--- : Art. שאר *šʾr* übrig sein, THAT II, München/Zürich 1976, 844-855 (Übrigsein)
--- : Jesaja,1.Tbd. (Jes 1-12), BK X/1, Neukirchen-Vluyn 1972 (Jesaja I)
--- : Jesaja, 2.Tbd. (Jes 13ff.), BK X/2, Neukirchen-Vluyn 1974ff. (Jesaja II)
--- : Der Monotheismus Deuterojesajas, in: Beiträge zur Alttestamentlichen Theologie. FS W.Zimmerli, Göttingen 1977, 5o6-53o (Monotheismus)
Wildung, D. : Art. "Geschichtsauffassung", LÄ II, Wiesbaden 1977, 56o-562 (Geschichtsauffassung)
--- : Art. "Geschichtsbild", LÄ II, Wiesbaden 1977, 562-564 (Geschichtsbild)
--- : Art. "Geschichtsdarstellung", LÄ II, Wiesbaden 1977, 564-566 (Geschichtsdarstellung)
Wiseman, D.J. : Rezension von B.Albrektson: History and the Gods. 1967, JThS 2o, 1969, 255-258

Wittram, R. : Zukunft in der Geschichte. Zu Grenzfragen der Geschichtswissenschaft und Theologie, KVR 235/236, Göttingen 1966 (Zukunft)
--- : Das Interesse an der Geschichte, KVR 59/61, Göttingen 1968[3] (Interesse)
Wolff, H.W. : Israel und die Völker bei Deuterojesaja, EMZ 8, 1951, 1-14 (Israel u.d.Völker)
--- : Zur Hermeneutik des Alten Testaments, in: C.Westermann (Hrg.), Probleme alttestamentlicher Hermeneutik, TB 11, München 196o, 14o-18o (Hermeneutik)
--- : Das Geschichtsverständnis der alttestamentlichen Prophetie, in: C.Westermann (Hrg.), Probleme alttestamentlicher Hermeneutik..., 319-34o (Geschichtsverständnis)
--- : Heilsgeschichte und Weltgeschichte im Alten Testament, in: ders., Wegweisung. Gottes Wirken im Alten Testament, München 1965, 78-93 (Heilsgeschichte)
--- : Das Thema "Umkehr" in der alttestamentlichen Prophetie, in: ders., Ges.Studien zum AT, TB 22, München 1973[2], 13o-15o (Umkehr)
--- : "Wissen um Gott" bei Hosea als Urform von Theologie, in: ders., Ges.Studien zum AT..., 182-2o5 (Wissen)
--- : Das Kerygma des Deuteronomistischen Geschichtswerks, in: ders., Ges.Studien zum AT..., 3o8-324 (DtrGW)
--- : Das Alte Testament und das Problem der existentialen Interpretation, in: ders., Ges.Studien zum AT..., 325-344 (Interpretation)
--- : Das Kerygma des Jahwisten, in: ders., Ges.Studien zum AT..., 345-373 (Jahwist)
--- : Jahwe und die Götter in der alttestamentlichen Prophetie, in: ders., Ges.Studien zum AT..., 418-441 (Jahwe u.d.Götter)
--- : Dodekapropheton 1: Hosea, BK XIV/1, Neukirchen-Vluyn 1965[2] (Hosea)
--- : Dodekapropheton 2: Joel und Amos, BK XIV/2, Neukirchen-Vluyn 1975[2] (Joel-Amos)
--- : Anthropologie des Alten Testaments, München 1973 (Anthropologie)
--- : Die eigentliche Botschaft der klassischen Propheten, in: Beiträge zur Alttestamentlichen Theologie. FS W.Zimmerli, Göttingen 1977, 547-557 (Eigentl.Botschaft)
Wright, G.E. : The Faith of Israel, in: IntB I, New York/Nashville 1952, 349-39o (Faith)
--- : God Who Acts. Biblical Theology as Recital, SBT 8, London 1958 (God)
Würthwein, E. : Buße und Umkehr im AT, ThWNT IV, Stuttgart (1942), 976-985 (Buße)
--- : Amos-Studien, ZAW 62 (NF 22), 195o, lo-52 (Amos-Studien)
--- : Jesaja 7,1-9. Ein Beitrag zu dem Thema: Prophetie und Politik, in: ders., Wort und Existenz. Studien zum AT, Göttingen 197o, 127-143 (Beitrag)
--- : Die Josianische Reform und das Deuteronomium, ZThK 75, 1976, 395-423 (Reform)
--- : Das Erste Buch der Könige: Kapitel 1-16, ATD 11,1, Göttingen 1977 (Könige)
Zeller, D. : Juden und Heiden in der Mission des Paulus. Studien zum Römerbrief, fzb 8, Würzburg 1973
Zenger, E. : Die deuteronomistische Interpretation der Rehabilitierung Jojachins, BZ 12, 1968, 16-3o (Interpretation)
--- : Die Mitte der alttestamentlichen Glaubensgeschichte, KatBl lol, 1976, 3-16 (Mitte)

--- : Jahwe, Abraham und das Heil aller Völker, in: W.Kasper (Hrg.), Absolutheit des Christentums, QD 79, Freiburg/Basel/Wien 1977, 39-62 (Jahwe)

--- : Wo steht die Pentateuchforschung heute?, BZ 24, 198o, lol-116 (Rezension)

Zimmerli, W. : Das Alte Testament in der Verkündigung der christlichen Kirche, in: ders., Das Alte Testament als Anrede, BEvTh 24, München 1956, 62-88 (AT i.d.Verkündigung)

--- : Verheißung und Erfüllung, in: C.Westermann (Hrg.), Probleme alttestamentlicher Hermeneutik, TB 11, München 196o, 69-lol (Verheißung u.Erfüllung)

--- : "Offenbarung" im Alten Testament. Ein Gespräch mit R.Rendtorff, EvTh 22, 1962, 15-31 (Offenbarung)

--- : Das Wort des göttlichen Selbsterweises (Erweiswort), eine prophetische Gattung, in: ders., Gottes Offenbarung. Ges.Aufs.zum AT (I), TB 19, München 1963, 12o-132 (Erweiswort)

--- : Der "neue Exodus" in der Verkündigung der beiden großen Exilspropheten, in: ders., Gottes Offenbarung..., 192-2o4 (Exodus)

--- : Das zweite Gebot, in: ders., Gottes Offenbarung..., 234-248 (2.Gebot)

--- : Das Gesetz im Alten Testament, in: ders., Gottes Offenbarung..., 249-276 (Gesetz)

--- : Das Gesetz und die Propheten. Zum Verständnis des Alten Testamentes, KVR 166/168, Göttingen 1963 (Gesetz u.Propheten)

--- : Ezechiel, I/II, BK XIII/1.2, Neukirchen-Vluyn 1969 (Ezechiel I/II)

--- : Verkündigung und Sprache der Botschaft Jesajas, in: Fides et communicatio. FS M.Doerne, Göttingen 197o, 441-454 (Verkündigung)

--- : Die Weltlichkeit des Alten Testamentes, KVR 327 S, Göttingen 1971 (Weltlichkeit)

--- : Ezechiel. Gestalt und Botschaft, BSt 62, Neukirchen 1972 (Gestalt u.Botschaft)

--- : Grundriß der alttestamentlichen Theologie, ThW 3, Stuttgart/Berlin/Köln/Mainz 1972 (Grundriß)

--- : Die Bedeutung der großen Schriftprophetie für das alttestamentliche Reden von Gott, in: ders., Studien zur alttestamentlichen Theologie und Prophetie. Ges.Aufs. II, TB 51, München 1974, 55-72 (Bedeutung)

--- : Das Bilderverbot in der Geschichte des alten Israel. Goldenes Kalb, eherne Schlange, Mazzeben und Lade, in: ders., Studien zur alttestamentlichen Theologie und Prophetie..., 247-26o (Bilderverbot)

--- : Zum Problem der "Mitte des Alten Testamentes", EvTh 35, 1975, 97-118 (Mitte des AT)

--- : Alttestamentliche Prophetie und Apokalyptik auf dem Wege zur "Rechtfertigung des Gottlosen", in: Rechtfertigung. FS E.Käsemann, Tübingen/Göttingen 1976, 575-592 (Atl Prophetie)

--- : 1.Mose 12-25: Abraham, ZBK AT 1.2, Zürich 1976 (Abraham)

--- : Prophetic Proclamation and Reinterpretation, in: D.A.Knight (Ed.), Tradition and Theology in the Old Testament, Philadelphia 1977, 69-loo (Proclamation)

--- : Wahrheit und Geschichte in der alttestamentlichen Schriftprophetie, VT.S 29 (Congress Vol.Göttingen 1977), 1978, 1-15 (Wahrheit)

Zobel (H.-J.) : Art. חֶסֶד *häsäd*, ThWAT III, Stuttgart/Berlin/Köln/Mainz 1977ff., 48-71

Augustin, Matthias (Hrsg.) / Kegler, Jürgen (Hrsg.)

DAS ALTE TESTAMENT ALS GEISTIGE HEIMAT

Festgabe für Hans Walter Wolff zum 70. Geburtstag

Frankfurt/M., Bern, 1981. 135 S.
Europäische Hochschulschriften: Reihe 23, Theologie. Bd. 177
ISBN 3-8204-5726-7 br. sFr. 31.–

Neben seinen wissenschaftlichen Veröffentlichungen hat sich der Heidelberger Alttestamentler Hans Walter Wolff auch durch seine Predigten einen grossen Hörer- und Leserkreis erworben. So werden in dieser Festgabe aus dem Kreis seiner jüngeren Schüler diese beiden Linien des theologischen Lehrers deutlich, der seinen Studenten stets die Freude am Alten Testament weitergegeben hat, sei es für die eigene wissenschaftliche Arbeit an der Universität oder für das künftige Pfarramt.
Aus dem Inhalt: U.a. Beobachtungen zur chronistischen Umgestaltung der deuteronomistischen Königschroniken nach der Reichsteilung – Tora-Verleihung durch Engel – Der Tadel Jahwes im Alten Testament – Hoffnung in Krisenzeiten. Prophetische Entwürfe für eine menschliche Zukunft im Alten Testament – Predigten über Gen 3; Jes 30,15-17; Mt 21,14-17.

Hahn, Joachim

DAS «GOLDENE KALB»

Die Jahwe-Verehrung bei Stierbildern in der Geschichte Israels

Frankfurt/M., Bern, 1981. 396 S.
Europäische Hochschulschriften: Reihe 23, Theologie. Bd. 154
ISBN 3-8204-5872-7 br. sFr. 71.–

Von Stierbildern des Volkes Israel in alttestamentlicher Zeit berichten vor allem Ex 32; Dtn 9,7ff und 1Kön 12,26ff. Diese Texte werfen eine Vielzahl von Problemen auf; in der Auslegungs- und Forschungsgeschichte findet sich eine kaum übersehbare Anzahl von Interpretationen und Beurteilungen der diesbezüglichen Texte des Alten Testaments. Die Abhandlung sucht die wichtigsten Interpretationen der Auslegungsgeschichte bis zur Reformationszeit und die Forschungsgeschichte zu den einzelnen Problemen (seit ca. 1550) zusammenfassend darzustellen und zu beurteilen.
Aus dem Inhalt: U.a. Zum Begriff «Goldenes Kalb» – Das Stierbild Aarons in der Wüste – Die Stierbilder Jerobeams in Bethel und Dan – Die religionsgeschichtliche Herleitung der Stierbilder – Geschichte der Stierbilder.

Butterweck, Annelise

JAKOBS RINGKAMPF AM JABBOK

Gen. 32, 4ff in der jüdischen Tradition bis zum Frühmittelalter

Frankfurt/M., Bern, 1981. IV, 234 S.
Judentum und Umwelt. Bd. 3
ISBN 3-8204-5944-8 br. sFr. 55.–

Die Erzählung von Jakobs Ringkampf am Jabbok (Gen. 32, 23-33) hat den Scharfsinn und die exegetische Phantasie vieler Ausleger jahrhundertelang beschäftigt – bis zum heutigen Tage. Dieses Buch gibt einen Einblick in die exegetischen Bemühungen moderner Forscher um den Text und in die lange Wirkungsgeschichte innerhalb der jüdischen Tradition, einschliesslich von Nachwirkungen im christlichen Bereich. Die dafür in Frage kommenden Texte werden in extenso dargeboten, und der Leser kann sich ein Bild davon machen, wie diese Erzählung im Laufe der Zeit rezipiert wurde. Sie zeigen ihm eine bunte Vielfalt von Aspekten, vor allem im Hinblick auf das Selbstverständnis Israels.
Aus dem Inhalt: U.a. Analyse und Interpretation der Ringkampferzählung auf Grund moderner exegetischer Untersuchungen – Die Aktualisierung der Ringkampferzählung in der polemischen Predigt des Propheten Hosea – Die Rolle des Engels im Konflikt zweier konkurrierender Herrschaftsansprüche – Das Geschick Jakobs als Widerspiegelung der Geschichte Israels – Das Ringkampfthema in der apokryphen Literatur – Die Ringkampferzählung als Mittel antijüdischer Polemik bei den Kirchenvätern – Raschis Auslegung als Bestätigung der rabbinischen Interpretation.

Lauer, Simon (Hrsg.)

KRITIK UND GEGENKRITIK IN CHRISTENTUM UND JUDENTUM

Bern, Frankfurt/M., Las Vegas, 1981. 223 S.
Judaica et Christiana. Bd. 3
ISBN 3-261-04758-5 br. sFr. 48.–

Dass Judentum und Christentum einander stets kritisiert haben, ist bekannt. Dabei wird aber oft übersehen, dass beide Religionen sehr wohl fähig sind, sich selber kritisch zu betrachten und sich in der Begegnung mit dem andern in Frage stellen zu lassen. In Zeiten religiöser, sozialer und politischer Unrast, in denen es zu Verfolgungen aller Grade kommen kann, ist solche Gegenkritik besonders bedeutsam. Dieser Band versucht darzustellen, wann und wo Kritik und Gegenkritik zu finden sind und in welchen Kontext sie gehören. Neutestamentler, Historiker und Philologen beteiligen sich an dieser Arbeit.
Aus dem Inhalt: Judentum, Antike und Neues Testament – Kirche in Altertum und Mittelalter – Russische und französische Literatur – Neuere Schweizergeschichte.

Verlag Peter Lang · Bern und Frankfurt am Main
Auslieferung: Verlag Peter Lang AG, Jupiterstr. 15, CH-3000 Bern 15
Telefon (0041/31) 32 11 22, Telex verl ch 32 420